프렌즈 시리즈 41

프렌즈
치앙마이

안진헌 지음

Chiang Mai

중앙books

Prologue
저자의 말

한때 치앙마이에서 3년을 살았던 지역 주민이지만
어딘가에서 머물고 싶다는 생각이 들 때면, 여전히 치앙마이를 떠올린다.

치앙마이란 도시를 오래전부터 들락거렸다. 트레킹 성지로 명성을 날릴 때부터 여행자로 찾아왔고, 한국에서 첫 직항편이 뜨는 것도 목격했다. 님만해민에 첫 번째 커피 체인점이 생길 때도 여기에 있었다.

다시 시작된 가이드북 작업. 〈프렌즈 방콕〉 〈프렌즈 태국〉에 이은 태국 관련 세 번째 책 작업이다. 너무도 잘 아는 지역을 다뤘기에 원고부터 써놓고 취재하면서 데이터를 맞춰 나갔다. 집보다 익숙한 골목길을 반복해서 걸었다. 그만큼 다양한 치앙마이의 여행 정보를 완성하기 위해 많은 정성을 들였다.

심심한 듯 매력적인 치앙마이. 이곳에서는 바삐 움직일 이유가 없다. 골목길을 돌다 마주한 사원을 들어가거나, 길을 걷다 발견한 카페에서 무심히 동네 풍경을 바라보는 일. 그것만으로 치앙마이에서의 시간은 충분하다. 당신들도 이곳에서 편안함을 누렸으면 좋겠다.

치앙마이에서
안 진 헌

Thanks to

Poom Ithisupornrat, Park Kulwong, Foo Chik Aun(Jason), Rachata Langsangtham(June), Kitima Janyawan(Pook), Yongyut Janyawan(Yut), Sam Winichapan, Patchanee Iamwittyakun, Somboon Iamwittyakun, Salina Ding, Sumie Sato, Yoko Uchida, Yaseu Iwamura, 트래블게릴라 김슬기, 치앙마이 미소네, 반남후 친구들, 올림푸스 카메라, 리차드 권형근, 이현석, M양 Lucia, 박경희, 박영근, 류호선, 유성용, 박사장, 양재연, 차선배님, 옐로형, 툭툭형, 콰이님, 신윤영, 구윤선, 김난희, 정창숙, 김도균, 이지상, 김영랑, 권지현, 김선겸, 양영지, 김현철, 김우열, 김은하, 최혜선, 최승헌, 남지현, 장혜주, 박기영, 스톤재즈, 백상은, 민현진, 최수진, 고재영, 성남용, 강신계, 배훈, 안명순, 마미숙, 조경화, 심근영, 쑤끼쒸, 안효숙, 안수영, 찬찬, 소방, 구한결, 구자호.

Special Thanks to

중앙북스 이정아 님, 문주미 님, 박수민 님, 태국 관광청 관계자 여러분들, 가이드북 공작단 동지 노커팅 조현숙, 디자인 작업을 해 주신 정원경 님, 지도 작업을 해 주신 양재연 님, 한 팀이 되어 책 작업을 해 주신 에디터 허진 님 감사합니다.

Notice
태국어 발음에 관하여

이 책에 쓰인 모든 발음은 현지 발음 표기를 따랐다. 태국어를 영문으로 표기한 오기를 따르지 않고, 태국어 자체의 발음을 한국식 발음으로 그대로 옮겼다. 예를 들어, Siam을 시암이 아닌 '싸얌'으로 표기한 것이다. 태국어는 영어로 표기가 불가능한 발음이 많은데도 굳이 영문 표기를 따라 한글 맞춤법으로 표기하려다 나타나는 현지 발음상의 오류를 방지하기 위함이다. 더불어 이중 자음을 줄여서 발음하는 습성에 따라 일부 지명에 대해서는 구어체 표기를 따랐다. Pratu를 '쁘라뚜'가 아닌 '빠뚜'로 표기한 것이 대표적인 예다. 영어도 태국식 발음을 기준으로 표기했다. 센트럴 Central은 '쎈탄', 로빈슨 Robinson은 '로빈싼'으로 표기해 현장에서 길을 물을 때 도움이 되도록 했다. 태국어로 읽는 데 지장이 없는 저자가 태국어를 직접 확인해 가장 비슷한 최적의 발음을 한국어로 표기했다.

고유 명칭도 태국 발음을 그대로 따랐다. 거리는 로드 Road라는 영어 표기 대신 타논 Thanon으로 표기했다. 사원(왓 Wat), 다리(싸판 Saphan), 운하(크롱 Khlong), 강(매남 Mae Nam)의 경우 치앙마이에서 하루만 지내면 익숙할 단어들이지만, 이해를 돕기 위해 주요한 명칭들에 대한 설명을 달아둔다.

타논 ถนน Thanon
영어로 Road 또는 Street에 해당한다. 한국의 도로에 해당하며 치앙마이에서는 큰길을 의미한다.

쏘이 ซอย Soi
영어로 Alley, 한국어로 골목에 해당한다. 큰길인 '타논'에서 뻗어 나간 골목길들로, 차례대로 번호를 붙인다. 도로를 중심으로 한쪽은 홀수 번호, 다른 한쪽은 짝수 번호를 붙인다. 쏘이의 특징이라면 골목 끝이 막혀 있다는 것.

뜨록 ตรอก Trok
'쏘이'보다 더 좁고 짧은 골목을 의미한다. 차가 다닐 수 없을 정도로 좁다.

크롱 คลอง Khlong
영어로 Canal, 한국어로 운하를 의미한다.

빠뚜 ประตู Pratu
영어로 게이트 Gate, 한국어로 문(門)을 의미한다. 이중 자음을 줄여 발음하기 때문에 구어체는 '빠뚜'가 된다.

싸판 สะพาน Saphan
영어로 Bridge, 한국어로 다리에 해당한다. 다리 이름 앞에 싸판을 먼저 붙인다. 즉 나와랏 다리의 태국식 발음은 싸판 나와랏이 된다.

매남 แม่น้ำ Mae Nam
영어로 River. 한국어로 강(江)을 의미한다.

딸랏 ตลาด Talat(Talad)
영어로 Market. 한국어로 시장을 의미한다.

왓 วัด Wat
영어로 Temple. 한국어로 사원을 의미한다.

How to Use
일러두기

Attraction 볼거리 정보

구시가, 타패, 님만해민, 반캉왓, 도이 쑤텝까지 치앙마이의 다양한 지역 정보를 다뤘다. 사원, 박물관, 주말 시장, 야시장까지 상세한 설명이 들어가 있다.

Entertainment 엔터테인먼트 정보

치앙마이에서 경험할 수 있는 다양한 엔터테인먼트를 지역별로 나눠 소개했다. 엔터테인먼트는 쇼핑, 스파 & 마사지, 나이트라이프를 한데 묶어 자세히 다뤘다.

Restaurant 레스토랑 정보

모든 먹거리에는 '★'이 있는데, 중요도에 따라 1~5개가 붙어 있다. 별점의 의미는 다음과 같다.

Accommodation 숙소 정보

게스트하우스부터, 세계 호텔 베스트 순위에 랭크된 고급 호텔까지 다양한 종류의 숙소를 지역별로 나눠서 소개했다.

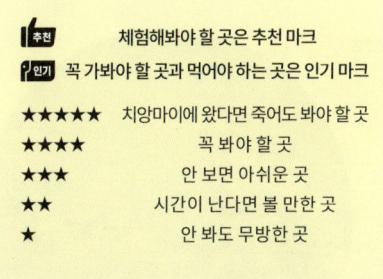

- 추천 : 체험해봐야 할 곳은 추천 마크
- 인기 : 꼭 가봐야 할 곳과 먹어야 하는 곳은 인기 마크

- ★★★★★ 치앙마이에 왔다면 죽어도 봐야 할 곳
- ★★★★ 꼭 봐야 할 곳
- ★★★ 안 보면 아쉬운 곳
- ★★ 시간이 난다면 볼 만한 곳
- ★ 안 봐도 무방한 곳

이 책에 실린 정보는 2025년 11월까지 수집한 정보를 바탕으로 하고 있다. 현지 물가와 볼거리의 개관 시간, 입장료, 호텔·레스토랑의 요금, 교통비 등은 수시로 변경되므로 이점을 감안하여 여행 계획을 세우자.

내용 문의 : 안진헌 bkksel@gmail.com 온라인 업데이트 www.travelrain.com

Contents
치앙마이

저자의 말 **002**
태국어 발음에 관하여 **004**
일러두기 **005**

치앙마이 미리보기
Chiang Mai Preview

Must Do List 이것만은 꼭 해보자 **008**
Must Eat List 태국 쌀국수 **014**
Must Eat List 쏨땀(이싼 음식) **015**
Must Eat List 단품 메뉴(덮밥) **016**
Must Eat List 태국 카레 **017**
Must Eat List 대중적인 태국 요리 **018**
Must Eat List 치앙마이 전통 요리 **020**
Must Eat List 태국 커피와 음료 **022**
Must Eat List 태국의 술과 맥주 **023**
Must Eat List 태국 과일 **024**
Must Buy List 이것만은 꼭! 태국에서 꼭 사야 하는 것들 **026**
Special Page 태국 편의점 쇼핑 리스트 **028**
Best Temple List 치앙마이 사원 베스트 **030**
Best Local Restaurant List 로컬 레스토랑 베스트 **032**
Best Thai Restaurant List 타이 레스토랑 베스트 **034**
Best Cafe List 카페 베스트 **036**
Best Shopping List 쇼핑 베스트 **038**
Best Nightlife List 나이트라이프 베스트 **040**
Best Spa & Massage List 스파 & 마사지 베스트 **041**

여행 설계하기
Plan the Travel

한눈에 보는 태국 정보 **044**
치앙마이의 문화 **050**
치앙마이의 역사 **051**
치앙마이의 축제 **052**
치앙마이의 산악 민족(고산족) **054**
치앙마이 추천 여행 코스 **058**
여행 예산 짜기 **066**
치앙마이 물가 **067**

치앙마이
Chiang Mai

치앙마이 들여다보기 070
여행에 유용한 정보 072
치앙마이 가는 방법 073
치앙마이 입국하기 074
공항에서 시내로 가기 075
치앙마이의 시내 교통 076

• 구시가 090
• 타패, 나이트 바자, 삥 강 주변 134
• 우아라이 & 공항 주변 176
• 창프악 & 싼띠땀 190
• 님만해민 & 도이 쑤텝 214

Special Page 치앙마이 체험하기 256
치앙마이 근교 258
치앙마이의 스파 & 마사지 272
치앙마이의 호텔 287

치앙마이 주변 도시
Cities near Chiang Mai

람푼 296
람빵 304
빠이 316
치앙라이 334
Special Page 치앙라이 근교 볼거리 350

인덱스 358

Must Do List
이것만은 꼭 해보자

① **플리 마켓 둘러보기** 치앙마이 곳곳에서 열리는 주말 시장을 놓치지 말자.
② **예술가 마을 반캉왓** 지역 예술가들이 모여 만든 커뮤니티 마을을 다녀오자.

구시가 둘러보기

치앙마이 역사와 전통이 잘 보존되어 있는 구시가를 둘러보자.

③ **도이 쑤텝 다녀오기** 치앙마이에서 가장 신성시되는 사원인 왓 프라탓 도이 쑤텝을 방문하자.
④ **카우쏘이 맛집 탐방하기** 치앙마이에 왔다면 카우쏘이 한 그릇은 기본!

Must Do List
이것만은 꼭 해보자

① **선데이 마켓 다녀오기** 일요일 저녁이 되면 구시가 안쪽에 형성되는 야시장을 둘러보자.
② **요리 강습(쿠킹 클래스) 참여하기** 여행하며 맛보기만 했던 태국 음식을 직접 만들어보자.

코끼리 목욕시켜주기
코끼리 보호센터를 방문해 코끼리와 교감해 보자.

③ 님만해민 카페 탐방하기 치앙마이의 트렌드를 선도하는 님만해민 지역의 카페 다녀오기.
④ 1일 1마사지 실천하기 더위에 지친 심신을 달래고 싶을 땐, 마사지를 받아보자.

Must Do List
이것만은 꼭 해보자

① 몬쨈(먼쨈)에서 하룻밤 보내기 다랑논과 꽃밭이 어우러진 산 위의 마을에서 밤을 맞이하자.
② 타패 게이트에서 기념사진 찍기 치앙마이 여행의 랜드마크 앞에서 인증 사진 남기기!

①

②

빠이 Pai 에서 빈둥대기

배낭 여행자들의 안식처가 되어주는 작은 시골 마을 다녀오기.

③ **야시장 다녀오기** 다양한 노점 식당이 들어서는 야시장 다녀오기.
④ **치앙라이 1일 투어** 하루 일정으로 치앙라이와 골든 트라이앵글을 방문하자.

Must Eat List
태국 쌀국수

태국에서 쌀국수는 '꾸어이띠아우'라고 부른다. 면 종류는 굵기에 따라 구분되는데 쎈미 → 쎈렉 → 쎈야이 순서로 굵어진다. 조리 방법은 육수를 넣은 일반적인 쌀국수는 '남', 국물 없이 쌀국수를 데쳐서 내어주는 비빔국수는 '행'이 된다.

01

꾸어이띠아우(꿰띠아우)
Noodle Soup ก๋วยเตี๋ยว
건면 쌀국수를 이용해 만든 가장 보편적인 태국 쌀국수.

02

똠얌 국수(꾸어이띠아우 똠얌)
Tomyum Noodle ก๋วยเตี๋ยวต้มยำ
매콤하고 시큼한 똠얌 소스를 첨가한 쌀국수. 인스턴트 라면을 넣은 '마마똠얌'도 있다.

03

바미
Egg Noodle บะหมี่
밀가루에 달걀을 넣어 반죽한 노란색 국수 Yellow Noodle.

04

옌따포
Yen Ta Po เย็นตาโฟ
육수에 붉은색 두반장 소스를 첨가한 쌀국수.

05

꾸어이짭
Kuay Jap ก๋วยจั๊บ
롤 모양으로 둥글게 만든 쌀국수.

06

카놈찐
Kanom Jeen ขนมจีน
소면처럼 가느다란 생면 쌀국수. 카레를 올려 먹는다.

> 💬 **알아두세요**
>
> **꾸어이띠아우 무** 돼지고기 쌀국수 Pork Noodle
> **꾸어이띠아우 느아** 소고기 쌀국수 Beef Noodle
> **꾸어이띠아우 르아** 보트 누들 Boat Noodle
> **꾸어이띠아우 룩친** 어묵 국수 Fish Ball Noodle

Must Eat List

쏨땀(이싼 음식)

파파야 샐러드로 알려진 쏨땀은 이싼(태국 북동부) 지방을 대표하는 음식이다. 대중적인 서민 음식으로 태국 어디서건 쉽게 접할 수 있다.

쏨땀(땀타이)
Somtam ส้มตำ
파파야 샐러드.

땀카우퐛
Corn Somtam ตำข้าวโพด
옥수수 쏨땀.

땀땡
Cucumber Somtam ตำแตง
오이 쏨땀.

랍
Larb(Laap) ลาบหมู
다진 고기를 살짝 데쳐서 허브, 향신료와 함께 버무린 샐러드.

무 양
Grilled Marinated Pork คอหมูย่าง
돼지고기 숯불구이. 목살 구이는 '커무양'.

까이 양
Grilled Marinated Chicken ไก่ย่าง
닭고기 숯불구이. 닭 날개 튀김은 '삑까이 텃'.

찜쭘
Isan Style Suki จิ้มจุ่ม
이싼 스타일 샤부샤부(전골 요리).

싸이크록
Sai Krok ไส้กรอกอีสาน
이싼 스타일 소시지.

찰밥(카우 니아우)
Sticky Rice ข้าวเหนียว
쏨땀에는 찰밥을 곁들인다.

Must Eat List
단품 메뉴(덮밥)

로컬 식당 어디서건 흔하게 접할 수 있는 단품 메뉴. 밥 위에 고기를 올려주는 간편식이다.

팟끄라파우(팟까파우)
Pad Kra Pao ผัดกะเพรา
팟끄라파우무쌉(돼지고기 바질 볶음)이라 부르는 매운 바질 볶음.

카우만까이
Chicken Rice ข้าวมันไก่
치킨라이스로 알려진 닭고기덮밥.

카우 무댕
Khao Moo Daeng ข้าวหมูแดง
양념 돼지고기 구이를 슬라이스로 썰어서 올린 덮밥.

카우 무끄롭(무껍)
Khao Moo Krob ข้าวหมูกรอบ
바삭한 돼지고기 구이 Crispy Pork를 썰어서 올린 덮밥.

카우 카무
Khao Kha Moo ข้าวขาหมู
돼지고기 족발 덮밥.

카우팟
Fried Rice ข้าวผัด
카우팟무(돼지고기 볶음밥)
카우팟까이(닭고기 볶음밥)
카우팟꿍(새우 볶음밥)
카우팟탈레(해산물 볶음밥)

카우 옵 쌉빠롯
Khao Ob Sapparod
ข้าวอบสับปะรด
파인애플에 담아주는 볶음밥.

카우똠
Khao Tom ข้าวต้ม
끓인 밥이라는 뜻. 뜨끈한 육수에 흰쌀밥을 넣은 맑은 국밥.

쪽
Jok โจ๊กหมู
태국 사람들이 아침 식사로 즐겨 먹는 죽.

Must Eat List

태국 카레

태국 카레는 '깽'이라 부른다. 카레 가루 대신에 장처럼 만든 카레 페이스트를 사용한다. 코코넛 밀크로 간을 조절하기 때문에 첫맛은 맵고 뒷맛은 달콤한 것이 특징이다.

깽펫
Red Curry แกงเผ็ด
매운 카레라는 뜻. 고추를 주재료로 만들어 카레 색깔이 붉다.

깽라왱
Rawaeng Curry แกงระแวง
일반 태국 카레에 강황을 넣어 만든 전통 카레.

깽빠
Jungle Curry แกงป่า
숲에서 만든 카레라는 뜻. 코코넛 밀크를 사용하지 않고 매운맛을 낸다.

깽파냉
Phanaeng Curry แกงพะแนง
'파냉'은 고추, 카피르 라임, 갈랑갈(생강), 땅콩 등을 넣어 만든 카레. 깽펫에 비해 덜 맵다.

깽마싸만
Massaman Curry แกงมัสมั่น
태국 남부에서 사는 무슬림들이 즐기는 카레. 감자와 닭고기를 넣은 '깽 마싸만 까이' Chicken Massaman Curry를 주로 요리한다.

카놈찐남야
Kanom Jeen Nam Ya ขนมจีนน้ำยา
태국 남부지방 생선 카레. 생선살을 갈아 넣어 수프처럼 느껴진다. 소면(카놈찐)을 넣어 먹는다.

깽키아우완
Green Curry แกงเขียวหวาน
달콤한 녹색 카레라는 뜻. 파란 고추를 주재료로 만들어 녹색을 띤다.

깽쏨
Kaeng Som แกงส้ม
신맛 나는 찌개라는 뜻. 채소를 듬뿍 넣으면 김치찌개 맛이 난다.

똠카 까이
Chicken Coconut Soup ต้มข่าไก่
코코넛 밀크를 베이스로 만든 국물 요리.

Must Eat List
대중적인 태국 요리

팟타이
Pad Thai ผัดไทย
태국식 볶음국수. 새우를 넣은
'팟타이꿍'이 가장 인기있다.

팟씨이우
Phad See Ew ผัดซีอิ๊ว
넓적한 면발(쎈야이)에 간장과
굴 소스를 넣은 볶음국수.

팟펫
Pad Phet ผัดเผ็ด
매콤한 카레와
고추를 넣은 볶음 요리.

까이 허 바이떠이
Thai Pandan Chicken
ไก่ห่อใบเตย
판단 잎으로 닭고기를 감싸서
숯불에 구운 요리.

팍붕 파이댕(팟 팍붕)
Fried Morning Glory
ผักบุ้งไฟแดง
모닝글로리(공심채) 볶음.

똠얌꿍
Tom Yum Kung ต้มยำกุ้ง
맵고 시고 짜고 단맛을 내는 똠얌
소스에 새우를 넣어 끓인 찌개.

텃만꿍
Deep Fried Shrimp Cake
ทอดมันกุ้ง
새우 살을 다져서 둥글게 튀긴 요리.

싸떼
Satay มูสะเต๊ะ
노란색 카레 소스를 발라 숯불에
구운 꼬치구이.

팟프릭
Pad Prik ผัดพริก
고추와 굴 소스를 넣고 볶은 음식.

Must Eat List

팟타이와 똠얌꿍으로 대표되는 태국 음식.
음식 재료는 무(돼지고기), 까이(닭고기), 느아(소고기), 꿍(새우), 뿌(게), 쁠라(생선), 빠믁(오징어), 탈레(해산물)로 구분된다.

뿌 팟퐁까리
Stir-fried Yellow Crab Curry
ปูผัดผงกะหรี่
게 카레 볶음.

얌운쎈
Yum Woon Sen **ยำวุ้นเส้น**
태국식 당면 샐러드.
술안주로 인기 있다.

카우크룩까삐
Khao Kluk Kapi **ข้าวคลุกกะปิ**
까삐(새우 페이스트)를 섞은 밥과
반찬을 곁들여 먹는 음식.

무까타
Moo Kratha **หมูกระทะ**
태국식 돼지고기 뷔페. 돼지고기
(무)와 까타(움푹한 둥근 팬)를
합친 말.

깽쯧 무쌉
Clear Soup
แกงจืดหมูสับ
돼지고기와 두부를 넣은
깽쯧(맑은 국).

얌
Yum(Spicy Thai Salad)
ยำทะเล
피시 소스, 라임, 향신료를 넣어 만든 매콤한 태국식 무침 샐러드.

렝쌥
Leng Saeb **เล้งแซ่บ**
라임과 고추를 듬뿍 넣은
태국식 돼지 등뼈찜.

쑤끼
Suki **สุกี้**
샤부샤부(핫팟)와 비슷한
태국식 전골 요리.

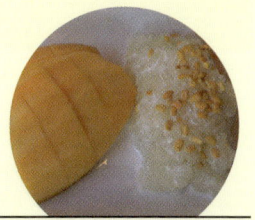

마무앙 카우니아우
Mango Sticky Rice
ข้าวเหนียวมะม่วง
태국 디저트로 사랑받는 망고 찰밥.

Must Eat List
치앙마이 전통 요리

카우쏘이
Khao Soi ข้าวซอย

코코넛 밀크를 첨가한 노란색 카레 국수. 쌀국수가 아니라 달걀을 넣어 반죽한 노란색 면을 사용한다.

깽항레
Kaeng Hang Leh แกงฮังเล

태국 북부를 대표하는 카레 요리. 심황과 달짝지근한 검정콩 소스에 재워둔 돼지고기와 카레페이스트를 넣어 만든다.

카놈찐 남응이아우
Khanom Jeen Nam Ngiaw ขนมจีนน้ำเงี้ยว

돼지고기, 선지, 토마토를 넣고 끓인 매콤한 육수(남응이아우)에 소면(카놈찐)을 넣은 국수.

캡 무
Khaep Moo แคบหมู

돼지껍데기 튀김.

깽 카눈
Jack Fruit Curry แกงขนุน

잭프루트(카눈)를 첨가한 북부 지방 매운 카레.

얌찐까이
Yum Jin Gai ยำจิ้นไก่

향신료와 약초를 넣은 북부 지방 매운 닭고기 찌개.

깽유악
Kaeng Yuak แกงหยวก

바나나 줄기를 넣어 만든 북부 지방 카레.

깽옴무
Kaeng Om Moo แกงอ่อมหมู

돼지고기와 부속물, 고추, 향신료를 먼저 볶은 후 물을 넣고 끓인 찌개.

깽 너마이
Kaeng Nor Mai แกงหน่อไม้

죽순을 넣은 매운 카레.

태국 중부(방콕)와 나라가 달랐듯이 태국 북부는 음식도 다르다.
북부 지방의 음식은 지형적으로 인접한 중국·미얀마 음식의 영향을 받았다.
중부 지방에 비해 투박하고, 토속적인 음식이 많다.

남프릭 엉
Namphrik Ong น้ำพริก กอ่อง

돼지고기와 토마토를 갈아서 만든 디핑 소스. 일종의 쌈장으로 각종 야채를 찍어서 먹는다.

남프릭 눔
Namphrik Num น้ำพริก กหนุ่ม

파란색 고추와 샬롯, 마늘, 레몬그래스를 갈아서 만든 디핑 소스.

싸이 우아
Sai Oua ไส้อั่ว

돼지고기와 향신료를 넣어 만든 소시지.

랍무쿠아
Larb Moo Kua ลาบหมูคั่ว

랍무(다진 돼지고기 허브 샐러드)를 팬에 볶은 것.

깽호
Kaeng Ho แกงโฮะ

얇은 면발의 당면과 채소를 넣은 카레 페이스트 볶음.

땀 카눈
Tum Kanoon ตำขนุน

잭프루트와 향신료를 으깨서 카레 페이스트를 넣고 볶은 음식.

옹뿌(엉뿌)
Ong Poo อ่องปู

게 내장과 달걀을 혼합해 게딱지에 넣고 구운 음식.

얌 너마이
Yum Nor Mai ยำหน่อไม้

죽순 샐러드.

Must Eat List
태국 커피와 음료

태국에서 재배하는 유명한 커피 브랜드는 모두 태국 북부 지방에 있다. 그만큼 커피 농장이 가깝고, 신선한 원두로 추출한 커피를 맛볼 수 있다. 풍부한 열대 과일을 이용한 과일 셰이크도 흔하다.

까패 론
Hot Coffee กาแฟร้อน
뜨거운 커피.

까패 옌
Ice Coffee กาแฟเย็น
연유와 얼음을 넣은 차가운 커피. '옌'은 차갑다는 뜻의 태국어.

오리앙
Oliang โอเลี้ยง
태국식 전통 블랙 아이스커피.

에스 옌
Es-Yen เอสเย็น
에스프레소 커피에 연유와 설탕, 얼음을 넣어 달달하게 마신다.

더티 커피
Dirty Coffee กาแฟเดอร์ตี้
차가운 우유와 뜨거운 에스프레소를 혼합한 라테.

차 옌(아이스티)
Ice Tea ชาเย็น
연유를 넣은 태국식 아이스티(차가운 홍차).

마무앙빤
Mango Shake มะม่วงปั่น
망고(마무앙) 셰이크.

땡모빤
Watermelon Shake แตงโมปั่น
수박(땡모) 셰이크.

차마나오
Ice Lime Tea ชามะนาว
아이스티에 라임(마나오)을 첨가한 음료.

남 안찬
Butterfly Pea Flower Tea น้ำอัญชัน
파란색 나비완두콩 꽃잎(안찬)으로 만든 음료.

싱하 소다(쏘다 씽)
Singha Soda Water โซดาสิงห์
사자 그림이 그려진 탄산수.

끄라팅댕
Krating Daeng กระทิงแดง
레드불이란 영어 이름이 더 유명한 에너지 드링크.

Must Eat List
태국의 술과 맥주

태국도 맥주가 흔하다. 싱하 맥주와 창 맥주가 유명하다.
더운 나라라서 맥주도 얼음에 타서 마신다. 안주 없이 술 마시는 것도 특징이다.

창 맥주(비아 창) Chang Beer เบียร์ช้าง

파란색 병에 코끼리가 그려진 맥주. '창'은 코끼리를 뜻한다. 싱하 맥주와 경쟁 관계로 싱하 맥주보다 가격을 낮게 책정하는 것이 특징이다.

싱하 맥주(비아 씽) Singha Beer เบียร์สิงห์

1933년부터 생산을 시작한 태국을 대표하는 맥주. 영어로 싱하 비어 Singha Beer라 표기되어 있지만 정확한 발음은 '비아씽'이다. '씽'은 맥주 로고로 그려진 수호신 역할을 하는 사자를 뜻한다. 알코올 도수는 5%.

레오 맥주(비아 리오) Beer Leo เบียร์ลีโอ

싱하 맥주 회사에서 만드는 저렴한 맥주. 레오파드(표범)가 그려져 있다.

타이거 맥주(비아 타이끄) Tiger Beer เบียร์ไทเกอร์

동남아시아 여러 나라에서 즐겨 마시는 맥주. 싱가포르 대표 맥주로, 호랑이가 그려져 있다.

라오 맥주(비아 라오) Beer Lao เบียร์ลาว

인접 국가인 라오스에서 생산한 맥주.

쌩쏨 Sang Som แสงโสม

태국에서 가장 유명한 위스키. 사탕수수에서 증류한 태국 럼주. 알코올 도수는 40%.

메콩(매콩) Mekhong แม่โขง

1941년부터 태국에서 생산하고 있는 국내 위스키. 메콩 강이라는 이름을 붙였다. 알코올 도수 35%의 증류주.

야동 Ya Dong ยาดอง

약초와 허브를 넣어 만든 태국 전통 술. 전통 시장 같은 곳에서 잔술로 판다.

Must Eat List
태국 과일

태국에는 열대지방에서만 볼 수 있는 독특한 과일들이 널려 있다.
바나나, 파인애플, 수박, 오렌지, 구아바, 망고는 흔하게 볼 수 있다.
특히 제철 과일은 맛과 향기가 풍부하고, 가격도 저렴하다.

01

코코넛(마프라오)
Coconut มะพร้าว
야자수 열매로, 시원하게 먹어야
제맛을 느낄 수 있다. 코코넛 껍질을
칼로 쪼개 하얀 과일을 함께 먹는다.
1kg 35~50B

02

망고(마무앙)
Mango มะม่วง
열대 과일 중 가장 사랑받는 과일.
시큼한 맛의 그린 망고보다 단맛의
노란 망고를 선호한다.
1kg 40~60B

03

망고스틴(망쿳)
Mangosteen มังคุด
열대 과일의 여왕. 자주색 껍데기에
하얀 열매를 갖고 있다.
딱딱한 겉모습과 달리
과육은 부드럽다.
1kg 40~60B

04

로즈 애플(촘푸)
Rose Apple ชมพู่
장미꽃이 연상되는 과일. 빨간색이
많고, 연한 초록색도 있다.
단맛은 강하지 않지만 향기가 좋다.
수분이 많아 차게 먹으면 좋다.
1kg 40~50B

05

두리안(투리안)
Durian ทุเรียน
열대 과일의 제왕. 강한 냄새에
도깨비 방망이 같은 생김새도
요상하다. 하지만 노란색 과육은
한번 입맛을 들이면 헤어나기
어렵다. 고약한 냄새로 반입을
금지하는 건물이 많다.
1kg 180~250B

06

패션 프루트(싸와롯)
Passion Fruit เสาวรส
둥글고 딱딱한 갈색 과일.
검은 씨가 있는 노란색 과육이
올챙이 알처럼 들어있다.
비타민 C가 많고, 상큼하다.
숟가락으로 떠먹기 좋다.
1kg 30~50B

Must Eat List   025

07

잭 프루트(카눈)
Jack Fruit ขนุน
두리안과 비슷하지만,
더 크고 껍질이 부드럽다.
껍질 속 과육은 노란색이다.
향은 강하지만 맛은 부드럽다.
1kg 50~80B

08

람부탄(응어)
Rambutan เงาะ
성게처럼 털이 달린 빨간색 과일.
껍질 속 하얀알맹이는 단맛을 낸다.
살짝 얼려 먹으면 색다른 맛이다.
1kg 40~50B

09

드래곤 프루트(깨우망꼰)
Dragon Fruit แก้วมังกร
빨갛고 둥근 선인장 열매로, 껍질
속엔 검은 점이 알알이 박힌 하얀색
알맹이가 있다. 맛은 심심한 편.
1kg 40~60B

10

용안(람야이)
Longan ลำไย
'용의 눈'이라는 이름을 가진
동그란 갈색 과일.
살짝 얼려 먹으면 더 맛있다.
1kg 30~40B

💬 알아두세요

**입이 심심할 때,
맥주 한잔 할 때 곁들이기
좋은 말린 과일 과자**

쿤나 Kunna

망고 75g
Dried Mango 75B
코코넛 50g
Oven-baked Coconut 65B
두리안 90g
Dried Durian 599B

찌라폰 Jiraporn

바나나 200g
Solar Dried
Natural Banana 80B

도이뚱 Doi Tung

마카다미아 50g
Macadamia Nuts 95B

💬 알아두세요

익숙한 과일의 태국 이름

바나나 : 꾸어이 Banana กล้วย
수박 : 땡모 Watermelon แตงโม
파파야 : 마라꺼 Papaya มะละกอ
구아바 : 파랑 Guava ฝรั่ง

오렌지 : 쏨 Orange ส้ม
포멜로 : 쏨오 Pomelo ส้มโอ
사탕수수 : 어이 Sugarcane อ้อย
파인애플 : 쌉빠롯
Pineapple สับปะรด

Must Buy List
이것만은 꼭! 태국에서 꼭 사야 하는 것들

01 치앙마이 기념 소품

마그넷, 엽서, 우표, 열쇠고리, 우표, 티셔츠 등이 있다. 대부분 가격도 저렴하고 부피도 작아서 부담 없다.

02 타이 핸디크래프트

랜턴, 램프, 비누 장식, 종이우산, 야자로 만든 수저와 젓가락, 테이블 매트, 대나무 가방 등 태국에서 흔한 재료를 이용해 만든 제품. 독특한 디자인에 실용성까지 갖추고 있다.

03 산악민족(몽족) 수공예품

태국 북부 산악지역에서 생활하는 몽족이 만든 수공예품. 화려한 색감과 자수 장식으로 인해 눈길을 끈다. 지갑, 가방, 옷, 신발까지 다양하다.

04 라탄 가방(라탄 백)

여름에 들고 다니기 시원한 패션 아이템. 열대 국가답게 왕골과 대나무를 이용한 제품이 흔하다.

Must Buy List

05 벤자롱
다섯 종류의 화려한 색으로 치장한 태국 도자기. 머그컵은 선물용으로 좋다.

06 도자기 & 그릇
그릇, 양념통, 식기를 포함한 다양한 도자기가 저렴하다.

07 주석 제품
태국 남부에서 생산되는 주석을 이용한 제품.

08 커피
태국 북부에서 재배한 원두를 이용해 커피가 신선하다. 도이 창 커피 Doi Chang Coffee와 도이뚱 커피 Doi Tung Coffee가 유명하다.

09 수제 비누(허브 비누)
과일 모양으로 만들어 보기도 좋고 가격도 저렴하다.

10 아로마 제품
디퓨저, 향초, 향주머니, 마사지 오일 등 천연 재료로 만들어 향긋하고 몸에도 자극적이지 않다.

11 식료품
태국 음식이 생각날 때 즉석에서 조리할 수 있는 식료품을 구입해 가면 좋다.

12 타이 실크
화려한 색감이 눈길을 끄는 실크 제품은 스카프부터 전통 의상까지 다양하게 활용된다.

13 말린 과일
생과일은 기내로 반입할 수 없지만 말린 과일이라면 가능하다.

Special Page

태국 편의점 쇼핑 리스트

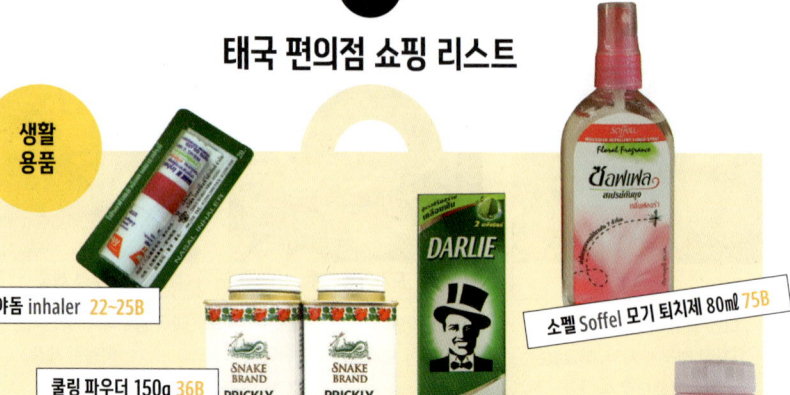

생활 용품

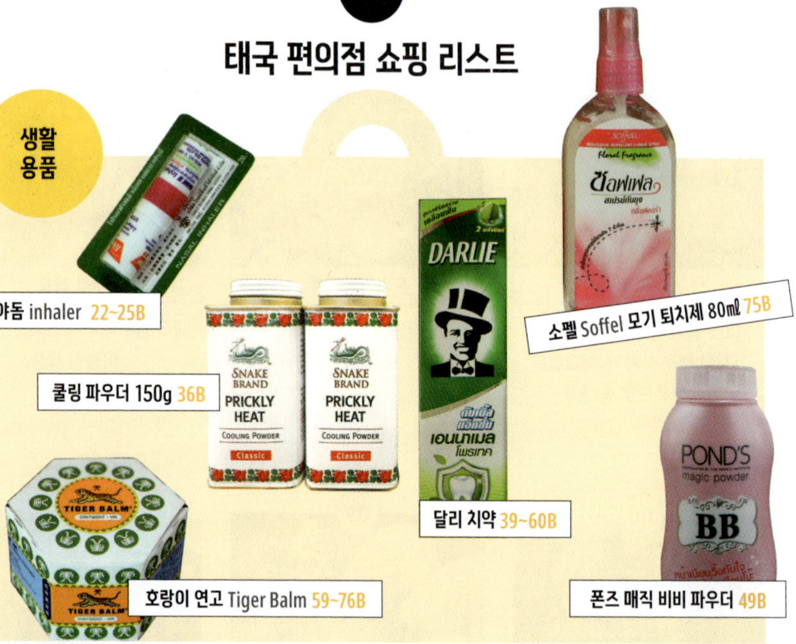

야돔 inhaler 22~25B

쿨링 파우더 150g 36B

호랑이 연고 Tiger Balm 59~76B

달리 치약 39~60B

소펠 Soffel 모기 퇴치제 80㎖ 75B

폰즈 매직 비비 파우더 49B

음료 맥주

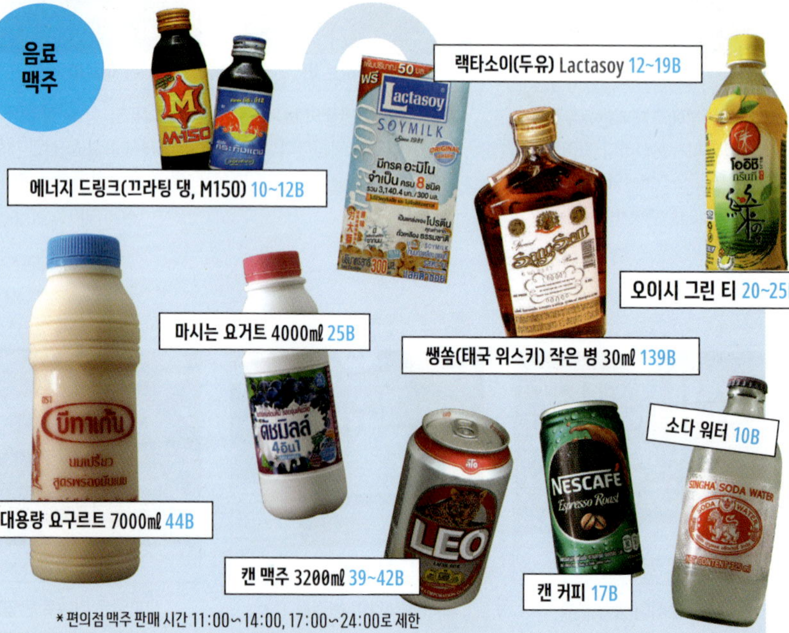

에너지 드링크(끄라팅 댕, M150) 10~12B

랙타소이(두유) Lactasoy 12~19B

오이시 그린 티 20~25B

마시는 요거트 4000㎖ 25B

쌩쏨(태국 위스키) 작은 병 30㎖ 139B

대용량 요구르트 7000㎖ 44B

캔 맥주 3200㎖ 39~42B

캔 커피 17B

소다 워터 10B

* 편의점 맥주 판매 시간 11:00~14:00, 17:00~24:00로 제한

라면, 군것질 거리

- 컵라면 15B
- 차오쑤아 쌀과자 80g 60B
- 마시따(김 과자) Masita 39~59B
- 봉지라면 10~12B
- Lay's 감자 칩 60g 31B
- 타로(어포) Taro 20~28B

대형 마트 판매 상품

- 말린 망고 250g 199B
- 코코넛 오일 300ml 250B
- 망고 젤리 100g 75B
- 똠얌꿍 페이스트 49B
- 과일 모양 비누(3개) 100B
- 연유 28B
- 차뜨라므(녹차) Cha Tra Mue 130B
- 도이 뚱 커피(원두) 250B
- 블루 엘리펀트 팟타이 120B
- 똠얌꿍 페이스트 49B
- 쿤나 과자(6개 팩) 295B
- 블루 엘리펀트 카레 125B

Best Temple List
치앙마이 사원 베스트

왓 쩨디 루앙 Wat Chedi Luang
구시가 정중앙에 자리한 치앙마이를 대표하는 사원. `P.104`

왓 프라씽 Wat Phra Singh
치앙마이에서 가장 중요한 불상을 모신 사원. `P.106`

왓 프라탓 도이 쑤텝 Wat Phra That Doi Suthep
해발 1,053m의 산 중턱에 만든 황금 탑 사원. `P.228`

왓 록모리 Wat Lok Moli
좌우 대칭이 인상적인 란나 양식의 사원. `P.194`

왓 롱쿤(화이트 템플) Wat Rong Khun
하얀색으로 반짝이는 이색적인 사원. `P.344`

왓 우몽 Wat Umong
산사(山寺) 분위기가 느껴지는 동굴 사원. `P.224`

Best Temple List

왓 파랏(몽크 트레일) Wat Pha Lat
승려들이 수행 길에 방문하던 산속의 사원. P.223

왓 치앙만 Wat Chiang Man
치앙마이에 최초로 건설된 란나 양식의 사원. P.102

왓 쑤언독 Wat Suan Dok
꽃의 정원이란 뜻의 왕족들의 사리탑을 모신 사원.
P.219

왓 씨쑤판 Wat Sri Suphan
은세공 장인들이 참여해 만든 실버 템플. P.181

왓 판따오 Wat Phan Tao
왕실 부속 건물로 쓰였던 우아한 목조 사원. P.103

왓 프라탓 람빵 루앙 Wat Phra That Lampang Luang
람빵에 있는 태국 북부 지방을 대표하는 사원. P.312

02
Best Local Restaurant List
로컬 레스토랑 베스트

카놈찐 싼빠커이 Kanomjeen Sanpakoi
재래시장 안쪽에 있는 카놈찐 노점 식당. P.158

넹 무옵옹 Neng Earthen Jar Roast Pork
항아리 구이로 유명한 돼지고기 구이 맛집. P.205

카우쏘이 룽쁘라낏 깟꼼
Khao Soi Lung Prakit Kad Kom
현지인들이 사랑하는 전통의 카우쏘이 식당. P.184

블루 누들 Blue Noodle
한국 관광객에게 유명한 소고기 쌀국수 식당. P.121

카우쏘이 쿤야이 Khao Soi Khun Yai
구시가의 대표적인 카우쏘이 식당. P.120

카우쏘이 매싸이 Khao Soi Mae Sai
외국인 관광객에게 더 인기 있는 카우쏘이 식당. . P.206

Best Local Restaurant List

깟마니 야시장 Kad Manee Market
공항과 가까운 곳에 있는 야시장. **P.183**

카우쏘이 매마니(2호점) Khao Soi Mae Manee 2
현지인들이 추천하는 카우쏘이 맛집. **P.206**

쑤끼 창프악 Suki Changphuak
볶음 쑤끼(태국식 샤부샤부) 전문 노점 식당. **P.204**

위치안부리 로스트치킨 Kai Yang Wichian Buri
길거리 노점 분위기 가득한 숯불 통닭구이 식당.. **P.241**

씨아 피시 누들 Sia Fish Noodles
님만해민 지역의 어묵 쌀국수 식당. **P.238**

크루아 아이짜이 Aoyjai Kitchen
구시가 한적한 골목에 있는 가성비 좋은 식당. **P.125**

Best Thai Restaurant List
타이 레스토랑 베스트

얌 뿌마 쩻욧 Yumpuma Jedyod
태국식 매운 게장(얌 뿌마)으로 유명한 이싼레스토랑.
P.207

카우-쏘-이 Khao-So-i
카우쏘이를 일본식으로 만든 퓨전 레스토랑. P.161

까이양 청더이 Cherng Doi Roast Chicken
외국 관광객이 사랑하는 이싼 음식점. P.241

떵뗌또 Tong Tem Toh
대중적인 인기를 누리는 북부 음식 전문 레스토랑.
P.243

반 란다이 Baan Landai
구시가 안쪽에 있는 파인 타이 퀴진 레스토랑. P.128

마데 슬로 피시 키친 Maadae Slow Fish Kitchen
숯불에 구운 생선 요리 전문레스토랑. P.163

Best Thai Restaurant List

미나 라이스 베이스드 퀴진
Meena Rice Based Cuisine
유기농 쌀을 베이스로 만든 태국 요리. **P.166**

크루아 아짠 싸이웃 Saiyut & Doctor Sai Kitchen
태국 디저트와 애피타이저에 진심인 레스토랑. **P.212**

에까찬 Ekachan
삥 강변의 전통 가옥에서 즐기는 매력적인 태국 요리.
P.164

라씩 로컬 키친 Rasik Local Kitchen
예약제로 운영되는 소규모 레스토랑. **P.162**

진저 팜 키친 Ginger Farm Kitchen at One Nimman
직접 재배한 유기농 식재료로 요리하는 타이 레스토랑.
P.245

테라코타 가든 The Terracotta Garden at Lamphun
역사 유적지를 방불케 하는 야외 공원 레스토랑.
P.303

04
Best Cafe List
카페 베스트

로스터리 랩 Roast8ry Lab
월드 라테아트 챔피언이 운영하는 카페. **P.233**

그래프 카페 Graph Cafe
치앙마이를 대표하는 창의적인 카페. **P.234**

트웬티 마 카페 Twenty Mar Cafe
예술적인 감각이 더해진 미니멀한 카페. **P.116**

아리밋 커피 Areemitr Coffee
싼띠탐 골목길에 있는 친절한 동네 카페. **P.201**

차이트 로스터 Zeit Roaster
삥 강변에 있는 로스팅&드립 커피 전문 카페. **P.152**

펀 포레스트 카페 Fern Forest Cafe
구시가 안쪽의 정원 넓은 브런치 카페. **P.115**

Best Cafe List

아카아마 커피 Akha Ama Coffee
아카족 커피 농장과 협업해 운영하는 카페. **P.118**

갤러리 드립 커피 Gallery Drip Coffee
치앙마이 문화 예술 센터 내부에 있는 드립 커피 전문점. **P.117**

바리스트로 아시안 스타일 The Baristro Asian Style
자연 속에서 만나는 동양적인 건축이 매력적인 카페.
P.235

브루기닝 커피 Brewginning Coffee
태국 젊은이들에 인기 있는 힙한 카페. **P.151**

블루 커피(치앙마이대학교 농대점) Blue Coffee
치앙마이 대학교 캠퍼스에 있는 카페. **P.235**

미니스트리 오브 로스터 Ministry of Roasters
다양한 원두커피를 즐길 수 있는 트렌디한 카페.
P.152

Best Shopping List
쇼핑 베스트

와로롯 시장 Warorot Market
현지인과 관광객 모두에게 사랑받는 재래시장. `P.142`

므앙마이 시장 Talat Muang Mai
치앙마이 최대의 과일, 농산물 도매 시장. `P.144`

마야 Maya Lifestyle Shopping Center
님만해민 지역에 있는 대형 쇼핑몰. `P.250`

림삥 슈퍼마켓 Rimping Supermarket
특산품 구입에 최적화된 대형 마트. `P.249`

캄 빌리지 Kalm Village
박물관을 연상케 하는 아트·수공예·문화 센터.
`P.111`

코코넛 마켓 Coconut Market
야자수 배경으로 사진 찍기 좋은 주말시장. `P.148`

Best Shopping List

원 님만 One Nimman
유럽풍의 건물과 트렌디한 분위기가 어우러진 쇼핑몰.
P.252

찡짜이 마켓 Jing Jai Market
16헥타르에 이르는 야외에 만든 수공예품 시장. 플리 마켓이 형성되는 주말에 가면 좋다. P.198

반캉왓 Baan Kang Wat
예술가들이 모여서 만든 마을. P.225

참차 마켓 Chamcha Market
치앙마이 근교에 생기는 매력적인 주말 시장. P.149

타논 창머이 라탄 거리 Thanon Chang Moi Rattan Street
구시가와 가까운 창머이 거리에 형성된 라탄 가방 거리.
P.172

쎈탄 페스티벌 치앙마이 Central Festival Chiang Mai
쎈탄(센트럴) 백화점에서 운영하는 대형 쇼핑몰.
P.175

06
Best Nightlife List
나이트라이프 베스트

노스 게이트 재즈 코업 The North Gate Jazz Co-Op
치앙마이의 대표적인 재즈 바. **P.130**

모멘트 노티스 Moment's Notice Jazz Club
빈티지한 목조 가옥과 감미로운 재즈 음악. **P.188**

타패 이스트 Thapae East
크리에이티브 아트를 추구하는 재즈 바. **P.168**

하이드 랜드 Hide Land
치앙마이에서 흔치 않은 루프 톱 바. **P.169**

마호리 Ma Ho Ree
차분하게 음악을 들으며 치앙마이 밤을 보내기 좋은 곳. **P.130**

리버사이드 The Riverside Bar & Restaurant
태국 젊은이들이 사랑하는 강변 라이브 바. **P.170**

Best Spa & Massage List
스파 & 마사지 베스트

앤티크 마사지 Antique Massage
한적한 주택가 골목의 목조 건물 마사지 숍. **P.277**

DN 웰니스 마사지 DN Wellness Massage
가정집 분위기 가득한 치앙마이 감성의 마사지 숍.
P.279

센스 마사지 Sense Massage
현대적인 시설에 가성비까지 더한 인기 스파업소.
P.282

레츠 릴랙스 스파 Let's Relax Spa
전국적인 체인점을 구축한 유명 스파 브랜드. **P.283**

막카 헬스 & 스파 Makkha Health & Spa
치앙마이의 고즈넉한 분위기와 잘 어울리는 스파.
P.284

오아시스 스파 The Oasis Spa
란나 분위기를 제대로 느낄 수 있는 럭셔리 스파.
P.286

여행 설계하기
Plan the Travel

한눈에 보는 태국 정보
치앙마이의 문화
치앙마이의 역사
치앙마이의 축제
치앙마이의 산악 민족(고산족)
치앙마이 추천 여행 코스
여행 예산 짜기
치앙마이 물가

한눈에 보는 태국 정보

01 태국 국가 정보

국가명	태국(쁘라텟타이) Kingdom of Thailand
국가 원수	국왕(라마 10세 마하 와치라롱꼰)
정부 수반	총리(아누틴 찬위라꾼)
정치 체제	입헌군주제(의원내각제)
의회	상·하원 양원제
인구	7,162만 명(2025년 기준)
수도	방콕(끄룽텝) Bangkok
공식 언어	태국어
화폐	단위 밧(Baht)
국기	다섯 개의 가로줄에 파란색, 하얀색, 붉은색의 세 가지 색으로 구성되어 있다. 라마 6세 때 디자인되어 1917년 9월부터 공식 사용됐다. 파란색은 국왕, 하얀색은 불교, 붉은색은 국민의 피를 상징한다. 중앙의 파란색, 즉 국왕을 중심으로 불교와 국민이 함께 어우러져 사는 사회를 국기에 표현한 것.

> 💬 알아두세요
>
> **'란나'는 무슨 뜻?**
> 치앙마이에서는 란나 Lanna라는 단어를 자주 접하게 된다. 태국 북부지방을 의미하는 단어로 치앙마이를 수도로 삼았던 란나 왕국 Lanna Kingdom에서 기인한 말이다.

인종
타이족이 80%로 절대 다수를 차지한다. 화교는 12%로 정치·경제에 지대한 영향력을 행사한다. 소수민족으로 북부 산악 지역에 카렌족, 몽족, 아카족, 라후족, 리수족이 거주하며, 남부 말레이 국경 지역에 말레이족이 거주한다.

행정구역
76개 행정 구역(짱왓)으로 구분된다. 방콕을 중심으로 한 중부 지방, 치앙마이를 중심으로 한 북부 지방, 라오스와 국경을 접한 북동부(이싼) 지방, 푸껫을 중심으로 한 남부 지방으로 나뉜다.

종교
전형적인 남방불교 국가로 전 국민의 94%가 불교를 믿는다. 말레이시아와 국경을 접한 남부 지역에는 이슬람교도가 많지만 태국 전체 인구의 5%에 불과하다. 종교의 자유는 인정되지만 모태 신앙으로 불교가 생활의 중심이 된다.

> 💬 알아두세요
>
> **태국 대마 합법화에 따른 주의사항**
> 태국은 2022년 6월부터 대마를 합법화했다. 대마는 영어로 캐너비스 Cannabis, 위드 Weed, 마리화나 Marijuana 등으로 표기하는데, 태국어로는 깐차 Kan-Cha กัญชา라고 부른다. 한국에서는 마약류로 지정되어 있어 소지·흡입·반입할 경우 5년 이하 징역 또는 5,000만원 이하의 벌금형에 처하게 됨을 명심해야 한다. 대마를 취급하는 제품에는 대마 잎이 그려져 있다. 음식이나 음료에 넣어서 판매하는 곳도 있으니 식당이나 카페, 편의점에서 초록색 잎이 그려진 게 보이면 무조건 피하는 게 좋다.

왕실

방콕에 수도를 두고 있는 태국 왕실을 짜끄리 왕조라 부른다. 1782년 프라야짜끄리 장군 Phraya Chakri이 라마 1세로 등극하며 왕조가 시작됐다. 현재까지 10명의 국왕을 배출하고 있다. 2016년에 라마 10세(마하 와치라롱꼰 Maha Vajiralongkorn)가 즉위했다.

공휴일

왕실과 불교 관련 공휴일이 많다. 불교 관련 기념일은 음력으로 정하기 때문에 휴일이 매년 달라진다.

- 신정 New Year 1월 1일
- 짜끄리 왕조 기념일 Chakri Day 4월 6일
- 마카 부차 Makha Bucha 3월 초순
- 쏭끄란 Songkran 4월 13~15일
- 위싸카 부차 Visakha Bucha 5월 중순
- 왕비 생일 Queen Suthida's Birthday 6월 3일
- 카오 판싸 Khao Phansa 7월 초순
- 국왕(라마 10세) 생일 King's Birthday 7월 28일
- 어머니의 날 Mother's Day 8월 12일
- 푸미폰 국왕(라마 9세) 기념일 King Bhumibol Memorial Day 10월 13일
- 쭐라롱껀 대왕 기념일 Chulalongkon Day 10월 23일
- 옥 판싸 Ok Phansa 10월 초순
- 러이 끄라통 Loi Krathong 11월 중순
- 푸미폰 국왕 생일 King Bhumibol's Birthday 12월 5일

02 태국 여행 정보

시차 한국보다 2시간 느리다. 한국이 12:00라면 태국은 10:00. 서머 타임을 적용하지 않는다.

국가번호 태국의 국가 번호는 66번이다.

태국 연도 태국은 석가모니가 입적한 해를 기준으로 하는 불기(佛紀)를 사용한다. 서양 연도에 543년을 더하면 된다. 서기 2026년=태국 연도 2569년이다.

비행 시간 인천에서 출발하는 직항은 치앙마이까지 약 5시간 30분 소요된다.

비자(무비자 90일)

무비자로 체류할 수 있는 기간은 90일이다. 무비자 조항은 태국에 입국할 때마다 자동으로 적용된다.

기온(날씨)

아열대 몬순기후에 속하는 태국은 우리나라와 달리 1년 내내 덥다. 건기(11~4월)와 우기(5~10월)로 구분될 뿐이다. 온도 변화 없이 연중 30°C를 웃도는 무더운 날씨로 최고 더운 4월에는 낮 기온이 38°C를 훌쩍 넘긴다. 1년 중에서 가장 쾌적한 시기는 11~2월이다. 비는 전혀 내리지 않고 태국 북부에서 선선한 바람이 불어와 밤 기온이 20°C 아래로 내려간다. 북부 산간 지방은 영상 10°C 아래로 내려가는 추위(?)가 오기도 한다. 5월부터 비가 오는 날이 급증하며 10월까지 우기가 이어진다.

화폐

태국 통화는 밧 Baht. 공식적으로는 THB(Thai Baht)이지만, 보통 B만 표기한다. 1B보다 작은 단위는 싸땅 Satang인데, 거의 통용되지 않는다. 100싸땅이 1B이다. 지폐는 20B, 50B, 100B, 500B, 1,000B 다섯 종류가 있다. 모든 통화에는 국왕의 초상화가 그려져 있다.

환율

환율은 1B=43.50원, 1US$=32.42B이다. 1US$ 기준으로 30~34B 사이에서 환율이 형성된다.

> **💬 알아두세요**
>
> **스님과 신체 접촉하면 안 돼요**
>
> 전 국민의 94%가 불교를 믿는 태국에서 종교와 관련해 주의해야 할 것들이 있다. 가장 대표적인 것은 머리를 만지면 안 된다는 것. 신체 중에 가장 높은 부분에 있어 신성하게 여기기 때문이다. 또한 스님과의 신체 접촉도 금물인데, 특히 여성분들의 경우 조심해야 한다. 같은 의자에 앉는 것도 엄격히 금하는데 기념사진 찍겠다고 스님과 팔짱을 끼어서는 안 된다. 버스 등 혼잡한 곳에서 승려 옆자리에 앉지 않도록 유의해야 한다.

ATM

은행뿐만 아니라 시내 곳곳에서 24시간 ATM 기기를 이용할 수 있다. 1회 인출 한도는 2만B이고, 1회 수수료는 220B이다. 매번 수수료를 내야 하기 때문에 필요한 돈을 한 번에 찾는 게 비용을 아끼는 방법이다. 카드를 넣고 비밀번호 PIN Number 입력→언어 Language→영어 English→인출 Withdraw을 누르고 찾을 금액을 정해서 확인(Enter) 버튼을 누른다. 트래블월렛(트래블로그) 카드를 사용할 경우 최종 승인 단계에서 No, Continue Without Conversation을 누르면 된다.

환전소

은행과 사설 환전소에서 환전이 가능하다. 달러뿐만 아니라 한국 돈도 환전이 가능하다. 원화는 가능하면 5만원권을 준비하는 게 좋다. 달러도 고액권(US$100)의 환율이 높게 책정된다. 미스터 피에르 Mr. Pierre 환전소가 환율이 좋다.

트래블로그(트래블월렛) 카드

자신이 가지고 있는 은행 계좌와 연동해 환전하고, 해외 은행 ATM에서 현금 인출할 수 있는 해외여행에 최적화된 카드. 트래블로그는 하나은행만 계좌 연결이 가능하고 트래블월렛은 다양한 계좌에 연결이 가능하다. 애플리케이션을 통해 필요한 만큼 현지 화폐로 환전할 수 있다. ATM 기계에 따라 비밀번호 6자리를 입력하는 기계도 있는데, 비밀번호+00을 더해 누르면 된다.

GLN 결제

태국에서 가장 많이 쓰이는 결제 방식으로 QR 코드를 스캔해 결제한다. 작은 노점상이나 시장에서도 사용할 수 있어 활용도가 높지만 의외로 세븐일레븐에서는 사용할 수 없다(200B 이상 구매 시 카드 사용 가능). 흔하게 쓰이지만 현금 결제만 가능한 곳도 있으니 비상금은 챙겨두는 게 좋다. 대면 결제할 때는 'QR' 또는 '스캔(스깬)'을 외치면 된다. 하나은행이나 토스 등을 통해 사용 가능하다. 하나은행은 하나은행 계좌와 연동하고 토스는 자신이 보유한 은행 계좌와 연동해 실시간으로 GLN 머니를 충전해 사용한다.

스마트폰

한국에서 본인 휴대폰을 로밍해 가도 되고, 현지에서 SIM 카드를 구입해 태국 전화번호를 개통할 수도 있다. 통신사는 에이아이에스 AIS, 디택 Dtac, 트루 무브 True Move가 유명하다.

SIM 카드

공항과 편의점에서 구입이 가능하다. 관광객을 위해 제공되는 투어리스트 심 카드 Tourist SIM Card를 구입하면 된다. 무제한 데이터 요금제의 경우 8일 399B, 15일 699B이다. 장기 체류할 경우 세븐일레븐에서 판매하는 일반 심카드(유효기간 30일, 요금 350B)를 구입하면 된다. 심카드를 구입하려면 신분증(여권)이 필요하며, 사진을 촬영해 통신사에 등록해야 한다.

> 💬 **알아두세요**
>
> **어린이 요금은 키 크기로 결정한다**
>
> 태국에서는 나이가 아니라 키 크기로 어린이를 구분한다. 키가 120㎝ 이하인 어린이는 할인 요금을 적용받게 되며, 90㎝ 이하일 경우에는 요금이 면제된다. 대중교통 요금뿐만 아니라 유적지와 공연장에서도 어린이 요금이 적용되는 곳이 많기 때문에, 어린이를 동반했을 경우 할인 요금이 적용되는지 미리 확인해두자.

와이파이

인터넷과 와이파이 Wi-Fi는 상당히 빠른 편이다. 대부분의 호텔과 카페, 레스토랑에서 무료로 와이파이를 사용할 수 있다. 로밍하지 않아도 와이파이만 연결되면 카카오톡이나 인터넷 검색도 사용할 수 있다.

전압

220V, 50Hz로 한국의 전자제품도 사용할 수 있다. 문제는 콘센트의 모양. 한국과 달리 둥근 모양의 콘센트를 사용한다. 대부분의 호텔에서는 콘센트의 모양과 관계없이 사용이 가능하다.

생수

태국의 물은 석회질이 많아서 수돗물을 받아서 마시는 사람은 없다. 한국과 달리 더운 나라여서 물을 끓여서 마시는 경우도 흔치 않다. 대부분 생수를 사 마신다. 편의점마다 다양한 생수를 판매하는데, 1,500㎖ 큰 병 기준으로 15~19B 정도 한다.

샤워기 필터

태국에서는 수질이 안 좋고 수도 배관이 오래된 곳도 많아서, 샤워기 필터를 챙겨 가는 게 좋다. 태국에서 구입해야 한다면 홈프로 Home Pro나 빅 시 Big C 마트를 이용하면 된다.

> **알아두세요**
>
> **태국 주요 은행**
> - 방콕은행(타나칸끄룽텝) Bangkok Bank
> - 싸얌상업은행(타나칸타이파닛) SCB
> - 까씨꼰은행 Kasikorn Bank
> - 끄룽씨은행 Krungsri Bank
> - 끄룽타이은행 Krung Thai Bank

화장실

공중 화장실이 있긴 하지만, 눈에 잘 띄지는 않는다(그만큼 개수가 적다). 급할 경우 쇼핑몰이나 카페를 이용하는 게 최선이다. 태국 화장실에는 독특한 모양의 비데가 있다. 변기 옆에 붙어 있는 호스 모양의 손잡이로, 수압이 세기 때문에 물이 튀지 않도록 조심해야 한다.

길 찾기

큰 길은 타논 Thanon, 골목은 쏘이 Soi라고 부른다. 골목길은 쏘이 1, 쏘이 2 이런 식으로 번호를 붙인다. 참고로 문므앙 거리 첫번째 골목길은 타논 문므앙 쏘이 1 Thanon Moon Muang Soi 1이 된다.

알아두세요

알아두면 유용한 애플리케이션

- 라인 LINE 모바일 메신저
- 왓츠 앱 Whats App 모바일 메신저
- 트래블월렛 Travel Wallet 환전, 신용 카드
- 지엘엔 GLN QR 스캔 결제
- 그랩 Grab 택시, 바이크, 음식 배달
- 볼트 Bolt 택시, 차량 공유
- 맥심 Maxim 택시, 오토바이, 차량 공유
- 비아 버스 Via Bus 시내버스
- 고와비 GoWabi 스파, 마사지 예약
- 라인맨 Lineman 음식 배달
- 푸드 판다 Food Panda 음식 배달
- 이티고 Eatigo 레스토랑 할인 예약
- 헝그리 허브 Hungry Hub 레스토랑 예약
- 원투고 12Go 대중교통 예약
- 철도청 SRT D-Ticket 기차표 예약
- 무브미 MuvMi 뚝뚝 예약
- 에어 아시아 Air Asia 태국 국내선 항공
- 아고다 Agoda 호텔 예약
- 부킹닷컴 Booking.com 호텔 예약
- 트립닷컴 Trip.com 호텔, 항공권 예약
- 클룩 Klook 투어 예약
- 마이리얼트립 My Real Trip 투어 예약

팁 Tip 관습

태국에서 팁은 의무 조항이 아니다. 팁은 어디까지나 본인의 만족도에 따른 성의 표시이므로 고마움을 느끼는 상황에서 별도의 팁을 주면 된다. 고급 레스토랑이나 호텔은 계산서에 10% 세금과 7%의 서비스 요금이 추가되어 청구된다. 일반 식당에서는 거스름돈으로 받은 동전을 남겨두거나 테이블에 놔두고 나오면 된다. 호텔에서 가방을 옮겨 주는 직원에겐 50B 정도 팁이 적당하다.

태국 관광청

관광 대국인 태국답게 관광청 Tourism Authority of Thailand(TAT)에서도 다양한 여행 정보를 제공한다. 태국의 기본적인 정보 제공은 물론 다양한 행사와 축제에 관한 정보를 제공한다. 치앙마이 사무소 홈페이지 www.facebook.com/tatchiangmai

한국 대사관(방콕)

한국 대사관 Embassy of the Republic of Korea은 방콕에 있다. 현지어로 '싸탄툿 까오리 따이' สถานทูตเกาหลีใต้ 라고 발음한다. 치앙마이에는 한인회만 있고 외교 공관은 없다. 여권 관련 업무는 반드시 방콕 대사관을 찾아가야 한다.

03 태국 여행 시 주의사항

여행 중 주의해야 할 사항은 어느 나라나 비슷하다. 한국에서 생활하던 대로 상식에서 벗어나는 행동을 하지 않으면 크게 문제될 것은 없다. 태국이라고 유별날 것은 없지만 나라마다 문화와 분위기가 다르므로 몇 가지 주의해야 할 것들을 알아보자.

① 왕실을 모독하는 행위를 해선 안 된다. 가정집에도 국왕 사진이 걸려 있을 정도로 태국인들의 왕실에 대한 사랑은 절대적이다. 국왕 사진을 훼손하거나 삿대질하는 행위는 현행범으로 처벌받을 수 있음을 명심하자. 태국 내에서는 외국인들이라 하더라도 왕실 모독에 대해서는 실형을 선고한다. 태국인들과 대화할 때도 가능하면 왕실과 정치에 관한 언급은 삼가는 게 좋다.

② 사원이나 왕실 관련 건물을 방문할 때 노출이 심한 옷을 피하자. 사원의 법당을 방문할 때는 신발을 벗고 드나들어야 한다.

③ 현지 문화를 심판하려 하지 말자. 다른 나라의 문화를 옳고 그름의 잣대로 평가할 수는 없다. 언어와 인종, 음식이 다르듯 생소한 문화라 하더라도 있는 그대로 받아들이자.

④ 돈을 현명하게 쓰자. 태국의 경제 수준을 얕보고 돈으로 모든 것을 해결하려는 태도는 여행자로서 매우 비윤리적인 것이다. 돈을 써야 할 때와 아껴야 할 때를 구분하는 것도 여행의 기술 중 하나다. 외국인 기업이나 수입 브랜드보다 태국인 상점과 태국에서 제조한 물건을 사주면 현지 경제에 직접적인 도움이 된다.

⑤ 여권을 포함한 귀중품 관리에 신경 써야 한다. 아무리 좋은 호텔이라고 하더라도 객실에 귀중품을 방치해두고 외출하는 일은 삼가자. 객실이나 호텔 로비에 비치된 안전금고 Safety Box를 이용하자. 신분증을 겸하여 여권 사본은 지참하고 외출하는 것이 좋다.

⑥ 사람이 많이 모이는 재래시장이나 혼잡한 시내버스에서는 소매치기를 각별히 조심하자. 여권은 핸드백에 넣지 말고, 가방은 쉽게 흘러내리지 않도록 크로스로 메는 것이 좋다.

⑦ 다른 나라에 비해 태국 사람들이 친절하지만 상식 이상의 과잉 친절을 베풀거나 은밀한 곳을 소개해주겠다는 유혹 등을 경계하자. 또한 술 취한 상태에서 현지인과 다툼에 휘말리지 않도록 주의해야 한다.

치앙마이의 문화

'자유의 나라'라는 국가 이름에서도 알 수 있듯 태국은 자유를 사랑하는 나라다. 아시아 국가 중 유일하게 식민 지배를 받지 않았다는 태국인들의 자부심은 그들만의 독특한 정서와 문화를 발전시켰다.

싸왓디 Sawasdee สวัสดี
태국의 가장 기본적인 인사말이다. 남자의 경우(본인 기준으로) '싸왓디 크랍(싸왓디 캅)', 여자의 경우(본인 기준으로) '싸왓디 카'라고 말한다.

싸바이 Sabai สบาย
편안하다 또는 걱정이 없다는 뜻이다. 상대방의 안부를 물을 때 '싸바이마이?'라고 말한다. 매우 편하다는 의미로 '싸바이 싸바이' 또는 '싸바이 디'라고 답하면 된다.

싸눅 Sanook สนุก
'즐겁다'라는 뜻이다. 무슨 어려움이 있어도 즐겁고 신나게 살아야 하는 태국인들의 생활방식을 보여준다. 만약 '마이 싸눅(재미없다)'하다면 삶의 자체가 저주받은 것으로 느낄 정도.

촉디 Chokdee โชคดี
'촉=행운, 디=좋다'가 합쳐진 단어로 행운을 빈다는 뜻이다

마이 뻰 라이 Mai Pen Rai ไม่เป็นไร
'괜찮아!'보다는 '노 프라블럼!'이라는 영어 표현이 더 어울리는 단어다. 삶을 대하는 태국인들의 여유로움과 낙천적인 성격이 묻어나는 말이다. 늦게도착해도, 일이 어그러져도, 약속이 틀어져도 '마이 뻰라이' 한마디면 모든 문제가 해결될 정도다.

짜이 옌옌 Chai Yenyen ใจเย็นเย็น
'마음을 차갑게 해라'라는 뜻으로 스트레스 가득한 상황에서 차분해지라는 성격을 담고 있다. 화낼 일이 있어도 참고, 급하게 서두르지 말라는 뜻.

와이 Wai ไหว้
태국인들의 일상적인 인사법이다. 두 손을 모아 상대방에게 합장하며 존경을 표하는 행위다.

딱밧 Tak Bat ตักบาตร
승려들의 탁발 수행을 의미한다. 불교 국가인 태국에서 하루도 빠지지 않고 행해지는 종교의식이다. 동트는 시간, 승려들이 맨발로 거리를 거닐며 하루치 필요한 식량을 공양받는다.

탐분 Tham Bun ทำบุญ
'좋은 행위를 하다' 또는 '공덕을 쌓는다'라는 의미로 태국인들의 종교적인 삶과 연관된다. 승려에게 음식을 제공하는 것, 사원에 시주하는 것, 기부하는 것, 가난한 사람들에게 베푸는 것이 모두 탐분에 해당한다.

치앙마이의 역사

치앙마이 역사는 1296년 4월 12일로 거슬러 올라간다. 란나 왕조를 창시한 망라이 왕(재위 1259~1317)이 람푼Lamphun(몬족이 건설한 하리푼차이 왕국의 수도)을 점령하며 확장된 영토를 효과적으로 통치하기 위해 왕국의 중심부로 수도를 옮긴 것이 치앙마이의 시작이다(망라이 왕은 치앙마이로 천도하기 전 위앙 꿈깜을 15년간 수도로 삼았다). '새로운 도시'라는 뜻의 치앙마이는 서쪽으로는 도이 쑤텝 산이, 오른쪽으로는 삥 강이 흘러 자연적으로 도시 방어에 필요한 조건을 갖추었다. 당시 도시 건축의 기본에 해당하던 해자와 성벽을 만들면서 치앙마이는 완성되었다. 도시 성벽은 붉은 벽돌을 이용해 2km×1.8km 크기로 만들었다. 성벽 앞의 너비 18m의 해자가 둘러싸고 있다.

치앙마이 주변은 해발 2,000~2,500m의 산악지역에 둘러싸인 넓은 분지 지역으로 이루어졌다. 넓은 분지는 비옥한 농지를 제공해주었다. '란나'는 '백만의 농경지'라는 뜻으로 국가의 풍족함을 표현한 말이다. 란나 왕조는 람빵, 매홍쏜, 난, 치앙룽 Chiang Lung까지 영토를 거느린 태국 북부의 강대국으로 성장했다. 란나 왕조의 북쪽 경계선이었던 치앙룽은 오늘날의 징훙(景洪)으로 중국 윈난성에 속해 있다. 망라이 왕 때 란나 왕국은 람캄행 대왕 King Ramkhamhaeng(재위 1279~ 1298)이 이끄는 쑤코타이 왕국과 친분 관계를 유지하며 힘의 균형을 이뤘다. 쑤코타이와 마찬가지로 실론(스리랑카)에서 남방 불교를 받아들여 국교로 삼았다.

띠록까랏 왕 King Tilokkarat(재위 1441~487) 때는 태국 중부 평야지대를 놓고 아유타야 왕국과의 오랜 전쟁이 이어졌다. 이를 계기로 15세기 후반부터 란나 왕국은 쇠퇴하기 시작해 1556년부터 220년간 버마(미얀마)의 지배를 받았다.

란나 왕국과 버마의 관계는 1767년을 기점으로 큰 변화를 맞았다. 버마가 태국 중부 지방의 아유타야 왕국까지 점령하자 이에 대한 반발로 아유타야 왕국의 프라야 딱신 Phraya Taksin 장군이 세력을 재집결시켜 버마를 축출했다. 프라야 딱신 장군은 1774년에 치앙마이까지 진격해 올라가 란나 왕국에 독립을 선물했다. 하지만 란나 왕국이 다시 강성해지기에는 국가가 너무 피폐해져 있었다. 1775년부터 아유타야 왕국에 뒤이어 등장한 톤부리 왕조와 라따나꼬씬(방콕) 왕조의 간접적인 통치를 받다가, 1939년에 완전히 라따나꼬씬 왕조에 편입되었다.

하지만 치앙마이라는 도시 자체가 사라진 것은 아니다. 성벽을 제외하고는 19세기 들어 대부분의 사원들이 복원되면서 옛 모습을 고스란히 간직한 매력적인 도시로 재탄생했다. 방콕과 치앙마이를 연결하는 철도가 개통되면서 치앙마이는 더욱 발전하기 시작해, 태국 제2의 도시로 성장해 오늘에 이르렀다. 2026년에 탄생 730주년을 맞은 치앙마이의 인구는 약 120만 명으로 추산된다.

란나 왕조는 싸얌 Siam(태국의 옛 이름으로 쑤코타이→아유타야→톤부리→라따나꼬씬 왕조로 이어진다)과는 별도의 국가 체계와 언어를 유지했다. 음식까지도 달라서 독특한 문화를 이루었다. 태국에 통합된 이후 중부 지방과 구분하기 위해 '란나 타이 Lanna Thai'라는 호칭을 즐겨 사용한다.

치앙마이의 축제

치앙마이는 축제가 끊이지 않는 도시다. 불교 행사와 관련한 축제부터 겨울의 꽃 축제까지 다양한 행사가 열린다. 란나 왕국의 오랜 전통을 잘 간직하고 있으며 화려함을 겸비해 보는 재미가 쏠쏠하다. 가장 대표적인 축제로 신년 축제인 쏭끄란 Songkran과 연꽃 모양의 통을 강물에 띄워 보내며 소원을 비는 러이 끄라통 Loi Krathong 축제가 있다.

쏭끄란 Songkran

태국의 설날인 쏭끄란은 단순히 물 뿌리고 난리치는 날이 아니다. 한 해를 보내고 한 해를 새롭게 맞이하는 날답게 차분하고 경건한 행사들도 곳곳에서 열린다. 쏭끄란은 가족들과 재회하는 날이기도 해서, 대부분의 사람들이 고향으로 발걸음을 옮긴다. 때문에 텅 빈 방콕보다는 지방 도시들에서 전통적인 분위기를 더욱 강하게 느낄 수 있다. 태국 북부에서 시작된 쏭끄란 축제를 직접 체험하기 가장 좋은 곳은 치앙마이다. 사원 경내에 모래로 탑을 만든다든지, 경건한 불상이 마을을 한 바퀴 돌면서 한 해의 복을 기원한다든지, 가족들이 함께 모여 연장자로부터 덕담을 듣는 전통적인 모습이 그대로 남아 있기 때문이다.

치앙마이에서 열리는 쏭끄란 축제는 한 해를 보내고(4월 13일로 '완 쌍칸런'이라 부른다), 새해를 맞이하고(4월 14일로 '완 다'라 부른다), 조상의 공덕을 기리는 날(4월 15일로 '완 파야 완'이라 부른다)로 이어진 3일간의 연휴 동안 다양한 프로그램과 축제로 채워진다. 가장 중요한 행사는 '프라씽'을 사원에서 꺼내 퍼레이드를 벌이는 4월 13일이다. 나가 장식을 한 황금마차에 프라씽 불상을 싣고 치앙마이 구시가

① 프라씽 불상이 행운을 가져다 주는 전통적인 쏭끄란
② 물 축제로 변모한 현재의 쏭끄란

를 행진하는 동안, 사람들이 나와서 불상을 향해 물을 뿌리며 행운을 기원한다. 전통 복장을 입은 무희들은 퍼레이드를 이끌고, 옛 모습 그대로 재현된 제사장이 프라씽 불상을 호위하는 장면은 마치 730년 전의 란나 왕조 시대로 돌아간 듯한 착각이 들게 한다.

빠뚜 타패 앞의 야외무대에서는 정부가 주관하는 공식 오프닝 행사(4월 13일), 종이우산 미인 선발대회(4월 13일), 쏭끄란 미인 선발대회(4월 14일)를 포함해 다양한 공연이 펼쳐진다. 빠뚜 타패 앞의 타논 타패 삼거리 일대는 물놀이하기 적합한 장소다. 썽태우와 오토바이에 물을 싣고 다니며 서로 물싸움하느라 3일 내내 도로가 정체되기 일쑤다.

러이 끄라통 Loi Krathong

러이 끄라통은 음력 11월 대보름에 열린다. 연꽃 모양의 끄라통을 만들어 강물에 띄워 보내는 날이다. 쑤코타이에서 시작된 러이 끄라통 전통이 가장 잘 남아 있는 곳은 쑤코타이다. 하지만 치앙마이에서도 쑤코타이와 견주어 손색없는 화려한 축제가 펼쳐진다. 치앙마이에서는 러이 끄라통 축제를 '이뼁 축제 Yi Peng Festival'라고 부른다. 3일간 펼쳐지는 이뼁 축제는 일종의 연등 축제다. 빠뚜 타패 앞에 연등을 매단 커다란 나무가 세워지고, 강변에서는 끄라통을 띄워 보내는 행사가 이어진다. 끄라통을 띄워 보내는 것은 한 해 동안 행한 악한 행동을 멀리 보낸다는 의미를 갖고 있다. 물론 한 해의 소망도 함께 기원한다.

치앙마이에서 끄라통을 띄워 보내는 장소는 삥 강이다. 강변에 무대를 만들어 다양한 행사를 연다. 가장 중요한 행사는 거리 퍼레이드다. 란나 시대의 전통 복장으로 단장한 행렬이 길게 이어진다. 이뼁 축제의 하이라이트는 풍등(風燈)을 하늘로 올려 보내는 밤이다. '콤로이'라 불리는 풍등은 비닐로 만든 작은 열기구다. 끄라통과 마찬가지로 그동안 행했던 악행을 하늘로 올려 보내며 새로운 소망을 다짐한다.

밤하늘을 화려하게 수놓았던 풍등(콤로이)은 치앙마이 시내에서는 사용할 수 없다. 공항 주변 10km 이내에서 풍등을 올리는 행위를 엄격히 금지하기 때문이다. 항공기 운항에 지장을 초래하면서 2022년부터 시행된 조치다. 현재는 별도의 행사장 Chiang Mai CAD Khomloy Sky Lantern Festival을 이용해야하는데, 입장료(뷔페 식사 포함 4,800B)를 받는다. 치앙마이 시내에서 35km나 떨어져 있어 접근성이 떨어지고 참가비도 비싸다.

③ 러이 끄라통 ④ 이뼁 축제

치앙마이의 산악 민족(고산족)

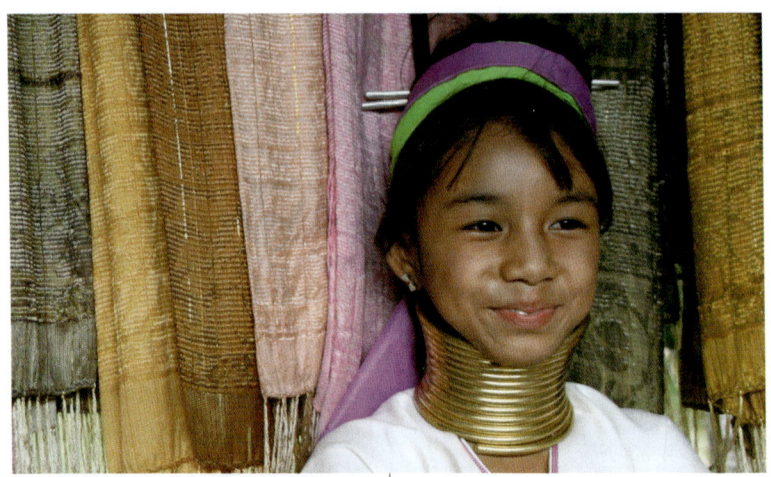

태국으로 소수민족들이 이주한 것은 주변 국가의 공산화(중국 1949년, 미얀마 1962년, 라오스 1975년)와 관계가 깊다. 멀게는 티베트 고원에서 가깝게는 미얀마까지, 살던 곳도 제각각인 민족들이 새로운 삶의 터전을 찾아 남하하면서 현재는 태국에 정착했다. 산에서 사는 사람들이라 하여 태국말로 '차우 카오'라 부른다. 산악 민족들은 대부분 해발 600~1,200m의 산악지대에 거주한다. 산악 민족은 80만 명 정도로 3,500개의 산악 마을에 분산되어 생활한다.
태국 내에 거주하는 산악 민족은 20여 개 종족인데 카렌족, 몽족, 라후족, 아카족, 미엔족, 리수족의 6개 종족이 대부분을 차지한다. 태국 땅에 정착했는데도 태국인처럼 살기보다는 고유의 전통과 문화를 유지하며 생활한다. 종족마다 고유의 언어와 종교, 복장, 생활방식을 갖고 있다. 산악 민족은 태국에만 정착한 게 아니라 라오스와 베트남 북부 지방에도 대거 정착해 생활한다.

카얀족(빠동족) Kayan

독특한 외모 때문에 이목을 집중시키는 민족이다. 목이 길어서 롱 넥 카얀(까리앙 커야우) Long Neck Kayan이라고 불린다. 태국에서는 빠동 Padong(또는 빠다웅 Padaung)으로 알려지기도 했다. 카얀족은 엄밀히 말해 미얀마 군부의 탄압으로 국경을 넘어 태국으로 이주한 난민이다. 카얀족들은 놋쇠로 만든 고리를 착용해 목이 길게 늘어난 것이 특징이다. 다섯 살 때부터 착용하는 무거운 놋쇠 고리로 인해 성장하는 동안 목이 늘어나게 되는데, 목 길이가 30㎝나 되는 여성도 있다고 한다. 카얀족은 미얀마와 국경을 접한 매홍쏜 지역에 주로 거주한다. 국경에서 멀리 떨어진 치앙마이까지 내려와 생활하는 사람도 있다.

카렌족 Karen

태국에 정착한 전체 산악 민족 인구의 45%를 차지하는 태국 최대의 산악 민족이다. 중국과 미얀마(버마)에서 태국으로 이주한 민족으로 50만 명 정도가 태국에서 생활하고 있다. 미얀마에서 넘어온 난민들이 주를 이루기 때문에 태국-미얀마 국경지대(매홍쏜, 매쏫, 깐짜나부리, 치앙라이)에 카렌족 마을이 몰려 있다. 태국에서는 까리앙 Kaliang 또는 양 Yang이라고 부른다.

카렌족은 산악 민족 중에서는 비교적 저지대인 해발 약 600m에 거주한다. 농경에 의존하는 민족으로 거주하는 마을 내에서 일정한 경작지를 번갈아 경작한다. 코끼리를 보유한 사람들도 많은데, 이는 코끼리 트레킹에 사용되면서 카렌족들에게 수익 창출의 중요한 부분이 됐다. 카렌족은 지면에서 높게 기둥을 세우고 그 위에 대나무나 나무를 이용해 집을 짓고 생활한다. 종교적으로는 무속신앙의 일종인 정령신앙을 믿는다. 농경에 의존하기 때문에 땅과 물에 대한 숭배가 강하다. 하지만 태국으로 지속적으로 편입되면서 불교 신자가 증가하는 추세다. 또한 유럽 선교사에 의해 기독교로 개종한 카렌족도 많다고 한다.

몽족 Hmong

태국에 거주하는 산악 민족 가운데 두 번째로 인구가 많다. 자유로운 사람들이라는 뜻의 '몽'은 태국에서는 야만인이라는 뜻인 '메오'로 불린다. 몽족의 기원은 명확하지 않지만, 몽족들 스스로는 추운 지방에서 이주한 민족이라고 주장한다. 중국 중부와 몽골 지방에서 남하하기 시작해 1850년대에 라오스에 거주하다가, 그 중 일부가 19세기 후반에 태국 북부까지 내려온 것으로 여겨진다. 태국에 거주하는 몽족은 약 15만 명으로 치앙마이, 치앙라이, 난, 딱 지방에 주로 거주한다. 몽족은 중국 남부에도 다수 거주하는데, 중국에서는 '먀오족(苗族)'이라고 부른다.

몽족은 크게 두 종족으로 분류된다. 전통 의상의 색깔에 따라 파란 몽족 Blue Hmong과 흰 몽족 White Hmong으로 구분된다. 파란 몽족의 전통 의상은 남색 염료를 이용한 무늬 염색으로 유명하다. 특히 바티크로 만든 치마는 빨간색, 핑크색, 파란색, 하얀색을 수평으로 수를 놓아 화려한 색과 패턴으로 유명하다. 검정 새틴으로 만든 상의는 오렌지색, 노란색을 사용해 소매와 옷깃에 수를 놓았다. 몽족 여성의 뛰어난 자수 실력과 바느질 솜씨는 수공예품과 전통 의상 등 다방면에서 유용하게 쓰인다. 손재주가 좋아 몽족이 만든 가방, 모자, 지갑 등은 산악민족 물건 중에 인기 상품으로 자리 잡았다.

라후족 Lahu

티베트 고원에서 생활하다 중국 남부, 미얀마, 라오스로 100년 전에 이주한 민족이다. 라후족이 태국으로 이주한 것은 19세기 말로 비교적 최근의 일이다. 태국에서는 '무써 Mussur'라고 부른다. 무써는 사냥꾼이라는 뜻으로 미얀마에서 라후족들을 부르던 말이다. 태국에 거주하는 라후족은 10만 명으로 치앙라이, 치앙마이 북부, 매홍쏜 지방의 미얀마 국경지대에서 생활한다.

해발 1,200m의 고산지대에 살던 라후족들은 현재는 저지대로 내려와 농업에 종사하며 생활한다. 벼농사 이외에 과수원, 차, 커피, 면화 재배로 수익을 올리기도 한다. 태국 정부의 지속적인 노력으로 아편 재배는 현저히 줄어들었다. 라후족은 산악 민족 중에서 기독교로 개종한 비율이 가장 높다. 영국의 식민지였던 미얀마(버마)에 진출한 선교사들의 영향 때문으로 라후족 전체 인구의 3분의 1이 기독교 신자다. 나머지는 전통 신앙인 정령신앙을 믿는다.

아카족 Akha

아카족은 200년 전 티베트에서 중국 윈난으로 이주한 민족으로 1910년경부터 태국까지 내려와 생활하고 있다. 태국말로 '이꺼 Ekaw'라 불리며 치앙라이, 치앙마이, 람빵, 프래 지역에 거주한다. 4개 주의 250개 마을에 흩어져 생활하는 아카족의 전체 인구는 약 7만 명이다. 그중 치앙라이에 가장 많은 아카족이 생활하고 있다. 아카족들은 미얀마, 라오스는 물론 중국 윈난에서도 생활한다.

아카족은 해발 1,000~1,400m의 고산 지역에서 농경 생활을 하며 쌀과 야채를 주로 재배한다. 아카족은 다른 산악 민족들과 달리 태국에 편입되지 않고 전통을 유지하며 생활한다. 아카족들의 생활방식은 '아카장 Akhazang'이라 부른다. 조상들의 혼령을 숭배하고, 모든 물건에 영혼이 존재한다는 믿음이 아카족 신앙의 핵심이다. 집마다 제사용 사당을 만들고 특별한 날이면 음식을 바치며 조상을 기린다. 아카족은 마을 입구에 신성시하는 출입문을 세운다. 출입문에는 인간의 행위를 묘사한 조각들을 장식하는데, 인간만이 신성한 땅을 출입할 수 있다는 믿음 때문이다. 마을의 출입문은 1년에 한 번씩 새롭게 만들어 신성함을 강조한다. 아카족 마을을 출입할 때는 신성한 문에 매단 조각들을 건드리지 않도록 주의해야 한다.

아카족 전통 복장은 머리 장신구 때문에 쉽게 구분된다. 아카족 여성이 매일 착용하고 다니는 머리 장신구는 은동전과 은구슬, 보석을 이용해 장식한다. 전통 복장은 검정 치마에 검정 상의인데, 종아리 부분에 튜브처럼 생긴 각반을 착용한다. 검정 상의와 치마 사이에는 구슬을 장식한 허리띠를 착용한다.

리수족 Lisu

동부 티베트에서 중국 윈난성을 거쳐 1921년부터 태국에 정착하기 시작했다. 태국에서는 '리써 Lisaw'로 불리며 5만 5,000명 정도가 생활하고 있다. 치앙마이와 매홍쏜 일대에 대부분 거주하며, 치앙라이와 파야오 지방에도 소수 정착했다. 산악 민족들이 마을의 연장자나 샤먼에 의해 유지되는 것과 달리 리수족은 씨족에 의해 운영된다. 따라서 경쟁관계인 씨족끼리 공개적인 다툼이 발생하기도 한다. 종교적으로는 정령 신앙을 믿는다. 조상, 숲, 나무, 해, 달 같은 모든 물건에 혼령이 있다고 여긴다. 리수족은 마을마다 마을을 수호하는 신성한 정령을 모시는 사당을 만든다. 사당은 마을 위쪽에 만든다. 높은 곳을 신성시하기 때문에 사당의 지붕에는 여성의 출입을 금지한다.

리수족 전통 복장은 다른 산악 민족들보다 화려하다. 여자는 무릎까지 오는 겉옷에 밝은 파란색 바지를 입는다. 상의는 붉은색 옷감을 사용한다. 남자 복장도 다른 산악 민족들보다 화려하다. 파란색 겉옷에 녹색, 핑크색 또는 노란색의 헐렁한 바지를 입는다. 설날(중국의 음력 설날과 같은 날을 사용한다) 같은 특별한 행사 때는 여성들의 복장이 더욱 화려해진다.

미엔족 Mien

산악 민족 중에 스스로를 귀족층이라 생각하는 민족이다. 중국의 쓰촨성, 구이저우성에서 생활하던 미엔족은 한족 황제와 결혼했을 정도로 중국 주류에 편입됐던 민족이다. 하지만 중국의 소수민족 탄압이 심해지자 중국 남부, 베트남, 라오스, 태국으로 이주해 생활하고 있다. 태국-라오스 국경 지역인 난, 파야오, 치앙라이 지방에 약 4만 5,000명이 거주하고 있다. 태국에서는 '야오 Yao'라고 부른다.

산악 민족 중에서 유일하게 문자를 사용하며, 중국에서 생활했던 탓에 도교를 주종교로 믿는다. 하지만 태국에 정착하면서 기독교와 불교로 개종한 사람들도 많다. 다른 산악 민족에 비해 상대적으로 태국 사회에 융합된 민족이지만 전통 문화와 생활방식은 유지하고 있다.

미엔족 의상은 주홍색 털실로 만든 옷깃 때문에 쉽게 구분된다. 검은색이나 감색 상의에 붉은 계통의 옷깃을 장식한다. 바지는 화려한 자수를 놓는다. 화려하고 정교한 자수를 놓은 바지를 만들기 위해 2년씩 시간을 투자하기도 한다. 머리에 쓰는 검정 스카프에도 자수를 놓는데, 바지에 비해 자수 장식은 단순하다.

치앙마이 추천 여행 코스

치앙마이 핵심 1일 코스

치앙마이 주요 볼거리를 하루 동안 둘러보는 코스. 오전에는 구시가에 있는 사원, 오후에는 도이 쑤텝과 님만해민을 다녀온다. 저녁에는 나이트 바자 또는 야시장을 방문하자.

01 타패 게이트 P.95 ▶▶▶ 도보 10분 ▶▶▶ 02 왓 쩨디 루앙 P.104 ▶▶▶ 도보 10분 ▶▶▶ 03 왓 프라씽 P.106 ◀◀◀ 택시 15분 ◀◀◀ 04 반캉왓 P.225 ◀◀◀ 도보 5분 ◀◀◀ 05 점심 식사 P.240 ▶▶▶ 택시 30분 ▶▶▶ 06 도이 쑤텝 P.228 ▶▶▶ 도보 5분 ▶▶▶ 07 왓 프라탓 도이 쑤텝 P.228 ◀◀◀ 썽태우 30분 ◀◀◀ 08 원 님만 P.252 ◀◀◀ 도보 5분 ◀◀◀ 09 님만해민 P.220 ▶▶▶ 도보 5분 ▶▶▶ 10 저녁 식사 P.241 ▶▶▶ 택시 10분 ▶▶▶ 11 나이트 바자 또는 선데이 마켓 P.145

치앙마이 추천 여행 코스

치앙마이 1일 코스(구시가 중심)

치앙마이 여행의 중심이 되는 구시가를 둘러보는 코스.
골목 하나를 돌면 사원이 나올 정도로 치앙마이 역사가 고스란히 남아 있는
구시가 지역은 도보 여행이 가능하다.

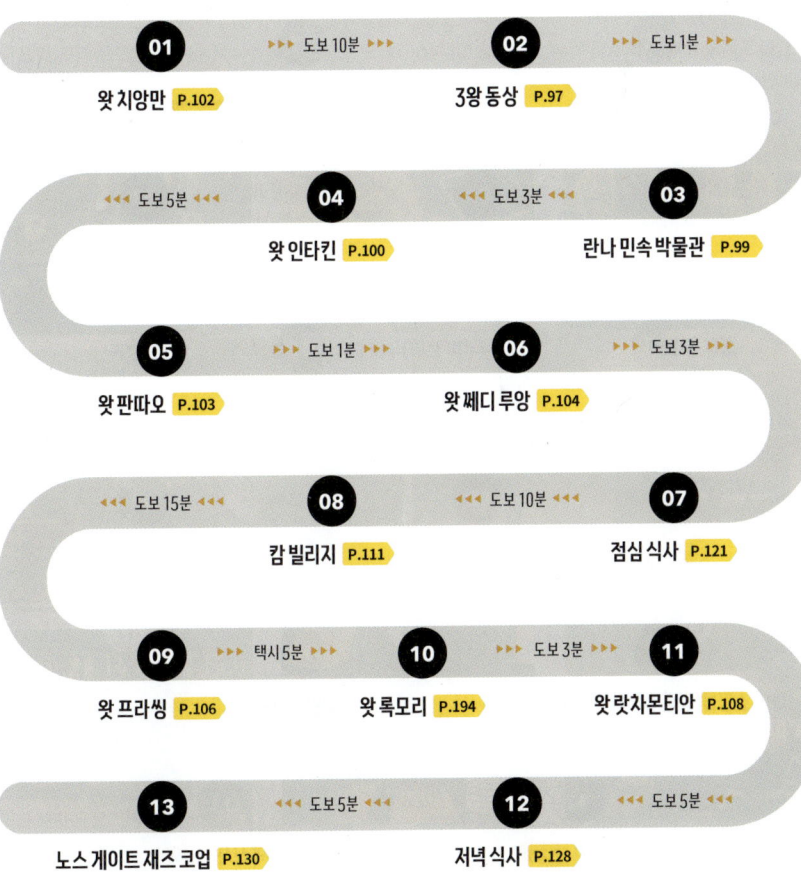

01 왓 치앙만 P.102 ▶▶▶ 도보 10분 ▶▶▶ 02 3왕 동상 P.97 ▶▶▶ 도보 1분 ▶▶▶ 03 란나 민속 박물관 P.99 ◀◀◀ 도보 3분 ◀◀◀ 04 왓 인타킨 P.100 ◀◀◀ 도보 5분 ◀◀◀ 05 왓 판따오 P.103 ▶▶▶ 도보 1분 ▶▶▶ 06 왓 쩨디 루앙 P.104 ▶▶▶ 도보 3분 ▶▶▶ 07 점심 식사 P.121 ◀◀◀ 도보 10분 ◀◀◀ 08 캄 빌리지 P.111 ◀◀◀ 도보 15분 ◀◀◀ 09 왓 프라씽 P.106 ▶▶▶ 택시 5분 ▶▶▶ 10 왓 록모리 P.194 ▶▶▶ 도보 3분 ▶▶▶ 11 왓 랏차몬티안 P.108 ◀◀◀ 도보 5분 ◀◀◀ 12 저녁 식사 P.128 ◀◀◀ 도보 5분 ◀◀◀ 13 노스 게이트 재즈 코업 P.130

치앙마이 추천 여행 코스

치앙마이 1일 코스 (타패, 반캉왓 중심)

와로롯 시장 주변의 구도심을 오전에 방문하고, 반캉왓과 님만해민을 오후에 둘러본다. 치앙마이의 옛 모습과 현재를 동시에 경험할 수 있다.

01 타패 게이트 P.95
▶▶▶ 도보 1분 ▶▶▶
02 타패 거리 P.141
▶▶▶ 도보 5분 ▶▶▶
03 창머이 라탄 거리 P.172
◀◀◀ 도보 10분 ◀◀◀
04 와로롯 시장 P.142
◀◀◀ 도보 5분 ◀◀◀
05 점심 식사 P.155
▶▶▶ 도보 3분 ▶▶▶
06 삥 강변 카페 P.150
▶▶▶ 택시 30분 ▶▶▶
07 왓 우몽 P.224
◀◀◀ 택시 5분 ◀◀◀
08 반캉왓 P.225
◀◀◀ 택시 15분 ◀◀◀
09 마야 쇼핑몰(림삥 슈퍼마켓) P.250
▶▶▶ 도보 5분 ▶▶▶
10 원 님만 P.254
▶▶▶ 도보 3분 ▶▶▶
11 저녁 식사 P.245
◀◀◀ 도보 5분 ◀◀◀
12 님만해민 P.220

치앙마이 추천 여행 코스

치앙마이 1일 코스(주말여행)

주말이 되면 치앙마이 주변 마을까지 여러 곳에서 플리 마켓이 생긴다. 그만큼 볼거리가 많아지고 치앙마이가 풍성해진다. 현지 주민들과 어울려 활기 넘치는 주말 풍경을 일정에 포함시켜보자.

01 코코넛 마켓 P.148
▶▶▶ 택시 15분 ▶▶▶
02 찡짜이 마켓 P.198
◀◀◀ 택시 8분 ◀◀◀
03 넹 무옵옹(항아리 구이) P.205
◀◀◀ 택시 10분 ◀◀◀
04 원 님만 P.252
▶▶▶ 도보 5분 ▶▶▶
05 님만해민 P.220
▶▶▶ 택시 10분 ▶▶▶
06 구시가 P.90
◀◀◀ 도보 1분 ◀◀◀
07 왓 프라씽 P.106
◀◀◀ 도보 15분 ◀◀◀
08 캄 빌리지 P.111
▶▶▶ 도보 10분 ▶▶▶
09 왓 쩨디 루앙 P.104
▶▶▶ 도보 5분 ▶▶▶
10 저녁 식사 P.128
▶▶▶ 도보 5분 ▶▶▶
11 타논 랏차담넌 일요 시장 P.101
◀◀◀ 도보 5분 ◀◀◀
12 타패 게이트 P.95

치앙마이 추천 여행 코스

치앙마이 3박 4일 코스(치앙마이 중심)

볼거리 위주의 짧은 일정은 구시가에 숙소를 정하고 여행하는 게 편리하다. 구시가의 사원을 포함해 볼거리가 가까이 있기 때문이다. 치앙마이에 밤늦게 도착하는 항공편이 많아서 본격적인 여행은 둘째 날부터 시작해야 한다.

1일차: 인천 공항(오후 출발) → 치앙마이 도착 → 호텔 체크인

2일차: 왓 프라씽 → 왓 쩨디 루앙 → 왓 판따오 → 3왕 동상 → 나이트 바자 또는 선데이 마켓 → 와로롯 시장 → 창머이 거리 → 타패 게이트

3일차: 반캉왓 → 왓 우몽 → 도이 쑤텝 → 원 님만 → 밤 비행기 탑승 → 공항으로 이동 → 스파 & 마사지 → 마야 쇼핑몰(림삥 슈퍼마켓) → 님만해민

4일차: 인천 도착

치앙마이 추천 여행 코스

치앙마이 4박 5일 코스(주말 일정 포함)

주말을 끼고 여행하면 볼거리가 더 풍성해진다. 코코넛 마켓, 찡짜이 마켓, 참차 마켓, 타논 우아라이 토요 시장 등 지역마다 다양한 플리 마켓과 야시장이 들어선다. 일요일에는 구시가 안쪽에 생기는 선데이 마켓을 놓치지 말자.

1일차: 인천 공항(오후 출발) → 치앙마이 도착 → 호텔 체크인

2일차: 코코넛 마켓 → 찡짜이 마켓 → 왓 록모리 → 왓 프라씽 → 타논 우아라이 토요 시장 또는 나이트 바자 → 왓 쩨디 루앙 → 캄 빌리지

3일차: 반캉왓 → 왓 우몽 → 도이 쑤텝 → 구시가 → 타패 게이트 → 타논 랏차담넌(선데이 마켓)

4일차: 코끼리 투어 → 치앙마이 → 웜 님만 → 님만해민 → 밤 비행기 탑승 → 공항으로 이동 → 스파 & 마사지 → 림삥 슈퍼마켓

5일차: 인천 도착

치앙마이 추천 여행 코스

치앙마이 5박 6일 코스

치앙마이 주변 지역까지 다녀올 수 있는 일정이다. 평일에는 구시가를 여행하고, 주말에는 플리 마켓을 다녀온다. 반나절 일정으로 몬쨈(먼쨈)이나 코끼리 투어를 다녀오거나, 요리 강습(쿠킹 클래스)에 참여하면 된다.

1일차: 인천 공항(오후 출발) → 치앙마이 도착 → 호텔 체크인

2일차: 반캉왓 → 왓 우몽 → 도이 쑤텝 → 원 님만 → 님만해민

3일차: 코코넛 마켓 → 찡짜이 마켓 → 왓 록모리 → 왓 프라씽 → 타논 랏차담넌(선데이 마켓) → 왓 쩨디 루앙 → 캄 빌리지

4일차: 코끼리 투어 → 타패 게이트 → 창머이 라탄 거리 → 와로롯 시장 → 나이트 바자

5일차: 몬쨈(먼쨈) → 치앙마이 → 스파 & 마사지 → 공항으로 이동 → 밤 비행기 탑승

6일차: 인천 도착

치앙마이 추천 여행 코스

치앙마이 6박 7일

1주일 동안 치앙마이 주변 지역까지 두루 여행하는 일정이다.
투어를 이용해 치앙라이 지역까지 다녀올 수 있다.

1일차 — 인천 공항(오후 출발) · 치앙마이 도착 · 호텔 체크인

2일차 — 구시가 사원 탐방 · 원 님만 · 님만해민

3일차 — 코코넛 마켓 · 찡짜이 마켓 · 반 캉왓 · 왓 우몽 · 도이 쑤텝

4일차 — 코끼리 투어 · 타패 게이트 · 창머이 라탄 거리 · 와로롯 시장 · 나이트 바자

5일차 — 치앙라이 · 왓 롱쿤 · 왓 롱쓰아땐 · 반 담 박물관 · 골든 트라이앵글

6일차 — 몬쨈(먼쨈) · 치앙마이 · 스파 & 마사지 · 공항으로 이동 · 밤 비행기 탑승

7일차 — 인천 도착

여행 예산 짜기

치앙마이는 한국보다 물가가 저렴하다. 식사 요금은 물론 교통비도 저렴하기 때문에 큰 부담 없이 여행이 가능하다. 저렴한 게스트하우스도 많고, 수영장 딸린 가성비 좋은 호텔도 어렵지 않게 찾을 수 있다. 하지만 모든 것이 싸다고 좋은 것도 아니고, 남들보다 경비를 적게 들인 여행이 성공한 여행이라고 할 수도 없다. 돈을 아낀 만큼 경험할 수 있는 것들이 줄어들므로 다양한 투어나 액티비티 비용은 별도로 예산을 책정해두는 게 좋다. 본인의 예산과 취향에 따라 꼭 필요한 곳에 효율적으로 지출하며 알찬 여행이 되도록 하자.

① 알뜰한 여행
1일 800~1,000B

게스트하우스에서 자고, 대중교통(썽태우)을 이용하고, 로컬 식당에서 식사를 해결하는 경우다. 저렴한 게스트하우스를 이용할 경우 하루 숙박비로 400B을 책정한다. 식사는 아침은 쌀국수, 점심은 일반 식당, 저녁은 야시장을 이용하면 하루에 300B 이내에서 식사가 가능하다. 여행자 편의 시설이 몰려 있는 구시가 지역에 숙소를 정하면 여행하기 편리하다. 구시가 주요 볼거리는 걷거나 자전거로 여행하면 된다.

② 경제적인 여행
1일 1,500~2,000B

현지 문화를 직접 체험하려는 여행자들에게 무난한 예산이다. 숙박은 600~800B 정도의 게스트하우스나 저렴한 호텔을 이용한다. 식사는 로컬 식당에서 해결하는 것을 기본으로 하되 경우에 따라서는 고급 레스토랑을 한 번씩 찾아가면 된다. 여행하는 틈틈이 카페나 로컬 마사지 숍도 방문할 수 있다. 구시가 안에서는 도보 여행을, 구시가 주변 지역은 그랩을 이용해 이동하면 교통비도 크게 부담 없다.

③ 편안한 여행
1일 3,000B

편안하게 치앙마이를 여행할 수 있는 충분한 예산이다. 아침 식사가 제공되는 가성비 좋은 호텔을 이용한다. 1박에 1,500B 내외로 예상하면 된다. 식사는 로컬 식당에서 쌀국수를 먹을 수도 있고, 미쉐린 가이드에 선정된 맛집을 방문해도 된다. 호텔은 2인 1실 기준이라 2명이 함께 여행하면 경비를 절감할 수 있다.

④ 럭셔리한 여행
1일 5,000B 이상

장기 여행보다는 단기 여행에 적합하다. 4성급 이상의 호텔에 묵으며 고급 레스토랑과 타이 마사지, 나이트라이프까지 두루 섭렵할 수 있다. 호텔에서 운영하는 쿠킹 클래스나 코끼리 투어에 참가해도 좋다. 럭셔리한 스파를 받거나 호텔 라운지에서 라이브 음악을 들으며 칵테일을 즐긴다면 예산이 훌쩍 뛰어넘는다.

치앙마이 물가

환율 1B=43.50원

식사 요금은 물론 교통비, 호텔도 상대적으로 저렴하다. 하지만 같은 걸 하더라도 어디를 가느냐에 따라 여행 경비는 천차만별이다. 치앙마이에 거주하는 외국인들이 우스갯소리로 똑같은 팟타이(볶음국수)라고 하더라도 선풍기 돌아가는 로컬 식당에서는 50B, 에어컨을 갖춘 레스토랑에서는 100B, 고급 레스토랑에서는 180B, 호텔 레스토랑에서는 300B이라고 말할 정도로 큰 차이를 보인다.

숙소

| 게스트하우스(선풍기) 400B | 게스트하우스(에어컨) 600B | 호텔(2성급) 1,200B | 호텔(3성급) 1,800~2,500B | 호텔(4성급) 3,500~5,000B |

교통

| 썽태우 30B | 시내버스 50B | 뚝뚝 100B | 그랩 80~120B | 택시 100~150B |

음료

| 생수 1.5ℓ 19B | 과일 셰이크 50B | 캔커피(편의점) 17B
커피(카페) 60~100B | 캔맥주(편의점) 39~42B
맥주(레스토랑) 100~240B | 칵테일 260~380B |

식사

| 쌀국수 50~80B | 볶음밥/팟타이 80~160B | 볶음요리 120~180B | 아침 세트 240~360B | 시푸드 280~560B |

입장료 / 타이 마사지

| 국립박물관 200B | 왓 쩨디 루앙 50B | 왓 프라씽 50B | 일반 사원 무료 | 60분 300~450B |

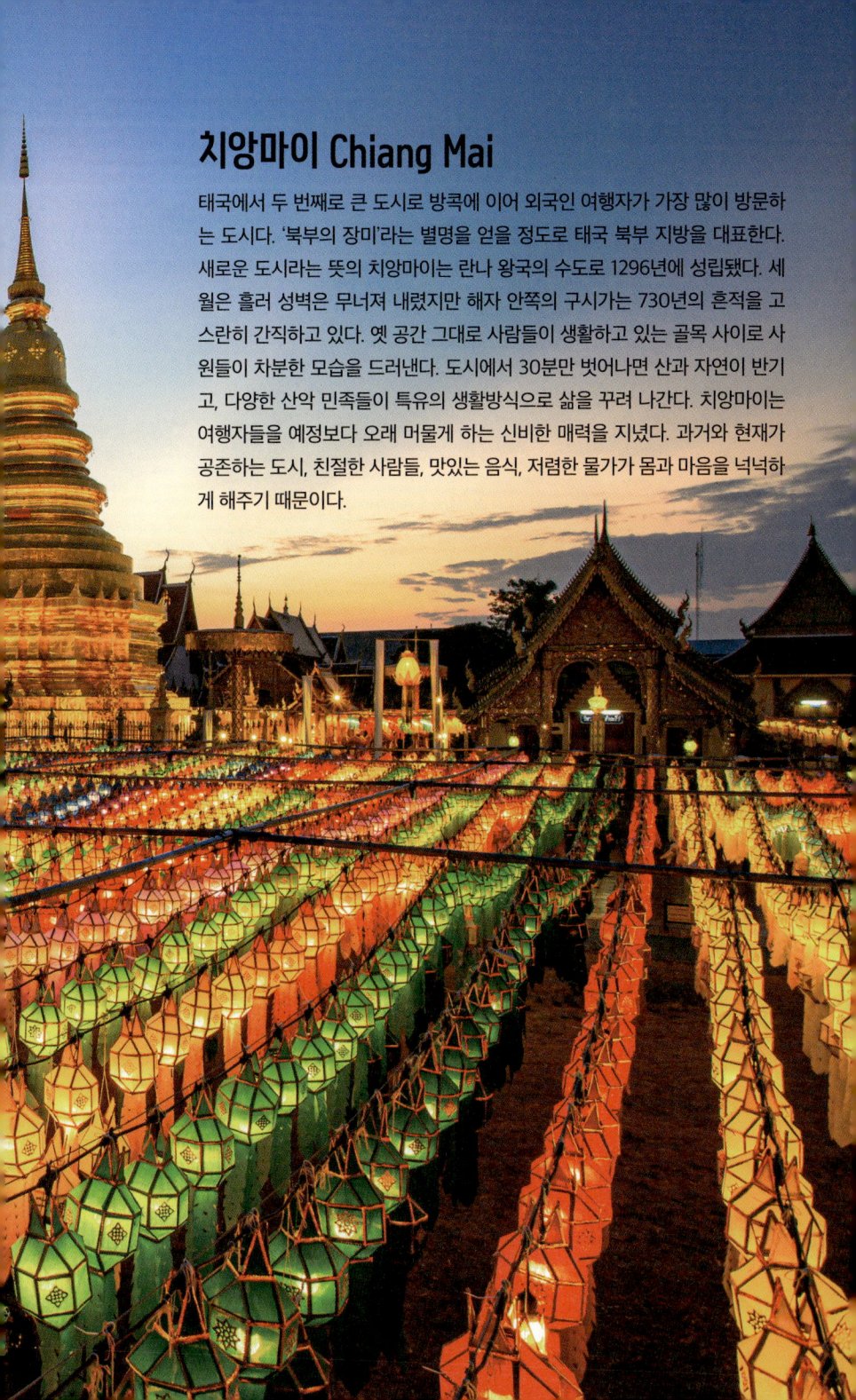

치앙마이 Chiang Mai

태국에서 두 번째로 큰 도시로 방콕에 이어 외국인 여행자가 가장 많이 방문하는 도시다. '북부의 장미'라는 별명을 얻을 정도로 태국 북부 지방을 대표한다. 새로운 도시라는 뜻의 치앙마이는 란나 왕국의 수도로 1296년에 성립됐다. 세월은 흘러 성벽은 무너져 내렸지만 해자 안쪽의 구시가는 730년의 흔적을 고스란히 간직하고 있다. 옛 공간 그대로 사람들이 생활하고 있는 골목 사이로 사원들이 차분한 모습을 드러낸다. 도시에서 30분만 벗어나면 산과 자연이 반기고, 다양한 산악 민족들이 특유의 생활방식으로 삶을 꾸려 나간다. 치앙마이는 여행자들을 예정보다 오래 머물게 하는 신비한 매력을 지녔다. 과거와 현재가 공존하는 도시, 친절한 사람들, 맛있는 음식, 저렴한 물가가 몸과 마음을 넉넉하게 해주기 때문이다.

Look Inside 치앙마이 들여다보기

쑤텝 Suthep
치앙마이 대학교에서 도이 쑤텝까지 이어지는 치앙마이 서쪽 지역.

님만해민 Nimmanhaemin
치앙마이에서 가장 핫한 지역. 트렌디한 카페와 부티크 호텔이 가득하다.

싼띠탐 Santitham
빠뚜 창프악(창프악 게이트) 바깥쪽으로 구시가 북쪽 지역에 해당한다. 단기 임대 아파트가 많아서 장기 체류하는 외국인이 많다.

구시가 Old Town
망라이 왕이 란나 왕국을 건설하면서 수도로 삼았던 곳이다. 치앙마이의 주요한 사원과 볼거리가 이곳에 몰려 있다.

- 깟나머(치앙마이 대학교 야시장)
- 치앙마이 국립 박물관
- 왓 쩻욧
- 마야(쇼핑몰)
- 싼띠탐
- 원 님만
- 님만해민
- 치앙마이 대학교 Chiang Mai University
- 랑머(치앙마이 대학교 후문)
- 란나 전통 가옥 박물관
- 왓 쑤언독
- 왓 프라씽
- 왓 우몽
- 부악핫 공원
- 반 캉왓
- 타논 우아라
- 왓 씨쑤판
- 공항 ✈
- 올드 치앙마이
- 깟마니 야시장

Information 여행에 유용한 정보

① 인구와 면적
행정구역은 짱왓 치앙마이, 암퍼 므앙 치앙마이 Chiang Mai Province, Amphoe Mueang Chiang Mai다. 도시 면적은 40.2㎢, 인구는 1,229,000명이다.

② 날씨
건기(11~4월)와 우기(5~10월)가 있다. 건기가 여행하기 좋다. 가장 더운 시기는 3~4월로, 낮 최고 40℃에 육박하기도 한다. 이때는 아침 일찍 돌아다니고 오후에는 에어컨 나오는 실내에서 적절히 휴식해야 한다. 우기(몬순 시즌)는 5월에 시작되며, 9~10월에는 삥 강이 범람해 홍수 피해를 입는 경우도 많다. 건기가 시작되는 11월부터는 기온도 내려간다. 12~1월은 낮 기온이 24℃ 정도로 쾌적하고, 밤에는 12℃ 정도를 유지한다. 경우에 따라서 10℃ 아래로 내려가 쌀쌀해지므로 긴 옷을 챙겨 가면 좋다. 고도가 높은 산악지역은 춥기까지 하다.

③ 미세 먼지
건기 끝 무렵인 3~4월은 미세 먼지 농도가 높아진다. 건기가 몇 달 동안 이어지며 대기 질이 나빠진 데다가, 농지 개간을 위해 농경지에 불(화전)을 지르기 때문이다. 산에 둘러싸인 치앙마이 시내는 공기가 정체되고, 무더위와 겹쳐서 야외 활동이 불편할 정도다.

④ 여행 시기
건기에 해당하는 겨울이 되면 선선한 기후로 인해 치앙마이의 매력이 배가된다. 우기가 끝나는 11월부터 더워지기 시작하는 2월 초까지가 여행하기 가장 좋다. 축제가 열리는 쏭끄란(4월 중반)이나 러이끄라통(11월 초반) 기간도 성수기에 해당한다.

⑤ 은행·환전·ATM
치앙마이 전 지역에서 은행과 ATM을 찾는 것은 어렵지 않다. 숙소가 몰려 있는 구시가(타패 게이트 주변)와 님만해민 지역, 나이트 바자 주변에는 환전소도 많다. 한국 돈(5만 원)을 환전할 때는 미스터 피에르 환전소 Mr. Pierre, 슈퍼 머니 환전소 Super Money Exchange, 브이케이 환전소 VK Money Exchange가 환율이 좋다. 환전소는 09:00부터 18:00까지 문을 연다.

⑥ 한인회
치앙마이 한인회 Korean Association는 명예영사관(주 치앙마이 명예영사관)과 같은 건물에 있다. 정식 외교 공관이 아니라서 간단한 민원 업무만 처리한다. 한인회에서는 거주 증명서 발급, 재외국민등록 신청이 가능하다. 님만해민과 가까운 힐 사이드 콘도 4 Hillside Condo 4(주소 44 Thanon Huay Kaew)에 있다. 여권을 분실했을 때는 방콕에 있는 한국대사관으로 가야 한다.

Access 치앙마이 가는 방법

태국 북부 최대 도시답게 교통편이 발달해 있다. 항공, 기차, 버스가 모두 연결된다. 방콕은 물론 태국 북부 지역의 주요 도시에서 모두 치앙마이로 버스가 운행된다. 항공편은 한국에서 치앙마이까지 직항편이 취항한다.

① 항공(국제선)

한국(인천)→치앙마이 직항 노선은 대한항공, 아시아나항공, 진에어, 제주항공, 이스타항공에서 운항한다. 대부분 한국에서 저녁에 출발해 치앙마이에 밤늦게 도착하는 일정이다. 비행시간은 약 5시간 30분 소요된다.

국제선 타이항공

② 항공(국내선)

태국 제2의 도시답게 방콕을 연결하는 국내선 노선이 활발하게 운항한다. 타이 항공, 에어 아시아, 방콕 에어, 녹 에어, 타이 라이언 에어, 타이 비엣젯 항공이 취항한다. 방콕까지 비행시간은 1시간이다. 참고로 타이 항공은 쑤완나품 공항 Suvarnabhumi Airport을 이용하지만, 저가 항공사는 돈므앙 공항 Don Mueang Airport에 내린다. 방콕 이외에 푸껫 Phuket, 끄라비 Krabi, 쑤랏타니 Surat Thani, 꼬 싸무이 Ko Samui로 국내선이 취항한다.

태국 국내선

국내선 항공사 카운터

③ 기차

치앙마이 기차역(싸타니 롯파이 치앙마이) Chiang Mai Train Station은 뻥 강 건너에 있으며, 시내까지 3km 떨어져 있다. 치앙마이에서 출발한 모든 기차는 방콕의 끄룽텝 아피왓 역 Krung Thep Aphiwat Central Terminal을 종점으로 한다. 방콕까지 소요시간은 열차편에 따라 12~15시간으로 버스보다 느리다. 기차 출발 시간과 요금은 태국 철도청 홈페이지(www.railway.co.th)를 참고하면 된다.

치앙마이 기차역

④ 버스

장거리 에어컨 버스는 아케이드 버스 터미널 Arcade Bus Terminal에서 출발한다. 두 개의 터미널로 나누어져 있는데 빠이 Pai, 매홍쏜 Mae Hong Son, 쑤코타이 Sukhothai로 갈 경우 아케이드 2터미널을 이용한다. 방콕 Bangkok과 치앙라이 Chiang Rai를 포함한 나머지 노선은 아케이드 3터미널에서 출발한다. 참고로 창프악 버스 터미널 Chang Pheuak Bus Terminal은 치앙마이 주변 소도시(치앙다오 Chiang Dao)를 오가는 완행버스가 출발한다.

아케이드 버스 터미널

Access 치앙마이 입국하기

태국에서 두 번째로 큰 도시지만 치앙마이 국제공항은 규모가 크지 않다. 국내선 청사와 국제선 청사가 같은 건물에 들어서 있다. 공항 규모도 작고 입국 절차도 간단하다. 치앙마이 공항(싸남빈 치앙마이) Chiang Mai International Airport의 도시 코드는 CNX로 표기한다.

① 디지털 입국 카드(TDAC)

태국의 출입국 절차도 전산화되면서 디지털 입국 카드 Thailand Digital Arrival Card(TDAC)가 도입됐다. 입국일 기준으로 3일 전에 이민국 홈페이지(https://tdac.immigration.go.th)에 접속해 작성하면 된다. 입국 카드 작성이 완료되면 QR 코드를 보내주는데, 프린트하거나 캡처해서 입국할 때 보여주면 된다.

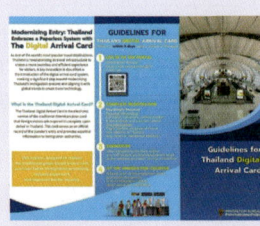

디지털 입국 카드

② 도착

비행기가 도착하면 사람들을 따라 입국 심사대로 가면 된다. 국제선 도착 International Arrival→패스포트 컨트롤 Passport Control이라고 적힌 안내판을 따라 에스컬레이터를 타고 1층으로 내려가면 된다.

치앙마이 국제공항

③ 입국 심사대

입국 심사대에 도착하면 외국인 심사대 Foreigner에 줄을 선다. 입국 심사는 간단한데 여권, 디지털 입국 카드(TDAC), 타고 온 비행기의 탑승권을 제출하면 된다. 지문 인식과 사진 촬영 절차를 마치면 입국 심사가 끝난다.

국제선 도착

④ 수하물 수취

안내판에서 타고 온 항공편의 컨베이어 벨트 번호를 확인하고, 수하물을 찾는다. 공항이 작아서 수하물 찾는 데 어렵지 않다. 수하물이 분실됐다면, 배기지 클레임 Baggage Claim 카운터에 수하물 표 Baggage Claim Tag를 보여주고 안내에 따르자.

수화물 수취

⑤ 환전·SIM 카드 구입

태국 화폐가 필요하면 공항 청사 1층에 설치된 ATM이나 환전소를 이용하면 된다. SIM 카드는 통신사 부스에서 구입하면 된다. 트루 무브 True Move, 에이아이에스 AIS, 디택 Dtac 세 곳이 있다. 8일 동안 무제한 데이터 사용이 가능한 요금은 399B이다.

SIM 카드 판매 부스

🔍 Access 공항에서 시내로 가기

치앙마이 공항은 시내와 가깝다. 구시가(타패 게이트)까지 5㎞, 님만해민까지 7㎞ 떨어져 있다. 공항에서 시내로 가는 방법은 공항 택시, 그랩(볼트), 시내버스를 타는 세 가지다.

① 공항 택시

공항에서 출발하는 택시는 거리와 관계없이 정해진 요금을 받는다. 기본요금은 구시가(타패 게이트 주변)까지 150B이며, 님만해민을 포함한 그 외 지역은 200B을 받는다. 택시 예약 카운터(Taxi Meter라고 적혀 있는 곳)는 공항 청사 내부에 있다. 수화물을 찾아서 입국장으로 나오면 택시 예약 부스에서 손짓하는 사람이 있어 쉽게 찾을 수 있다. 호텔 이름을 말하면 요금을 알려주고, 선불로 택시비를 지불하면 차량 번호가 적힌 예약증을 건네준다. 공항 청사 1번 게이트 앞쪽(진행 방향으로 왼쪽 끝)으로 나가서 택시를 타면 된다.

공항 택시

공항 택시 카운터

② 그랩(볼트)

택시 요금보다 저렴해서 이용하는 사람이 많다. 그랩 Grab을 이용할 경우 전용 탑승장을 이용해야 한다. 입국장에서 1번 게이트로 나가면 녹색으로 표시된 Grap Pick-Up Point에서 탑승하면 된다. 볼트 Bolt는 탑승 장소를 지정할 수 있는데, 국제선을 타고 왔을 경우 11번 게이트 또는 10번 게이트를 지정하면 된다. 참고로 두 가지 애플리케이션 중에서 그랩보다 볼트가 더 저렴하게 요금을 책정한다. 시내까지 그랩 요금은 130~180B, 볼트는 100B 정도 예상하면 된다.

게이트 번호 확인하고 탑승 장소로 이동

③ 시내버스

불편하긴 하지만 시내버스(RTC 치앙마이 시티 버스)를 타는 방법도 있다. 공항 청사 1번 게이트로 나가면 그랩 탑승장 옆쪽에 시내버스 정류장이 있다. 님만해민, 구시가(타패 게이트), 치앙마이 기차역, 아케이드 버스 터미널까지 4개 버스 노선이 운행된다. 편도 요금은 50B으로 저렴한데, 운행 편수는 많지 않다. 공항 출발 버스 시간은 홈페이지(www.facebook.com/rtccmcitybus) 참고.

그랩 전용 탑승장

공항 출발 시내버스

🔍 Transportation 치앙마이의 시내 교통

도시 규모에 비해 대중교통은 발달하지 않았다. 썽태우가 보편적인 교통편이며, 시내버스 노선은 제한적이다.

썽태우 Songthaew

썽태우는 두 줄이라는 뜻이다. 길게 이어진 좌석이 두 줄로 놓여 있다고 해서 붙여진 이름이다. 치앙마이에서는 썽태우 색으로 노선을 구분한다. 치앙마이 시내를 돌아다닐 때는 빨간색 썽태우(빨간 차라는 뜻으로 '롯 댕'이라고 부른다)를 타면 된다. 정해진 노선 없이 일정한 방향으로 움직이는데, 손을 들어 썽태우를 세우고 목적지를 확인하고 탑승하면 된다. 여러 명을 태우고 내리는데, 가는 방향이 맞으면 타라고 한다. 기본요금은 30B이며, 이동 거리에 따라 요금이 달라진다. 탑승 전에 요금을 미리 확인해두는 게 좋다. 내릴 때는 썽태우 안에 있는 벨을 누르면 된다.

그랩 Grab, 볼트 Bolt

동남아시아 지역에서 널리 쓰이는 콜택시 애플리케이션이다. 치앙마이에서는 그랩 Grab과 볼트 Bolt가 가장 많이 사용된다. 이용 방법은 우리의 카카오택시와 유사하다. 무료 애플리케이션을 설치하고, 현재 위치로 택시를 불러 가고자 하는 목적지까지 이동하면 된다. ①그랩 카 Grab Car는 그랩에 등록된 개인 승용차를 이용하는 것이다. 목적지까지 요금을 미리 알 수 있다. ②저스트 그랩 Just Grab은 가까운 곳에 있는 차량을 우선 배정해 준다. ③그랩 택시 Grab Taxi는 그랩에 등록된 미터기 택시를 호출하는 것이다. ④볼트는 그랩보다 늦게 운영을 시작했지만, 그랩보다 저렴하다고 알려지면서 이용자가 증가하고 있다. 그랩은 카드를 등록해 사용할 수 있고, 볼트는 GNL 결제를 이용할 수 있다.

그랩 바이크 Grab Bike

모떠싸이(오토바이 택시)의 불편함을 보완한 애플리케이션으로 그랩 Grab에서 운영한다. 그랩 애플리케이션을 실행할 때는 오토바이 로고가 그려진 '그랩 바이크'를 누르면 된다. 한 명만 탑승 가능하다.

뚝뚝 TukTuk

바퀴가 세 개 달린 삼륜차 택시로, 지붕만 씌워져 있고 양옆이 뻥 뚫려 있다. 지붕에 영어로 '택시 TAXI'라 쓰여 있으나, 미터가 아닌 흥정으로 요금을 결정해야 한다. 썽태우에 비해 바가지가 심하다. 구시가(타패 게이트) 주변 가까운 거리는 50~60B, 먼 거리는 100~150B 정도 예상하면 된다. 밤에는 가까운 거리도 기본 100B은 부른다.

택시 Taxi

치앙마이에도 미터 택시가 있으나 효용성은 전혀 없다. 노란색 택시가 운행되는데, 방콕과 달리 미터 요금이 아니라 콜택시처럼 운영된다. 즉, 미리 예약하거나 전화해서 불러야 한다. 택시도 별로 없고, 요금도 비싸서 인기가 없다. 기본요금은 4인승 택시 150B, 7인승 택시 200B이다.

시내버스

치앙마이 시티 버스 RTC Chiang Mai City Bus로 불리는 시내버스가 운행된다. 레드 라인 Red Line(공항→타패 게이트→창프악 버스 터미널→공항), 그린 라인 Green Line(공항→타패 게이트→와로롯 시장→치앙마이 기차역→아케이드 버스 터미널), 옐로 라인 Yellow Line(공항→님만해민→치앙마이 대학교→공항), 블루 라인 Blue Line(공항→님만해민→창프악 버스 터미널→아케이드 버스 터미널) 4개 노선을 운영한다.

버스 운행 시간은 08:00~21:40까지 1시간 간격으로 운영한다. 1회 탑승 요금은 50B이다. 배차 간격이 길고, 노선도 적어서 이용자는 많지 않다. 구시가와 해자를 끼고 일방통행 도로가 많아서 버스 노선도 복잡하다. 버스 노선은 Via Bus 애플리케이션(www.viabus.co)에서 확인할 수 있다.

Map

Map

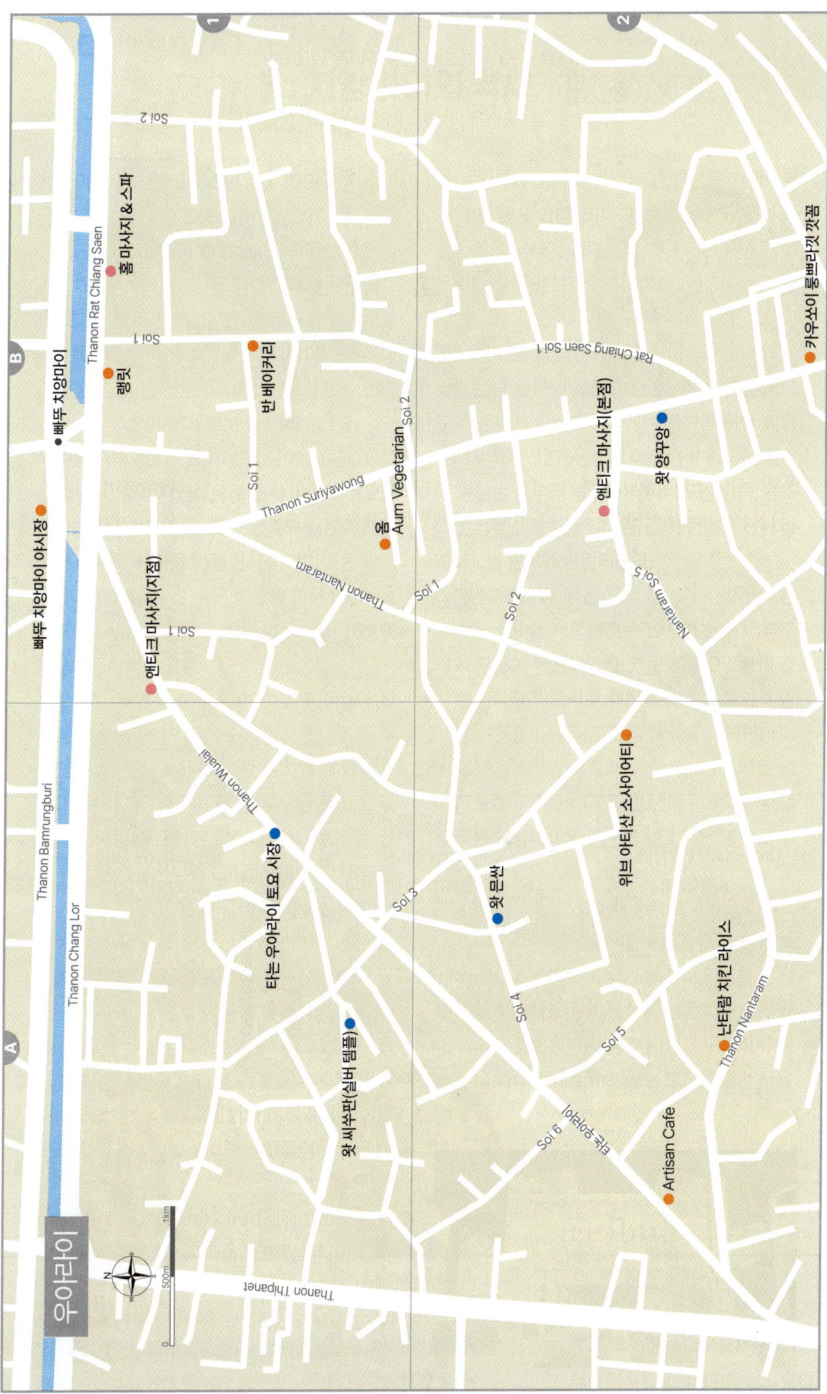

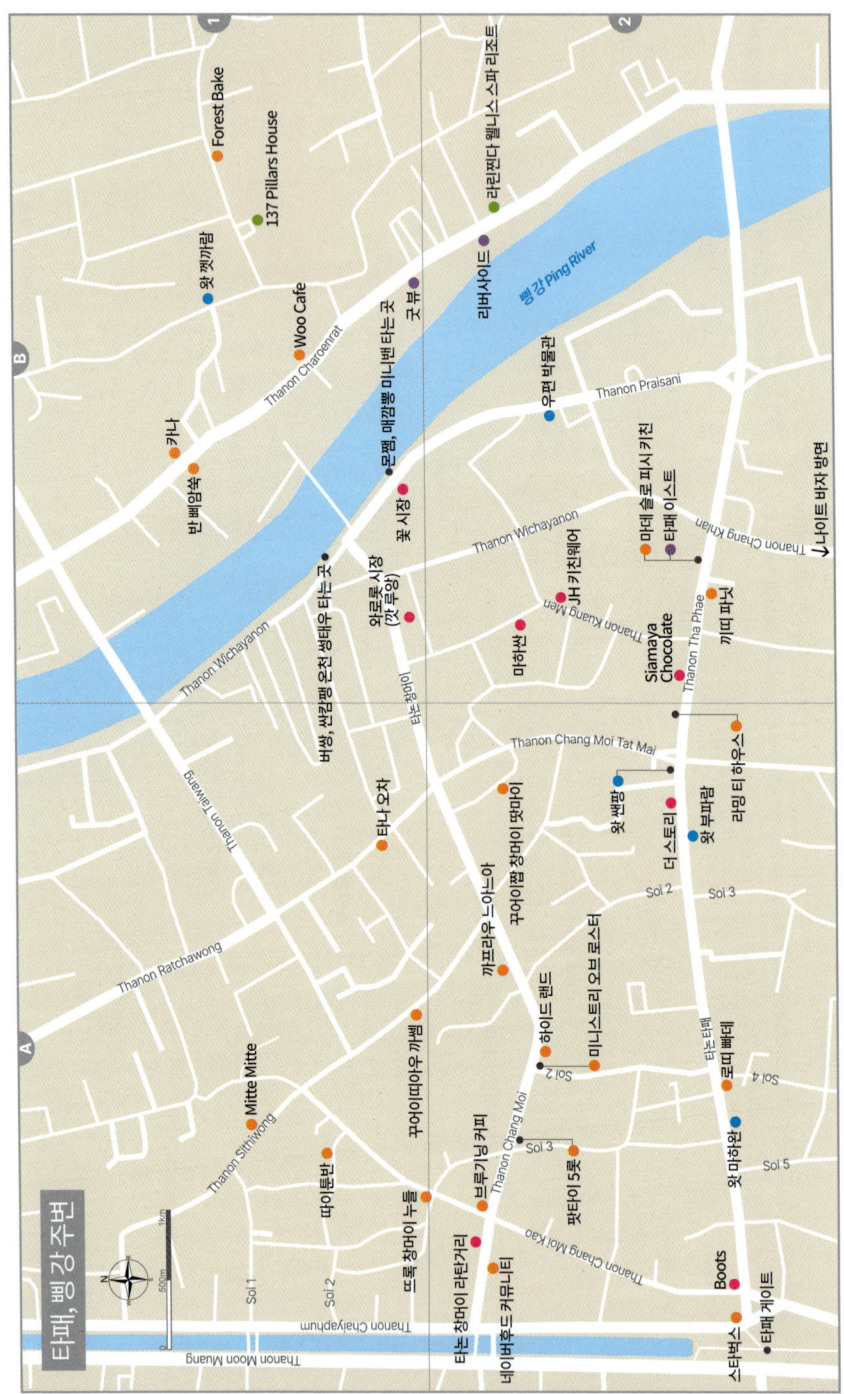

Map

085

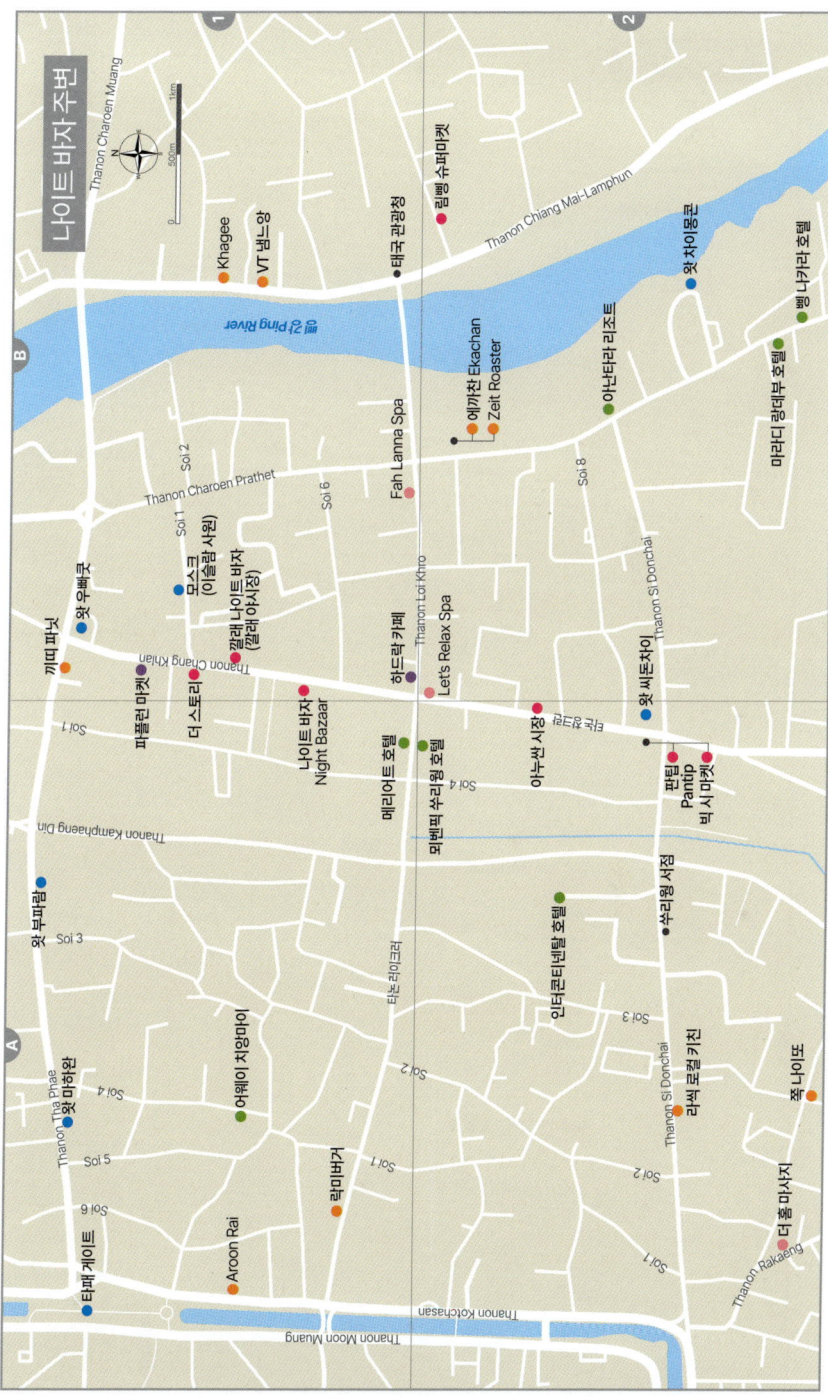

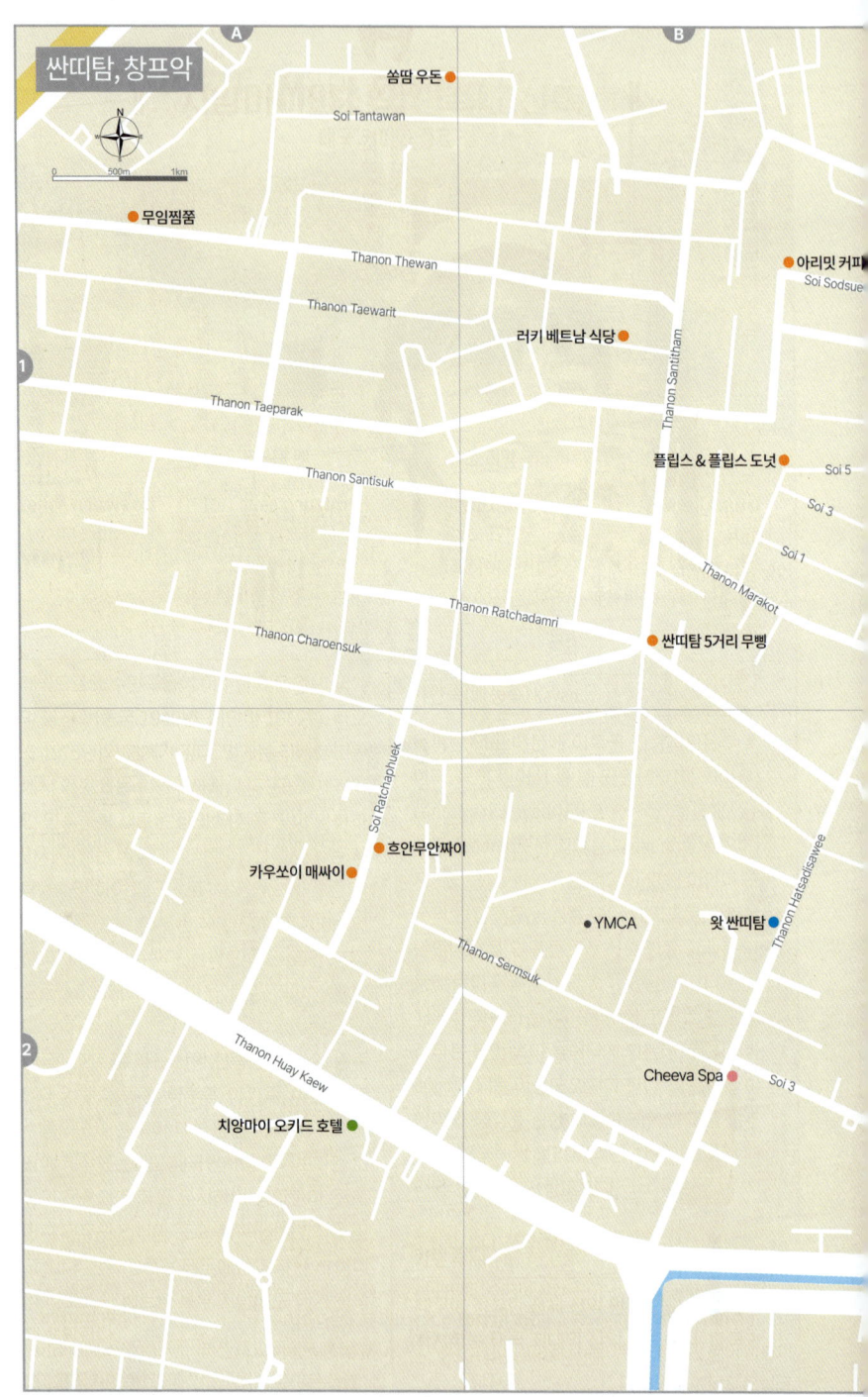

Map

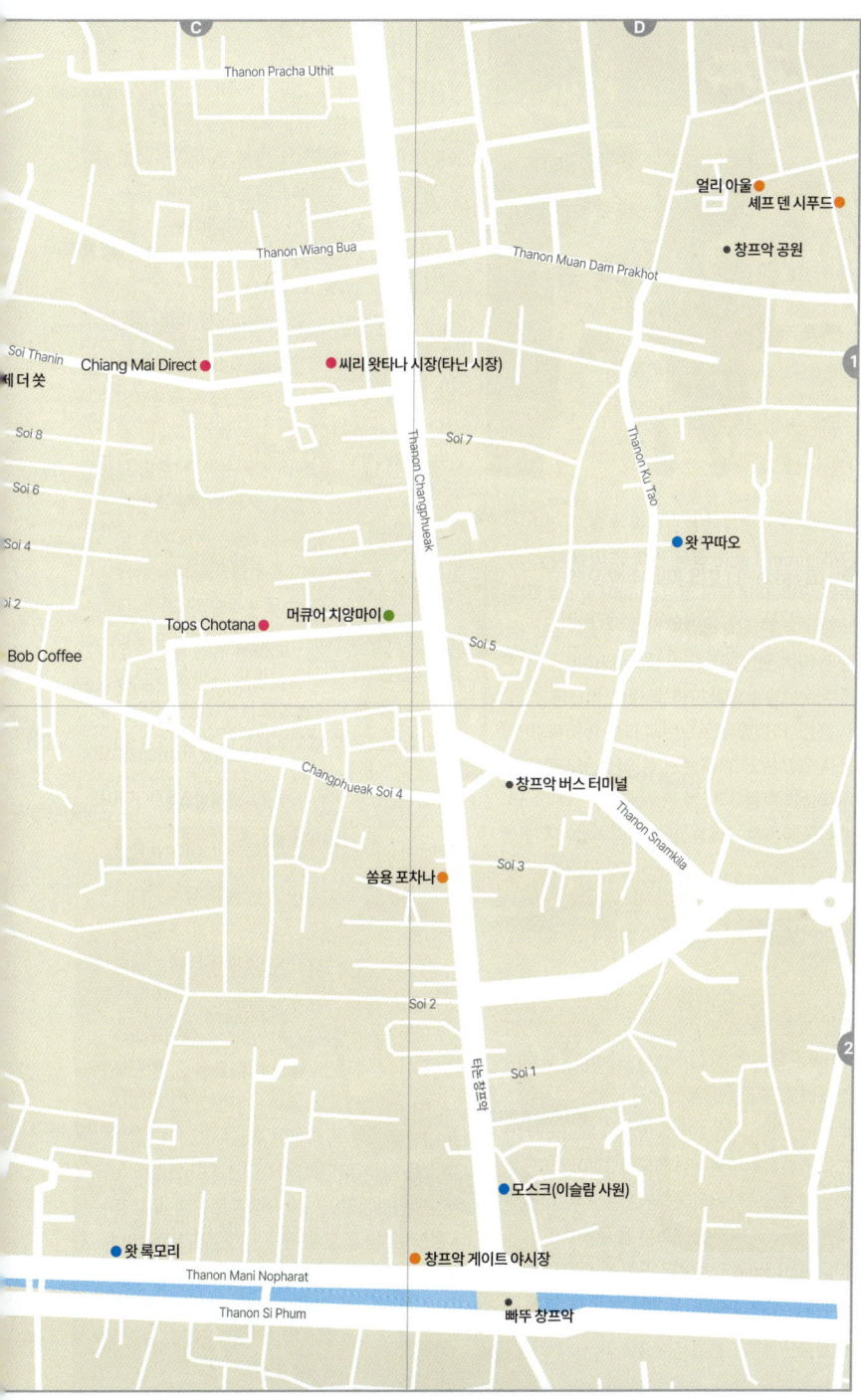

Map

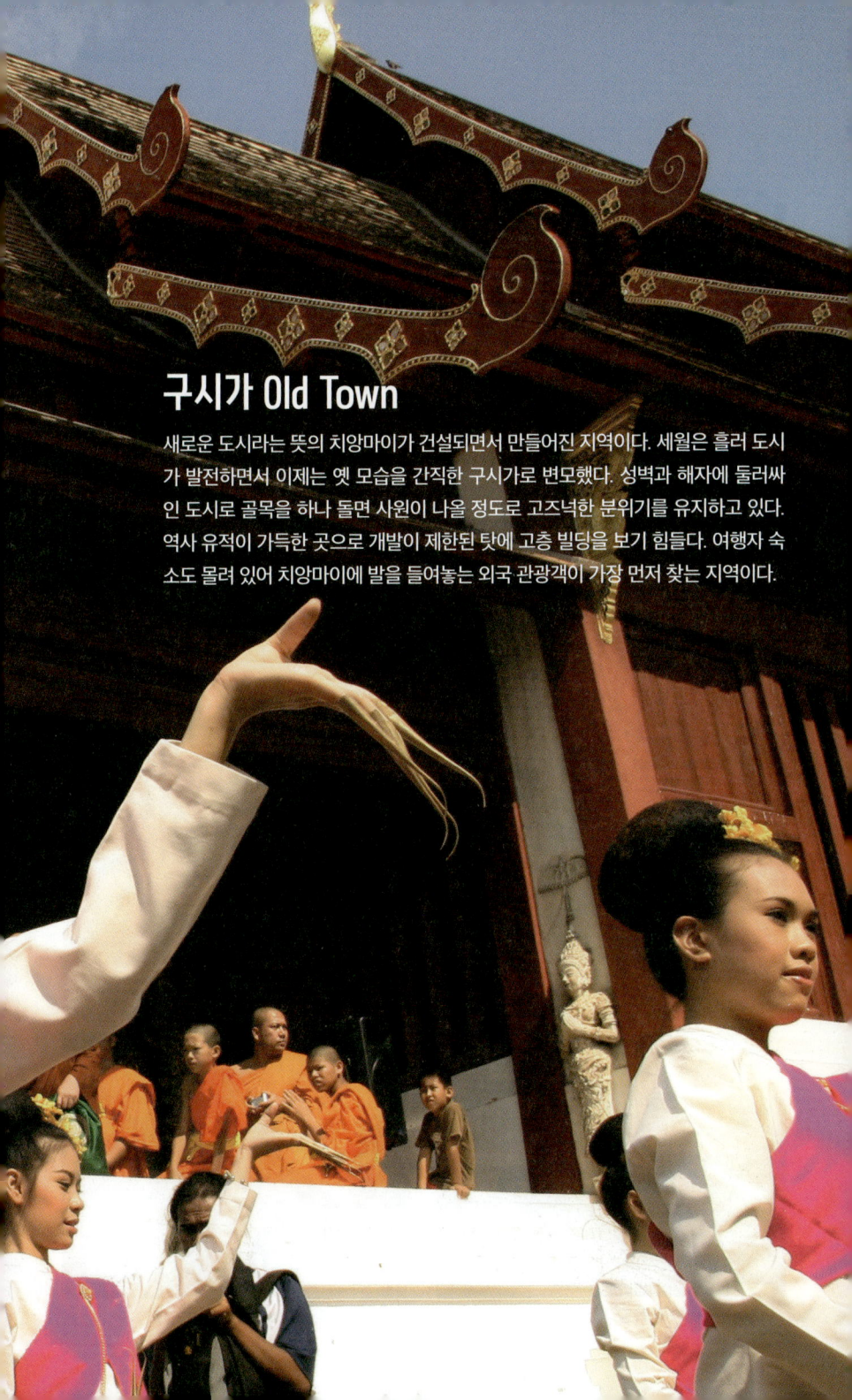

구시가 Old Town

새로운 도시라는 뜻의 치앙마이가 건설되면서 만들어진 지역이다. 세월은 흘러 도시가 발전하면서 이제는 옛 모습을 간직한 구시가로 변모했다. 성벽과 해자에 둘러싸인 도시로 골목을 하나 돌면 사원이 나올 정도로 고즈넉한 분위기를 유지하고 있다. 역사 유적이 가득한 곳으로 개발이 제한된 탓에 고층 빌딩을 보기 힘들다. 여행자 숙소도 몰려 있어 치앙마이에 발을 들여놓는 외국 관광객이 가장 먼저 찾는 지역이다.

TO DO LIST!
이것만은 놓치지 말자

List 01 타논 랏차담넌 일요 시장 (선데이 워킹 스트리트)

List 02 구시가 카페 탐방하기

List 03 왓 프라싱

List 04 구시가 골목길 거닐기

List 05 빠뚜 타패 (타패 게이트)

List 06 | 왓 쩨디 루앙

List 07 | 캄 빌리지

List 08 | 왓 치앙만

List 09 | 재즈 바에서 음악 듣기

List 10 | 3왕 동상 주변 박물관 투어하기

BEST COURSE
추천 코스

구시가 핵심 반나절 코스

COURSE 1

구시가 주요 사원을 반나절 일정으로 둘러보는 코스. 대부분의 사원들이 동쪽을 향하고 있기 때문에, 아침에 둘러보면 더 좋다.

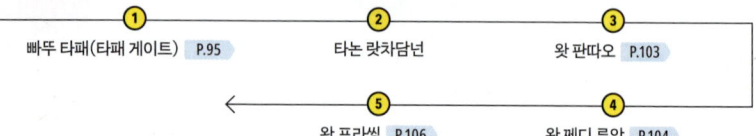

1. 빠뚜 타패(타패 게이트) P.95
2. 타논 랏차담넌
3. 왓 판따오 P.103
4. 왓 쩨디 루앙 P.104
5. 왓 프라씽 P.106

구시가 도보 여행 코스

COURSE 2

구시가 골목길을 거닐며 사원과 박물관을 탐방하는 코스다. 자전거를 타고 둘러봐도 좋다. 일요일에는 타논 랏차담넌 일요 시장을 일정에 추가하자.

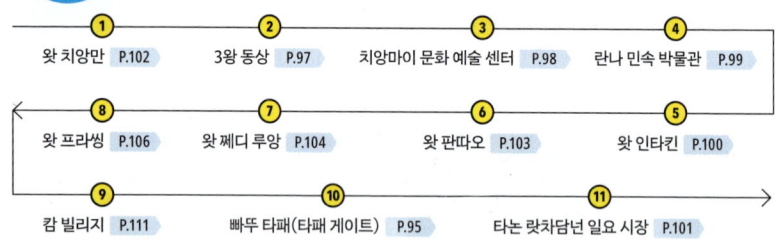

1. 왓 치앙만 P.102
2. 3왕 동상 P.97
3. 치앙마이 문화 예술 센터 P.98
4. 란나 민속 박물관 P.99
5. 왓 인타킨 P.100
6. 왓 판따오 P.103
7. 왓 쩨디 루앙 P.104
8. 왓 프라씽 P.106
9. 캄 빌리지 P.111
10. 빠뚜 타패(타패 게이트) P.95
11. 타논 랏차담넌 일요 시장 P.101

구시가 맛집 + 카페 탐방

COURSE 3

구시가에는 역사만큼 오래된 맛집이 많다. 트렌디한 카페도 어렵지 않게 볼 수 있다. 구시가 볼거리 몇 곳과 연계해 일정을 짜도록 하자.

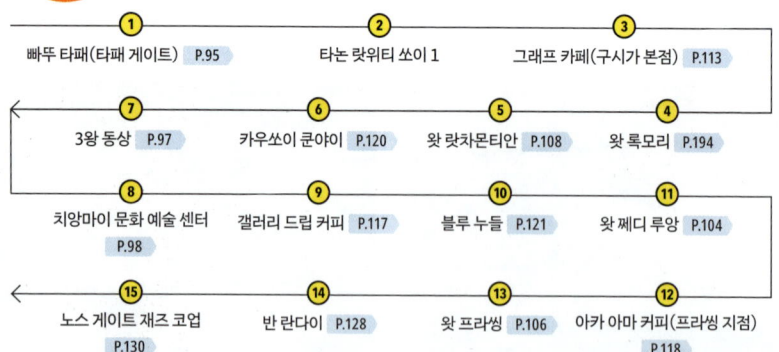

1. 빠뚜 타패(타패 게이트) P.95
2. 타논 랏위티 쏘이 1
3. 그래프 카페(구시가 본점) P.113
4. 왓 록모리 P.194
5. 왓 랏차몬티안 P.108
6. 카우쏘이 쿤야이 P.120
7. 3왕 동상 P.97
8. 치앙마이 문화 예술 센터 P.98
9. 갤러리 드립 커피 P.117
10. 블루 누들 P.121
11. 왓 쩨디 루앙 P.104
12. 아카 아마 커피(프라씽 지점) P.118
13. 왓 프라씽 P.106
14. 반 란다이 P.128
15. 노스 게이트 재즈 코업 P.130

구시가

ATTRACTION 구시가의 볼거리

구시가에는 치앙마이의 주요 사원이 몰려 있다. 옛 모습을 고스란히 간직한 골목길을 거닐며 사원을 둘러보면 된다. 일요일에는 타논 랏차담넌에 야시장이 펼쳐진다.

구시가의 이정표 역할을 하는 곳
빠뚜 타패(타패 게이트) Pratu Tha Phae ประตูท่าแพ

치앙마이 지리를 파악할 때 가장 중요시되는 이정표다. '타패 게이트 Tha Phae Gate'라는 영어 명칭도 통용된다. 빠뚜 타패(타패 게이트)는 치앙마이 성벽에 둘러싸인 도시 내부를 출입하던 4대문 중의 하나다. 도시의 동쪽 출입구인 탓에 가장 중요시되던 출입문으로 뗏목 선착장(타패)이라는 뜻이다. 과거엔 강과 수로를 이용한 해상 교통이 발달했었기 때문에 뗏목 선착장이 중요한 역할을 했는데, 선착장에 내리면 치앙마이 도성 안으로 출입할 수 있었던 셈이다. 현재 모습은 1986년 재건축한 것으로 출입문 주변 일부만 성벽까지 함께 복원했다. 빠뚜 타패는 구시가의 상징과도 같은 곳으로 성벽 안쪽의 타논 문므앙(문므앙 거리)에 여행자 숙소와 레스토랑이 가득하다. 대부분의 여행자들이 이곳을 기점으로 해서 치앙마이 여행을 시작한다고 해도 과언이 아니다. 참고로 문(門)을 의미하는 태국어의 정확한 표기는 '쁘라뚜 Pratu'이지만 발음을 짧게 하는 구어체의 특성상 '빠뚜'로 발음된다.

지도 P.81-C2 **주소** Thanon Tha Phae & Thanon Moon Muang **운영** 24시간 **요금** 무료 **가는 방법** 타논 타패(타패 거리)와 타논 문므앙(문므앙 거리)이 만나는 지점에 있다. 치앙마이 공항에서 5km, 아케이드 버스 터미널에서 4km, 치앙마이 기차역에서 3km 떨어져 있다.

치앙마이를 감싸고 있는 성벽과 출입문
구시가와 성문 The Old City Walls & Gates

1296년 치앙마이를 건설한 망라이 왕 King Mangrai 시절에 건설된 사각형 형태의 구도심이다. 과거 도시 건축이 그러했듯 외적의 침입으로부터 도시를 방어하기 위해 성벽을 쌓고 해자를 둘렀다. 성벽에 둘러싸인 구시가는 동서로 1,800m, 남북으로 2,000m 크기로 폭 18m 크기의 해자에 둘러싸여 있다. 치앙마이가 700년의 시간을 지나는 동안 도시는 확장되고 발전했지만, 사원이 가득한 구시가의 전체적인 모습은 그대로 보존되어 있다. 성벽들은 대부분 무너져 내렸고, 성문을 중심으로 일부 구역만 복원해 놓은 상태다. 치앙마이 건설 당시 성문은 모두 4개로 동서남북에 하나씩 만들었다. 하지만 1545년에 남쪽에 출입문을 하나 더 만들면서 현재는 모두 5개가 됐다.

북문은 하얀 코끼리라는 뜻의 빠뚜 창프악(창프악 게이트) Pratu Chang Pheuak으로 엘리펀트 게이트 Elephant Gate로 불리기도 한다. 남문은 새로운 도시라는 뜻의 빠뚜 치앙마이(치앙마이 게이트) Pratu Chiang Mai, 서문은 꽃 정원이란 뜻의 빠뚜 쑤언독(쑤언독 게이트) Pratu Suan Dok이다. 동문은 빠뚜 타패(타패 게이트)로 구시가에서 가장 중요한 출입문 역할을 한다. 참고로 1545년에 새롭게 만든 다섯 번째 성문은 빠뚜 쌘뿡(쌘뿡 게이트) Saen Pung Gate이라고 불린다.

지도 P.81-C2 **주소** Chiang Mai Old City Wall **운영** 24시간 **요금** 무료 **가는 방법** 치앙마이 구시가를 감싸고 있는 성벽의 동서남북 방향의 정중앙에 출입문(성문)이 있다.

구시가

태국 북부 지역 3개 왕국의 국왕을 모신 동상
3왕 동상(아눗싸와리 쌈까쌋) Three King Monument อนุสาวรีย์สามกษัตริย์

태국 중북부 지방을 통치하던 3개 왕국의 국왕을 모신 동상이다. 전형적인 14세기 왕실 복장을 착용하고 있다. <mark>중간에 있는 인물이 치앙마이를 건설한 란나 왕국의 망라이 왕 King Mangrai</mark>이다. 동상 앞에 향을 피우며 왕들에게 존경을 표하는 현지인들을 볼 수 있다. 소원을 비는 현지인들은 세 명의 왕처럼 권력과 힘을 갖기를 기원하기도 한다. 3왕 동상은 태국말로 '쌈깟쌋'이라고 줄여 부른다. 태국인들의 독특한 영어 발음 때문에 '트리 킹 Tree King'으로 들리기도 하니 당황하지 말 것. 3왕 동상 뒤쪽에 있는 건물은 치앙마이 문화 예술 센터 Chiang Mai City Arts & Cultural Center다.

지도 P.80-B1 **주소** Thanon Phra Pokklao(Prapokklao) **운영** 24시간 **요금** 무료 **가는 방법** 타논 프라 뽁끌라오의 치앙마이 문화 예술 센터 앞에 있다. 빠뚜 타패(타패 게이트)에서 동쪽으로 800m 떨어져 있다.

> 💬 알아두세요
>
> ### 세 나라의 중재자로 나섰던 망라이 왕
>
>
>
> 13세기 후반 태국 중북부에는 중요한 왕국이 세 개 있었답니다. 비슷한 시기에 탄생한 란나 왕국 Lanna Kingdom, 쑤코타이 왕국 Sukhothai Kingdom, 파야오 왕국 Phayao Kingdom인데요. 서로 견제와 균형을 통해 세력을 확장하고 있었습니다. 그중 가장 강력한 나라였던 쑤코타이 왕국의 람캄행 대왕 King Ramkhamhaeng(태국 역사에서 대왕 칭호를 받은 인물로 태국 문자를 창시했다)은 파야오 왕국의 응암므앙 왕 King Ngam Meuang의 접견을 받습니다. 응암므앙 왕은 왕비와 함께 쑤코타이 왕국을 찾았는데요. 람캄행 대왕은 파야오 왕국의 왕비를 보자마자 사랑에 빠지게 됩니다. 이를 알게 된 응암므앙 왕은 람캄행 대왕과의 일전을 불사하며 일촉즉발의 상황으로 치닫게 됩니다. 이때 란나 왕국의 망라이 왕이 중재자를 자처하고 나섭니다. 중간에서 현명하게 조율한 망라이 왕 덕분에 세 나라의 평화를 지속할 수 있었습니다. 람캄행 대왕은 사죄의 의미로 응암므앙 왕에게 99만 9,000개의 자패(옛날 화폐로 사용된 조가비)를 선물했다고 합니다. 화해 기념으로 세 나라의 왕은 치앙마이에 있는 삥 강변에서 우정을 약속했답니다. 그 징표로 자신의 손가락 피를 받아넣은 강물을 함께 마셨다고 합니다.

3왕 동상 뒤쪽에 있는 문화 · 예술 박물관
치앙마이 문화 예술 센터(호 씰라빠 왓타나탐)
Chiang Mai City Arts & Cultural Center หอศิลปวัฒนธรรมเมืองเชียงใหม่

3왕 동상 뒤쪽에 있는 1924년에 건설된 콜로니얼 양식의 건물이다. 옛 도청으로 사용되던 건물을 리모델링해 1999년부터 치앙마이 문화 예술 센터로 사용하고 있다. 치앙마이의 역사뿐만 아니라 지역 문화와 생활방식까지 살펴볼 수 있는 박물관으로 두 개 층에 걸쳐 15개 전시실로 구분되어 있다.

치앙마이 지역의 문명 발생 과정, 란나 왕국의 성립과 통치자, 해자와 성벽에 둘러싸인 치앙마이의 건설, 싸얌 Siam(오늘날의 태국)과의 합병, 방콕에서 치앙마이까지의 기차 연결 등을 포함해 과거부터 현재까지의 치앙마이 주요 역사를 사진과 모형, 시청각 자료, 디오라마를 이용해 보여준다. 종교(불교)와 사원 관련 내용, 란나 지방 사람들의 생활상, 산악 민족에 관한 내용도 전시되어 있다. 시원한 에어컨 건물로 조용하게 내부를 둘러보기 좋다. 건물 안쪽으로 안마당 역할을 하는 중원이 있고, 기념품 숍과 카페도 있어 잠시 쉬어 가기 좋다.

지도 P.82-A1 **주소** Thanon Phra Pokklao **전화** 053-217-793 **홈페이지** www.cmocity.com **운영** 수~일 08:30~14:30 **휴무** 월~화요일 **요금** 90B(어린이 40B) **가는 방법** 3왕 동상 뒤편의 타논 프라 뽁끌라오에 있다. 빠뚜 타패(타패 게이트)에서 동쪽으로 800m 떨어져 있다.

치앙마이를 여행하기 전에 들르면 좋은 박물관
란나 민속 박물관(피피타판 쁜틴 란나) Lanna Folklife Museum 피 피 타깐트피 닏 라ㅇ란나

란나(태국 북부) 지방의 생활양식을 잘 보여주는 박물관이다. 과거 법원으로 쓰이던 콜로니얼 양식의 건물을 리모델링했다. 1층은 불교가 삶의 중심인 곳답게 종교에 관한 내용으로 꾸몄다. 란나 양식의 불상과 조각, 사원 건축양식, 사원 벽화까지 재현해 놓았다. 2층은 민속박물관 본연의 주제에 집중했다. 도자기와 바구니, 악기, 전통 의상 등이 주요 소장품이다. 전시물이 많은 것은 아니지만 정성스럽게 꾸몄다. 치앙마이를 본격적으로 여행하기 전에 잠시 둘러볼 만하다.

지도 P.80-B1 **주소** Thanon Phra Pokklao **전화** 053-217-793 **홈페이지** www.cmocity.com **운영** 수~일 08:30~17:00 **휴무** 월~화요일 **요금** 90B(어린이 40B) **가는 방법** 3왕 동상 맞은편의 타논 프라 쁘끌라오에 있다.

태국 학생들을 위한 역사 교육 센터
치앙마이 역사 센터(호 쁘라와띠쌋 므앙 치앙마이)
Chiang Mai Historical Centre 허쁘라와띠 사스따ㄹ메 엉체 양이마이

치앙마이 문화 예술 센터 뒤쪽에 있는 또 다른 박물관이다. 란나 양식의 건물과 넓은 정원이 어우러지는데, 다른 박물관에 비해 찾는 사람이 적어 한적하다. 태국 학생들의 역사 교육을 위해 만든 곳이라 치앙마이의 역사에 중점을 맞추고 있다. 망라이 왕조가 건립되기 이전의 치앙마이 Pre-Mangrai Dynasty(1296년 이전), 망라이 왕조 시대의 란나 왕국 Mangrai Dynasty(1296~1558), 버마 지배 기간 Burmese Rule in Chiang Mai(1558~1774), 버마 통치로부터의 해방 이후 Liberation from Burmese Rule (1774~1932), 태국에 편입된 이후의 치앙마이 Transformation from a subordinate state to the Province of Chiang Mai(1932~현재까지)로 구분해 치앙마이의 역사를 자세히 소개하고 있다.

지도 P.82-A1 **주소** Thanon Phra Pokklao **전화** 053-217-793 **홈페이지** www.cmocity.com **운영** 수~일 08:30~17:00 **휴무** 월~화요일 **요금** 90B(어린이 40B) **가는 방법** 3왕 동상 뒤편의 치앙마이 문화 예술 센터 옆에 있다.

3왕 동상 옆에 있는 단아한 사원
왓 인타킨 Wat Inthakhin วัดอินทขีล

치앙마이 구시가 정중앙에 위치한 유서 깊은 사원으로 13세기 후반에 건설됐다. '도시의 배꼽 사원'이란 뜻으로 왓 싸드므앙 Wat Sadue Muang이라고 불리기도 한다. 과거 싸오 인타킨 Sao Inthakhin(도시의 탄생을 기념하고 도시의 안녕과 번영을 상징하는 기둥)이 있던 곳으로 치앙마이를 건설한 망라이 왕 시절부터 중요시했던 사원이다.
1774년 버마의 침략으로 인해 사원은 폐허가 되었고, 1800년에 싸오 인타킨을 왓 쩨디루앙으로 이전하면서 현재는 잊힌 사원이 되었다. 현재는 도로 중앙에 위한 (법당)과 쩨디(탑)만 남아 있다. 티크 나무로 만든 단아한 법당은 황금색으로 치장되어 반짝거린다. 좌우 대칭이 인상적인 건물로 지나가는 길에 잠시 들러 기념사진 찍기 좋다.

지도 P.80-B1 **주소** 13 Thanon Inthawarorot **운영** 08:00~18:00 **요금** 무료 **가는 방법** 3왕 동상을 바라보고 왼쪽 도로에 해당하는 타논 인타와로롯에 있다. 빠뚜 타패(타패 게이트)에서 850m.

구시가 안쪽에 있는 재래시장
빠뚜 치앙마이 시장(딸랏 빠뚜 치앙마이) Chiang Mai Gate Market ตลาดประตูเชียงใหม่

구시가 남쪽 출입문에 해당하는 빠뚜 치앙마이(치앙마이 게이트) 안쪽에 있는 재래시장이다. 치앙마이 게이트 시장 Chiang Mai Gate Market으로 불리기도 한다. 구시가 안쪽에서 가장 큰 재래시장으로 현지인들의 위한 반찬, 과일, 식재료를 판매한다. 새벽 시간(04:00~06:00)에는 채소, 과일, 꽃 등이 시장 뒤쪽 도로에서 거래된다. 아침 시간(06:00~11:00)에는 재래시장이 가장 붐비는 시간으로 현지인들이 아침거리를 장만하러 들른다. 각종 반찬, 카레, 꼬치구이, 빵, 과자, 태국 디저트 매장을 볼 수 있다. 시장은 허름하지만 가격이 저렴하다. 점심시간이 지나면 파장 분위기다. 저녁때는 시장 앞쪽에 야시장(P.124)이 들어선다.

지도 P.81-C1 **주소** Thanon Bamrungburi **운영** 04:00~12:00 **요금** 무료 **가는 방법** 빠뚜 치앙마이(치앙마이 게이트) 앞쪽 타논 밤룽부리에 있다.

구시가   101

일요일에 열리는 치앙마이의 대표적인 야시장
타논 랏차담넌 일요 시장(타패 워킹 스트리트)
Thanon Ratchadamnoen Sunday Market(Tha Phae Walking Street) ถนนคนเดิน นท่าแพ

빠뚜 타패(타패 게이트)를 들어서면 직선으로 뻗는 타논 랏차담넌 Thanon Ratchadamnoen은 일요일 오후가 되면 차량을 통제하고 워킹 스트리트(타논 콘 던) Walking Street로 변모한다. 사원이 즐비한 구시가의 고즈넉한 길을 따라 치앙마이 주민들이 직접 만든 물건들을 내놓고 판매하는 야시장이 들어선다. 그래서 '선데이 마켓 Sunday Market'으로 알려졌으며, 전통과 문화가 어울린 공간으로 치앙마이의 명소로 변모했다. 현재는 왓 프라씽 앞까지 야시장이 확장되어 일요일 저녁이면 치앙마이 구시가는 사람들의 열기로 후끈거린다. 선데이 마켓의 장점은 뭐니 뭐니 해도 현지인들과의 친밀감이다. 다양한 수공예품과 기념품이 판매되기 때문에 둘러보는 재미가 좋다. 아마추어 밴드가 음악을 연주하기도 하고, 전통 무용을 공연하기도 한다. 사원도 일반인에게 개방하는데, 사원 경내에 먹을거리 노점이 들어서 더욱 활기차다. 워낙 많은 인파가 몰려들기 때문에 복잡하다. 사람들에게 떠밀려 다니지 않으려면 해 지기 전에 서둘러 방문해야 한다.

지도 P.81-C1 **주소** Thanon Ratchadamnoen **운영** 매주 일요일 16:00~23:00 **요금** 무료 **가는 방법** 빠뚜 타패(타패 게이트) 안쪽의 타논 랏차담넌(랏차담넌 거리)에 야시장이 들어선다.

치앙마이에 건설된 최초의 사원

왓 치앙만 Wat Chiang Man วัดเชียงมั่น

1296년 망라이 왕이 치앙마이로 천도하면서 가장 먼저 만든 사원이다. 새로운 도시(치앙마이)가 완성될 때까지 망라이 왕이 거주했던 곳이며, 생의 마지막을 보내기도 했다. 사원의 상징성 때문에 왓 프라씽, 왓 쩨디 루앙과 더불어 치앙마이 구시가 3대 사원으로 여겨진다. 사원에 들어서면 정면에 보이는 대법당(위한 루앙 Wihan Luang)은 전형적인 란나 양식의 사원으로 단아한 겹 지붕 건물이다. 현재 모습은 1920년에 재건축한 것이다. 대법당 뒤편으로는 황금 탑인 쩨디 창롬 Chedi Chang Lom이 있다. 절제되고 안정감 넘치는 란나 양식의 탑으로 하단부에 실물 크기로 조각된 15개의 석조 코끼리 조각상들이 탑을 받치고 있다.

사원에서 가장 중요한 것은 대법당 오른쪽에 있는 작은 법당('위한 렉'이라고 부른다)에 모신 두 개의 불상이다. 대리석 불상 Marble Buddha으로 알려진 '프라 씰라' Phra Sila พระศิลา는 인도에서 실론(스리랑카)을 거쳐 전래되었는데, 무려 2,500년 전에 만든 불상이다. 30cm 크기의 자그마한 불상이지만, 란나 왕조의 불교 전래와 맞물려 중요한 신앙의 대상이 된다. 특히 비를 불러온다는 특별한 믿음 때문에 더욱 경건하게 여긴다. 함께 모신 '프라 쌔땅카마니' Phra Sae Tang Khamani พระเสตังคมณี 는 크리스털 불상 Crystal Buddha이다. 1,800년 전에 만들어진 10cm 크기 불상으로 재앙을 막아준다고 여겨진다.

지도 P.81-C1 주소 Thanon Ratchaphakhinai 전화 053-375-368 운영 08:00~17:00 요금 무료 가는 방법 타논 랏차파키나이 북단에 있다. 빠뚜 타패(타패 게이트)에서 1km 떨어져 있다.

우아한 목조 건물이 매력적인 사원
왓 판따오 Wat Phan Tao วัดพันเตา

왓 쩨디 루앙 옆에 있는 사원으로 1391년에 건설되었다. 왓 쩨디 루앙에서 사용한 불상을 제조하던 사원으로 여겨진다. '1,000개의 가마'라는 뜻의 사원 명칭에서 보듯 당시에는 엄청난 양의 불상을 제조했던 것으로 보인다. 하지만 란나 왕국이 다 망해가던 19세기에 들어서는 궁전의 일부로 쓰였다. 현재 사원의 대법당으로 쓰이는 건물은 왕궁 부속 건물 중의 하나인 호캄 Ho Kham이었다. '반짝이는 건물'이라는 뜻의 호캄은 왕(짜오 마하웡 Chao Mahawong)의 거처로 쓰였다. 치앙마이에 유일하게 남아 있는 란나 왕국의 왕실 건물로 1846년에 만들어졌다. 우아한 목조 건물에 세월의 흔적이 더해져 매우 이채롭다. 박공(출입문 위쪽)에는 유리 모자이크 공예로 만든 커다란 황금 공작새가 화려하게 장식되어 있다. 이는 통치자를 상징하는 것이다.

지도 P.82-A2 주소 Thanon Phra Pokklao **전화** 053-814-689 **운영** 08:00~19:00 **요금** 무료 **가는 방법** 타논 랏차담넌 & 타논 프라 뽁끌라오 삼거리에 있다. 빠뚜 타패(타패 게이트)에서 700m 떨어져 있다.

2010년에 재건축한 화려한 사원
왓 빤삥 Wat Pan Ping วัดป่านปิง

1581년에 건설된 오래된 사원이다. 란나 왕국 초창기에 건설된 사원 중의 하나로 삥 강의 범람으로부터 도시를 보호하기 위해 만들었다고 한다. 2002년 화재로 인해 대법당(위한)이 소실됐는데, 다행히도 본존불은 피해를 입지 않았다. 사원의 역사적 가치를 인정받아 2010년에 재건축했다. 고증을 거쳐 옛 모습으로 복원했는데, 색 바랜 다른 사원들과 달리 화사한 색으로 반짝인다. 대법당 오른쪽에 자그마한 사각형 법당(프라짜오딴짜이 Phra Chao Tan Jai)이 있는데, 특이하게도 스테인드글라스 창문을 만들었다. 구시가의 중요한 사원들과 인접해 있는데 상대적으로 관광객의 발길은 적다.

지도 P.82-B1 주소 194 Thanon Ratchaphakhinai **운영** 06:00~17:00 **요금** 무료 **가는 방법** 빠뚜 타패(타패 게이트)에서 550m 떨어진 타논 랏차파키나이에 있다.

치앙마이를 상징하는 대표 사원
왓 쩨디 루앙 Wat Chedi Luang วัดเจดีย์หลวง

치앙마이 구시가의 정중앙에 위치한 사원이다. 왓 프라씽(P.106)과 더불어 치앙마이 구시가에서 가장 중요한 사원으로 여겨진다. 왓 쩨디 루앙은 란나 왕국의 7번째 통치자인 쌘므앙마 왕 King Saen Muang Ma(재위 1385~1401)이 만들었다. 자신의 아버지이자 선왕인 끄나 왕 King Kue Na(재위 1355~1385)의 유해를 안치하기 위해 1391년에 건설했다. '왓=사원, 쩨디=탑, 루앙=크다'라는 뜻으로 사원 내부에 있는 커다란 쩨디로 인해 '왓 쩨디 루앙'이라 불린다.

지도 P.80-B2 **주소** 103 Thanon Phra Pokklao **전화** 053-278-595 **운영** 06:00~22:00 **요금** 50B **가는 방법** 타논 랏차담넌 & 타논 프라 뽁끌라오 삼거리에 있는 왓 판따오 옆에 있다. 빠뚜 타패(타패 게이트)에서 700m 떨어져 있다. 사원 정문 오른쪽에 있는 외국인 전용 출입구를 이용해 들어가야 한다.

구시가

① 싸오 인타킨(락므앙) Sao Inthakhin(Lak Muang)

외국인 전용 출입구(대법당 왼쪽)로 들어가면 가장 먼저 보이는 건물이다. 싸오 인타킨은 도시가 만들어지면 도시의 안녕과 번영을 기원하기 위해 만드는 기둥이다. 종교 시설처럼 사당(호인타킨 싼락므앙 The City Pillar Shrine)을 만들어 보호하고 있다.

② 대법당(프라 위한 루앙) Phra Vihan Luang

사원 정문에서 볼 때 정면에 있는 건물이다. 신성하고 커다란 법당이란 의미로 프라 위한 루앙 Phra Vihan Luang이라고 부른다. 1412년에 최초로 건설됐으나 여러 차례의 보수 공사를 했다. 현재 모습은 1929년에 재건한 것이다. 20세기에 재건축했기 때문에 단조로운 느낌을 준다. 본존불로 프라 앗타롯 불상 Phra Attarot 을 모시고 있는데, 8.2m 크기의 커다란 불상이 눈길을 끈다.

③ 쩨디 루앙 Chedi Luang

대법당 뒤쪽에 있는 쩨디 루앙은 띠록까랏 왕 때인 1441년에 완성되었다. 그 후 1475~1478년까지 증축되면서 높이 90m에 이르렀다. 1545년에 발생한 지진으로 인해 상단부가 무너져 내려 현재는 높이가 60m로 낮아졌다. 쩨디는 붕괴된 부분을 제외하고 원형 그대로 복원되었다. 기단부를 장식한 나가(뱀 모양의 수호신) 계단, 쩨디 중간에 장식된 코끼리 석상, 그리고 감실에 모신 황동 불상까지 옛 모습 그대로 웅장한 모습을 감상할 수 있다. 참고로 쩨디 오른쪽 감실에는 태국에서 가장 신성시하는 에메랄드 불상인 프라 깨우 Phra Kaew(현재는 방콕 왕궁에 모셔져 있다)를 80년 동안이나 모셨다고 한다.

④ 푸리따또 위한 Bhuridatto Vihan

쩨디 루앙 뒤쪽에 있는 자그마한 법당이다. 3겹 지붕의 단아한 란나 양식의 검정색 건물이다. 유리 모자이크 공예로 장식되어 있어 반짝 거린다. 185년에 만든 것으로 주지승을 지냈던 고승의 밀랍 인형을 모시고 있다.

⑤ 와불상 Reclining Buddha

쩨디 루앙 뒤쪽에 있는 법전 중 한 곳이다. 정면이 오픈되어 있는 길쭉한 건물로 다양한 불상을 모시고 있다. 높이 1.9m, 길이 8.7m의 와불상이 가장 유명하다. 15세기에 만들어진 것으로 여겨진다.

치앙마이에서 가장 중요시되는 사원
왓 프라씽 Wat Phra Singh วัดพระสิงห์

성벽에 둘러싸인 치앙마이 구시가에서 가장 크고 중요한 사원이다. 캄푸 왕 King Kham Fu(재위 1328~1337)의 유해를 모시기 위해 그의 아들 파유 왕 King Pha Yu(재위 1337~1355)이 건설했다. 1345년에 건설될 때에는 왓 리치앙프라 Wat Li Chiang Phra라고 불렸으나 신성한 불상인 '프라씽' Phra Singh이 전래되면서 사원의 이름도 바뀌었다. 프라씽은 사자 불상이란 뜻이다. 불상이 사자 모양은 아니고 불상의 얼굴이 통통한 것이 특징이다. 실론(스리랑카)에서 전해진 것으로 여겨지나 청동으로 만든 갸름한 불상의 모양 때문에 쑤코타이 불상으로 여겨지기도 한다. 참고로 '씽'은 신화 속에 등장하는 사자 형상의 수호신을 의미한다. 왓 프라씽은 평상시에도 신자들과 관광객들이 끊임없이 들락거리지만, 쏭끄란 축제기간이 되면 더욱 북적댄다. 특히 프라씽 불상이 황금 마차에 실려 도시를 순회하는 날은 도시가 들썩일 정도다. 특별한 불상이 특별한 행사를 통해 시민들에게 행운과 복을 기원해 주기 때문이다.

지도 P.80-A1 **주소** Thanon Singharat **전화** 053-814-164 **운영** 07:00~18:00 **요금** 50B **가는 방법** 타논 랏차담넌 서쪽 끝의 타논 씽하랏 삼거리에 있다. 빠뚜 타패(타패 게이트)에서 1km 떨어져 있다.

① 대법당(위한 루앙) Vihan Luang

사원의 정문(출입문)에도 좌우 대칭으로 하얀색 '씽' 석상이 출입문 좌우에 올려져 있다. 정문을 들어서면 가장 먼저 보이는 것은 대법당(위한 루앙 Vihan Luang)이다. 지붕이 낮게 깔린 란나 양식의 건물로 금장식이 가득해 화려하다. 현재 모습은 1925년에 재건축된 것이다.

② 도서관(호 뜨라이) Ho Trai

사원의 입구에서 보이는 대법당 오른쪽에는 도서관(장경고)으로 여겨지는 호 뜨라이 Ho Trai가 있다. 불경을 보관했던 건물로 나가 계단을 따라 목조 건물이 만들어졌는데, 유리 모자이크 공예가 인상적이다. 또한 스투코로 조각한 데바타 여신상도 완성도가 높다.

③ 프라씽 법당(위한 라이캄) Vihan Lai Kham

프라씽 불상을 모신 법당은 위한 라이캄 Vihan Lai Kham이라 불린다. 대법당을 끼고 왼쪽으로 가면 황금색 쩨디(탑) Chedi 옆에 있는 아담한 법당이다. 건축 재료로 티크 나무를 사용했고, 기둥마다 금색을 이용한 장식을 치장했다. 법당 내부는 프라씽 불상과 함께 내부 벽화로도 유명하다. 벽화는 란나 시대의 왕실과 일반인들의 삶의 모습을 섬세하게 묘사하고 있다. 세월이 흘렀음에도 란나 전통 양식의 벽화가 어떤 것인지 잘 보여주는 걸작이다.

④ 불탑(쩨디 탄 창롬) Chedi Than Chang Lom

프라씽 법당(위한 라이캄)을 바라보고 오른쪽에 있는 황금색 탑이다. 1345년에 만들었으며, 쩨디 탄 창롬 Chedi Than Chang Lom으로 불린다. 사각형 기단부에 황금색 코끼리 조각을 장식했다

⑤ 우보쏫 Ubosot

대법당 뒤쪽, 황금 탑 오른쪽에 있는 법당이다. 승려들의 출가의식이 이루어지는 곳이다. 법당 내부에 불상을 모신 몬돕(사각형 모양의 탑)과 고승들의 밀랍인형을 모시고 있다. 다른 사원과 달리 여성을 포함해 일반인의 출입이 가능하다.

대형 불상이 눈길을 끄는 사원
왓 랏차 몬티안 Wat Ratcha Monthian(Rajamontean) วัดราชมณเฑียร

구시가 북쪽을 연하고 있는 해자와 접해 있는 사원이다. 15세기에 건설된 자그마한 사원이지만 커다란 불상이 사원 밖으로 노출되어 있어 멀리서도 쉽게 눈에 띈다. 하지만 대부분 건물들이 재건축한 것이라 고색창연한 느낌은 들지 않는다. 사원 입구에 들어서면 보이는 법당(위한)은 태국 북부 지방에서 흔히 볼 수 있는 란나 양식을 띠고 있으나, 본존불은 버마 양식을 띠고 있다. 본존불은 희고 매끄러운 설화 석고를 이용해 만들었으며 왕관을 쓰고 있다. 해자 맞은편에 왓 록모리가 있어 함께 둘러보면 좋다.

지도 P.80-B1 **주소** Thanon Si Phum(Sri Poom) **운영** 06:00~17:00 **요금** 무료 **가는 방법** 구시가 북쪽의 해자와 연해 있는 타논 씨품에 있다. 빠뚜 창프악(창프악 게이트)에서 400m, 빠뚜 타패(타패 게이트)에서 2㎞ 떨어져 있다.

연꽃 연못을 간직한 사원
왓 쩻린 Wat Jet Lin(Chetlin) วัดเจ็ดลิน

16세기에 건설된 오래된 사원이지만 옛 모습은 거의 찾아 볼 수 없다. 20세기 초에 재건축하면서 콘크리트를 사용했기 때문이다. 벽돌로 만든 쩨디(탑)와 사원 경내에 전시된 머리 잘린 불상을 통해 과거 모습을 유추해 볼 뿐이다. '쩻린'은 7개의 수로라는 뜻으로 사원 건설 당시에는 수로가 존재했었다고 전해진다. 란나 왕국의 왕족들이 이곳에서 목욕했다는 기록도 남아 있다고 한다. 현재는 사원 경내(쩨디 뒤편)에 연꽃 연못을 만들어 놓았다. 대나무 다리를 연결해 연못을 건널 수 있다. 워낙 유명한 사원인 왓 쩨디 루앙이 옆에 있기 때문인지, 이곳까지 발길을 옮기는 여행자는 많지 않다.

지도 P.81-C2 **주소** 69/1 Thanon Phra Pokklao **운영** 05:00~17:30 **요금** 무료 **가는 방법** 왓 쩨디 루앙에서 남쪽으로 400m 떨어진 타논 프라 뽁끌라오에 있다.

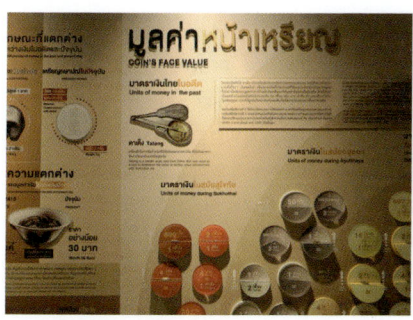

무료로 드나들 수 있는 박물관
화폐 박물관(피피타판 타나락) The Treasury Museum 피피 ธภัณฑ์ธนารักษ์

구시가 중심부에 있는 태국 화폐 관련 박물관이다. 왕족(티파완 공주 Princess Thiphawan)이 살던 2층 건물로 잔디 정원이 곱게 정리되어 있다. 란나 왕조에서 사용했던 은화부터 오늘날 태국에서 사용되는 동전과 지폐까지 다양한 화폐가 전시되어 있다. 동전을 사용했던 자판기, 란나 왕국 시대의 치앙마이 도시 성벽을 재현한 모형도 볼 수 있다. 동전 도안으로 사용된 문양과 왕실 휘장에 대한 설명도 곁들여진다. 참고로 박물관 입구에 있는 조형물은 란나 왕국에서 사용하던 은화를 형상화해 만든 것이다. 무료로 입장할 수 있어 지나는 길에 잠시 들르면 된다.

지도 P.82-A2 **주소** 52 Thanon Ratchadamnoen **전화** 0-5322-4237 **홈페이지** www.trdmuseumchiangmai.treasury.go.th **운영** 화~일 09:00~12:00, 13:00~16:00 **휴무** 월요일 **요금** 무료 **가는 방법** 빠뚜 타패(타패 게이트) 안쪽으로 500m 떨어진 타논 랏차담넌에 있다.

일요일에 야시장이 들어서는 사원
왓 판온 Wat Phan On วัดพันอ้น

선데이 마켓이 열리는 일요일이 되면 사원 경내에 야시장이 들어서기 때문에 한 번쯤 들르게 되는 사원이다. 왓 판온은 란나 왕국 시대인 1501년에 건설됐으나, 재건축되면서 현대적인 사원으로 변모했다. 본존불로 '프라 찐나랏' Phra Chinnarat 불상을 모시고 있다. 태국에서 가장 아름다운 불상으로 여겨지는데, 진품은 핏싸눌록 Phitsanulok(치앙마이에서 남쪽으로 350km 떨어져 있다)의 왓 프라씨 랏따나마하탓 Wat Phra Sri Rattana Mahathat에 있다. 사원 경내에 있는 쩨디는 2007년에 만들었다. 황금색으로 치장된 탑은 프라 쩨디 씨리릿까땃씨리락 Phra Chedi Sareerikkatartsirirak이라고 불린다. 쩨디는 각 방면에 감실을 만들어 불상을 보관한다.

지도 P.82-B2 **주소** 75 Thanon Ratchadamnoen **전화** 053-787-418 **운영** 06:00~18:00 **요금** 무료 **가는 방법** 빠뚜 타패(타패 게이트) 안쪽으로 들어와서 타논 랏차담넌(랏차담넌 거리)을 따라 250m 직진한다.

좋은 행운이란 뜻의 두앙디 사원
왓 두앙디 Wat Duang Dee วัดดวงดี

16세기에 건설된 자그마한 사원이다. '두앙디'는 좋은 행운이란 뜻으로 행운을 가져다주는 사원으로 여겨진다. 경내에는 대법당(위한) Viharn, 승려들의 출가 의식이 행해지는 법당(우보쏫) Ubosot, 탑(쩨디) Chedi, 불경을 보관한 도서관(호 뜨라이) Ho Trai으로 구성되어 있다. 왓 두앙디에서 가장 눈길을 끄는 것은 독특한 모양새의 '호 뜨라이'다. 1829년에 만들어진 건물로 사각형의 기단 위에 피라미드 모양의 3층 지붕을 올렸다.

지도 P.82-A1 **주소** Thanon Phra Pokklao Soi 12 **운영** 06:00~18:00 **요금** 무료 **가는방법** 타논 프라 뽁끌라오 쏘이 12 옆에 있다. 3왕 동상에서 150m, 빠뚜 타패(타패 게이트)에서 650m 떨어져 있다.

여행자 거리에 있는 자그마한 재래시장
쏨펫 시장(딸랏 쏨펫) Somphet Market ตลาดสมเพชร

구시가 안쪽에 있는 자그마한 재래시장이다. 밍므앙 시장(딸랏 밍므앙) Ming Muang Market으로 불리기도 한다. 태국의 여느 재래시장과 별반 차이 없이 과일과 채소, 향신료, 육류 등을 판매한다. 시장 입구 노점에서는 꼬치구이, 생선구이, 반찬 등의 음식을 진열해 놓고 판매한다. 구시가에 머물게 된다면 자연스레 한 번쯤 들르게 되는 곳이지만, 시장도 작고 기념품을 판매하는 곳도 아니라서 일부러 찾아갈 필요는 없다.

지도 P.82-B1 **주소** 131/3 Thanon Moon Muang Soi 6 **운영** 06:00~18:00 **요금** 무료 **가는방법** 타논 문므앙 쏘이 6에 있다. 빠뚜 타패(타페 게이트)에서 북쪽으로 400m.

구시가 왼쪽 코너에 있는 자그마한 공원
부악핫 공원(쑤언 부악핫)
Buak Hard Park สวนสาธารณะหนองบวกหาด

구시가 해자 안쪽 남서쪽 코너에 있는 자그마한 공원이다. 공식 명칭은 넝부악핫 공원(쑤언 싸타라나 넝부악핫) Nong Buak Hard Public Park이다. 잔디 공원과 야자나무, 호수, 분수대, 정자, 산책로(조깅 코스), 놀이터, 운동 기구가 마련되어 있다. 선선한 겨울에는 공원 내부에서 꽃 축제도 열린다. 매점과 카페도 있어서 잠시 쉬어 가기 좋다. 야외 공원에서 무료 요가 강습 Yoga In The Park Chiang Mai도 열린다.

지도 P.80-A2 **주소** Thanon Bamrungburi & Thanon Arak **운영** 05:00~21:00 **요금** 무료 **가는방법** 구시가 남쪽 타논 밤룽부리 & 타논 아락에 있다.

무료로 관람할 수 있는 아트·수공예·문화 센터
캄 빌리지 Kalm Village คาล์มวิ ลเลจ

구시가 남쪽의 조용한 골목에 있는 아트·수공예·문화 센터. 웬만한 박물관과 맞먹는 규모임에도 불구하고 무료로 입장할 수 있어 언제든 마음 편히 들를 수 있다. 기와지붕을 올린 전통 가옥에 불교적인 모티브를 가미해 현대적으로 건축했다. 8개 건물이 단절되지 않고 유기적으로 연결된다. ㄷ자 형태의 건물이 중앙 광장을 끼고 들어서 있다. '캄'ค ม은 공동체 마을이라는 뜻이지만, 차분하다는 의미의 영어(Calm)와 발음이 같아서 이중적인 의미로 썼다고 한다. 전통 공예 박물관으로 사용되는 뮤지엄 오브 메이커 Museum of Makers(MOM), 홈웨어, 실크, 직물, 티셔츠, 토트백, 그릇 등을 판매하는 라이프스타일 스토어 Lifestyle Store를 중심으로 레스토랑, 카페, 갤러리, 도서관까지 다양한 시설이 들어서 있다. 지역 마을에서 장인이 생산한 수공예품을 판매하는데, 제품이 좋은 대신 가격은 비싼 편이다. 평화로운 분위기에서 태국 전통 예술 작품을 감상하기 좋다.

지도 P.80-B2 **주소** 14 Thanon Phra Pokklao Soi 4 **전화** 093-320-9809 **홈페이지** www.kalmvillage.com **영업** 09:30~18:30 **휴무** 수요일 **요금** 무료 **가는 방법** 구시가 남쪽의 타논 프라 뽁끌라오 쏘이 4 골목에 있다. 빠뚜 타패(타패 게이트)에서 1.5km 떨어져 있다.

CAFE & DRINK 구시가 카페

고즈넉한 동네 분위기에 걸맞은 아담한 카페들이 많다. 구시가 골목 풍경을 바라보며 여유로운 시간을 보내기 좋다.

퐁가네스 커피 로스터 Ponganes Coffee Roasters ★★★★

태국 북부 지역 커피 농장과 협력해 운영하는 자그마한 카페. 직접 블렌딩한 원두를 로스팅해 판매·유통한다. 2011년부터 영업 중인 곳으로 커피 애호가들 사이에서 나름 유명한 곳이다. 붉은 벽돌을 이용해 만든 개방형 카페로 에어컨이나 테이블은 없다. 나무 그늘 아래 기다란 의자가 놓여 있을 뿐이다. 문 여는 시간이 제한적이므로 영업 시간을 미리 확인하고 가야 한다.

지도 P.80-B1 **주소** 11/2 Thanon Khang Ruan Jum(Inthawarorot Soi 1) **전화** 087-727-2980 **홈페이지** www.ponganes.com **영업** 목~일요일 10:00~16:00 **휴무** 월~수요일 **메뉴** 영어 **예산** 80~100B **가는 방법** 왓 프라싱에서 450m, 빠뚜 타패(타패 게이트)에서 1.2km 떨어져 있다.

에스프레소는 50B

핌스 컵 Pimm's Cup ★★★☆

여행자들이 추천하는 자그마한 카페. 1인 카페에 가까운 곳으로 테이블도 몇 개 없다. 당연히 에어컨 같은 건 없다. 직접 로스팅한 원두를 이용해 커피를 만든다. 태국 북부 지방(치앙라이)에서 재배한 신선한 원두를 사용한다. 에스프레소는 50B, 아이스 아메리카노는 60B으로 가성비가 뛰어나다. 스페셜 커피로 오렌지 아메리카노, 코코넛 아메리카노, 더티 라테가 있다. 주인장이 친절하다. 원두도 판매한다.

지도 P.80-B2 **주소** 43/1 Thanon Samlan **전화** 081-423-5663 **영업** 화~일 07:00~16:30 **휴무** 월요일 **메뉴** 영어 **예산** 50~100B **가는 방법** 타논 쌈란에 있는 프라싱 우체국 Phra Sing Post Office을 바라보고 왼쪽에 있다.

구시가

그래프 카페(구시가 본점) Graph Cafe ★★★★☆

치앙마이 3대 카페 중의 하나로 불리는 그래프 카페 본점이다. 구시가 안쪽 골목에 있는 자그마한 카페로, 테이블은 몇 개 없지만 워낙 유명해서 합석도 감수할 정도다. 에스프레소와 콜드 브루를 기본으로 창의적인 커피를 만들어 낸다. 독특한 배합과 향 때문에 마치 술이 들어가지 않은 커피 칵테일 같은 느낌을 준다. 마그마 Magma, 로스트 가든 Lost Garden, 쏨펫 Sompetch, 허니비 Honeybee, 데몬 Demon, 그래프 넘버 16 Graph No.16, 미드타운 Midtown 같은 독창적인 커피를 맛볼 수 있다. 2009년에 문을 연 이래로 치앙마이에 6개, 푸껫에 1개 지점을 운영하고 있다. 트렌디한 분위기를 원한다면 님만해민 지점(P.234)과 반캉왓 지점(P.225)을 이용하면 된다.

지도 P.82-B1 주소 Thanon Ratwithi Soi 1 **전화** 0865-673-330 **홈페이지** www.graphcoffeeco.com **운영** 09:00~17:00 **메뉴** 영어 **예산** 135~185B **가는 방법** 타논 랏위티 쏘이 1 골목에 있다. 타패 게이트에서 600m 떨어져 있다. 구시가 안쪽의 좁은 골목이라 유심히 살펴야 한다.

바트 커피 Bart Coffee ★★★★

구시가 안쪽 골목에 있는 자그마한 길거리 카페. 실내 테이블이 몇 개 없을 정도로 협소하지만 카페 마니아들 사이에서 유명한 곳이다. 한국 관광객에게 잘 알려져 있다. 이곳을 다녀간 사람들의 낙서와 추천 문구가 벽면에 가득하다. 주인장이 혼자 운영하는 1인 카페로 커피 메뉴도 단출하다. 에스프레소 머신에서 커피를 추출해 준다. 아메리카노, 라테, 카푸치노 같은 익숙한 커피를 맛볼 수 있다. 시그니처로는 더티 라테(더티 커피) Dirty Latte가 있다. 달달한 우유와 진한 에스프레스가 어우러져 부드러운 맛을 낸다. **영업시간이 짧기 때문에 문 닫혀 있는 경우가 빈번하다.**

지도 P.82-B1 주소 51 Thanon Moon Muang Soi 6 **전화** 099-049-4688 **영업** 월~토요일 10:30~16:30 **휴무** 일요일 **메뉴** 영어 **예산** 70~85B **가는 방법** 구시가의 타논 문므앙 쏘이 6 골목에 있다. 빠뚜 타패(타패 게이트)에서 700m 떨어져 있다.

인기 쿤 깨 주스 바 Khun Kae's Juice Bar ★★★★

구시가 골목에 있는 자그마한 주스 가게로 '깨' 아줌마가 운영한다. 신선하고 당도 높은 열대 과일을 이용해 즉석에서 스무디와 과일 주스를 만들어 준다. 유기농 채소와 과일을 결합한 음료와 스무디 볼 Smoothie Bowl, 그릭 요거트 볼 Greek Yogurt Bowl, 과일 샐러드 Fruit Plate까지 다양하다. 3~4가지 종류의 과일을 조합해 주문할 수 있다. 식당 자체에서 배합해 만든 스무디와 착즙 주스 메뉴가 있는데, 각각의 음료가 어떤 효능이 있는지도 설명되어 있다. 주변에 여행자 숙소가 몰려 있어 외국 관광객에게 엄청난 인기를 누리고 있다. 오며 가며 시원한 음료를 테이크아웃해가는 여행자를 흔하게 볼 수 있다. 에어컨은 없지만 실내에 테이블도 몇 개 있다. 건강한 주스 가게를 표방하는 곳으로 무엇보다 가성비가 좋다.

지도 P.82-B1 **주소** 19/3 Thanon Moon Muang Soi 7 **전화** 084-378-3738 **홈페이지** www.facebook.com/khunkaejuicebar **영업** 09:00~19:30 **메뉴** 영어 **예산** 스무디 50B, 스무디 볼 80~120B **가는 방법** 타논 문므앙 쏘이 7 골목에 있다. 빠뚜 타패(타패 게이트)에서 700m 떨어져 있다.

싱글 오리진 스토어(타패 지점) Single Origin Store Tha Pae ★★★☆

타패 게이트 안쪽의 치앙마이 구시가로 들어서면 보이는 카페. 입지 조건이 좋아서 오가는 사람들이 편하게 들른다. 복층 구조로 넓고 시원하며 쉬어 가기 좋다. 채광이 좋고 창밖으로 구시가 성벽도 보인다. 네 종류의 블렌딩된 원두 중에 선택하면 된다. 시그니처 초코 블렌드 Signature Choco Blend(태국+라오스+브라질+콜롬비아 원두 혼합)를 기본 베이스로 사용한다. 싱글 오리진은 치앙마이 농장에서 재배한 우먼 파머 소파 에스테이트 Woman Farmer Sopa Estate가 유명하다. 낮 시간에는 브런치 메뉴, 저녁 시간에는 파스타를 요리한다. 드립 백과 원두도 구입 가능하다.

지도 P.82-B2 **주소** 65 Thanon Moon Muang(Mun Mueang) **전화** 065-442-2391 **홈페이지** www.singleoriginstore.com **영업** 07:30~21:00 **메뉴** 영어 **예산** 85~145B **가는 방법** 빠뚜 타패(타패 게이트) 안쪽의 타논 문므앙에 있다.

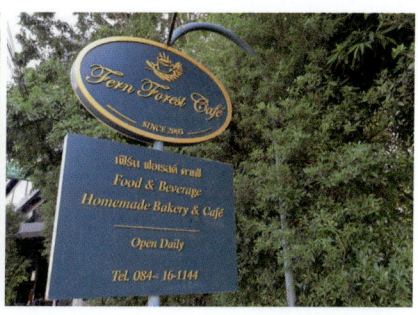

인기 펀 포레스트 카페 Fern Forest Cafe ★★★★

치앙마이 구시가를 벗어나지 않고 야외 카페에서 차분한 시간을 보낼 수 있는 곳이다. 양치류 식물이 가득한 야외 정원이 잘 가꾸어져 있어 도심 속의 여유를 선사한다. 숲속에 들어온 느낌으로 파라솔 아래 테이블이 놓여 있다. 정원 안쪽으로 들어가면 하얀색 목조 건물이 나온다. 오래된 건물이 주는 빈티지한 감성이 가득한데, 한때 주인장 내외가 쓰던 가정집이었다고 한다. 실내는 에어컨 시설이다. 디저트 카페를 겸한 레스토랑으로 메뉴가 다양하다. 태국 요리는 똠얌꿍, 마싸만 카레, 팟타이, 카우쏘이, 파인애플 볶음밥 등 무난한 음식이 많다. 스무디 볼, 프렌치토스트, 팬케이크, 베이글 샌드위치, 파스타 같은 브런치도 다양하다. 외국 관광객이 좋아할 만한 메뉴가 많다.

지도 P.80-A1 주소 Thanon Singharat Soi 4 **전화** 053-416-204 **영업** 08:00~19:00 **홈페이지** www.facebook.com/fernforestcafe **메뉴** 영어, 태국어 **예산** 커피 75~115B, 메인 요리 165~345B **가는 방법** 타논 씽하랏 쏘이 4 골목 입구에 있다. 왓 프라씽을 바라보고 오른쪽(북쪽)으로 600m.

파타라 커피 Fahtara Coffee ★★★★

파 란나 스파 Fah Lanna Spa에서 운영하는 카페를 겸한 레스토랑. 작은 정원을 갖춘 카페로 도로 안쪽에 살짝 숨겨져 있다. 나무 바닥과 나무 그늘, 물레방아가 어우러져 자연 속의 한적한 느낌을 선사하며, 종이 파라솔과 산악 민족이 만든 쿠션 등이 란나(태국 북부 지방) 분위기를 자아낸다. 덕분에 차분하게 커피 마시거나 디저트를 즐기기 좋다. 아메리카노, 라테, 모카, 카푸치노 정도로 커피 종류는 많지 않다. 프렌치토스트, 에그 베네딕트, 샌드위치, 팟타이, 파스타, 피자까지 식사 종류가 다양하다.

지도 P.80-B1 주소 57 Thanon Wiang Kaew **전화** 084-623-5999 **홈페이지** www.fahtara.coffee **영업** 08:00~21:00 **메뉴** 영어, 태국어 **예산** 커피 90~120B, 메인 요리 190~380B **가는 방법** 타논 위앙깨우 & 타논 짜반 사거리 코너에 있다. 파란나 스파 Fah Lanna Spa 옆에 있다.

트웬티 마 카페 Twenty Mar Cafe ★★★★☆

3왕 동상과 가까운 구시가 한복판에 있지만 워낙 작아서 눈에 잘 안 띈다. 작은 상점 건물들이 연속해 있는데, 그 중 한 칸을 차지한다. 커피바와 벽면에 기댈 수 있는 기다란 의자가 전부다. 원목을 이용한 묵직한 색감이 미니멀한 인테리어와 잘 어울린다. 카페 안쪽에는 비밀공간처럼 숨겨진 갤러리도 있다. 협소한 공간이라서 열정적으로 커피를 만드는 바리스타의 몸짓이 시선을 압도한다. 일반적인 커피는 에브리데이 커피 Everyday Coffee, 창의적인 커피는 스페셜 커피 Special Coffee로 구분된다. 스페셜 커피 중에는 더티 커피 Dirty Coffee와 오렌지 에스프레소 Organic Orange Espresso가 유명하다. 필터 커피(드립 커피)도 만들고, 직접 브렌딩한 원두도 판매한다.

지도 P.82-A2 주소 216 Thanon Phra Pokklao 전화 088-260-8569 홈페이지 www.facebook.com/twentymarcafechiangmai 영업 08:00~18:00 메뉴 영어 예산 90~200B 가는 방법 3왕 동상에서 100m 떨어진 타논 프라 뽁끌라오에 있다.

캐롯 커피 Carrot Coffee ★★★☆

구시가 남쪽 가장자리 조용한 골목에 있는 카페. 복층 콘크리트 건물을 빈티지하게 꾸몄다. 노출 콘크리트와 쾌적한 실내가 평화로운 동네 분위기와 어우러진다. 야외 정원으로 꾸민 중정도 있어서 여유로움을 더했다. 원두는 세 종류 중에서 선택하면 된다. 당근 케이크도 인기 있다. 시그니처 메뉴로는 더티 커피 Dirty Coffee와 오렌지 콜드 브루 Orange Cold Brew, 캐롯 넘버 투 Carrot No.2(콜드 브루+베리 소스), 캐롯 넘버 원 Carrot No.1(크림 라테+캐롯 쿠키 크럼블)이 있다. 캄 빌리지 Kalm Village 방문했다면 더위 식힐 겸 들르면 좋다.

지도 P.80-B2 주소 Thanon Samlan Soi 7 전화 062-256-9415 홈페이지 www.facebook.com/carrotcafecnx 영업 08:00~18:00 메뉴 영어 예산 70~120B 가는 방법 구시가 남쪽 지역에 해당하는 타논 쌈란 쏘이 7 골목에 있다.

구시가

찡짜이 마켓 지점

갤러리 드립 커피 Gallery Drip Coffee ★★★★☆

방콕 아트 & 컬처 센터 Bangkok Art & Culture Centre (BACC)에 있는 갤러리 드립 커피의 치앙마이 지점이다. 이번에는 갤러리가 아니라 치앙마이 문화 예술 센터 내부에 카페가 들어서 있다. 3왕 동상 뒤쪽에 있는 구시가 이정표 같은 역할을 하는 큰 건물이지만, 카페는 건물 뒤편에 자리하고 있다. 카페 자체는 아담하지만 문화 예술 센터 뒤뜰의 중정에 야외 테이블이 놓여 분위기가 좋다. 출입구도 달라서 박물관 입장료를 내지 않고 카페만 이용할 수 있다. 태국(치앙마이, 치앙라이)에서 재배한 원두를 이용해 드립 커피를 내려준다. 재배 지역, 프로세싱 방법, 맛과 향에 대한 설명을 참고해 원두를 선택하면 된다. 드리퍼를 포함해 커피 관련 제품들이 가득 장식되어 있다. 2024년에 찡짜이 마켓에 2호점 Gallery Drip Coffee Jing Jai Market도 열었다.

지도 P.82-B1 **주소** Chiang Mai City Art & Cultural Center, Thanon Ratwithi(Ratvithi) **전화** 082-545-6392 **홈페이지** www.facebook.com/GallerydripCMI **영업** 수~일요일 09:00~17:00 **휴무** 월~화요일 **예산** 드립 커피 80~140B **가는 방법** 치앙마이 문화 예술 센터 후문(매표소 반대편)에 있다. 타논 랏위티 방향으로 들어가면 된다.

문므앙 쏘이 9 지점

Cafe Shakerato

16 [추천] 아카아마 커피(프라씽 지점) Akha Ama Coffee ★★★★☆

치앙마이에서 잘나가는 카페다. 여행자들 사이에서는 치앙마이 3대 카페로 꼽힌다. 구시가에 두 개 지점이 있는데, 왓 프라씽(사원) 앞쪽에 있는 분점이 찾아가기 좋다. 동네 이름을 붙여서 아카 아마 프라씽 Akha Ama Phra Sing이라고 부른다. 복층 건물로 규모도 크고 에어컨 시설도 구비되어 쾌적하다. 벽돌로 만든 외관부터 곡선을 살려 디자인한 트렌디한 인테리어까지 분위기도 좋다. 정겨운 구시가 골목 분위기를 느끼고 싶다면 문므앙 쏘이 9 지점 Akha Ama Coffee(The New Original) Moon Muang Rd, Lane 9을 찾아가면 된다.

아카=태국 북부에 거주하는 소수 민족, 아마=아카족 언어로 어머니라는 뜻이다. 공정 무역을 추구하는 곳으로 아카족이 운영하는 커피 농장에서 재배한 커피 원두를 사용한다. 커피 산지와 가깝고 직접 로스팅하기 때문에 신선한 커피를 즐길 수 있다. 드립 커피로 내려주는 싱글 오리진도 선택할 수 있다. 시그니처는 피치 Peachee(커피+탄산수+복숭아), 마니마나 Manee Mana(에스프레소+꿀+오렌지 필), 더티 라테 Dirty Latte, 오렌지 주스 커피 Orange Juice Coffee가 있다.

지도 P.80-B1 주소 75/2 Thanon Ratchadamnoen **전화** 088-267-8014 **홈페이지** www.akhaamacoffee.com **영업** 08:00~17:30 **예산** 70~100B **가는 방법** 왓 프라씽(사원)을 등지고 서서, 앞에 보이는 삼거리 정면(타논 랏차담넌) 방향으로 50m.

RESTAURANT 구시가 레스토랑

구시가 곳곳에 오래되고 저렴한 로컬 식당들이 분포해 있다. 여행자 숙소가 몰려 있는 빠뚜 타패(타패 게이트) 주변에는 카페를 겸한 투어리스 레스토랑도 어렵지 않게 볼 수 있다.

끼앗오차 Kiat Ocha เกียรติโอชา ★★★

1957년부터 영업 중인 로컬 식당이다. 현지인들에게 꽤 유명한 카우만까이(닭고기덮밥) Khao Man Kai 전문점이다. 닭고기가 부드러운 것이 특징이다. 대·중·소로 구분해 주문하면 된다. 밥은 10B를 받는다. 저렴한 대신 음식 양은 적다. 무 싸떼(카레를 발라 구운 돼지고기 숯불구이) Moo Satay를 곁들이면 부족한 양을 채울 수 있다. 간판은 태국어로만 쓰여 있으나 한자로 '發淸'이 병기되어 있다.

지도 P.82-A1 **주소** 41 Thanon Inthawarorot **영업** 06:00~15:00 **메뉴** 영어, 한국어, 태국어, 중국어 **예산** 닭고기덮밥 50~100B **가는 방법** 3왕 동상(쌈깟쌋)을 바라보고 왼쪽 골목인 타논 인타와로롯 안쪽으로 100m 들어간다.

쪽 쏨펫 Jok Somphet โจ๊กสมเพชร ★★★

구시가에 있는 죽집으로 1989년부터 영업하고 있다. 간단한 아침식사나 야식을 즐기기 위해 찾는 사람들이 많다. 24시간 문을 연다. '쪽'은 쪼우(粥)로 알려진 중국식 쌀죽의 태국식 버전이다. 메뉴판에 영어로 콘지 Congee라고 적혀 있다. 돼지고기 미트볼을 넣은 '쪽 무'가 가장 인기 있다. 끓인 밥에 뜨끈한 육수를 넣으면 카우똠 Soft-Boiled Rice이 된다. 카우쏘이, 볶음면, 볶음밥, 카레 덮밥(카우 랏 깽항레) Hang Le Curry Rice 등 가성비 좋은 메뉴가 가득하다. 딤섬을 곁들여 식사해도 좋다.

지도 P.81-C1 **주소** 59/3 Thanon Si Phum (Sri Poom) **전화** 053-210-649 **홈페이지** www.facebook.com/joksomphet **영업** 24시간 **메뉴** 영어, 태국어 **예산** 45~100B **가는 방법** 구시가 북쪽의 타논 씨품에 있다.

닭고기를 넣은 카우쏘이 까이

추천 카우쏘이 쿤야이 Khao Soi Khun Yai ข้าวซอยคุณยาย ★★★★

구시가에서 유명한 카우쏘이 식당이다. 아침·점심시간에만 장사하는 자그마한 노점 식당으로 에어컨은 없다. 마당 넓은 가정집 한편에 테이블 몇 개 놓고 장사한다. 관광객 입맛이 아니라 현지인 입맛에 맞추어 요리한다. 다른 곳에 비해 덜 맵고 부드러운 편이다. 구시가에서 카우쏘이를 맛보고 싶다면 가장 무난한 곳이다. 카우쏘이(북부 지방 카레 쌀국수) Curry Noodle Khao Soi와 꾸어이띠아우(일반 쌀국수) Noodle Soup 두 종류가 있다. 고명으로 닭고기(까이), 돼지고기(무), 소고기(느아) 중 선택해 주문하면 된다. 조리대를 겸한 카운터에서 주문하고 계산하면 된다. 일요일엔 문을 닫는다. 참고로 쿤야이는 할머니라는 뜻이다.

지도 P.80-B1 주소 Thanon Si Phum(Sripoom) Soi 8 **영업** 월~토요일 10:00~14:00 **휴무** 일요일 **메뉴** 영어, 태국어 **예산** 60~70B **가는 방법** 타논 씨품 쏘이 8 골목이 보이면 골목 안쪽으로 들어가면 안 된다. 골목 옆 첫 번째 건물 안쪽에 있다.

림라오응오우 Lim Lao Ngow Fishball Noodle ลิ้มเหล่าโหงว ★★★☆

방콕 차이나타운에 있는 어묵 쌀국수 레스토랑의 치앙마이 지점이다. 치앙마이의 유명한 로컬 레스토랑이 몰려 있는 타논 인타와로롯(왓 인타킨 옆 골목)에 있다. 직접 만든 어묵과 완탕을 이용해 쌀국수를 만들어 준다. 네 종류의 쌀국수가 있다. 국물 없이 비빔국수로 먹는 '바미 행' Dried Special Egg Noodle이 유명하다. 면 종류도 선택해야 한다. 일반 쌀국수(쎈렉 또는 쎈야이)보다는 바미(에그 누들) Egg Noodle이 더 인기가 있다. 식당 벽면에 미쉐린 마크가 가득 붙어 있는데, 엄밀히 말해 방콕 본점이 미쉐린 가이드에 선정되었다. 본점은 80년의 역사를 자랑한다. 참고로 식당 이름은 한자 이름(林老五)을 태국식으로 표기한 것이다. 간판은 태국어로만 적혀 있다.

지도 P.82-A1 주소 53/2 Thanon Inthawarorot(Khang Ruan Jum Road) **전화** 053-327-304 **홈페이지** www.limlaongow.com **영업** 09:00~14:30 **메뉴** 영어, 태국어 **예산** 60B **가는 방법** 3왕 동상(쌈깟쌋)을 바라보고 왼쪽 골목인 타논 인타와로롯 안쪽으로 200m 들어간다.

구시가

꾸어이띠아우 느아뚠

블루 누들(꾸어이띠아우 느아 씨파) Blue Noodle ก๋วยเตี๋ยว ยวน้ำ อิสิ ฟ้า ★★★★

해자 안쪽 구시가에서 인기 있는 쌀국수 식당이다. 에어컨 없는 로컬 식당으로 파란색으로 벽면을 칠했다. 현지어 발음으로는 '꾸어이띠아우 씨파'라고 부른다. 관광객들 사이에서 워낙 유명한 곳으로 문 여는 시간부터 한국·중국 관광객이 몰려온다. 소고기 쌀국수와 돼지고기 쌀국수 두 종류를 요리한다. 소고기를 푹 고아서 만든 '꾸어이띠아우 느아뚠' Noodle Soup with Stewed Beef이 가장 유명하다. 면발의 종류를 선택해 주문하면 된다. 참고로 면발은 쎈미 Sen Mee→ 쎈렉 Sen Lek→ 쎈야이 Sen Yai 순서로 굵어진다. 면을 넣지 않은 까오로 Gow Low를 주문하면 공깃밥을 함께 내어준다. 메뉴판에 적힌 번호를 보고 주문하면 된다.

지도 P.82-B2 주소 99 Thanon Ratchapakhinai(71 Thanon Rachadamnoen) **영업** 09:00~20:00 **메뉴** 영어, 중국어, 태국어 **예산** 70~90B **가는 방법** 타논 랏차파키나이 & 타논 랏차담넌 사거리에서 남쪽(타논 랏차파키나이) 방향으로 50m. 빠뚜 타패(타패 게이트)에서 350m 떨어져 있다.

어묵국수

싸앗 어묵국수(싸앗 꾸어이띠아우 룩친쁠라)
Sa-Ard Fish Ball Noodle Shop สอาด ก๋วยเตี๋ยว ยวลูกชิ้น นปลา ★★★

치앙마이에 유명한 어묵 쌀국수 식당 중 한 곳이다. 1978년부터 영업 중인 곳으로 치앙마이에 3개 지점을 운영한다. 직접 만든 다양한 어묵을 사용해 쌀국수를 만든다. 옌따포(두반장 소스를 넣은 빨간색 쌀국수) Yentafour Noodle가 유명하다. 똠얌 쌀국수(똠얌 소스를 넣은 매콤한 쌀국수) TomYum Noodle도 있다. 기본에 해당하는 맑은 육수를 원하면 '꾸어이띠아우 남싸이' Clear Soup Noodle를 주문하면 된다. 면 종류는 다섯 가지 중에 선택해야 한다. 매운 돼지뼈찜(렝쌥) Spicy Pork Bone Soup을 사이드로 주문해도 된다. 같은 거리에 있는 어묵 쌀국수 식당인 림라오응오우 (P.120)에 비해 현지인들이 많이 찾는다.

지도 P.82-A1 주소 33 Thanon Inthawarorot(Khang Ruan Jum Road) **전화** 053-327-261 **홈페이지** www.facebook.com/SaardChiangMai **영업** 07:00~16:30 **메뉴** 영어, 태국어 **예산** 60~80B **가는 방법** 3왕 동상(쌈깟쌋)을 바라보고 왼쪽 골목인 타논 인타와로로 안쪽으로 200m 들어간다.

싸이롬쩌이 Sailomjoy Restaurant ★★★☆

구시가에서 오랫동안 사랑받고 있는 태국 음식점. 빠뚜 타패(타패 게이트) 안쪽에 있어 위치는 좋지만, 자그 마한 식당이라 눈에 잘 띄지 않는다. 테이블 몇 개가 전부 인 로컬 레스토랑인데도 항상 사람들로 붐빈다. 쌀국수 와 팟타이 같은 간단한 음식을 요리하던 식당인데, 입 소문이 퍼져 외국인들도 즐겨 찾는다. 카우쏘이 까이 Khao Soi Chicken, 팟타이, 팟씨이우, 쏨땀, 볶음밥, 망고 찰밥, 팟끄라파우 무쌉(바질 돼지고기 볶음 덮밥), 태국 식 매콤한 스파게티 볶음 Stir Fried Spaghetti Spicy 등 을 요리한다. 외국인들이 찾아오면서 서양식 아침 메뉴 (토스트, 베이글)도 선보이고 있다.

지도 P.82-B2 **주소** 7 Thanon Ratchadamnoen **영업** 08:30~16:00 **메뉴** 영어, 태국어 **예산** 70~180B **가는 방법** 구시가 안쪽으로 들어오면 보이는 스토리(카페) Stories 옆에 있다. 빠뚜 타패(타패 게이트)에서 10m.

뭄 아로이(뭄 아러이)
Mum Aroi มุมอร่อย ★★★★

'뭄=모퉁이(코너), 아로이=맛있다'라는 뜻이다. 길모퉁이를 끼고 있지는 않지만 한 칸짜리 자그 마한 쌀국수 식당이다. 에어컨이 설치되어 있으며 테이블 5~6개가 놓여 있다. 식당 내부 조리대에서 쌀 국수를 만들어 준다. 외국 관광객에게 친절한 곳으로 한국 여행자도 많이 찾아온다. ==메인 요리는 돼지고기 쌀국수다.== 푹 고아서 만든 돼지고기를 올려주는 '꾸 어이띠아우 무 뚠' Stewed Pork Noodle Soup이 대표 메뉴다. 면은 4종류 중에서 선택해야 한다. 닭고기 쌀 국수(꾸어이띠아우 까이 뚠) Stewed Chicken Noodle Soup, 북부 지방 카레 국수인 카우쏘이 Khao-Soi도 있 다. 돼지고기 덮밥(카우 무뚠), 달달한 디저트로 망고 찰밥(카우니아우 마무앙)도 있다.

지도 P.82-A2 **주소** 101/5 Thanon Phra Pokkloa **전화** 098-748-0855 **영업** 10:00~18:00 **휴무** 수요일 **메뉴** 영어, 태국어 **예산** 60~80B **가는 방법** 타논 프라 뽁끌라오에 있는 왓 쩨디루앙 정문에서 남쪽으로 100m 떨어져 있다.

푸카오파이 우돔폰 Phu Khao Fai Udompol Noodle ก๋วยเตี๋ยว ยวหมู ภูเขาไฟอุดมผล ★★★☆

구시가 안쪽에 있는 로컬 쌀국수 식당. 노점 형태의 식당으로 주차장으로 들어가는 건물 입구에 있다. 건물 1층의 그늘진 공간에 테이블이 놓여 있다. 돼지고기 쌀국수(꾸어이띠아우 무)를 전문으로 한다. '남싸이'(맑은 육수), '남똑'(돼지 피가 들어간 진한 육수), '똠얌'(똠얌 소스를 넣은 매콤한 육수) 세 종류가 있다. 매운맛을 추가하고 싶다면 푸카오파이 ภูเขาไฟ를 주문하면 된다. 푸카오파이의 문자적 의미는 화산이라는 뜻이다. 사이드 메뉴인 곱창(싸이루악 ไส้อวก)도 빼놓지 말고 주문할 것. 삶은 곱창에 볶은 마늘을 올려주고, 찍어 먹는 소스도 함께 내어준다. 영어 메뉴판이 아니라 외국인을 위해 준비해둔 음식 사진을 보고 고르면 된다.

지도 P.82-B1 주소 20 Thanon Ratwithi **전화** 082-620-4674 **홈페이지** www.facebook.com/Udomphonnoodle **영업** 월~토요일 10:30~14:30 **휴무** 일요일 **메뉴** 태국어 **예산** 60~85B **가는 방법** 타논 랏위티에 있는 MD 부티크 호텔 MD Boutique Hotel을 바라보고 왼쪽에 있다. 빠뚜 타패(타패 게이트)에서 450m 떨어져 있다.

망고 찰밥(카우니아우 마무앙)

카우니아우 마나 Mana's Best Mango Sticky Rice ข้าวเหนียว ยวมานะ ★★★☆

'카우니아우=찰밥, 마나=여기로 오세요'라는 뜻이다. 태국 어디서나 쉽게 접할 수 있는 망고 찰밥을 판매한다. 간판은 태국어로 작게 쓰여 있지만, 잔뜩 진열되어 있는 망고만으로도 뭐하는 곳인지 쉽게 알 수 있다(구글 지도는 Mana's Best Mango Sticky Rice로 검색하면 된다). 쫀득한 찰밥과 달달한 망고가 잘 어우러진다. 테이크아웃 주문도 많아서 주인장은 망고를 깎고 포장하느라 정신이 없다. 거품을 뺀 합리적인 가격도 인기의 비결이다. 나무 그늘 아래에 테이블이 놓여 있어 잠시 쉬어 갈 수 있다. 망고 찰밥(카우니아우 마무앙) Mango with Sticky Rice은 두 가지 사이즈로 판매한다. 두리안을 좋아한다면 찰밥에 두리안을 올린 '카우니아우 투리안' Durian and Sticky Rice도 괜찮다.

지도 P.82-A1 주소 77/1 Thanon Ratwithi **전화** 089-637-1155 **영업** 10:00~17:00 **메뉴** 영어, 태국어 **예산** 50~80B **가는 방법** 타논 랏위티에 있는 앳 치앙마이 호텔 At Chiang Mai Hotel 입구에 있다. 빠뚜 타패(타패 게이트)에서 650m 떨어져 있다.

빠뚜 치앙마이 야시장(치앙마이 게이트 야시장) Pratu Chiang Mai Night Market ★★★☆

구시가 남쪽 출입문에 해당하는 빠뚜 치앙마이(치앙마이 게이트) 주변으로 저녁에 형성되는 야시장이다. 오로지 먹을 것만 판매하는 야시장으로 거리에 노점이 들어선다. 쌀국수, 볶음밥, 꼬치구이, 쏨땀, 볶음요리, 족발 덮밥, 해산물 바비큐, 망고 찰밥, 과일 셰이크, 디저트까지 다양한 음식을 즉석에서 만들어 준다. 해자 옆의 잔디밭엔 야외 테이블이 놓여 있어, 주문한 음식을 들고 와서 식사도 가능하다. 여행자 숙소가 몰려 있는 구시가와 가깝기 때문에 외국 여행자들도 많이 찾아온다. 야시장 맞은편에는 상설 시장인 빠뚜 치앙마이 시장(딸랏 빠뚜 치앙마이) Chiang Mai Gate Market이 있다. 타논 우아라이 토요 시장이 열리는 토요일 밤이 가장 붐빈다.

지도 P.81-C2 **주소** Thanon Bamrungburi **영업** 17:00~23:00 **메뉴** 영어, 태국어 **예산** 60~80B **가는 방법** 빠뚜 치앙마이(치앙마이 게이트) 옆쪽 해자 주변에 야시장이 형성된다.

미스터 까이 레스토랑 Mr. Kai Restaurant ★★★☆

외국인 관광객에게 인기 있는 타이 레스토랑이다. 구시가 중심가인 3왕 동상 뒤쪽의 차분한 거리에 있다. 자그마한 야외 공간을 사이에 두고 호스텔, 카페, 공방이 오밀조밀 모여 있다. 목조 테라스와 나무 그늘, 벤치에 앉아 휴식을 취하는 여행자까지 여유로운 풍경이 이어진다. 실내외에 테이블이 놓여 있는 레스토랑 자체도 깔끔하게 정돈되어 있다. 메뉴도 관광객이 선호하는 볶음 요리 위주의 태국 음식으로 구성된다. 팟팍붕(모닝 글로리 볶음), 탈레 팟퐁까리(해산물 카레 볶음), 카우쏘이, 똠얌꿍, 마싸만 카레 등을 외국 관광객 입맛에 맞추어 부드럽게 요리해 준다. 향신료를 적게 쓰고 맵지 않게 요리한다. 영어 소통이 원활하고 직원들도 친절하다. 가격도 무난해 가성비가 좋다

지도 P.80-B1 **주소** 11/5 Thanon Jhaban **전화** 092-631-5943 **영업** 09:00~17:00 **메뉴** 영어, 태국어 **예산** 80~100B **가는 방법** 치앙마이 문화 예술 센터 뒤쪽(후문)의 타논 짜반에 있다. 이너 카페 Inner Cafe 옆에 있다.

구시가

크루아 어이짜이(아오이짜이 키친) Aoyjai Kitchen ครัวอ้อยใจ ★★★★

구시가 남쪽의 한적한 골목에 있는 로컬 식당이다. 주변 동네에 있을 법한 자그마한 식당으로 테이블 3개 놓고 장사한다. 웍을 이용해 간단하게 요리할 수 있는 태국 음식을 만든다. **대표 메뉴는 바질 볶음 덮밥이다.** 돼지고기를 넣은 '까파우 무' Stir-Fried Basil with Pork가 인기 있다. 닭고기(까이), 새우(꿍), 오징어(쁠라먹), 시 몬스터(돼지고기+새우+오징어)로 구분해 주문하면 된다. 세 단계로 맵기를 구분해 주문을 받는다. 볶음밥과 똠얌꿍도 저렴하고 양이 많다. 친절한 태국인 가족이 운영한다. 캄 빌리지 가는 길목에 있어 외국 관광객도 많이 찾아온다. 특히 한국·중국 관광객에게 인기 있다. 사진이 첨부된 영어 메뉴판을 구비하고 있다.

지도 P.80-B2 주소 Thanon Phra Pokklao Soi 4 **전화** 092-248-2674 **영업** 10:30~18:30 **메뉴** 영어, 태국어 **예산** 59~109B **가는방법** 구시가 남쪽 타논 프라 뽁끌라오 쏘이 4 골목에 있다.

피티 Phith พิธ ★★★★

조용한 주택가 골목에 있는 아담한 로컬 레스토랑. 오래된 목조 가옥의 1층을 식당으로 사용한다. 에어컨은 없지만 식당 내부가 청결하게 잘 정리되어 있다. 누들 수프 Noodle Soup & 카우 까프라우 Khao Kaprao라고 적힌 간판에서 알 수 있듯 쌀국수와 바질 볶음 덮밥을 메인으로 요리한다. 깔끔한 맛의 소고기 쌀국수 Beef Noodle Sou가 인기 있다. 밥과 달걀프라이를 곁들인 세트 메뉴를 주문해도 된다. 아침 시간에는 죽 Rice Porridge도 만든다. 영어 메뉴판을 갖추고 있으며 주인장도 친절하다. 동네 밥집답게 저렴한 가격도 매력이다. 2인이 운영하는 식당이라 주문이 밀리면 음식 만드는 데 시간이 걸리는 편이다.

지도 P.80-B2 주소 Thanon Samlan Soi 7 **전화** 099-265-1589 **홈페이지** www.facebook.com/byphithi **영업** 09:00~15:30 **메뉴** 영어, 태국어 **예산** 65~95B **가는방법** 구시가 남쪽 타논 쌈란 쏘이 7 골목에 있다

흐안펜(흐언펜)
Huen Phen เฮือนเพ็ญ ★★★☆

치앙마이 구시가에 있는 대표적인 태국 음식점이다. '카우쏘이'를 비롯해 '카놈찐 남응이아우', '남프릭 엉'까지 태국 북부 음식이 유명하다. 왓 프라씽과도 가깝고, 차분하고 조용한 치앙마이 옛 거리 풍경도 고스란히 전해진다. 같은 위치에 있는데 낮 시간과 저녁시간 분위기가 달라진다. 낮 시간에는 조리대에 음식을 진열해 놓고 장사하는 서민 식당 분위기다. 대신 식당 규모가 크고 깔끔하다. 외지에서 방문한 태국 관광객도 많이 찾아온다. 영어 메뉴판을 보고 주문하면 된다. 저녁때는 골동품과 목조 조각이 가득한 앤티크한 레스토랑으로 변모한다. 이때는 유럽 관광객이 많이 찾아온다.

지도 P.80-B2 **주소** 112 Thanon Ratchamankha **전화** 053-814-548 **영업** 08:30~16:00, 17:00~22:00 **메뉴** 영어, 태국어 **예산** 60~250B **가는 방법** 타논 랏차만카에 있다. 왓 프라씽에서 600m, 빠뚜 타패(타패 게이트)에서 1km 떨어져 있다.

무웃 무까타 Moo-Ood Moo Kratha Buffet หมูอู๊ดหมูกระทะ ★★★★

구시가에 외국 관광객도 편하게 이용할 수 있는 '무까타' 식당이다. 무까타는 태국식 돼지고기 뷔페를 의미한다. 무=돼지고기, 까타(끄라타)=움푹한 둥근 팬을 뜻한다. 팬에서는 고기를 굽고 움푹한 테두리에서는 육수를 넣어 채소를 익혀 먹을 수 있도록 만들었다. 삼겹살 포함 다양한 부위의 돼지고기와 새우, 오징어, 채소, 두부, 어묵, 면 종류가 제공된다. 여러 종류의 소스가 있으니 입맛에 맞게 마늘과 다진 고추를 첨가하면 된다. 개인 화로에서 직접 조리해야 하기 때문에 열기가 함께 느껴지는 건 어쩔 수 없다. 좀 더 로컬스러운 곳을 찾는다면 창푸악 무까타(무끄라타) Chang Phueak Mu Kratha หมูกระทะช้างเผือก도 괜찮다. 창푸악 게이트 야시장(P.204)옆에 있는 고기 뷔페로 219B을 받는다.

지도 P.80-A1 **주소** 197 Thanon Si Phum(Sri Poom) **전화** 061-478-9426 **영업** 16:00~24:00 **예산** 249B **가는 방법** 구시가 북쪽의 타논 씨품에 있다.

구시가

에스피 치킨(까이양 에스피) SP Chicken ไก่ย่างเอสพี ★★★★

왓 프라싱 사원 옆 골목에 있는 까이양(태국식 숯불 통닭) Roast Chicken 식당이다. 식당 입구에는 숯불로 닭고기를 굽고 있는 모습이 분주하다. 통닭은 한 마리 또는 반 마리로 주문하면 된다. 무양(돼지고기 목살구이) Moo Yang(Grilled Pork)도 있다. 반찬 종류로는 쏨땀(파파야 샐러드)이나 팟팍붕파이댕(모닝글로리 볶음)을 곁들이자. 밥은 흰쌀밥(카우 쑤어이)보다 찰밥(카우니아우)이 어울린다. 에어컨 없는 서민 식당으로 규모도 작은 편이다. 입구에서 먼저 주문하고 계산해야 한다. 주문 용지에 체크하는 로컬 방식인데, 영어 메뉴판이 있어 불편하지 않다. 미쉐린 가이드에 선정되면서 너무 복잡해졌다. 점심시간에는 붐빈다. 친절한 응대는 기대하기 힘들다.

지도 P.80-A2 주소 9/1 Thanon Samlan(Sam Larn Road) Soi 1 **전화** 080-500-5035 **영업** 10:00~17:00 **메뉴** 영어, 태국어, 일본어 **예산** 통닭 반 마리 105B, 통닭 한 마리 190B **가는 방법** 왓 프라싱 사원 정문을 바라보고 왼쪽 골목(타논 쌈란 쏘이 1) 안쪽으로 150m.

춤 노던 퀴진 Chum Northern Kitchen ชุ่ม อาหารพื้น เมือง ★★★★

구시가 한복판에 있는 분위기 좋은 타이 레스토랑이다. 태국 북부 요리 전문 식당이다. 목조 가옥 분위기가 가미된 단아한 건물이다. 에어컨 시설이 돼 있어 쾌적하다. 대리석 테이블과 가죽 의자, 잔잔한 조명 덕에 차분한 분위기다. 야외 정원에도 테이블이 놓여 있다. 전체적인 식당 규모는 작은 편이다. 전통 요리는 집안(주인장의 할머니)에서 내려오던 레시피로 요리한다. 기초적인 북부 요리로는 카놈찐 남응이아우 Kanom Jeen, 남프릭 엉 Nam Prik Ong, 남프릭 눔 Nam Prik Num, 깽 카눈 Gang Kanoon이 있다. 시그니처는 깽항레 Gang Hung Lay인데, 로띠 Roti가 함께 제공된다. 태국 음식에 익숙하지 않다면 오믈렛, 두부 튀김, 고추 튀김, 닭 날개 튀김을 곁들이자. 밥은 세 종류 중에서 선택할 수 있다.

지도 P.80-B1 주소 24 Thanon Intrawarorot **전화** 085-524-1424 **홈페이지** www.facebook.com/Chumoldcitycnx **영업** 10:30~20:00 **메뉴** 영어, 태국어 **예산** 79~119B(+7% Tax) **가는 방법** 왓 프라싱에서 250m 떨어진 타논 인트라와로롯에 있다.

인기 반 란다이 Baan Landa บ้านล้านได ★★★★

란다이의 집이란 뜻의 태국 음식점이다. 건축을 전공했던 주인장(란다이)이 요리에 심취해 2016년에 문을 열었다. 파인 타이 퀴진 Fine Thai Cuisine으로 알려진 곳으로 구시가 안쪽에 있는 분위기 좋은 레스토랑 중 한 곳이다. 어머니가 요리해주던 집밥에서 영감을 얻었는데, 치앙마이 전통 음식보다는 클래식한 태국 음식을 요리한다. 애피타이저, 얌(매콤한 태국식 샐러드), 면 요리, 튀김, 볶음밥, 똠얌꿍, 태국 카레, 볶음 요리, 해산물, 디저트까지 다양하다. 단품 메뉴는 시그니처 메뉴 중에서 선택하면 된다. 좋은 식재료를 사용하며 음식 치장과 플레이팅까지 신경을 쓴 흔적이 가득하다. 예약하고 가는 게 좋다.

지도 P.80-B1 **주소** 252/13 Thanon Phra Pokklao **전화** 065-848-4464 **홈페이지** www.facebook.com/baanlandaifinethaicuisine **영업** 화~일요일 11:00~14:30, 17:00~20:30 **휴무** 월요일 **메뉴** 영어, 태국어 **예산** 219~519B **가는 방법** 구시가 북쪽의 타논 프라 뽁끌라오에 있다. 빠뚜 창프악(창프악 게이트)에서 200m 떨어져 있다.

더 하우스 바이 진저(하우스 레스토랑) The House by Ginger ★★★☆

1937년에 만든 건물 일부를 레스토랑으로 개조했다. 건물의 원래 주인은 치앙마이로 망명했던 버마 왕자였다고 한다. 유기농 농장을 운영하는 진저 팜 Ginger Farm에서 관리하는 레스토랑 중 한 곳이다. 모던한 인테리어를 추구하는 곳으로 화려한 조명, 그림 등으로 장식해 갤러리처럼 꾸몄다. 유럽풍의 레스토랑 분위기에서 연상하듯 퓨전에 가까운 태국 음식을 요리해 준다. 신선한 해산물과 수입한 소고기를 이용한 그릴 요리와 주요한 태국 음식을 제공한다. 태국 카레에 연어를 넣거나, 팟타이에 오리고기를 올리기도 한다. 분위기에 걸맞게 음식 값은 비싸다. 세금도 10% 추가된다. 유럽 관광객이 많이 찾아오는 편이다.

지도 P.82-B1 **주소** 199 Thanon Moon Muang **전화** 053-287-681 **홈페이지** www.thehousebygingercm.com **영업** 11:00~22:00 **예산** 메인 요리 270~720B (+10% Tax) **가는 방법** 타논 문므앙 쏘이 7과 쏘이 8 사이에 있다. 빠뚜 타패(타패 게이트)에서 550m 떨어져 있다.

NIGHTLIFE 구시가의 나이트라이프

대형 클럽은 없고 외국 여행자들이 즐겨 찾는 펍과 재즈 바가 있다. 저녁시간에 가볍게 맥주 마시기 좋다.

카페 1985 Kafe 1985 ★★★

1980년대 여행자 거리 풍경이 느껴지는 곳으로 오래된 목조 건물 그 자체로 빈티지하다. 레스토랑, 카페, 술집을 겸한다. 에어컨이 나오는 실내에는 포켓볼과 TV가 설치되어 있다. 도로에도 테이블을 몇 개 내놓고 있어 야외에서 식사도 가능하다. 낮보다는 밤에 분위기가 좋다. 거리 풍경을 바라보며 맥주 마시기 좋다.

지도 P.82-B1 **주소** 127/9 Thanon Moon Muang **전화** 053-212-717 **영업** 09:00~24:00 **메뉴** 영어, 태국어 **예산** 맥주 80~250B, 메인 요리 120~250B **가는 방법** 타논 문므앙 쏘이 5 입구에 있다. 빠뚜 타패(타패 게이트)에서 250m 떨어져 있다.

노파부리 바 Nophaburi Bar ★★★☆

빈티지 스타일의 아담한 칵테일 바. 태국 위스키 메콩 Mekong을 이용해 만든 태국적인 칵테일을 맛볼 수 있다. 암버 Amber, 라문 La-Moon, 처마캄 Chor Ma Kham, 핏싸마이 Pit-Sa-Mai, 우타이팁 Uthaithip 등 이름도 생소하다. 파인애플, 패션 프루트, 스위트 바질, 타마린드, 레몬그라스 등 열대 과일과 향신료를 첨가한 독특한 칵테일을 만든다.

지도 P.80-A2 **주소** 75/1 Thanon Samlan **홈페이지** www.facebook.com/NophaburiBar **영업** 18:00~24:00 **메뉴** 영어, 태국어 **예산** 300~350B **가는 방법** 구시가 남쪽 타논 쌈란에 있다.

조 인 옐로 Zoe in Yellow ★★★

외국인 배낭 여행자들이 즐겨 찾는 술집을 겸한 클럽이다. 구시가의 작은 골목 안쪽에 비어 가든과 펍이 몰려 있다. 양동 칵테일로 알려진 '버킷 Bucket'도 즐겨 마신다. 22:00 넘으면 클럽으로 변모한다. 라이브 밴드가 록 & 레게 음악을 연주하고, DJ가 힙합과 EDM 음악을 믹싱한다. 늦은 밤이 되면 춤추며 자유롭게 시간 보내는 외국인들로 북적댄다.

지도 P.82-B1 **주소** 48/1 Ratwithi(Ratchavithi) **전화** 053-418-471 **홈페이지** www.facebook.comZOEINYELLOWCHIANGMAI **영업** 18:00~24:00 **메뉴** 영어, 태국어 **예산** 120~300B **가는 방법** 구시가 안쪽의 타논 랏위티(랏차위티)에 있다.

노스 게이트 재즈 코업 The North Gate Jazz Co-Op ★★★★☆

구시가에서 가장 유명한 재즈 바. 외국 여행자들 사이에서 절대적인 지지를 받는다. '노스 게이트'는 구시가 북문에 해당하는 빠뚜 창프악(창프악 게이트)을 의미한다. 도로를 끼고 있는 자그마한 재즈 바로 개방형 공간으로 만들었다. 4층 건물이긴 하지만 허름한 소극장 분위기로 실내가 아담하다. 입장료 없이 자유롭게 드나들 수 있다. 카운터에서 주문한 다음 맥주병을 받아들고 음악을 즐기면 된다. 음악에 집중하기 위해 음식(안주)은 판매하지 않는다. 도로에도 테이블이 놓여 있어 자유롭고 편한 분위기다. 주말에 사람이 몰릴 때는 도로에 서서 음악을 듣는 사람도 있다. 1층 메인 밴드는 20:30부터 무대에 오른다.

지도 P.80-B1 주소 91/1-2 Thanon Si Phum **전화** 081-765-5246 **홈페이지** www.facebook.com/northgate.jazzcoop **영업** 19:00~24:00 **메뉴** 영어 **예산** 맥주 110~180B **가는 방법** 빠뚜 창프악 안쪽의 타논 씨품이다. 빠뚜 창프악(창프악 게이트)에서 50m 떨어져 있다.

마호리 Ma Ho Ree ★★★★

공식적인 상호는 마호리 음악의 도시 Ma Ho Ree City of Music다. 마호리 มโหรี는 태국 클래식(전통 악기 연주)을 뜻한다. 구시가 안쪽의 오래된 건물 한 칸을 낭만적인 라이브 바로 꾸몄다. 인접한 노스 게이트 재즈 코업과 비교되는 곳으로, 아담한 실내 공간에서 조금 더 차분하게 음악 들으며 치앙마이 밤 시간을 보내기 좋은 곳이다. 단순히 재즈에 한정하지 않고 블루스, 소울, R&B, 클래식, 포크 음악까지 다양한 밴드가 무대에 올라온다. 복층 건물로 객석과 무대가 가깝다. 건물 뒤쪽에 테라스 형태의 야외 공간도 있다. 맥주보다 칵테일·목테일·하이볼 종류가 다양하다. 라이브 공연은 19:30부터 시작된다.

지도 P.82-A2 주소 208/1 Thanon Phra Pokklao **전화** 098-516-2569 **홈페이지** www.facebook.com/mahoree.city.of.music **영업** 16:30~24:00 **메뉴** 영어 **예산** 260~380B **가는 방법** 타논 프라 뽁끌라오에 있는 쎈하(레스토랑) Saneha 옆에 있다. 3왕 동상에서 150m 떨어져 있다.

구시가

인기 화이트 래빗 The White Rabbit ★★★★

구시가에 있는 스피크이지 바. 미국 금주령 시대에 있었던 비밀스러운 술집을 연상시킨다. 오래된 건물 3층에 있는데, 간판도 작아 눈에 잘 안 띈다. 골목 안쪽 입구로 들어가서 토끼가 그려진 조명을 확인하고, 문을 열고 계단을 올라가야 한다. 어두운 내부는 방치된 폐가처럼 가구와 의자가 놓여 있다. 어렵게 3층에 도착해 반투명 유리문을 열고 들어서면 진짜 칵테일 바가 나온다. 대리석을 이용해 L자형으로 바를 만들었다. 태국 베스트 바 20(전체 순위 18위)에 선정된 곳으로 창의적인 칵테일을 만든다. 클래식 메뉴보다는 시그니처 메뉴 중에서 고르면 된다. 독특한 재료를 배합한 칵테일이 많기 때문에 메뉴판을 유심히 들여다봐야 한다. 결정하기 어렵다면 바텐더의 추천을 받는 것도 한 방법이다.

지도 P.80-B1 주소 2F, 179/1 Thanon Phra Pokklao **전화** 064-260-2669 **홈페이지** www.instagram.com/thewhiterabbit_speakeasy **영업** 18:00~24:00 **메뉴** 영어 **예산** 350~420B(+10% Tax) **가는 방법** 빠뚜 창프악(창프악 게이트)에서 남쪽으로 150m 떨어진 타논 프라 뽀끌라오에 있다. 빨간색 간판의 쌀국수 식당 옆으로 들어가면 된다. 특별한 이정표가 없어서 찾기 힘들다.

란나 스퀘어 Lanna Square ★★★

여행자 숙소가 가득한 구시가 골목에 있는 노점 형태의 야시장. 조 인 옐로 뒤쪽 공터에 형성되어 외국 관광객이 많이 찾는다. 야외무대에서 라이브 밴드와 전통 무용 공연도 펼쳐진다. 꼬치구이, 쌀국수, 카우쏘이, 쏨땀, 팟타이, 치킨 싸떼, 돼지족발덮밥, 망고 찰밥, 똠얌꿍, 만두, 스시, 라멘, 로띠(팬케이크), 크레페, 타코, 부리토, 버거, 피자, 바비큐 립까지 다양한 노점 식당이 들어선다. 관광객 전용 야시장으로 규모는 작은 편이다. 주변 숙소에 머문다면 오다가다 들르면 된다.

지도 P.82-B1 주소 Behind Zoe In Yellow, Thanon Ratwithi Soi 1 **홈페이지** www.facebook.com/Lannasquarechiangmai **영업** 17:00~24:00 **메뉴** 영어, 태국어 **예산** 100~290B **예산 가는 방법** 타논 랏위티 쏘이 1 골목에 있다. 조 인 옐로 뒤쪽으로 들어가도 된다.

CAFE & DRINK 구시가 쇼핑

개발이 제한된 구시가의 특성상 대형 쇼핑몰은 없다. 직접 디자인한 제품을 판매하는 소규모 기념품 상점과 부티크 숍이 많은 편이다. 기념품 구입은 일요일 저녁에 열리는 타논 랏차담넌 일요 시장(선데이 워킹 스트리트)에서 해결하면 된다.

허브 베이직(선데이 워킹 스트리트 지점) Herb Basics ★★★☆

대표적인 치앙마이의 로컬 브랜드로 스파와 미용 관련 용품을 생산·판매한다. 스파 산업이 발달한 태국답게 자체 브랜드를 만들어 사용하는 곳이 많은데, 치앙마이 특유의 선선한 기후 때문에 다양한 꽃과 식물을 이용해 만든 아로마테라피 용품들을 저렴하게 구입할 수 있다. 아로마 오일, 에센스 오일, 보디 용품, 디퓨저, 향수, 비누, 입욕제, 모기 퇴치 젤, 립밤 등 다양한 제품을 판매한다. 천연 재료를 이용해 만드는데, 매장에서 직접 테스트해보고 구입할 수 있다. 원 님만(쇼핑몰)과 치앙마이 공항에도 매장이 있다.

지도 P.82-A2 주소 174 Thanon Phra Pokklao 전화 053-326-595 홈페이지 www.herbbasics.info 영업 10:00~19:00(일요일 14:00~22:00) 가는 방법 구시가 중앙의 타논 프라 뽁끌라오에 있다. 3왕 동상에서 200m, 빠뚜 타패(타패 게이트)에서 600m 떨어져 있다.

깨우 갤러리 Kaew Gallery ★★★☆

끄라비 Krabi(태국 남부 도시) 태생의 화가가 운영하는 갤러리를 겸한 기념품 숍이다. '깨우'는 주인장의 이름이다. 구시가 안쪽의 2층 목조 건물을 갤러리로 사용한다. 1층은 그림엽서, 액세서리, 팔찌, 귀걸이, 지갑, 마그넷, 열쇠고리 등 소품을 판매한다. 대부분 핸드메이드 제품으로 코끼리와 뚝뚝 등 태국적인 디자인으로 만들었다. 2층은 화가의 작품을 전시하고 있다. 에어컨이 없어서 덥긴 하지만 지나는 길에 잠시 들르면 된다.

지도 P.80-B1 주소 18/1 Thanon Inthawarorot(Khang Ruan Jum Road) 전화 089-433-5920 홈페이지 www.facebook.com/KaewgalleryTH 영업 10:00~22:00 가는 방법 3왕 동상에서 타논 인타와로롯에서 400m 떨어져 있다.

찬야 Chanya Shops & Gallery ★★★

구시가 안쪽 있는 소품 숍 중에서 규모가 큰 편에 속한다. 여러 곳의 수공예품 매장이 입점해 공동으로 운영한다. 의류, 신발, 에코백, 티셔츠, 모자, 수공예품, 자수제품, 라탄 가방, 마그넷, 엽서, 액세서리, 천연 비누, 향초, 소품 등을 판매한다. 편집 숍 분위기로 태국적인 제품들이 많다. 왓 쩨디 루앙과 가깝고, 왓 프라씽 가는 길에 있어 관광하다 잠시 들르기 좋다.

지도 P.80-B1 **주소** 147/1 Thanon Ratchadamnoen **홈페이지** www.facebook.com/chanyashopsandgallery **영업** 09:00~21:00 **가는 방법** 구시가 중앙에 해당하는 타논 랏차담넌에 있다. 빠뚜 타패(타패 게이트)에서 750m 떨어져 있다.

쑤파쳇 스튜디오 Supachet Studio ★★★

치앙마이 대학교 미대를 졸업한 쑤파쳇 푸마깐 Supachet Bhumakarn이 운영한다. 갤러리를 겸한 1층은 그림, 도자기, 화병, 그릇, 머그잔, 에코백, 티셔츠, 모빌, 열쇠고리를 판매한다. 코끼리와 기린, 토끼 등 동물을 주제로 한 작품이 많다. 2층은 작가의 작업실을 겸해 그림 강좌가 열리는 스튜디오로 사용된다.

지도 P.82-A2 **주소** 2/56 Thanon Ratchadamnoen **전화** 089-950-1329 **홈페이지** www.facebook.com/supachetstudio **영업** 10:00~18:00 **가는 방법** 빠뚜 타패(타패 게이트)에서 500m 떨어진 타논 랏차담넌에 있다.

항 & 크래프트(구시가 지점)
Hang & Craft Old Town ★★★

핸드메이드로 만든 현대적인 수공예품을 판매한다. 반지, 팔찌, 목걸이, 브로치 등의 주얼리가 주를 이룬다. 목공예 시계와 가죽 공예품도 있다. 매장 한쪽에 자그마한 카페를 함께 운영한다. 본점은 님만해민(주소 Nimmanhaemin Soi 11)에 있다. 구시가에 비해 규모가 크고 공방까지 갖추고 있어 여유롭다.

지도 P.82-A2 **주소** 58 Thanon Ratchadamnoen **홈페이지** www.facebook.com/hangandcraft **영업** 09:00~18:00 **가는 방법** 타패 게이트에서 500m 떨어진 타논 랏차담넌에 있다.

타패, 나이트 바자, 삥 강 주변
Tha Phae, Night Bazaar, Ping River

빠뚜 타패(타패 게이트)에서 삥 강에 이르는 구시가 동쪽 지역이다. 성벽 안쪽의 구시가와 더불어 외국 여행자가 많이 찾는 곳이다. 타논 타패(타패 거리) Thanon Tha Phae와 타논 창머이(창머이 거리) Thanon Chang Moi가 중심을 이룬다. 치앙마이 최대 재래시장인 와로롯 시장과 대표적인 야시장 나이트 바자도 위치해 있다. 삥 강(매삥) 주변에는 강변 풍경과 어울리는 분위기 좋은 카페와 레스토랑도 많다.

TO DO LIST!
이것만은 놓치지 말자

List 01 주말에 참차 마켓 다녀오기

List 02 크롱 매카 산책하기

List 03 와로롯 시장 쇼핑하기

List 04 므앙마이 시장에서 과일 사기

List 05 저녁에 나이트 바자 둘러보기

List 06 　코코넛 마켓에서 기념사진 찍기

List 07 　미쉐린 선정 카우쏘이 맛집 다녀오기

List 08 　파플런 마켓에서 맥주 한잔하기

List 09 　삥 강 주변 카페 탐방

List 10 　타논 창머이 라탄 거리 쇼핑하기

BEST COURSE
추천 코스

COURSE 1

구시가 동쪽 지역 일주 코스

타논 타패(타패 거리)에서 시작해 삥 강까지 이어지는 여행 코스. 사원 방문과 재래시장 쇼핑, 강변 카페에서 휴식까지 개인적인 기호에 따라 선택지가 다양해진다. 저녁 시간에는 나이트 바자를 일정에 추가하자.

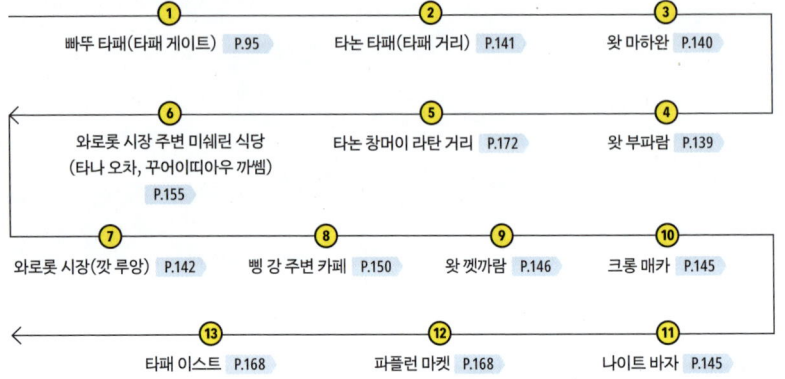

1. 빠뚜 타패(타패 게이트) P.95
2. 타논 타패(타패 거리) P.141
3. 왓 마하완 P.140
4. 왓 부파람 P.139
5. 타논 창머이 라탄 거리 P.172
6. 와로롯 시장 주변 미쉐린 식당 (타나 오차, 꾸어이띠아우 까쎔) P.155
7. 와로롯 시장(깟 루앙) P.142
8. 삥 강 주변 카페 P.150
9. 왓 껫까람 P.146
10. 크롱 매카 P.145
11. 나이트 바자 P.145
12. 파플런 마켓 P.168
13. 타패 이스트 P.168

COURSE 2

주말여행 코스

치앙마이 근교에 생기는 주말 시장과 연계할 일정이다. 시간적인 여유에 따라 참차 마켓, 코코넛 마켓, 찡짜이 마켓 한두 곳을 일정에 추가하면 된다.

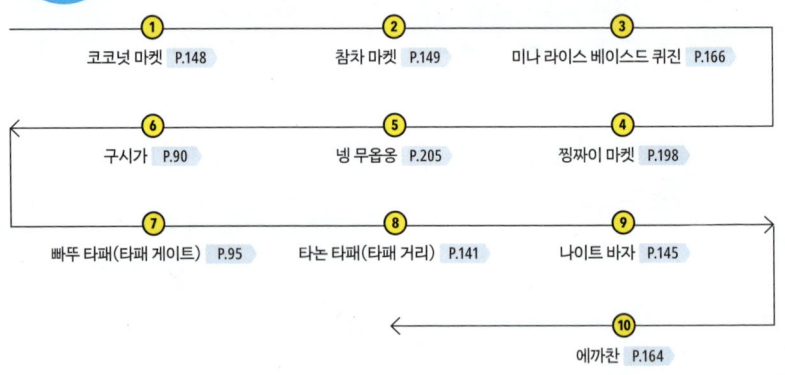

1. 코코넛 마켓 P.148
2. 참차 마켓 P.149
3. 미나 라이스 베이스드 퀴진 P.166
4. 찡짜이 마켓 P.198
5. 넹 무옵옹 P.205
6. 구시가 P.90
7. 빠뚜 타패(타패 게이트) P.95
8. 타논 타패(타패 거리) P.141
9. 나이트 바자 P.145
10. 에까찬 P.164

ATTRACTION 타패, 나이트 바자, 삥 강 주변의 볼거리

화려한 사원부터 현지인의 삶이 그대로 투영된 재래시장까지 다양한 볼거리가 있다. 주말에는 치앙마이 근교에 열리는 코코넛 마켓과 참차 마켓도 빼놓지 말자.

타패 거리에 있는 대형 사원
왓 부파람 Wat Buppharam วัดบุพพาราม

<u>1479년에 세운 오래된 사원으로 란나 양식의 법당(위한)과 미얀마(버마) 양식의 쩨디(탑)가 남아 있다.</u> 사원에 들어서면 정면에 보이는 대법당(위한 야이 Vihan Yai)은 1996년에 신축했다. 10년에 걸쳐 완성되었는데, 태국에서 현대적인 사원을 어떻게 건축했는지 단박에 알 수 있다. 라마 9세(태국인들이 가장 사랑하는 국왕) 즉위 50주년을 기념하기 위해 건설했기 때문에, 대법당 입구 상인방에 왕실 휘장이 장식되어 있다. 대법당 벽화는 붓다의 일대기와 현지 생활상을 묘사했다. 쩨디 오른쪽에 있는 작은 법당(위한 렉 Vihan Lek)은 사원에서 가장 오래된 건물(1819년 건설)로 300년 넘도록 원형을 유지하고 있다. 낮게 깔린 겹 지붕 건물로 유리 장식의 지붕선과 나가 모양의 처마까지 전형적인 란나 양식으로 만들어졌다.

사원을 둘러싼 외벽에는 법륜(수레바퀴 모양의 법구)이 장식되어 있으며, 사원 출입문에는 사자상이 세워져 있다. 네 마리의 사자가 둘러싸고 있는 사자상은 인도 국장 장식에 쓰이기도 하는 것으로, 마우리아 제국의 왕이었던 아소카 대왕(인도 아대륙을 통일하고 불교를 전파한 인물) 사자상에서 유래되었다.

지도 P.81-D1 **주소** 143 Thanon Tha Phae **운영** 06:00~17:00 **요금** 30B **가는 방법** 빠뚜 타패(타패 게이트)에서 550m 떨어진 타패 거리에 있다.

버마와 란나 양식이 혼합된 사원
왓 마하완 Wat Mahawan วัดมหาวัน

1865년에 건설된 사원으로 란나 양식과 버마(미얀마) 양식이 혼재되어 있는데, 사원의 규모는 크지 않다. 란나 양식으로 만든 대법당은 친테 Chinthe(버마 사원 건축에서 흔히 볼 수 있는 사자 모양의 수호신)가 입구를 호위하고 있고, 버마 양식의 불상을 본존불로 모시고 있다. 사각형의 기단 위에 둥근 종 모양으로 만든 하얀색의 쩨디(탑)도 버마 양식으로 만들었다. 쩨디 꼭대기는 버마 양식의 탑에서 흔히 볼 수 있는 티 Hti(우산 모양의 황금 장식)를 장식했다. 굳이 찾아갈 만한 사원은 아니지만 타논 타패(타패 거리)를 걷다 보면 자연스레 지나가게 되는 곳이다.

지도 P.81-D1 주소 4 Thanon Tha Phae(Thapae Road) **운영** 06:00~20:00 **요금** 무료 **가는 방법** 빠뚜 타패(타패 게이트)에서 200m 떨어진 타논 타패에 있다.

버마 양식의 쩨디가 인상적인 사원
왓 쌘팡 Wat Saen Fang วัดแสนฝาง

타논 타패(타패 거리)에서 100m 길이의 나가(뱀 모양의 수호신) 장식이 길게 이어진 입구를 따라 들어가면 제법 큰 규모의 사원이 나온다. 사원의 명칭은 란나 왕국의 세 번째 왕인 쌘푸 왕 King Saenphu(재위 1325~1334)과 연관되어 있다. '쌘'이 다름 아닌 쌘푸 왕을 의미하기 때문이다. '팡'은 묻히다는 뜻이다. 왓 쌘팡은 16세기(1576년)에 건설된 것으로 여겨지며, 1860년대에 왕족이 거주하던 왕실 건물로 쓰이기도 했다. 1878년에 대법당(위한)을 만들어 다시 사원의 기능을 수행하게 된다.

대법당 뒤쪽(왼쪽)에 있는 쩨디는 버마(미얀마) 양식으로 만들었다. 프라 쩨디 몽콘 쌘 마하차이 Phra Chedi Mongkhon Saen Maha Chai พระเจดีย์มงคลแสนมหาชัย라고 불린다. 사각형 기단 위에 종 모양의 탑을 만들었는데, 상단부를 장식한 유리 공예 때문에 반짝 거린다.

지도 P.84-A2 주소 188 Thanon Tha Phae(Thapae Road) **운영** 06:00~18:00 **요금** 무료 **가는 방법** 빠뚜 타패(타패 게이트)에서 동쪽으로 연결되는 타논 타패(타패 거리)에 있다. 빠뚜 타패(타패 게이트)에서 650m.

타패, 나이트 바자, 삥 강 주변

치앙마이 구도심 메인 도로
타논 타패(타패 거리) Thanon Tha Phae ถนนท่าแพ

치앙마이 구도심에 있는 대표적인 도로다. 구시가 동쪽 출입문에 해당하는 빠뚜 타패(타패 게이트)에서 동쪽으로 뻗어나간 도로로 삥 강까지 1.2㎞ 거리를 연결한다. 라마 5세(재위 1868~1910) 때 건설된 도로로 과거 치앙마이 상업과 교통의 중심지였던 곳이다. 전성기를 누렸던 1910~30년대에 건설된 건물들이 고스란히 남아 있다. 개발이 제한된 지역이라 빛바랜 옛 건물들이 시대에 뒤처진 느낌도 든다.

부유한 무역상들이 건설한 유럽풍의 콜로니얼 양식 건물들은 레스토랑과 카페로 리모델링한 곳이 많다. 대표적인 곳으로 스트리트 피자 Street Pizza(1915년 건설), 라밍 티 하우스 Raming Tea House(1915년 건설), 끼띠 파닛 Kiti Panit(1925년 건설)이 있다.

지도 P.84-A2 주소 4 Thanon Tha Phae(Thapae Road) 운영 06:00~20:00 요금 무료 가는 방법 빠뚜 타패(타패 게이트)에서 200m 떨어진 타논 타패에 있다.

치앙마이 옛 우체국을 개조한 박물관
우표 박물관(피피타판 뜨라 쁘라이싸니야꼰)
Chiang Mai Philatelic Museum พิพิธภัณฑ์ตราไปรษณียากรเชียงใหม่

강변도로(삥 강 왼쪽 도로)에 있는 자그마한 박물관이다. 1910년에 치앙마이 최초로 건설된 우체국으로 콜로니얼 양식의 2층 건물로 되어 있다. 지역 이름을 붙여 '매삥 우체국' Mae Ping Post Office으로 불렸다. 현재는 우체국으로 사용하지 않고 1990년에 들어서 박물관으로 변모했다. 1층은 태국에서 발행한 우표와 스탬프, 우편물을 전시하고 있다. 2층은 과거 우체국에서 사용하던 물건(스탬프, 저울, 나무 우체통)들을 전시하고 있다. 특별한 볼거리는 아니지만 무료로 입장할 수 있다. 에어컨이 없고 관리 상태도 허름한 편이다. 참고로 박물관 앞쪽 도로 이름인 '쁘라이싸니'는 우체국이라는 뜻이다. 우편 박물관 맞은편에는 전신·전화 박물관 Northern Telecom of Thailand Museum이 있다.

지도 P.84-B2 주소 15 Thanon Praisani(Praisanee) 전화 053-251-200 운영 화~일요일 09:00~16:00 휴무 월요일 요금 무료 가는 방법 와로롯 시장에서 남쪽으로 400m 떨어진 타논 쁘라이싸니에 있다.

치앙마이 최대의 재래시장
와로롯 시장(깟 루앙) Warorot Market ตลาดวโรรส

현지인과 관광객 모두에게 사랑받는 재래시장이다. 현지인들은 큰 시장이라는 뜻으로 '깟 루앙' Kad Luang ตลาดหลวง이라고 부른다. 타논 창머이(창머이 거리)에서 삥 강변에 이르는 넓은 지역으로 1910년부터 시장이 형성됐다. 현재는 3층짜리 상설 시장으로 변모했다. 규모가 커지면서 주변 도로까지 시장이 형성되어 있다. 저렴한 옷과 가방, 신발, 원단, 생필품, 식재료, 과일, 불교 용품을 판매한다. 시장 1층에는 태국 북부 지방 전통 음식과 말린 과일, 기념품, 라탄 가방을 판매하는 상점도 많다.

참고로 와로롯 시장 주변은 차이나타운 China Town으로 불린다. 한자 간판이 쓰여 있는 금방과 중국 사당을 어렵지 않게 볼 수 있다. 입구에 청매노시장구 清邁老市場區(청매는 '칭마이'로 발음되는 치앙마이를 뜻하는 중국어)라 적힌 홍예문을 세웠다.

지도 P.84-B1 **주소** Thanon Chang Moi & Thanon Wichayanon **영업** 06:00~17:00 **가는 방법** 타논 창머이 & 타논 위차야논 일대에 있다. 빠뚜 타패(타패 게이트)에서 동쪽으로 1km 떨어져 있다.

타패, 나이트 바자, 삥 강 주변

똔람야이 시장

자그마한 강변도로 꽃 시장
꽃 시장(깟 독마이) Flower Market ตลาดดอกไม้

와로롯 시장 인근 삥 강변에 있는 자그마한 꽃 시장이다. 24시간 문을 여는데, 꽃 농장에서 출하된 꽃들이 시장으로 모여드는 새벽 시간이 가장 분주하다. 선물용 화환과 종교적인 목적(불교 행사)에 사용할 꽃다발 등을 만들어 판매한다. 재스민과 장미를 이용해 만드는 꽃목걸이(프앙말라이 พวงมาลัย)를 판매하는 상인도 어렵지 않게 볼 수 있다. 행운을 빌거나 존경의 의미를 담아 상대에게 건넬 때 사용된다. 꽃 시장 안쪽으로는 똔람야이 시장(딸랏 똔람야이) Ton Lam Yai Market이 있다. 식재료, 건어물, 생활용품, 불교 용품, 의류, 장난감 등을 판매한다.

> **지도 P.84-B1** **주소** Thanon Praisani(Praisanee) **운영** 24시간 **요금** 무료 **가는 방법** 삥 강변 왼쪽을 연하는 타논 쁘라이싸니(쁘라이싸니 거리)에 있다. 와로롯 시장에서 동쪽으로 150m, 빠뚜 타패(타패 게이트)에서 동쪽으로 1.2km 떨어져 있다.

치앙마이를 흐르는 강
삥 강(매삥) Ping River แม่น้ำปิง

치앙마이 역사와 함께 해 온 중요한 강이다. 치앙마이 구시가 동쪽을 흐른다. 현지어로 매남삥, 줄여서 매삥이라고 부른다('매남=강'이라는 뜻). 치앙다오에서 발원해 치앙마이, 람푼, 깜팽펫, 나콘싸완을 지나 태국 중부를 흐르는 짜오프라야 강과 합쳐진다. 삥 강의 전체 길이는 590km다. 삥 강에 가장 먼저 건설된 다리는 타논 타패(타패 거리)에서 연결되는 나와랏 다리(싸판 나와랏) Nawarat Bridge다. 나무다리(1906년)와 철교 (1923년)를 거쳐 세 번의 재건축(1965년)을 통해 현재 모습으로 변모했다. 나이트바자 앞쪽에 작은 철교 Iron Bridge(Khua Lek)가 있는데, 다름 아닌 나와랏 다리에서 해체한 철근을 이용해 만든 다리다. 큰 볼거리가 있는 곳은 아니지만 강변에 있는 호텔이나 레스토랑에서 리버 크루즈 Mae Ping River Cruise를 운영한다. 보통 90분 정도로 식사 포함 여부에 따라 요금이 달라진다.

> **지도 P.84-B2** **주소** Ping River **운영** 24시간 **요금** 무료 **가는 방법** 나와랏 다리 Nawarat Bridge 또는 와로롯 시장 앞쪽의 도보 다리 Chansom Memorial Bridge(Khua Khaek)를 건너면 된다.

치앙마이의 대표적인 농산물 시장
므앙마이 시장(딸랏 므앙마이) Talat Muang Mai ตลาดเมืองใหม่

치앙마이의 농산물 도매 시장이다. 두리안, 망고, 망고스틴, 바나나, 파인애플, 수박 등 다양한 열대과일을 한자리에서 만날 수 있다. 각종 채소와 육류·해산물도 거래하기 때문에 식재료 구하기 좋은 곳이다. 도매 시장답게 대량으로 매매하는 경향이 있고, 가격이 꽤나 저렴하다. 관광객보다는 현지인들이 주로 방문한다. 열대과일을 저렴하게 구입하고 싶다면 들러보자. 1kg 단위로 판매하는데 망고 15~35B, 망고스틴 35~60B, 용과 25~50B, 두리안 180~240B 정도 예상하면 된다. 24시간 문을 여는 시장인데, 아무래도 과일과 채소가 시장에 들어오는 이른 아침 시간에 붐빈다.

지도 P.81-D1 주소 Thanon Wichayanon Soi 1 **영업** 06:00~19:00 **요금** 무료 **가는 방법** 미국 영사관 북쪽의 타논 위차야논 쏘이 1에 있다. 빠뚜 타패(타패 게이트)에서 북동쪽으로 1.5km 떨어져 있다.

디자이너 육성을 위해 만든 디자인 센터
TCDC(타일랜드 크리에이티브 & 디자인 센터)
Thailand Creative & Design Center ศูนย์สร้างสรรค์งานออกแบบ

TCDC는 타일랜드 크리에이티브 & 디자인 센터 Thailand Creative & Design Center의 약자로 태국 정부에서 디자이너 육성을 위해 건설한 디자인 센터다. 현지어로는 '쑨 쌍싼 응안 옥뱁'이라고 부르는데, 방콕에 센터 본부가 있다. 치앙마이는 수도(방콕) 이외 지역에 만든 첫 번째 TCDC로 지역의 디자이너와 예술가들에게 창작 활동에 필요한 장비와 서적, 스터디·리서치 센터를 제공하기 위해 만들었다. 1층은 갤러리와 카페, 2층은 도서관, 3층은 미팅 룸으로 이루어져 있다. TCDC의 핵심 구역은 2층 도서관으로 디자인과 건축, 사진, 패션 관련 전문 서적 9,000여 권을 소장하고 있다. 일반인은 원 데이 패스 1Day Pass(100B)를 구입해야 한다.

지도 P.81-D1 주소 1/1 Thanon Muang Samut **전화** 052-080-500 **홈페이지** www.tcdc.or.th/chiangmai **운영** 화~일요일 10:30~17:00 **휴무** 월요일 **요금** 도서관 이용료 100B **가는 방법** 므앙마이 시장과 가까운 타논 므앙싸뭇(므앙싸뭇 거리)에 있다. 빠뚜 파태(타패 게이트)에서 북쪽으로 1.5km 떨어져 있다.

관광객이라면 한번은 들르게 되는 상업적인 야시장
나이트 바자(나잇 바싸) Night Bazaar ไนท์บาซาร์

치앙마이를 '처음' 왔다면 당연히 들르게 되는 곳이다. 타논 창크란(창크란 거리) 일대를 점령한 나이트 바자는 대형 상점들과 노점들이 거리를 가득 메운다. 독특한 태국어 발음 때문에 현지인들은 '나잇 바싸'라고 발음해야 알아 듣는다. 낮에도 영업을 하지만 거리에 노점들이 들어서는 해 질 무렵부터 들어서면서 분주해지기 시작한다. 수공예품, 골동품, 산악 민족 물품, 목각 공예, 주석, 그림, 가방, 티셔츠, 신발까지 모든 물건들이 거래된다. 외국인에게는 비싸게 부르기 때문에 반드시 흥정을 해야 한다. 쇼핑 목적이 아니더라도 야시장, 푸드코트, 레스토랑, 카페, 마사지 숍이 어우러져 찾는 사람들이 많다. 너무 상업화해서 특별한 매력은 없다.

지도 P.85-B1 **주소** Thanon Chang Khlan **영업** 17:00~24:00 **요금** 무료 **가는 방법** 빠뚜 타패(타패 게이트)에서 동쪽으로 1km 떨어진 타논 창크란(창크란 거리)에 있다.

운하를 정비해 만든 워킹 스트리트
크롱 매카 Khlong Mae Kha คลองแม่ข่า

도시 재정비 일환으로 새롭게 탄생한 워킹 스트리트(산책로)로 야시장을 겸한다. 운하 주변으로 들어섰던 무허가 주택을 정비하면서 관광지로 변모했다. 하천을 정비했지만 수질은 개선되지 않아 냄새가 난다. 750m에 이르는 산책로를 따라 자그마한 카페와 상점, 식당이 들어서 있다. 일본풍으로 꾸민 것이 특징이다. 목조 건물도 있어서 나름 사진 찍기 좋다. 가게들은 오후 늦게 문을 열기 때문에 낮 시간보다 해 질 녘에 방문하는 게 좋다. 식사나 쇼핑보다 산책 삼아 잠시 다녀오면 된다.

참고로 매카 운하(크롱은 운하라는 뜻이다)는 전체 길이 30km로, 그중 11km가 도시 구간을 지난다.

지도 P.78-B2 **주소** Thanon Rakaeng, Mae KhaRakaeng Bridge **운영** 15:00~22:00 **요금** 무료 **가는 방법** 타논 라깽에 있는 싸판 매카라깽(매카라깽 다리) 앞쪽으로 산책로가 형성되어 있다. 타논 타패(타패 게이트)에서 1.5km 떨어져 있다.

뻥 강 건너편에 있는 대형 사원
왓 껫까람 Wat Ketkaram วัดเกตการาม

1428년에 건설된 사원으로 뻥 강변에 위치하고 있다. 부처의 유해를 안치한 프라탓 껫깨우쭐라마니 Phra That Ket Kaew Chula Mani(신성한 탑이라는 뜻) 때문에 중요시되는 사원이다. 버마(미얀마) 양식으로 만든 탑은 1545년 지진으로 피해를 입었다가 화려한 색으로 재건축된 것이다. 12간지 동물 중에 개띠를 상징하기 때문에, 개띠 해에 태어난 사람들은 탑을 돌며 사후에 영혼이 편안히 잠들기를 소망한다.

대법당(프라 위한)은 19세기에 건축된 것으로 5겹 지붕을 올려 화려하다. 대법당 옆(왼쪽)으로는 문이 닫혀 있는 법당이 하나 더 있다. 승려들의 출가 의식이 행해지는 '우보솟'이다. 출입문은 금장식으로 데바타(여신)를 장식했고, 벽면에는 도자기를 이용해 용과 키린(신화 속에 등장하는 바다 수호신), 물고기 장식을 좌우 대칭으로 만들었다.

지도 P.84-B1 **주소** 96 Thanon Charoenrat **운영** 06:00~18:00 **요금** 무료 **가는 방법** 뻥 강 동쪽의 타논 짜런랏에 있다. 와로롯 시장에서 400m 떨어져 있는데, 뻥 강을 건너는 도보 다리를 이용하면 된다.

크루즈 선착장이 있는 사원
왓 차이몽콘 Wat Chai Mongkhon(Chaimonkol) วัดชัยมงคล

15세기에 건설된 사원으로 뻥 강 강변에 있다. 당시 이 지역에 살던 몬족(과거에는 치앙마이 남쪽의 람푼에 몬족이 건설한 왕국이 있었다)이 건설한 사원이다. 과거에는 해가 뜨는 사원이라는 뜻으로 왓 마러 Wat Maloe라고 불렸다. 사원의 대법당(위한)은 2018년에 재건축한 것으로 란나 양식으로 만들었다. 법당 뒤쪽의 황금색 쩨디(탑)는 몬족 양식을 가미했다. 강변에 위치한 지리적인 특징 때문에 현지인들은 이곳을 방문해 물고기를 방생하며 공덕을 기린다. 사원 앞쪽에는 크루즈 선착장도 있다.

지도 P.85-B2 **주소** 133 Thanon Charoen Prathet **운영** 06:00~18:00 **요금** 무료 **가는 방법** 뻥 강 남쪽 도로에 해당하는 타논 짜런쁘라텟에 있다. 빠뚜 타패(타패 게이트)에서 2km 떨어져 있다.

방콕과 치앙마이를 연결하는 기차역
치앙마이 기차역(싸타니 롯파이 치앙마이) Chiang Mai Railway Station สถานี รถไฟเชียงใหม่

치앙마이와 방콕을 연결하는 기차역이다. 치앙마이 기차역이 최초로 개통된 것은 1922년 1월 1일이다. 라마 5세(쭐라롱껀 대왕) 생일을 기념해 개통식을 치렀다고 한다. 개통 당시에는 치앙마이↔람푼을 연결하는 간이역에서 출발해, 4년 후인 1926년에 방콕(후아람퐁 역)까지 철도가 연결된다. 2차 대전 기간 동안 태국에 주둔한 일본군을 공격하기 위해 연합군의 항공 폭격(1943년)으로 기차역이 피해를 입었고, 1945년에 재건축했다. 80년 가까이 치앙마이 기차역은 큰 변화 없이 옛 모습 그대로 유지되고 있다. 대합실이 따로 있는 것도 아니고 에어컨도 설치되어 있지 않다. 치앙마이에서 더 북쪽으로 연결되는 기차 노선도 존재하지 않는다. 기차는 하루 6편이 운행된다. 참고로 방콕까지 751㎞ 떨어져 있으며 기차로 12~14시간 정도 걸린다.

지도 P.79-C2 주소 Soi Rotfai, Thanon Charoen Muang 운영 24시간 요금 무료 가는 방법 삥 강(나와랏 다리) 건너 동쪽으로 1.5km, 빠뚜 타패(타패 게이트)에서 동쪽으로 3km 떨어져 있다.

치앙마이 기차역과 가까운 재래시장
싼빠커이 시장(딸랏 싼빠커이) Sanpakoi Market(San Pakoy Market) ตลาดสันป่าข่อย

삥 강 건너편, 기차역 인근에 있는 재래시장. 1922년 치앙마이 기차역이 개통하면서 자연스럽게 형성된 시장이다. 오래된 시장이긴 하지만 채소, 과일, 육류, 반찬 가게, 노점 식당, 옷 가게, 생활용품, 불교 용품 등이 구역별로 정리되어 있다. 치앙마이 주요 상권이 도심으로 이전하면서 과거에 비해 활기는 떨어진다. 다른 재래시장에 비해 관광객은 적은 편이다. 지역 주민들이 찾는 곳인 만큼 가격이 저렴하다. 저녁 시간이 되면 시장 입구에 노점 식당들이 생긴다.

지도 P.79-C2 주소 218 Thanon Charoen Muang 운영 05:00~20:00 요금 무료 가는 방법 치앙마이 기차역에서 1km, 빠뚜 타패(타패 게이트)에서 2km 떨어져 있다.

야자수 배경으로 사진 찍기 좋은 주말 시장
코코넛 마켓(깟 바빠우) Coconut Market กาดบะป้าว

코코넛 농장을 둘러싸고 만든 주말 시장이다. 토~일요일에만 시장이 들어선다. 현지어(북부 사투리)로 '깟바빠우'라고 불린다. 깟=시장, 바빠우=코코넛(야자수)라는 뜻이다. 야자수 나무가 가득해 독특한 풍광을 자랑한다. 줄지어선 야자수 옆으로 수로를 만들었는데, 수상시장 느낌도 묻어난다. 야자수 농장을 가로지르는 산책로를 만들어 사진 찍기 좋다. 농장 한복판에 대나무 평상도 있어서 쉼터도 제공한다.

시장 한쪽에선 옷과 기념품, 액세서리, 향초, 라탄 가방을 판매한다. 다른 한쪽엔 길거리 음식 노점이 들어서 있다. 가장 인기 있는 간식은 코코넛 아이스크림이다. 치앙마이 시내와 가까워 관광객들이 많이 찾아온다. 특히 중국 관광객이 많은 편이다. 사람들이 몰려오기 전, 아침 일찍 다녀오는 게 좋다.

지도 P.79-C1 **주소** 94 Soi Ban Tong 2 Moo 3 **전화** 083-529-3299 **운영** 토~일요일 08:00~14:00 **요금** 무료 **가는 방법** 빠뚜 타패(타패 게이트)에서 북쪽으로 6km, 아케이드 버스터미널에서 북쪽으로 2.5km 떨어져 있다.

치앙마이 근교에 있는 매력적인 주말 시장
참차 마켓(딸랏 참차) Chamcha Market ตลาดฉำฉา

치앙마이 근교에 있는 플리 마켓이다. 토요일과 일요일에만 열리는 주말 시장으로 오전 시간에만 마켓이 형성된다. '참차'는 레인트리 Rain Tree를 의미하는데, 실제로 레인트리 아래 시장이 생긴다. 시장 입구부터 이어진 길 옆으로 상점들이 들어서 있어 천천히 걸어가면서 쇼핑하면 된다. 주말 아침 치앙마이 교외로 나와서 시간을 보내기 좋은 장소다. 수공예품, 전통 의상, 인디고 천연 염색 의류, 면사 스카프, 목공예품, 액세서리, 기념품, 라탄 가방, 에코백, 종이우산, 바느질 인형, 도자기, 그릇, 천연 비누 등을 판매한다. 카페와 베이커리, 노점 식당도 있으므로 군것질하면서 잠시 쉬어 갈 수도 있다. 시장 주변은 수공예품 스튜디오와 란나 전통 가옥이 잘 보존된 롱힘카오 커뮤니티 Long Him Kao Community가 형성되어 있다. 인접한 미나(레스토랑) Meena Rice Based Cuisine(P.166)와 연계해 다녀오면 좋다.

지도 P.79-C2 **주소** 13/16 Moo 2, Soi 11 Tambon San Klang **홈페이지** www.facebook.com/Chamcha Market **운영** 토~일요일 09:00~14:00 **요금** 무료 **가는 방법** ①치앙마이 시내에서 동쪽으로 10km 떨어진 싼끄랑(싼깡)에 있다. 왓 씨마람(사원) Wat Seemaram 옆길을 따라 시장이 들어선다. ②빼뚜 타패(타패 게이트)에서 동쪽으로 10km 떨어져 있다.

CAFE & DRINK 타패, 나이트 바자, 삥 강 주변의 카페

오래된 건물을 개조해 만든 빈티지한 카페부터 삥 강 강변의 한적한 풍경을 즐길 수 있는 야외 카페까지 다양하다.

🅿️ 인기 반 삐암쑥(반 피엠숙) Baan Piemsuk บ้านเปี่ยมสุข ★★★☆

외국인보다 태국인이 더 좋아하는 카페. 태국 연예인들도 종종 방문해 인기를 더했다. '반 삐암쑥'은 행복이 가득한 집이란 뜻이다. 삥 강 주변의 오래된 단층 건물을 리모델링했다. 인기에 비해 규모는 작은 편이다. 커피보다는 디저트가 유명하다. 코코넛 크림 파이 Coconut Cream Pie, 코코넛 케이크 Coconut Cake, 바노피 Banoffee 세 종류가 가장 인기 있다. 커피 종류는 많지 않지만 아메리카노와 라테 같은 익숙한 커피를 만들어 준다.

지도 P.84-B1 **주소** 165-167 Thanon Charoenrat **전화** 085-708-8988 **홈페이지** www.facebook.com/baanpiemsuk **영업** 09:30~18:30 **메뉴** 영어 **예산** 케이크 130~175B **가는 방법** 삥 강 건너편 타는 짜런랏에 있다.

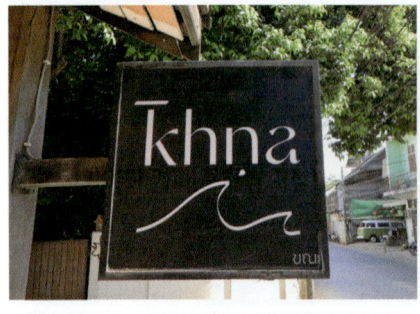

카나 Khna Coffee Brewers ร้านกาแฟขณะ ★★★☆

태국적인 감성과 모던함이 결합한 타이 컨템포러리 스타일 카페. '카나'는 잠깐 동안 정도로 해석하면 되는데, 영어로 Coffee Shop While 정도가 될 것 같다. 통창과 원목, 목재 테이블을 이용해 빈티지 감성으로 꾸몄다. 나무 계단으로 연결된 복층 건물로 카페 뒤편에는 널찍한 야외 정원까지 있다. 뒤뜰에서 보이는 건물은 반 오라핀 Baan Orapin(100년 전에 건설된 란나 양식의 전통 가옥으로 현재는 호텔로 운영된다)이다. 지역 커피 농장에서 재배한 원두를 이용해 직접 로스팅한다. 산미가 살짝 가미된 신선한 커피를 만든다.

지도 P.84-B1 **주소** 150 Thanon Charoenrat **홈페이지** www.facebook.com/khna.coffee **영업** 08:30~17:00 **메뉴** 영어 **예산** 80~150B **가는 방법** 삥 강 건너편 타는 짜런랏에 있다.

카페 맞은편 라탄 가방 거리

📍인기 브루기닝 커피 Brewginning Coffee ★★★★

태국 젊은이는 물론 외국 관광객에게도 인기 있는 카페. 타논 창머이(창머이 거리)를 따라 와로롯 시장 방향으로 가다 보면 사람들이 모여서 사진을 찍고 있어서 쉽게 눈에 띈다. 오래된 콘크리트 건물을 리모델링했는데 그 자체로 트렌디하다. 에스프레소 머신을 이용해 아메리카노, 라테, 카푸치노, 플랫 화이트 같은 클래식한 커피를 만든다. 원두는 하우스 블렌드(브라질+콜롬비아+태국 원두), 타이 블렌드(태국 치앙라이 원두), 에티오피아 원두에서 선택하면 된다.

에어컨 시설의 실내와 옥상의 야외 테이블까지 분위기가 조금씩 다르다. 색감 가득한 1층 카운터를 개방했고, 골목에도 테이블을 놓아 담벼락에 기대어 사진 찍는 모습을 흔하게 볼 수 있다. 카페 맞은편에 있는 라탄 가방 가게도 배경 사진으로 더 없이 좋다. 주말에는 라이브 음악을 연주하기도 한다. 단, 차분하게 쉬어 갈 만한 곳은 아니다.

지도 P.84-A2 주소 260 Thanon Chang Moi 영업 07:00~19:00 메뉴 영어 예산 80~120B 가는 방법 타논 창머이 & 타논 창머이까우 사거리 코너에 있다. 빠뚜 타패(타패 게이트)에서 450m.

추천 차이트 로스터 Zeit Roaster ★★★★☆

브루잉 랩 카페 Brewing Lab Cafe를 표방하는 자그마한 카페. 매장에 로스팅 기계가 떡하니 자리 잡고 있어 전문적인 커피숍임을 알 수 있다. 자체 운영하는 커피 농장에서 재배한 신선한 원두를 매장에서 로스팅해서 드립 커피로 내려준다. 수입 원두(자메이카, 에티오피아, 온두라스, 콜롬비아, 파푸아뉴기니)도 선택할 수 있다. 의자 몇 개가 놓인 커피 바 형태로 바리스타가 커피 내리는 모습을 관찰할 수 있다. 영어 소통이 가능하며, 커피에 대한 설명도 해준다. 벽면에는 각종 원두와 드리퍼가 가득 전시되어 있다. 원두도 매장에서 구입할 수 있다. 커피 농장 투어도 운영한다. 직원들도 친절하다.

지도 P.85-B2 주소 Ancient House Chiang Mai, 95 Thanon Charoen Prathet 홈페이지 www.instagram.com/zeit_roasters 영업 09:00~17:00 메뉴 영어 예산 90~190B 가는 방법 타논 짜런쁘라텟에 있는 '반보란 치앙마이' Ancient House Chiang Mai 내부에 있다. 전통 가옥을 바라보고 왼쪽에 일렬로 들어선 식당들 중에 삥 강 방향으로 맨 끝집에 해당한다.

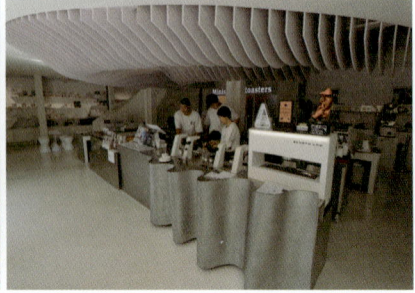

미니스트리 오브 로스터 Ministry of Roasters ★★★★

2018년 태국 커피 로스팅 챔피언십에서 2위를 차지한 곳으로 본점은 방콕에 있다. 치앙마이 지점은 70년이 넘는 오래된 복층 건물을 트렌디한 카페로 개조했다. 곡선을 강조한 화이트 톤의 인테리어는 도회적인 느낌을 준다. 커피 바를 전면에 배치해 바리스타들이 커피 만드는 모습도 볼 수 있도록 했다. 태국, 라오스, 브라질, 콜롬비아, 에티오피아 커피를 배합해 만든 7종류의 블렌딩한 원두가 있다. 아메리카노 커피 한 잔을 시키더라도 원하는 것을 선택해 주문이 가능하다. 도감처럼 만든 설명서를 참고해 원두를 선택하면 된다. 참고로 태국(치앙라이)에서 재배한 원두를 이용한 커피는 파랏 Palad이다.

지도 P.84-A2 주소 Thanon Chang Moi Soi 2 전화 065-643-0245 홈페이지 www.ministryofroasters.coffee 영업 07:30~17:30 메뉴 영어 예산 100~140B 가는 방법 타논 창머이 쏘이 2 골목 입구에 있다.

바리스트로(삥 강 지점) The Baristro x Ping River ★★★★

'바리스트로'에서 운영하는 지점 중 한 곳으로 삥 강변에 있다. 한적한 위치에 있어서 강 풍경을 바라보며 커피 마시기 좋다. 강변의 오래된 콘크리트 건물을 리모델링해 빈티지한 감성을 그대로 살렸다. 삥 강을 끼고 있는 지리적인 특성을 십분 활용해 야외 정원과 강변의 야외 테이블까지 어디에 자리를 잡느냐에 따라 각기 다른 분위기를 느낄 수 있다. 직접 로스팅한 원두를 사용한다. 에스프레소, 아메리카노, 라테 이외에도 과일 향을 첨가한 시그니처 커피까지 다양한 방식으로 커피를 만든다. 원두 커피와 드립백, 캡슐 커피도 판매한다. 참고로 200m 떨어진 강변에 또 다른 지점인 바리스트로 커피 로스터 The Baristro Coffee Roaster가 있다.

지도 P.79-B1 주소 62 Soi Patan 전화 087-788-2788 홈페이지 www.facebook.com/thebaristroatpingriver 영업 08:00~18:00 메뉴 영어 예산 80~145B 가는 방법 삥 강 북쪽의 쏘이 빠딴에 있다. 빠뚜 타패(타패 게이트)에서 4㎞ 떨어져 있다.

카찌 Khagee ★★★☆

삥 강변에 있는 오래된 목조 가옥을 사용하는 아담한 카페. 허름한 건물의 1층을 통유리와 벽돌, 노출 콘크리트로 장식해 새로움을 더했다. 천연 이스트를 이용해 빵과 케이크를 직접 만들어 판매한다. 커피 종류는 많지 않지만 아메리카노 커피와 라테 같은 대중적인 커피를 선보인다. 에스프레소 머신을 이용해 커피를 추출한다. 커피나 디저트 종류가 화려하고 다양하지는 않지만 미니멀한 공간과 포근한 감성이 어우러진다. 태국 젊은 이들에게 인기 있는 카페로 '카찌'는 '푸릇푸릇하다'라는 뜻의 태국어다.

지도 P.85-B1 주소 29/30 Thanon Chiang Mai-Lamphun Soi 1 전화 082-975-7774 홈페이지 www.facebook.com/khageecafe 영업 09:00~17:00 메뉴 영어 예산 커피 85~140B, 케이크 90~140B 가는 방법 삥 강 건너편의 타논 치앙마이-람푼(치앙마이-람푼 거리)에 있다.

RESTAURANT 타패, 나이트 바자, 삥 강 주변의 레스토랑

타패 주변에는 외국 여행자들이 선호하는 카페 스타일의 레스토랑이 많고, 와로롯 시장 주변에는 오래된 로컬 식당이 가득하다. 삥 강 주변에는 강변 테라스 레스토랑에서 낭만적인 저녁 시간을 보낼 수 있다.

로띠 빠데 Rotee Pa Day โรตี ป๋าเด ★★★

타논 타패(타패 거리)에 저녁 때 생기는 노점. 태국 어디서건 흔하게 볼 수 있는 로띠(팬케이크) 노점이지만 미쉐린 가이드에 선정된 곳이라 항상 붐빈다. 무슬림(이슬람) 가족이 운영하는 곳으로 즉석에서 로띠를 만들어 준다. 기본 반죽에 달걀을 넣으면 로띠 카이 Roti with Egg, 바나나를 넣으면 로띠 꾸어이 Roti with Banana가 된다. 주문 용지에 영어로 적어서 제출하면 순서대로 로띠를 들어준다. 유명세에 비해 평범한 맛이다.

지도 P.84-A2 **주소** In front of Wat Mahawan, Thanon Tha Phae Soi 4 **영업** 18:00~24:00 **메뉴** 영어, 태국어 **예산** 25~45B **가는 방법** 타논 타패 쏘이 4 골목 입구, 왓 마하완 정문 앞에 있다. 빠뚜 타패(타패 게이트)에서 300m.

뜨록 창머이 누들 Trok Chang Moi Noodle ก๋วยเตี๋ยวตรอกช้างม่อย ★★★☆

창머이 지역에서 대중적인 인기를 누리는 쌀국수 식당이다. '뜨록'은 좁은 골목을 뜻하는데, 생각보다 식당 규모가 크다. 에어컨은 없지만 청결하게 꾸몄다. 쌀국수도 선택 폭이 넓다. 돼지고기 쌀국수, 닭고기 쌀국수, 볶음국수, 카레 덮밥까지 다양하다. 스페셜 메뉴는 꾸어이띠아우 무 루암(모듬 돼지고기 쌀국수) Mix Pork Noodles, 마마 똠얌(자극적인 똠얌 라면) Instant Noodles Tom Yum Mix Pork, 카우까이뚠(닭다리 덮밥) Rice with Braised Chicken Drumstick이다. 전통의 맛보다는 누구나 편하고 쉽게 쌀국수 한 그릇 맛보기 좋은 곳이다.

지도 P.84-A1 **주소** 5 Thanon Chang Moi Kao **영업** 09:00~16:30 **휴무** 수요일 **메뉴** 영어, 태국어 **예산** 60~90B **가는 방법** 라탄 거리 옆 골목으로 이어지는 타논 창머이까우에 있다.

타패, 나이트 바자, 삥 강 주변

꾸어이띠아우 느아뚠

꾸어이띠아우 까쎔 Kasem Beef Noodle Shop ร้านเกษมก๋วยเตี๋ยวเนื้อ ★★★★

길거리 식당처럼 생긴 허름하고 오래된 쌀국수 식당이다. 30년 넘는 노포로 외국 관광객보다는 현지인들이 즐겨 찾는 곳이다. 간판은 태국어로만 적혀 있다. 소고기 쌀국수를 전문으로 하는데, 맛과 친절함 덕분에 단골들이 많다. 보통 크기(타마다)로 시켜도 쌀국수와 고기를 푸짐하게 담아준다. 푹 삶은 소고기를 넣어주는 '느아쁘아이' ก๋วยเตี๋ยวเส้นเล็กเนื้อเปื่อย, 생고기 육수에 데쳐서 넣어 주는 '느아쏫' เนื้อสด, 미트볼을 넣어주는 '룩친' ลูกชิ้น 중에 선택하면 된다. 외국인이라면 소고기와 미트볼을 함께 넣어주는 꾸어이띠아우 느아뚠 Noodles Braised Beef and Beef Ball을 주문하면 된다. 쌀국수 면 종류도 골라야 한다(일반적으로 '쎈렉'을 선택한다). 사이드 메뉴로 완탕 튀김(끼아우 텃) เกี๊ยวทอด을 곁들여도 된다. 물과 얼음은 직접 가져오면 된다. 영어는 잘 통하지 않는다.

지도 P.84-A1 주소 Thanon Sithiwong(Sithiwongse) **영업** 08:30~16:00 **메뉴** 영어, 태국어 **예산** 80B **가는 방법** 타논 창마이에서 연결되는 타논 씻티웡 방향으로 100m. 와로롯 시장에서 400m 떨어져 있다.

옌따포

타나 오차 Thana Ocha Noodle ธนาโอชา ★★★☆

시장 통 분위기가 느껴지는 거리에 있는 오래된 로컬 식당이다. 와로롯 시장과 가깝다. 50년 된 곳으로 분위기는 허름하지만 태국 연예인들이 다녀갈 정도로 유명하다. 2020년부터 매년 미쉐린 가이드에 선정되고 있다. 메인 요리는 옌따포(두반장 소스를 넣은 빨간색 쌀국수) Yong Tau Foo Thai-Hakka Style Noodle with Red Sauce로 직접 만든 선지, 어묵, 두부, 완탕 등을 고명으로 넣어준다. 쌀국수 크기에 따라 요금이 다르지만 저렴하면서 푸짐하다. 사이드 메뉴인 뽀삐아 쏫(튀기지 않은 스프링 롤)도 인기 있다. 사진 메뉴판을 보고 주문하면 된다. 간판은 태국어로만 쓰여 있다.

지도 P.84-A1 주소 29 Thanon Ratchawong **전화** 053-232-423 **영업** 08:00~17:00 **메뉴** 영어, 한국어, 태국어 **예산** 60~90B **가는 방법** 타논 창마이에서 연결되는 타논 랏차웡에 있다. 와로롯 시장에서 서쪽으로 200m 떨어져 있다.

꾸어이짭 창머이 땃마이 Guay Jub Chang Moi Tat Mai ก๋วยจั๊บ บ้างม่อยตัดใหม่ ★★★☆

창머이 땃마이 거리에 있는 '꾸어이짭' 식당이다. 허름한 골목 끝자락에 있는 로컬 식당으로 오래된 느낌이 단박에 느껴진다. 둥근 롤 모양의 쌀국수를 넣은 꾸어이짭 Rolled Noodle Soup은 후추 향이 강한 육수에 돼지고기 부속물을 함께 넣어준다. 보통 사이즈(타마다)와 곱빼기(피쎗)로 구분해 주문하면 된다. 밥 종류로는 카우 무끄롭(바삭한 삼겹살 튀김을 올린 덮밥) Crispy Pork With Rice과 카우 씨콩무 뚠(돼지갈비 덮밥) Stewed Pork Rib with Rice이 있다. 사이드 메뉴로 뽀삐아 쏫(스프링 롤) Spring Roll with Gravy 또는 무 싸떼(돼지고기 꼬치구이) Pork Satay를 추가해 식사하면 된다. 영어 메뉴판은 별도로 달라고 해야 한다. 현금 결제만 가능하다.

지도 P.84-A2 **주소** 99/11 Thanon Chang Moi Tat Mai **홈페이지** www.facebook.com/Kuayjabchangmoitadmai **영업** 10:00~15:00 **메뉴** 영어, 태국어 **예산** 80~90B **가는 방법** 와로롯 시장에서 200m 떨어진 타논 창머이 땃마이에 있다.

팟타이 5롯(팟타이 하롯) Pad Thai 5 Rod ผัดไทย5รส ★★★

타논 창머이 라탄 거리에 있는 팟타이 식당이다. '하롯'은 다섯 가지 맛(짠맛, 단맛, 신맛, 매운맛, 감칠맛)이란 뜻이다. 에어컨 없는 로컬 식당이지만 규모는 큰 편이다. 구시가와 가까워 관광객들이 즐겨 찾는다. 저렴한 가격에 무난한 팟타이를 맛볼 수 있다. 맛집까지는 아니지만 주변 지역 관광하다 가볍게 식사하러 들르기 좋다. 식당 입구에 놓인 커다란 웍에서 팟타이를 만든다. 바쁠 때는 대량으로 미리 만들어 놓은 팟타이를 살짝 데워서 내주기도 한다. 크기에 따라 팟타이 타마다(보통 사이즈) Regular Padthai, 팟타이 피쎗(미디엄 사이즈) Medium Padthai, 팟타이 꿍쏫(새우 팟타이) Padthai with Shrimp이 있다. 인기 메뉴는 팟타이를 오믈렛으로 감싸주는 '팟타이 허카이' Padthai Wrapped with Egg다.

지도 P.84-A2 **주소** 235 Thanon Chang Moi **전화** 053-234-636 **영업** 09:30~21:00 **메뉴** 영어, 태국어 **예산** 45~140B **가는 방법** 빠뚜 타패(타패 게이트)에서 400m 떨어진 타논 창머이 메인 도로에 있다.

인기 따이툰반
Taitoonbaan ใต้ถุนบ้าน 带福办 ★★★☆

태국 젊은이들에게 인기 있는 태국식 브런치(아침식사) 레스토랑이다. 죽과 토스트, 샌드위치 위주의 간단한 식사가 가능하다. 오래된 목조 가옥을 레스토랑으로 사용하고 있다. 복고풍의 감성을 자극하는 것이 인기의 비결이다. 에어컨은 없으며 더위를 피하기 위해 그늘진 건물의 1층(천장이 낮아서 드나들 때 항상 머리 조심)에 테이블이 놓여 있다. 주문은 종이로 된 주문지에 원하는 음식을 체크해야 하는데, 사진이 첨부된 메뉴판을 참고하면 된다. 죽 Rice Congee(태국에서는 '쪽'이라고 부른다)은 달걀을 첨가할지 말지를 선택해 주문하면 된다.

지도 P.84-A1 주소 591 Thanon Chang Moi Kao **전화** 086-407-5460 **홈페이지** www.facebook.com/taitoonbaanchiangmai **영업** 06:30~14:00 **메뉴** 영어, 태국어 **예산** 50~85B **가는 방법** 타논 창머이까우 골목에 있다. 빠뚜 타패(타패 게이트)에서 500m 떨어져 있다.

카야 토스트와 쪽 무

쪽 나이또(나이또 죽집) Nai To Congee Shop ร้านโจ๊กนายโต ★★★☆

치앙마이 사람들의 아침 식사가 궁금하다면 가볼 만한 곳이다. 관광지가 아니고 외진 주택가 골목인데도 찾아오는 사람이 많다. 목조 가옥 안마당에 테이블을 내놓고 장사한다. 전형적인 로컬 식당으로 메뉴가 적힌 주문지에 체크해서 주문하는 셀프 서비스 형태로 운영된다. '쪽'이라고 부르는 죽을 판매한다. 돼지고기 완자를 넣은 '쪽 무' Pork Congee가 가장 보편적이다. 달걀을 추가할지 말지는 선택 사항이다. 연유, 버터, 마일로 등을 토핑으로 올린 달달한 토스트도 즐겨 먹는다. 카이까타(카이=달걀, 까타=둥근 프라이팬) Egg Pan도 간편한 아침 식사로 좋다. 음료는 달달한 커피(까패 론)와 아이스 티(차 옌)를 곁들이면 된다.

지도 P.85-A2 주소 Thanon Rakaeng(Ragang 2 Ko Alley) **전화** 061-015-1073 **홈페이지** www.facebook.com/NineToh **영업** 월~토요일 07:00~14:00 **휴무** 일요일 **메뉴** 영어, 태국어, 중국어 **예산** 40~55B **가는 방법** 타논 라깽 쏘이 2 골목에 있다. 빠뚜 타패(타패 게이트)에서 1.2km 떨어져 있다.

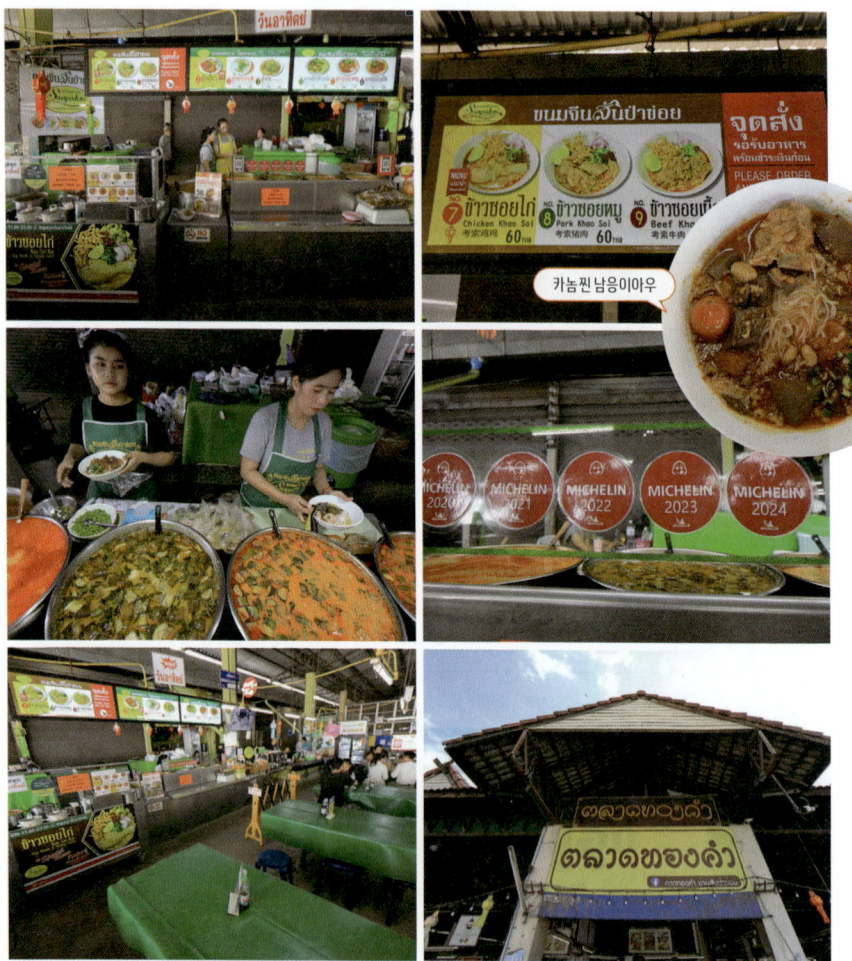

카놈찐 남응이아우

추천 카놈찐 싼빠커이 Kanomjeen Sanpakoi ขนมจีน น.สันป่าข่อย ★★★★

1977년에 문을 연 오래된 로컬 레스토랑이다. 재래시장(텅캄 시장 Thongkam Market) 한편에서 장사한다. 태국식 카레를 카놈찐(소면 쌀국수)에 올려 먹는 서민 음식을 요리한다. 카레는 여섯 종류로 남응이아우(사진 메뉴 1번) Northern Thai Spicy Pork Sauce, 남야까티 Chicken Coconut Milk Sauce, 깽키아우완 까이 Chicken Green Curry, 깽펫 무 Pork Red Curry, 깽펫 느아 Beef Red Curry가 있다. 가장 인기 있는 메뉴는 남응이아우(매콤한 돼지고기 육수)다. 덮밥(밥+카레)으로 먹고 싶다면 '랏카우'로 주문 할 것. 단품 메뉴인 카우쏘이 까이(사진 메뉴 7번) Chicken Khao Soi도 추천한다.

사진 메뉴판에 적힌 번호를 보고 주문하면 된다. 줄 서서 주문하고 계산하고 음식을 받으면 된다. 채소는 셀프로 가져오면 된다. 저렴한 가격에 음식 양이 많은 편이다. 동네 유명 식당으로 테이크아웃(싸이퉁)해가는 현지인도 많다. 구시가에서 멀긴 하지만 치앙마이 로컬 음식 문화를 체험하고 싶다면 추천할 만한 곳이다.

지도 P.79-C2 **주소** Thongkam Market, 11 Soi Thasatoi **영업** 월~토요일 11:00~23:00 **휴무** 일요일 **메뉴** 영어, 태국어 **예산** 40~80B **가는 방법** 쏘이 타싸터이 골목, 텅캄 시장(딸랏 텅캄) 내부에 있다. 싼빠커이 시장에서 50m, 치앙마이 기차역에서 1km떨어져 있다.

타패, 나이트 바자, 삥 강 주변

카우쏘이

카우쏘이 싸머짜이 Khao Soi Samerjai ข้าวซอยเสมอใจ ฟ้าฮ่าม ★★★☆

현지인들에게 유명한 카우쏘이 식당이다. 탁신 전 총리가 방문해 더 유명해졌다. 현지 가이드들이 외국 관광객을 데리고 오기도 한다. 강 건너편의 파함(왓 파함 주변 동네) 지역에 있어서 관광객이 많이 드나드는 곳은 아니다. 오래된 목조 건물 1층을 식당으로 사용하며, 로컬 식당치고는 규모가 크다. 카우쏘이 Nothern Thai Curry Noodles는 닭고기(까이), 소고기(느아), 돼지고기(무) 중에서 선택하면 된다. 현지인들이 선호하는 곳답게 진하고 걸쭉한 맛의 카우쏘이를 만들어 낸다. 쌀국수(꾸어이띠아우 남싸이) Clear Soup Pork Noodle, 카놈찐 남응이아우 Small Rice Noodle with Red Curry도 가능하다. 돼지고기 싸떼(무 싸떼) Pork Satay를 사이드 메뉴로 추가해도 좋다.

지도 P.79-C1 주소 391 Moo 2 Thanon Charoenrat, Fa Ham **전화** 081-764-8723 **영업** 07:30~16:30 **메뉴** 영어, 태국어 **예산** 60~80B **가는 방법** 왓 파함 옆 타논 짜런랏에 있다. 빠뚜 타패(타패 게이트)에서 3.5km 떨어져 있다.

까프라우 느아느아(창머이 지점) Kaprao Neua Neua Chang Moi กะเพรา เนื้อ เนื้อ อช้างม่อย ★★★★

치앙마이 대학교 후문 지역에서 학생들에게 인기 있는 팟까프라우(바질 볶음 덮밥) 노점 식당의 분점이다. 창머이 지점은 동네 분위기를 반영해 목조 건물 분위기로 빈티지하게 꾸몄다. 에어컨 시설이 있어 쾌적한 것도 본점과의 차이점이다. 메뉴는 '팟까프라우' 한 가지다. 이곳에서 주문은 ①고기 종류 선택(돼지고기, 소고기, 닭고기, 오징어)→②맵기 선택→③달걀프라이 Duck Egg 추가 여부 순서로 정해야 한다. 간판에 적힌 '느아'는 소고기라는 뜻으로, 시그니처 메뉴는 소고기를 넣은 팟까프라우 느아 Pad Kaprao Beef가 된다. 맵기는 **4단계가 있는데, 미디엄 Medium만 선택해도 충분히 맵다.** 매운 쥐똥 고추를 잘게 썰어서 바질과 함께 볶기 때문에 매운맛이 뒤끝을 강타한다.

지도 P.84-A2 주소 180/4 Thanon Chang Moi **영업** 11:00~20:30 **메뉴** 영어, 태국어 **예산** 105~195B **가는 방법** 타논 창머이의 Lyke&Lia(카페) 옆에 있다. 빠뚜 타패(타패 게이트)에서 600m.

네이버후드 커뮤니티 Neighborhood Community ★★★★

구시가와 가까운 타논 창머이에 있는 커뮤니티 몰이다. 3층짜리 오래된 콘크리트 건물을 크리에이티브한 공간으로 리모델링했다. 지역 주민을 위한 공간이라기보다는 태국 젊은이들과 외국 관광객이 편하게 드나들도록 만들었다. 콘크리트를 그대로 노출시켜 외부 공간과 단절됨이 없게 만든 것이 특징이다. 발코니에서 거리 풍경도 내려다 볼 수 있다. 쇼핑몰보다는 레스토랑, 카페, 칵테일 바 위주로 입점한 것이 특징이다. 가장 유명한 곳은 아디락 피자 Adirak Pizza(P.246)다. 대부분의 레스토랑이 15:00부터 문을 열기 때문에 너무 일찍 갈 필요는 없다. 에어컨이 없어서 낮에는 덥다. 저녁에는 1층 무대에서 라이브 밴드가 음악을 연주한다.

지도 P.84-A2 **주소** 297 Thanon Chang Moi **영업** 12:00~24:00 **메뉴** 영어, 태국어 **예산** 199~410B **가는 방법** 타논 창머이 초입에 있다. 빠뚜 타패(타패 게이트)에서 350m 떨어져있다.

라밍 티 하우스 Raming Tea House ★★★☆

타논 타패(타패 거리)에 남아 있는 역사적인 건물을 레스토랑으로 사용한다. 1915년에 티크 나무로 만든 콜로니얼 양식의 건물이다. 셀라돈 도자기를 판매하는 싸얌 셀라돈 Siam Celadon에서 운영한다. 각종 그릇과 다기를 판매하는 상점과 레스토랑이 결합되어 있다. 높은 천장과 테라스를 장식한 섬세한 목조 세공 기술, 동양의 정취가 가득한 도자기가 로맨틱한 분위기를 연출한다. 우아한 실내 공간을 지나면 평화로운 정원이 뒷마당을 장식하고 있다. 다양한 차는 기본이고 태국 음식부터 브런치, 파스타까지 외국인을 위한 메뉴도 골고루 갖추고 있다. 오후 시간에 스콘과 차를 곁들인 애프터눈 티 Afternoon Tea Set를 즐겨도 좋다.

지도 P.84-A2 **주소** 158 Thanon Tha Phae **전화** 053-234-518 **영업** 09:00~17:30 **메뉴** 영어, 태국어 **예산** 145~450B(+10% Tax) **가는 방법** 빠뚜 타패(타패 게이트)에서 타논 타패방향으로 650m.

카우-쏘이 Khao-So-i ข้าวซอย ★★★★

치앙마이 대표 음식인 카우쏘이를 일본식으로 만든 퓨전 레스토랑이다. 자그마한 일본 마을을 연상할 정도로 식당, 커피 하우스, 디저트 하우스까지 다섯 채의 일본 가옥이 들어서 있다. 일본에서 생활했던 디자이너가 건축하고, 미국 텍사스에서 일식당을 운영했던 셰프가 운영한다. 면과 육수를 직접 만들어 사용하기 때문에 식감이 좋다. 일본 요리를 접목했기 때문에 철판과 토치를 이용해 고기를 구워 토핑으로 올려준다. 토핑 종류도 다양하다. 야키소바에서 착안한 볶음 카우쏘이(카우쏘이 팟 행) Stir-Fried Khao-Soi도 인기 메뉴. 주문은 종이 주문지에 체크해야 하는 로컬 방식이다. 시설 좋고 분위기 좋은 곳으로 현지 젊은이들에게 핫하다(방콕에도 지점을 운영할 정도).

지도 P.79-C1 **주소** 430/1 Thanon Charoenrat **전화** 061-515-4529 **홈페이지** www.facebook.com/khao.so.i.group **영업** 09:00~20:00 **메뉴** 영어, 태국어 **예산** 139~328B(+5% Tax) **가는 방법** 삥 강 강변도로 북쪽의 타논 짜런랏에 있다. 빠뚜 타패(타패 게이트)에서 4km 떨어져 있다.

브이티(위티) 냄느앙 VT Nam Nueng วี ที แหนมเนือง ★★★☆

치앙마이에서 유명한 베트남 음식점이다. 강변도로에 있는 대형 레스토랑이다. 2층 규모로 에어컨이 갖춰져 있다. 대표 메뉴는 냄느앙(냄느엉 Nem Nướng의 태국식 발음)이다. 길쭉한 미트볼 모양의 고기구이로 각종 채소, 허브와 함께 라이스페이퍼에 싸서 먹는다. 스몰 사이즈(4개)와 라지 사이즈(8개)로 구분해 주문할 수 있다. 다진 새우 살을 사탕수수 줄기에 감싸 구운 짜오 똠 Chạo Tôm(메뉴판에 영어로 Chao Jom, 태국어로 꿍 판어이 กุ้งพันอ้อย라고 적혀 있다)도 인기 메뉴. 월남쌈으로 알려진 고이꾸온 Gỏi Cuốn을 비롯해 향긋한 허브가 첨가된 음식이 많다.

지도 P.85-B1 **주소** 49/9 Thanon Chiang Mai-Lam Phun **전화** 053-266-111 **영업** 09:00~21:30 **휴무** 화요일 **메뉴** 영어, 태국어 **예산** 180~270B **가는 방법** 삥 강 오른쪽 편의 타논 치앙마이-람푼 거리에 있다.

빠꼰 치킨 Pakorn's Kitchen ★★★☆

관광지가 아닌 거리에 있음에도 불구하고 유독 외국 관광객에게 인기 있는 태국 음식점이다. 에어컨 없는 전형적인 로컬 식당이지만 나름 깔끔하게 관리되고 있다. 100% 현지인들만 가는 로컬 식당이라 부담되지만, 태국 음식을 골고루 맛보고 싶은 관광객에게 적합한 곳이다. 아무래도 덜 더운 저녁 시간에 식사하러 많이 온다. 시그니처 메뉴는 마싸만 카레 Massaman Curry다. 카우쏘이, 똠얌꿍, 각종 볶음 요리, 태국 카레, 쏨땀, 덮밥까지 다양하게 요리한다. 주문이 밀리는 저녁시간에는 음식이 나오기까지 시간이 오래 걸리는 편이다.

지도 P.78-B2 **주소** 186/7 Thanon Kamphaeng Din **전화** 062-375-1641 **홈페이지** www.pakorns-kitchen.business.site **영업** 14:00~22:30 **휴무** 토요일 **메뉴** 영어, 태국어, 중국어 **예산** 80~350B **가는 방법** 크롱 매카와 인접한 타논 깜팽딘에 있다. 나이트 바자에서 남쪽으로 1km 떨어져 있다.

©Rasik Local Kitchen

추천 라씩 로컬 키친 Rasik Local Kitchen รสิก โลคอลคิทเช่น ★★★★

테이블 4개와 오픈 키친으로 이루어진 아담한 레스토랑이다. 5성급 호텔(르 메르디앙)에서 근무했던 셰프가 운영한다. 소규모 레스토랑인 만큼 주방과 손님이 가깝게 연결된다. 메뉴도 단출한 편이다. 메인 요리는 라씩 메뉴 Rasik Menu, 계절에 따라 수급 가능한 식재료를 이용한 시즈널 메뉴 Seasonal Menu로 구분된다. 돼지고기 목살 레드 카레 Red Curry with Grilled Pork Collar and Damask Rose, 이싼 스타일 그릴 비프 Grilled Tender Local Beef Shank, 우설 Chacoal Grilled Beef Tongue, 소 골수 Grilled Bone Marrow 요리가 인기가 있다. 유기농 채소와 결합한 새우·생선 요리는 계절 메뉴로 제공된다. 예약제로 운영된다. 노쇼를 방지하기 위해 예약금을 받는다. 테이블마다 정해진 시간이 있기 때문에, 늦지 않게 도착하는 게 좋다.

지도 P.85-A2 **주소** 44/3 Thanon Si Donchai(Sridonchai) **전화** 083-269-6632 **홈페이지** www.facebook.com/rasik.chiangmai **영업** 15:00~22:00 **휴무** 화요일 **메뉴** 영어, 태국어 **예산** 350~600B **가는 방법** 쑤리웡 서점 Suriwong Book에서 150m 떨어진 타논 씨돈차이에 있다. 빠뚜 타패(타패 게이트)에서 1km, 나이트 바자에서 1km 떨어져 있다.

끼띠 파닛 Kiti Panit กิติ พานิช ช ★★★☆

빈티지한 느낌의 고급 타이 레스토랑이다. 130년 된 건물(치앙마이 최초의 종합 상점)을 리모델링한 것이 매력이다. 콜로리얼 양식의 복층 건물 원형을 살려서 고가구를 배치해 앤티크하게 꾸몄다. 7m 높이 천장과 나무 계단 등 목조 가옥의 원형을 고스란히 느낄 수 있다. 안마당의 야외 테이블까지 분위기가 좋다. 방콕에서 유명한 미쉐린 스타 레스토랑(르드 Le Du와 싸완 Saawaan)의 공동 창업자가 운영한다. 란나 요리(태국 북부 전통 음식)에 현대적인 감각을 더한 음식을 선보인다. 시그니처 메뉴는 깽항레 무 Northen Pork Curry와 카우쏘이 Khao Soi다. 쏨땀, 무 싸떼, 까이양(그릴 치킨), 커무양(돼지 목살구이) 같은 이싼 음식도 맛볼 수 있다.

지도 P.84-B2 주소 19 Thanon Tha Phae **전화** 080-191-7996 **홈페이지** www.kitipanit.com **영업** 11:30~15:00, 17:00~22:00 **메뉴** 영어, 태국어 **예산** 280~490B (+10% Tax) **가는 방법** 빠뚜 타패(타패 게이트)에서 타논 타패 방향으로 750m.

마데 슬로 피시 키친 Maadae Slow Fish Kitchen มาเดสโลว์ฟิช ช ★★★★

태국 남부 지방 관문 도시에 해당하는 춤폰 Chumphon 지역 사람이 운영하는 해산물 식당이다. 마데는 남부 지방 사투리로 '오다(영어로 Come)'라는 뜻이다. 숯불에 석쇠를 올려 구운 생선 요리가 메인이다. 이름처럼 느린 속도로 요리하는 것이 특징이다. 오징어볶음, 새우구이, 볶음밥, 오믈렛, 채소볶음도 있긴 하지만 일반적인 치앙마이 음식점과는 메뉴 구성이 사뭇 다르다. 점심시간에는 포멜로 샐러드(얌 쏨오) Yum Som-O와 남부 지방 카레(깽쏨) Kaeng Som 등으로 메뉴가 제한적이다. 유명세에 비해 식당 규모가 작은 편이다. 저녁 시간에는 예약하고 가는 게 좋다.

지도 P.84-B2 주소 86~88 Thanon Tha Phae **전화** 092-669-0514 **홈페이지** www.facebook.com/maadae.slowfish **영업** 11:00~14:00, 17:00~22:00 **메뉴** 영어, 태국어 **예산** 300~640B **가는 방법** 타논 타패에 있는 스트리트 피자 맞은편, 타패 이스트 입구에 있다. 빠뚜 타패(타패 게이트)에서 800m.

추천 에까찬 Ekachan เอกฉันท์ ★★★★☆

분위기와 맛 모두를 충족시키는 태국 레스토랑이다. 강변에 있는 전통 가옥(1867년 만든 목조 건물로 '반 보란'이라고 부른다)을 모던한 인테리어로 산뜻하게 꾸몄다. 나무 기둥 가득한 목조 건물이 주는 매력을 고스란히 느낄 수 있다. 강변을 바라볼 수 있는 테라스에도 야외 테이블이 놓여 있다. 젊은 셰프들이 요리하는 매력적인 태국 음식을 맛볼 수 있다. 태국 민족 음식의 지혜 The Wisdom of Ethnic Thai Cuisine를 모토로 태국 주요 지방의 유명한 요리를 엄선해 요리한다. 다양한 조리 방법과 향신료를 사용해 고유한 현지 음식의 맛을 재현하려고 노력한다. 지역에서 재배한 유기농 채소와 제철 과일을 이용한다. 카레 페이스트도 직접 만들어 사용한다. 태국 음식에 익숙하다면 카레 종류를, 태국 음식에 익숙하지 않다면 볶음 요리 위주로 주문하면 된다. 태국 음식의 향과 색, 맵기가 잘 어우러진다.

단점은 미쉐린 가이드에 선정되면서 너무 유명해졌다는 것이다. 식당 규모도 커지면서 주방과 손님이 가깝게 소통하던 옛 모습은 찾기 힘들어졌다. 예약하고 가는 게 좋다. 중간에 휴식시간 있으니 영업시간도 미리 확인해 둘 것.

지도 P.85-B2 ▶ **주소** Ancient House Chiang Mai, 95 Thanon Charoen Prathet **전화** 097-962-6445 **홈페이지** www.facebook.com/ekachan.ethnicthaicuisine **영업** 11:00~14:30, 17:00~21:30 **메뉴** 영어, 태국어 **예산** 249~450B **가는 방법** 타논 짜런쁘라텟에 있는 '반 보란' Ancient House Chiang Mai에 있다. 나이트 바자에서 500m 떨어져 있다.

타패, 나이트 바자, 삥 강 주변

우 카페 Woo Cafe ★★★★

카페와 레스토랑, 아트 갤러리, 라이프스타일 숍 Lifestyle Shop이 결합된 복합 공간이다. 겉에서 보이는 평범한 목조 건물과 달리 내부는 호사스럽게 꾸몄다. 타일이 깔린 바닥과 높은 천장, 꽃과 화초, 화분, 전등으로 인테리어를 꾸며 식물원처럼 쾌적하다. 갤러리를 겸하는 곳답게 레스토랑 곳곳에 지역 화가의 작품을 전시하고 있다. 분위기 좋은 카페 스타일의 레스토랑으로 태국 음식을 메인으로 요리한다. 샐러드, 샌드위치, 볶음밥, 스파게티 같은 식사도 가능하다. 커피와 차(茶), 케이크를 곁들여 한가한 시간을 보내기 좋다. 부티크 숍에서는 그릇과 도자기, 액세서리, 숄더백, 소품을 판매한다. 식사 후에는 2층 갤러리도 둘러보자.

지도 P.84-B1 주소 80 Thanon Charoenrat(Charoenraj) **전화** 052-003-717 **홈페이지** www.woochiangmai.com **영업** 10:00~18:00 **휴무** 수요일 **메뉴** 영어, 태국어, 중국어 **예산** 커피 90~150B, 메인 요리 240~390B **가는 방법** 삥 강을 끼고 있는 타논 짜런랏에 있다. 빠뚜 타패(타패 게이트)에서 동쪽으로 1.5km 떨어져 있다.

미테 미테(밋터 밋터) Mitte Mitte ★★★★

작은 마당과 나무 그늘이 어우러진 가정집을 개조해 만든 브런치 카페. 구시가와 가깝지만 한적한 동네 풍경이 펼쳐진다. 창 넓은 2층 건물로 채광도 좋다. 창밖으로 보이는 초록초록한 풍경도 평화롭다. 모던한 카페 내부는 여유로움이 가득하다. 테이블 간격이 넓고 공간마다 다른 테이블을 배치해 미적 감각을 더했다. 브런치에 사용하는 베이글, 잉글리시 머핀, 사워도우를 직접 만든다. 신선한 식재료를 사용하고 플레이팅까지 신경을 썼다. 시그니처 메뉴는 에그 배 Egg Bae와 에그 로열 Egg Royale이다. 커피와 생과일 스무디도 맛나다. 외국 관광객이 많아 찾는 곳으로 영어 가능한 직원들이 친절하게 응대해 준다.

지도 P.84-A1 주소 64/1 Thanon Sithiwong(Sithiwongse) **전화** 065-625-4952 **홈페이지** www.facebook.com/mittemitteth **영업** 08:30~15:30 **메뉴** 영어, 태국어 **예산** 250~390B **가는 방법** 빠뚜 타패(파태 게이트)에서 600m, 와로롯 시장에서 600m 떨어져 있다.

16 추천 미나 라이스 베이스드 퀴진 Meena Rice Based Cuisine มี นา มี ข้าว ★★★★☆

도시를 벗어난 자연 속에 있는 분위기 좋은 레스토랑이다. 숲속에 들어온 듯한 느낌으로, 인공 연못을 끼고 여러 채의 목조 건물이 들어서 있다. 대형 레스토랑이지만 답답한 느낌은 전혀 들지 않는다. 아이들 놀이터까지 만들어 놓았다. 태국의 식당 평가 사이트인 웡나이 유저스 초이스 Wongnai Users' Choice 뿐만 아니라 미쉐린 가이드에도 선정됐다. 간판에서 알 수 있듯 밥을 베이스로 한 음식을 선보인다. 직접 재배한 유기농 쌀을 이용해 밥을 짓는데, 천연 재료를 이용해 밥에 물을 들여 요리하기 때문에 색도 곱다. 흰쌀(재스민 라이스) Jasmine Rice, 흑미 Riceberry Rice, 현미 Brown Rice, 나비완두꽃 물을 들인 파란색 밥 Butterfly Pea Rice, 잇꽃 물을 들인 노란색 밥 Safflower Rice까지 취향에 따라 선택이 가능하다. 다섯 종류의 밥을 모두 조합하면 삼각형 오색밥을 만들어 내온다.

외국인 관광객을 겨냥한 곳이 아니기 때문에 메뉴는 태국 사람들이 좋아하는 태국 음식들로 채워져 있다. 채소와 향신료도 유기농 제품을 사용하는데, 태국 카레와 채소 볶음, 샐러드 메뉴도 다양하다. 음식 플레이팅에도 신경을 써서 모던함을 더했다. **참차 마켓 Chamcha Market(P.149)과 가깝기 때문에 시장이 열리는 주말(토~일요일)에는 붐비는 편이다.**

주소 13/5 Moo2 San Klang **전화** 095-693-9586 **홈페이지** www.facebook.com/meena.rice.based **영업** 10:00~22:00 **메뉴** 영어, 태국어 **예산** 160~380B **가는 방법** 참차 마켓(딸랏 참차) Chamcha Market 골목 안쪽에 있다. 구시가에서 9km 떨어져 있다.

NIGHTLIFE 타패, 나이트 바자, 삥 강 주변의 나이트라이프

외국 여행자들이 편하게 들를 수 있는 재즈 바와 루프 톱이 타패 주변에 많다. 야시장을 선호한다면 나이트 바자로 향하자.

깔래 나이트 바자(깔래 야시장)
Kalare Night Bazaar กาแลไนท์บาซาร์ ★★★☆

나이트 바자 초입에 해당하는 상설 야시장으로 저녁 때만 문을 연다. 깔래 푸드 센터 Kalare Food Center 와 스트리트 푸드 앳 깔래 나이트 마켓 Street Food @ Kalare Night Bazaar 두 구역으로 나누어져 있다. 다양한 길거리 음식점이 노점 형태로 입점해 있다. 시원한 생맥주를 곁들이면 좋다. 상설 무대에서는 라이브 음악과 전통 무용을 공연한다. 참고로 '깔래'는 태국 북부 지방 전통 가옥을 장식한 문양이다. 지붕의 삼각형 끝선에 장식된 'V'자 모양의 치장이다.

지도 P.85-B1 **주소** 89 Thanon Chang Khlan **영업** 16:00~23:00 **메뉴** 영어, 태국어 **예산** 80~200B **가는 방법** 나이트 바자 중간의 타논 창크란에 있다. 빠뚜 타패(타패 게이트)에서 1km 떨어져 있다.

아누싼 시장(딸랏 아누싼) Anusarn Market ตลาดอนุสาร ★★★☆

나이트 바자의 남쪽 구역을 이루는 야시장이다. 도로에 노점이 펼쳐진 나이트 바자와 달리 상설 구역 내부에 일목요연하게 상점이 들어서 있다. 옷과 기념품, 액세서리, 수공예품 매장이 들어서 있어 관광객이 즐겨 찾는다. 야시장의 또 다른 재미인 노점 식당도 잘 갖추어져 있다. 푸드코트처럼 꾸민 식당 구역은 칠 스퀘어 Chill Square @Anusarn Market라고 명명했다. 시푸드 레스토랑, 인도 음식점, 아이리시 펍 O'Malley's Irish Pub도 들어서 있다.

지도 P.85-A2 **주소** 149 Thanon Chang Khlan **홈페이지** www.facebook.com/anusarnmarket **영업** 17:00~24:00 **메뉴** 영어, 태국어 **예산** 90~300B **가는 방법** 타논 창크란의 나이트 바자에 있다. 맥도날드 간판을 바라보고 오른쪽으로 100m 가면 아누싼 시장 간판이 보인다.

파플런 마켓
Phaploen Market พาเพลิน นมาร์เก็ต ★★★★

나이트 바자에 초입에 있는 야시장. 플런 루디 나이트 마켓 Ploen Ruedee Night Market의 새로운 이름이다. 쎈탄(쎈트럴) 백화점에서 인수해 간판을 바꾸고 리모델링했다. '파플런'은 재미있다는 뜻이다. 노점 형태의 음식점과 푸드 트럭, 칵테일 바가 광장을 감싸고 있다. 태국 음식, 멕시코 음식, 인도 음식, 바비큐, 비건 요리, 쏨땀, 팟타이, 쌀국수, 카우쏘이, 버거, 만두, 크레페, 망고 디저트까지 다양하다. 맥주와 칵테일 마시며 밤 시간을 보내기 좋다. 야외 광장에서 라이브 밴드가 음악을 연주해 준다. 밤이 깊어지면 흥거운 음악에 맞춰 춤추는 사람도 많다. 나이트 바자의 다른 야시장에 비해 외국 관광객에게 더 인기가 있다. 다른 야시장보다 음식 값은 비싼 편이다.

지도 P.85-B1 **주소** 23 Thanon Chang Klan **영업** 월~토요일 18:00~24:00 **휴무** 일요일 **메뉴** 영어, 태국어 **예산** 150~390B **가는 방법** 나이트 바자 초입에 있다. 타논 타패에서 타논 창크란을 따라 나이트 바자 방향으로 150m.

타패 이스트 Thapae East ★★★★

빠뚜 타패(타패 게이트) 오른쪽 거리에 있는 예술 공간 한편에 마련된 재즈 바. 좁은 입구 안쪽으로 들어서면 안마당처럼 개방된 공간이 나오고, 철골 구조물과 벽돌 건물이 어우러진 야외 정원이 펼쳐진다. 크리에이티브 아트를 추구하는 공간으로 라이브 음악은 빨간색 벽돌 건물 안에서 연주된다. 실내는 아담한 소극장 분위기로 매일 20:00(비수기는 21:00)부터 올드 팝, 재즈, 블루스를 연주해 준다. 야외 테이블에 앉아서 맥주나 칵테일을 마시며 자유롭게 시간 보내는 사람도 많다. 외국인 연주자들이 합세해 잼세션을 열기도 한다. 특별 공연이 있는 날은 입장료를 받는다. 매일 출연하는 밴드의 라인업은 홈페이지를 통해 확인 가능하다.

지도 P.84-B2 **주소** 88 Thanon Tha Phae **전화** 093-664-4605 **홈페이지** www.thapaeeast.com **영업** 18:00~24:00 **예산** 120~300B **가는 방법** 빠뚜 타패(타패 게이트)에서 800m 떨어진 골목 안쪽에 있다.

인기 하이드 랜드 Hide Land ★★★★

숨겨진 땅은 아니고 구시가와 가까운 타논 창머이에 있는 루프 톱이다. 입구를 잘 살펴야 하고, 엘리베이터를 타고 5층으로 올라가면 된다. 오래된 건물의 옥상이라 빈티지한 분위기다. 구시가에서 흔치 않은 루프 톱으로 주변 풍경을 내려다볼 수 있는 것이 장점이다. 당연히 건기에는 일몰을 감상하며 술 한잔 하기 좋다. 가장자리 테이블은 예약하고 가는 게 좋다.
병맥주, 수제맥주, 소주, 사케, 칵테일, 하이볼, 위스키까지 술 종류도 다양하다. 안주로는 다양한 꼬치구이(관자, 닭 껍질, 우설, 새우, 곱창, 마늘, 삼겹살, 베이컨)가 있다. 메인 요리는 일식과 이싼(태국 북동부 지방) 음식을 합친 퓨전 요리다. 비프 사시미 이싼 스타일, 그릴 비프 와사비, 랍 살몬 등을 요리한다. 우동, 살몬 돈(연어 덮밥), 덴푸라 카레 같은 일식 단품 메뉴도 있다.

지도 P.84-A2 주소 159 199 Thanon Chang Moi **전화** 061-252-4222 **홈페이지** www.instagram.com/hideland.cnx **영업** 17:00~23:00 **메뉴** 영어, 태국어 **예산** 맥주·칵테일 120~359B, 메인 요리 159~399B **가는 방법** 타논 창머이에 있는 미니스트리 오브 로스터(카페) Ministry of Roasters를 바라보고 왼쪽 건물 5층에 있다.

쿰칸똑 Khum Khantoke คุ้มขันโตก ★★★

올드 치앙마이 컬처럴 센터 Old Chiang Mai Cultural Center(P.188)와 더불어 관광객에게 잘 알려진 민속공연 식당이다. 란나 전통 무용 공연과 칸똑 디너 Khantoke Dinner로 알려진 저녁 식사를 동시에 즐길 수 있다. '칸똑'은 북부 음식 세트로 제공되는 밥상을 뜻한다. 18:30부터 입장 및 식사가 가능하다. 공연은 야외 공연장에서 19:15부터 60분간 진행된다. 무대 앞쪽은 좌식 테이블로 등받이 쿠션(삼각 쿠션)이 놓여 있다. 픽업이 포함된 여행사 상품을 예약해 방문하는 게 좋다.

지도 P.79-C1 주소 139 Tambon Nong Pa Khrang **전화** 053-244-141 **홈페이지** www.facebook.com/khumkhantokecnx **운영** 18:30~21:00 **예산** 690~950B **가는 방법** 치앙마이 구시가에서 동쪽으로 6km 떨어져 있다.

추천 리버사이드 The Riverside Bar & Restaurant ★★★★

치앙마이 나이트라이프를 설명할 때 절대로 빠져서는 안 되는 업소다. 40년의 세월 동안 엄청난 단골들을 보유한 유명한 클럽이다. 바와 레스토랑을 겸하는데 강변에 있어 분위기가 더욱 좋다. 오래된 목조 건물과 강변 야외 테이블이 어우러진다. 빈티지한 분위기로 20:00부터 시작하는 흥겨운 라이브 음악이 인기의 비결이다. 주말 저녁에는 앉을 자리가 없을 정도로 손님들로 가득하다. 태국 젊은이들이 좋아하는 타이 팝 위주로 연주한다. 아무래도 외국 관광객에게는 조금 생소할 수 있다. 식사 메뉴는 태국 음식, 시푸드, 스테이크, 피자, 파스타까지 다양하다. 공연 시간에 맞춰 방문해 맥주만 주문하고 라이브 음악을 들어도 된다.

지도 P.84-B1 **주소** 9 Thanon Charoenrat **전화** 053-243-239 **홈페이지** www.theriversidechiangmai.com **영업** 월~토요일 17:00~24:00 **휴무** 일요일 **메뉴** 영어, 태국어 **예산** 맥주 100~260B, 메인 요리 190~550B **가는 방법** 삥 강변의 나와랏 다리(싸판 나와랏)를 건너서 북쪽으로 250m. 빠뚜 타패(타패 게이트)에서 1.5km 떨어져 있다.

굿 뷰 The Good View Bar & Restaurant ★★★☆

1996년부터 오랫동안 변함없는 사랑을 받고 있는 강변 레스토랑이다. 특히 현지인에게 유명하다. 삥 강 풍경을 감상할 수 있는 대형 레스토랑으로 라이브 밴드가 음악을 연주한다. 태국 요리, 북부 전통 요리, 시푸드, 쏨땀, 스테이크, 폭찹, 스파게티, 일식까지 방대한 종류의 음식을 요리한다. 맥주, 칵테일, 데킬라, 위스키를 포함한 주류도 다양하다. 강변 야경을 즐길 수 있는 곳으로 맛보다는 흥에 중점을 둔다. 태국 사람들이 좋아하는 경쾌한 타이 팝 위주로 연주한다. 관광객을 위한 올드 팝도 섞어서 들려준다. 음식 맛은 평범하다. 참고로 무대 앞쪽 테이블은 시끄러운 편이다.

지도 P.84-B1 **주소** 13 Thanon Charoenrat **전화** 053-241-866 **홈페이지** www.goodview.co.th **영업** 17:00~24:00 **메뉴** 영어, 태국어 **예산** 맥주·칵테일 120~400B, 메인 요리 180~495B **가는 방법** 삥 강변의 나와랏 다리(싸판 나와랏)를 건너서 북쪽(타논 짜런랏)으로 350m. 빠뚜 타패(타패 게이트)에서 1.5km 떨어져 있다.

SHOPPING 타패, 나이트 바자, 삥 강 주변의 쇼핑

와로롯 시장을 중심으로 다양한 상점들이 몰려 있다. 타논 창머이에 있는 라탄 거리도 관광객이 즐겨 찾는다. 주말에는 치앙마이 근교에 있는 참차 마켓(P.149)도 다녀오자.

마하싼 Maha-Saan มหา-สาน ★★★☆

와로롯 시장과 가까운 곳에 있는 라탄 전문 매장이다. 마하=위대한 Great, 싼=직조 Weaving를 뜻한다. 단칸짜리 매장으로 규모는 크지 않다. 라탄 가방을 비롯해 바구니, 슬리퍼, 모자, 채반, 쟁반, 컵받침, 부채, 동전 지갑 등 다양한 제품을 판매한다. 매장 내부가 잘 정리되어 있고 정찰제로 운영된다. 당연히 재래시장에 비해 품질이 좋다. 프로모션 기간에는 3개 이상 구입하면 5%, 6개 이상 구입하면 10% 할인해준다.

지도 P.84-B2 주소 63 Thanon Khuangmen 전화 099-131-3533 홈페이지 www.maha-saan.com 영업 월~토요일 09:00~17:30 휴무 일요일 가는 방법 와로롯 시장 뒤편에 해당하는 타논 쿠앙멘에 있다. 빠뚜 타패(타패 게이트)에서 900m 떨어져 있다.

JH 키친웨어(찌앙하) JH Kitchenware ★★★☆

와로롯 시장 주변에 있는 주방 용품 가게. 1971년부터 운영 중이다. JH는 상호인 '찌앙하' เจียงฮะ를 영어로 줄여서 쓴 것이다. 재래시장 주변에 있는 곳답게 현지인의 생활에 필요한 그릇과 주방 용품을 판매한다. 도시락통, 그릇, 접시, 웍, 프라이팬, 냄비, 주전자, 쟁반, 찜통, 컵, 수저까지 다양한 색상의 물건을 가득 진열해 놓고 판매한다. 저렴하고 실용적으로 쓸 수 있는 법랑(에나멜)으로 만든 제품이 많다. 나무젓가락·수저·포크 등 나무 식기도 구입할 수 있다. 부피가 큰 스테인리스 주방 용품은 매장 뒤쪽에 진열되어 있다.

지도 P.84-B2 주소 64 Thanon Khuangmen 전화 095-116-1594 홈페이지 www.jhkitchenware.com 영업 08:00~17:30 가는 방법 와로롯 시장(정문 기준) 뒤편에 해당하는 타논 쿠앙멘에 있다. 빠뚜 타패(타패 게이트)에서 900m 떨어져 있다.

타논 창머이 라탄 거리 Thanon Chang Moi Rattan Street ★★★☆

구시가와 가까운 타논 창머이에 라탄 상점이 몇 곳 몰려 있다. 때문에 '타논 창머이 라탄 거리'라고 불린다. 상점 간판들이 태국어로 적혀 있지만 라탄 제품을 잔뜩 진열해 놓고 있어 쉽게 눈에 띈다. 순서대로 꾸이후앗 กุ่ยฮวด, 와이남픙 창머이 หวายน้ำผึ้ง ช้างม่อย, 리헹퍼니처 หลี เฮงเฟอร์นิ เจอร์, 반 오라판 บ้านอรพันธุ์ 네 곳이다. 판매하는 물건은 비슷하다. 라탄으로 만든 가방, 바구니, 모자, 슬리퍼, 부채, 컵받침, 식탁보, 채반, 의자까지 다양하다. 뜨개질 가방도 함께 판매한다. <mark>라탄 가방은 크기에 따라 300~400B 정도 한다. 정찰제가 아니라서 가격을 먼저 확인해야 한다.</mark> 에어컨이 없어서 덥기도 하고 혼잡해서 친절한 응대는 기대하기 힘들다. 태국 젊은이들 사이에서 핫플레이스로 알려진 브루기닝 커피 Brewginning Coffee(P.151)가 옆에 있어 사진 찍으러 오는 사람도 많다.

지도 P.84-A2 **주소** 262 Thanon Chang Moi **영업** 09:00~17:30 **가는 방법** 빠뚜 타패(타패 게이트)에서 350m 떨어진 타논 창머이에 있다.

나이트 바자 지점

더 스토리(타패 지점)
The Story 106 Co-Working Space & Cafe ★★★☆

2022년에 설립된 목공예 회사로 치앙마이 시내에 매장을 운영한다. 라이프스타일 숍답게 집에서 사용할 수 있는 주방 용품과 생활용품이 주를 이룬다. 수납장, 도마, 접시, 쟁반, 그릇, 냄비 받침, 캔들 홀더, 화병, 액자, 수저, 젓가락, 포크까지 다양하다. 부피가 작은 전등, 미니어처, 마그넷은 장식용으로도 손색이 없다. 매장은 두 곳이 있다. <mark>타패 지점은 2층 건물로 카페 The Story 106 Cafe를 함께 운영한다.</mark> 나이트 바자 지점 The Story Lifestyle Shop Night Bazaar(영업 월~토 16:00~23:00)은 저녁에만 여는데, 단독 매장으로 규모도 크고 제품도 다양하다. 쇼핑이 목적이라면 나이트 바자 지점을 방문하는 게 좋다. 참고로 공장은 치앙마이 북쪽 매언 Mae On 지역에 있다.

지도 P.84-A2 **주소** 200 Thanon Tha Phae **전화** 063-165-0909 **홈페이지** www.thestorylifestyle.com **영업** 08:00~21:00 **가는 방법** 빠뚜 타패(타패 게이트)에서 550m 떨어진 타논 타패에 있다.

타패, 나이트 바자, 삥 강 주변

마야 쇼핑몰 지점

부츠(타패 지점) Boots ★★★☆

태국에서 대중적인 인기를 누리는 드러그스토어. 영국 브랜드인 부츠 Boots는 약국을 겸하면서 화장품과 목욕용품 등도 판매한다. 치약, 칫솔, 비누, 샴푸, 헤어 에센스, 페이셜 폼, 보디 워시, 보디 스크럽, 핸드크림, 보디로션, 코코넛 오일, 마사지 오일, 선 블록 크림, 타이거 밤, 모기 스프레이 등을 구입할 수 있다. 부츠에서 자체 생산한 제품뿐만 아니라 넘버 세븐 No7, 보타닉스 Botanics, 숍 & 글로리 Soap & Glory, 챔프니스 Champneys, 로레알 L'Oréal, 선실크 Sunsilk, 도브 Dove, 니베아 Nivea 제품도 있다. 대부분의 쇼핑몰에 매장을 운영하기 때문에 본인이 머무는 숙소와 가까운 곳을 찾아가면 된다. 마야 쇼핑몰, 쎈탄(쎈트럴) 백화점을 포함해 15개 지점을 운영하고 있다. 1+1(원 플러스 원) 행사도 자주 진행한다.

지도 P.84-A2 주소 408 Thanon Tha Phae 전화 053-234-577 홈페이지 www.th.boots.com 영업 10:00~21:00 가는 방법 빠뚜 타패(타패 게이트) 바깥쪽으로 스타벅스 옆에 있다.

싸얌마야(시암마야) 초콜릿
Siamaya Chocolate ★★★☆

2017년에 만든 치앙마이 로컬 브랜드 초콜릿 회사. 싸얌 Siam(태국의 옛 국가 명칭)과 마야 Maya(카카오의 기원으로 여겨지는 마야 문명)가 합쳐진 이름이다. 태국에서 재배한 카카오를 이용해 만든 100% 메이드 인 태국 제품이다. 다크 초콜릿과 밀크 초콜릿으로 구분해 20여 종을 만든다. 망고 칠리, 커피 크런치, 바나나, 두리안, 코코넛, 똠얌, 타이 티, 마살라 차이, 카우쏘이 커리, 타이 코코넛 커리 등 독특한 초콜릿이 많다. 초콜릿은 한 개 180B(스몰 사이즈 90B)이다. 선물 세트도 판매한다. 매장이 넓고 쾌적한데 시식해 보고 구매할 수 있다. 플래그십 스토어(본점)는 위브 아티산 소사이어티 Weave Artisan Society(P.186)에 있다.

지도 P.84-B2 주소 128 Thanon Tha Phae 전화 081-145-5062 홈페이지 www.siamayachocolate.com 영업 10:00~20:00 가는 방법 빠뚜 타패(타패 게이트)에서 700m 떨어진 타논 타패에 있다.

판팁 라이프스타일 허브(판팁 플라자) The Pantip Lifestyle Hub ★★★

방콕의 대표적인 전자 상가인 판팁 플라자 Pantip Plaza의 치앙마이 지점이다. 리노베이션하면서 판팁 라이프스타일 허브로 간판을 바꿔 달았다. 컴퓨터, 휴대폰, 카메라 관련 매장을 줄이고 라이프스타일 마켓, 학습 센터, 푸드 코트 규모를 늘렸다. 쇼핑센터치고는 외국 관광객에게 특별한 매력은 없다. 다만 1층에 중형 슈퍼마켓인 빅 시 Big C가 있어 특산품을 구입하지 못했다면 들러볼 만하다. 대형 마트로 운영되는 빅 시 엑스트라에 비하면 규모는 작다. 식료품, 과자, 말린 과일, 술, 음료, 과일 등을 판매한다.

지도 P.85-A2 주소 152/1 Thanon Chang Khlan **홈페이지** www.facebook.com/PantipChiangMai **영업** 10:00~20:00 **가는방법** 나이트 바자 남쪽 창크란 & 씨돈차이 사거리에 있다.

빅 시 엑스트라(치앙마이 2호점) Big C Extra Chiang Mai 2 ★★★☆

생활에 직접적으로 필요한 식료품, 향신료, 음료, 의류, 주방 용품, 가전제품을 판매하는 대형 할인 매장이다. 빅 시는 태국 전역에 체인점을 운영하는데, '빅 시 슈퍼센터' Big C Supercenter와 '빅 시 엑스트라' Big C Extra로 구분해 운영한다. 같은 건물에 홈 프로 Home Pro가 들어와 있다. 가격을 낮추는 대형 할인 매장이 그러하듯 유통 체계를 개선해 요금을 인하한 것이 인기의 비결이다. 채소, 과일, 생선, 육류, 과자, 음료, 생수, 맥주, 커피, 유제품, 치약, 세제, 샴푸, 휴지 등 대용량으로 구매할 경우 저렴하게 구입이 가능하다. 관광객이 선호하는 제품은 별도의 코너를 만들어 놓았는데, 선물용으로 구매하기 좋은 태국 과자, 말린 과일 등을 판매한다. 시내 중심가에 떨어져 있어 접근성은 떨어진다.

지도 P.79-C1 주소 94 Moo 4 Thanon Superhighway Chiang Mai-Lampang(Outer Ring Road) **전화** 053-240-084 **홈페이지** www.bigc.co.th **영업** 09:00~22:00 **가는방법** 치앙마이-람빵을 연결하는 외부 순환도로(타논 슈퍼하이웨이)에 있다. 아케이드 버스터미널에서 1.5km, 빠뚜 타패(타패 게이트)에서 5.5km 떨어져 있다.

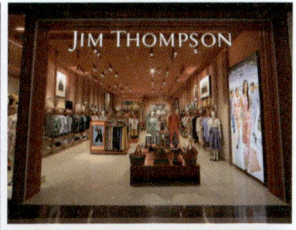

쎈탄(센트럴) 페스티벌 치앙마이 Central Festival Chiang Mai ★★★★

쎈탄(센트럴) 백화점에서 운영하는 대형 쇼핑몰이다. 시내 중심가에서 조금 떨어져 있는데, 아케이드 버스 터미널과 가깝다. 치앙마이에 있는 쎈탄 백화점 중에 가장 최근에 지어진 쇼핑몰이라 시설이 좋고 규모도 크다. 5층 건물로 300여 개의 매장이 들어서 있다. 유동 인구가 많은 곳인 만큼 식당과 영화관, 아이스 링크, 키즈 클럽 등의 놀이 시설도 많다. G층에는 로컬 식당이 몰려 있는 깟루앙 Kad Luang과 탑스 푸드 홀(슈퍼마켓) Top's Food Hall이 있다.

H&M, 자라 Zara, 망고 Mango, 짐 톰슨 Jim Thompson, 찰스 & 키스 Charles & Keith, 캐스키드슨 Cath Kidston, 탑맨 Topman, 자스팔 Jaspal, 유니클로, 라코스테, 크록스, 에스프릿, 캘빈 클라인을 포함한 패션 관련 브랜드가 대거 입점해 있다. 시내 중심가에서 떨어져 있어서 접근성은 떨어진다. 공항 근처에 있는 쎈탄(센트럴) 에어포트 플라자 Central Airport Plaza(P.189)를 이용해도 된다.

지도 P.79-C1 주소 99 Thanon Superhighway Chiang Mai-Lampang(Outer Ring Road) 전화 053-998-999 홈페이지 www.centralfestival.co.th 영업 11:00~21:00 가는방법 쌘덱 교차로 San Dek Intersection와 가까운 타논 슈퍼하이웨이(외부 순환도로)에 있다.

우아라이 & 공항 주변 Wualai & Airport

구시가 남쪽 지역에 해당한다. 빠뚜 치앙마이(치앙마이 게이트)에서 남쪽으로 뻗어나간 도로를 따라 타논 우아라이(우아라이 거리)가 형성되어 있다. 과거 은공예 마을이 위치했던 곳이다. 은으로 치장한 왓 씨쑤판(실버 템플) Wat Sri Suphan과 왓 믄싼 Wat Muen San 같은 사원도 볼 수 있다. 다른 지역에 비해 상대적으로 개발이 더딘 편이며, 볼거리도 적다. 다만, 우아라이 워킹 스트리트(야시장)가 형성되는 토요일이 되면 동네가 북적인다.

TO DO LIST!
이것만은 놓치지 말자

| List 01 | 타논 우아라이 토요 시장 둘러보기 |

| List 02 | 깟마니 야시장에서 저녁시간 보내기 |

| List 03 | 왓 씨쑤판(실버 템플) 다녀오기 |

| List 04 | 쎈탄 에어포트 플라자에서 쇼핑하기 |

| List 05 | 노티스 모멘트에서 재즈 공연 관람하기 |

BEST COURSE
추천 코스

COURSE 1

구시가 남쪽 지역 반나절 코스
구시가 남쪽 지역 볼거리는 많지 않다. 반나절 일정이면 충분하다.

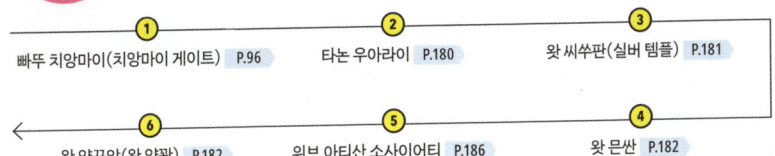

① 빠뚜 치앙마이(치앙마이 게이트) P.96
② 타논 우아라이 P.180
③ 왓 씨쑤판(실버 템플) P.181
④ 왓 믄싼 P.182
⑤ 위브 아티산 소사이어티 P.186
⑥ 왓 양꾸앙(왓 양꽝) P.182

COURSE 2

구시가 남쪽 지역 토요일 코스
토요일 저녁에 야시장이 생기는 타논 우아라이 토요 시장(우아라이 워킹 스트리트)을 중심으로 일정을 짜면 된다. 사원 한두 곳을 먼저 둘러보고 야시장을 방문한다.

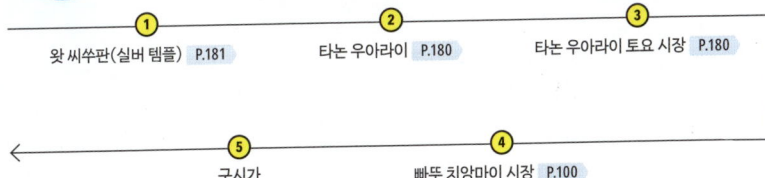

① 왓 씨쑤판(실버 템플) P.181
② 타논 우아라이 P.180
③ 타논 우아라이 토요 시장 P.180
④ 빠뚜 치앙마이 시장 P.100
⑤ 구시가

COURSE 3

구시가 + 타논 우아라이 코스
구시가와 연계한 일정이다. 구시가 남쪽을 연결하는 빠뚜 치앙마이(치앙마이 게이트)를 중심으로 일정을 구성한다.

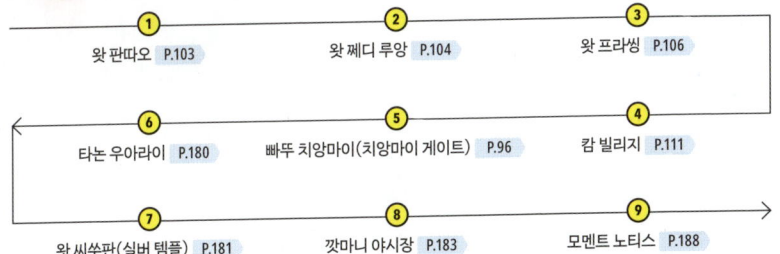

① 왓 판따오 P.103
② 왓 쩨디 루앙 P.104
③ 왓 프라씽 P.106
④ 캄 빌리지 P.111
⑤ 빠뚜 치앙마이(치앙마이 게이트) P.96
⑥ 타논 우아라이 P.180
⑦ 왓 씨쑤판(실버 템플) P.181
⑧ 깟마니 야시장 P.183
⑨ 모멘트 노티스 P.188

ATTRACTION 우아라이 & 공항 주변

토요일 저녁에 생기는 타논 우아라이 토요 시장이 가장 큰 볼거리다. 사원은 실버 템플로 알려진 왓 씨쑤판이 가장 유명하다.

토요일에 열리는 야시장
타논 우아라이 토요 시장(우아라이 워킹 스트리트)
Thanon Wualai Saturday Market ถนนคนเดิน นว้วลาย

토요일 저녁에만 생기는 야시장으로 우아라이 워킹 스트리트(타논 콘 던 우아라이) Wualai Walking Street로 불리기도 한다. 타논 우아라이는 은공예로 유명한 거리로 구시가 남쪽 출입문인 빠뚜 치앙마이(치앙마이 게이트)에서 길이 연결된다. 판매되는 물건은 일요 시장과 비슷하나, 먹거리 노점이 많고 중간중간 전통 공연을 펼치는 무대도 만들었다. 은제품을 만드는 공방이 많은 지역의 특성상 은 공예품 상점들도 많이 보인다. 사원보다는 오래된 건물들이 많아서 고풍스러운 정취도 풍긴다. 일요 시장에 비해 덜 북적대는 편이지만, 치앙마이의 대표적인 야시장 중 한 곳인 만큼 호젓하게 쇼핑하기는 힘들다.

지도 P.83-A1 주소 Thanon Wualai 운영 매주 토요일 16:00~22:30 요금 무료 가는 방법 빠뚜 치앙마이(치앙마이 게이트) 남쪽에 있는 타논 우아라이(우아라이 거리)에 야시장이 들어선다.

은으로 치장된 실버 템플

왓 씨쑤판(실버 템플) Wat Sri Suphan วัดศรีสุพรรณ

1502년에 건설된 오래된 사원이지만 본래 모습은 거의 남아 있지 않다. 현재의 모습은 2016년에 재건축한 것이다. 은을 이용해 법당(우보쏫)을 만들었던 데서 실버 템플 Silver Temple이라는 별칭으로도 불린다. 타논 우아라이(우아라이 거리)는 과거부터 은세공으로 유명했던 지역이었다. 자연히 치앙마이에서 유명한 은세공 장인들이 모여 사원 재건축에 참여했다. 일일이 수작업으로 만들었기 때문에 완공되기까지 무려 12년이 걸렸다고 한다. 지붕과 외벽뿐만 아니라 법당 내부와 바닥까지 온통 은으로 치장되어 있다.

우보쏫을 제외하고 다른 건물들은 일반적인 사원 건축양식과 동일하다. 대법당(위한), 탑(쩨디), 불경을 보관하는 도서관(호 뜨라이)이 사원 경내에 있다. 다른 사원과의 차이점이라면 은세공 공방을 운영한다는 것. 사원에 필요한 은장식을 만드는 장인들 덕분에 은을 세공하는 망치 소리가 들려온다. ==사원은 별도의 입장료를 받는데, 안타깝게도 법당(우보쏫) 내부는 여성들의 출입이 금지된다. 우보쏫은 승려들의 출가 의식이 행해지는 곳이기 때문이다.== 참고로 야시장이 열리는 토요일에는 21:00까지 사원을 개방한다.

지도 P.83-A1 주소 100 Thanon Wualai 전화 053-273-919 운영 08:00~18:00 요금 50B 가는 방법 타논 우아라이 쏘이 2 Thanon Wualai Soi 2에서 연결되는 골목에 있다. 빠뚜 치앙마이(치앙마이 게이트)에서 남쪽으로 650m, 빠뚜 타패(타패 게이트)에서 남쪽으로 1.6km 떨어져있다.

두 번째 실버 템플로 알려진 사원
왓 믄싼 Wat Muen San วัดหมื่นสาร

15세기에 건설된 사원으로 왕실 문서를 번역하던 곳으로 여겨진다. 2차 대전 당시 버마(미얀마)에서 패배한 일본군의 야전 병원으로 사용되기도 했었다고 한다. 왓 씨쑤판과 마찬가지로 은세공으로 치장한 법당 Silver Pavilion(Suttajitto Gallery)을 볼 수 있는데, 두 번째 실버 템플 Second Silver Temple로 알려졌다. 2010년에 완공된 자그마한 법당은 은세공 작품을 전시한 갤러리처럼 꾸몄다. 가네샤(코끼리를 머리를 하고 있는 힌두교 지혜와 행운의 신), 시바(힌두교 3대 신으로 파괴와 재창조를 관장한다), 쿠루크셰트라 전쟁(힌두 서사시 마하바라타의 하이라이트 장면) 등 힌두교 관련 내용이 많은 것이 특징이다. 법당 외부 벽면에는 은세공 사각 패널을 벽화처럼 만들어 전시했다. 태국과 인도에서 유명한 12개의 쩨디(탑)를 조각한 것인데, 탑 하단부에는 12간지 동물이 하나씩 조각되어 있다.

지도 P.83-A2 **주소** Thanon Wualai Soi 4 **운영** 08:00~18:00 **요금** 무료 **가는 방법** 타논 우아라이 쏘이4 골목에 있다.

란나 왕국 초기 불상이 발굴된 사원
왓 양꾸앙(왓 양꽝) Wat Yang Guang วัดยางกวง

치앙마이를 건설한 망라이 왕(재위 1259~1317) 시절부터 존재했던 사원으로 여겨진다. 버마의 침략(1796년)과 2차 대전을 거치며 사원은 폐허가 되고 세월의 흔적 속에 잊히게 된다. 700년의 역사가 넘는 사원 터에서 불상과 주춧돌 일부가 발굴되면서 이목을 집중시켰고, 태국 정부에서 복원 사업을 지원해 2011년에 재건됐다. 란나 왕국 시절에 만든 가장 큰 청동 불상(프라쌘싸왜 พระแสนแซ่)의 머리 부분이 발굴됐는데, 원본은 치앙마이 국립 박물관에 전시하고 있다. 사원 입구는 거대한 씽(사자 모양의 수호신) 조각상이 지키고 있다. 법당 오른쪽에는 흰색의 8각형 탑을 세우고, 회랑을 둘러 불상을 모셨다.

지도 P.83-B2 **주소** Thanon Suriyawong **운영** 08:00~18:00 **요금** 무료 **가는 방법** 쏘이 쑤리야웡 골목에 있다. 빠뚜 치앙마이(치앙마이 게이트)에서 남쪽으로 650m.

공항과 가까운 야시장
깟마니 야시장 Kad Manee Market กาดมณี

공항과 가까운 곳에 있는 야시장이다. '깟'은 시장을 뜻하기 때문에 엄밀히 말하면 '마니 시장'이 돼야 하지만, 영어 표기로 인해 깟마니 야시장으로 알려졌다. 부지가 넓고 자그마한 호수도 있어서 여유로운 분위기다. 호수 옆으로 돗자리가 깔린 좌식 테이블도 있다. 선선한 겨울에는 야외에서 식사하기 좋다. 호수 옆 야외무대에서 라이브 음악도 연주해 준다. 현지인 위주로 운영되는 곳으로 먹거리 노점 식당이 들어서 있다. 꼬치구이, 로띠(팬케이크), 싸이끄룩(소시지), 쏨땀, 팟타이, 쌀국수, 카우쏘이, 카우만까이(닭고기덮밥), 카우니아우 마무앙(망고 찰밥), 무끄롭(바삭한 돼지고기 구이) 등 저렴한 음식이 가득하다. 도심과 그리 멀지도 않기 때문에 관광객이 적은 야시장을 찾는다면 나쁘지 않은 선택이다.

지도 P.78-B2 **주소** 185/18 Thanon Thipanet **홈페이지** www.facebook.com/Kadmanee.chiangmai **영업** 17:00~22:00 **가는 방법** 올드 치앙마이 컬처럴 센터 옆 타논 팁파넷에 있다. 공항에서 2km 떨어져 있다.

RESTAURANT 우아라이 & 공항 주변의 레스토랑

구시가에 비해 관광객을 위한 투어리스트 레스토랑은 많지 않다. 단골손님을 보유한 오래된 로컬 식당이 많다.

닭고기를 넣은 카우쏘이 까이

추천 카우쏘이 룽쁘라낏 깟꼼 Khao Soi Lung Prakit Kad Kom ข้าวซอยลุงประกิจกาดก้อม ★★★★

치앙마이에서 유명한 카우쏘이 식당 중 한 곳이다. 시골 동네에 있을 법한 허름한 로컬 레스토랑이다. 40년 넘게 영업 중이다. 식당 안쪽에서 카우쏘이 육수를 끓이고, 닭고기를 삶는다. 카우쏘이 까이(닭고기), 카우쏘이 느아(소고기), 카우쏘이 무(돼지고기) 세 종류가 있다. 보통 크기는 타마다, 곱빼기는 피쎗을 주문하면 된다. 카우쏘이는 다른 곳보다 진하고 얼큰한 맛을 낸다. 사이드 메뉴로 닭고기덮밥(카우만까이)을 곁들여도 된다. 아무래도 접근성이 떨어져서 외국 관광객보다 현지인들이 즐겨 찾는다. 사진이 첨부된 영어 메뉴판을 보고 고르면 된다.

지도 P.83-B2 주소 53 Thanon Suriyawong Soi 5 **전화** 083-209-9441 **홈페이지** www.facebook.com/Pongjjo **영업** 09:30~16:30 **메뉴** 태국어 **예산** 60~100B **가는 방법** 깟꼼 시장 Kad Kom Market 옆 타논 쑤리야웡에 있다.

난타람 치킨 라이스(카우만까이 난타람) Nantharam Chicken Rice ข้าวมันไก่นันทาราม ★★★☆

타논 난타람(난타람 거리)에 있는 카우만까이(닭고기덮밥) 식당이다. 1992년부터 영업 중인 곳으로 로컬 식당답게 에어컨 같은 건 없다. 메뉴는 카우만까이똠(삶은 닭고기 덮밥) Boiled Chicken With Rice과 카우만까이텃(닭튀김 덮밥) Fried Chicken With Rice 두 종류뿐이다. 음식 양이 적을 경우 무싸떼(돼지고기 사떼) Pork Satay를 추가하면 된다. 점심시간이 지나면 문을 닫는다.

지도 P.83-A2 주소 114/7 Thanon Nantaram **전화** 089-632-4990 **영업** 06:30~14:00 **메뉴** 영어, 태국어 **예산** 50-100B **가는 방법** 타논 우아라이(우아라이 거리)에서 연결되는 타논 난타람(난타람 거리)에 있다.

랭릿(팟타이 랭릿) Ranggritt ผัดไทยแรงฤทธิ์ ★★★★

오랜 역사를 간직한 팟타이 식당이다. 주인장의 할머니 (쏨폰 분풍 Grandma Somporn Boonphong)가 1963년부터 쑤코타이 Sukhothai(치앙마이에서 남쪽으로 310km 떨어진 도시)에서 장사를 시작했다고 한다. 할머니는 2008년에 세상을 떠나고 후손들이 치앙마이에서 식당을 열었다. 식당 규모는 작지만 에어컨 시설로 카페처럼 산뜻하게 꾸몄다. 중앙에 카운터가 있고, 안쪽에 주방을 배치한 구조다. 돼지고기, 닭다리, 새우, 게살을 첨가한 팟타이까지 종류가 다양하다. **할머니가 만들던 레시피를 그대로 계승한 메뉴가 팟타이 오리지널 Pad Thai Original이다.** 쑤코타이 지방 요리 방식을 따랐기 때문에 달걀과 콩 줄기, 땅콩을 넣어 단맛이 느껴진다. 단품 메뉴로 바질 돼지고기 볶음 덮밥(팟끄라파우) Holy Basil이 있는데, 14일간 건식 숙성한 돼지고기를 사용해 요리한다.

지도 P.83-B1 주소 90/3 Thanon Rat Chiang Saen **전화** 084-996-2267 **홈페이지** www.facebook.com/Ranggrittpadthai **영업** 화~일요일 10:00~14:00, 18:00~22:00, **휴무** 월요일 **메뉴** 영어, 태국어 **예산** 108~248B **가는 방법** 빠뚜 치앙마이(치앙마이 게이트) 남쪽으로 100m 떨어진 타논 랏치앙쌘에 있다.

반 베이커리 Baan Bakery ★★★☆

가정집 분위기의 목조 건물 1층에서 베이커리를 운영한다. '반'은 태국어로 집을 뜻한다. 바게트, 크루아상, 데니시, 빵오레장, 로슈, 앙빵, 플랑, 단팥빵, 크로크 무슈, 파이 롤, 고로케 등 다양한 빵과 페이스트리를 매일 만든다. 가격이 착한 것이 인기의 비결이다. 현지인은 물론 외국 관광객에게도 인기 있는 곳으로, 아침 일찍부터 빵 사러 오는 사람이 많다. 커피는 마당에 있는 가판대에서 별도로 주문해야 한다. 현재 주 4일만 영업하고 있다.

지도 P.83-B1 주소 20 Thanon Rat Chiang Saen Soi 1 **전화** 089-552-9305 **영업** 수~토요일 09:00~15:00 **휴무** 일~화요일 **메뉴** 영어 **예산** 35~50B **가는 방법** 구시가 해자 남쪽의 타논 랏치앙쌘 쏘이 1 골목 안쪽에 있다. 빠뚜 치앙마이(치앙마이 게이트) 남쪽으로 300m 떨어져 있다.

옴(란아한 옴 망싸위랏)
Aum Vegetarian Restaurant ★★★☆

치앙마이에서 유명한 채식 전문 레스토랑이다. 1982년부터 영업하고 있다. 여행자 거리인 타논 문므앙(문므앙 거리)에 있었는데, 장소를 이전하면서 찾기가 조금 어려워졌다. 골목 안쪽에 있는 편안한 분위기의 2층 집으로 에어컨은 없다. 2층은 쿠션이 깔린 좌식 테이블로 신발을 벗고 드나들어야 한다. 버섯, 두부, 감자 등을 주재료로 한 태국 음식을 요리한다. 스프링 롤, 완탕 수프, 쏨땀, 팟타이, 볶음밥, 태국 카레는 물론 카우쏘이 같은 북부 지방 쌀국수도 맛볼 수 있다. 완탕 수프, 만두 튀김, 아보카도 마키, 베지테리언 버거, 바나나 팬케이크 등 외국 관광객을 배려한 메뉴도 다양하다. 모든 음식은 기본적으로 유기농 식재료를 사용하고 MSG를 첨가하지 않는다.

지도 P.83-B1 **주소** 1/4 Soi Suriyawong **전화** 053-278-315 **홈페이지** www.facebook.com/AumVegetarian Restaurant **영업** 11:00~20:00 **메뉴** 영어, 태국어 **예산** 90~195B **가는 방법** 빠뚜 치앙마이(치앙마이 게이트)에서 남쪽으로 400m 떨어진 쏘이 쑤리야웡 골목에 있다.

위브 아티산 소사이어티 Weave Artisan Society ★★★☆

우아라이 지역의 골목에 있는 예술가 커뮤니티를 겸한 카페. 얼음 공장으로 사용되던 건물의 원형을 보존해 리모델링했다. 안마당을 중심으로 두 개의 건물이 연결되어 있다. 플라워 숍, 도자기 공방, 편집 숍, 전시실, 창작 디자인 스튜디오, 싸얌마야(시암마야) 초콜릿 Siamaya Chocolate 등을 겸하고 있다. 노출 콘크리트로 마감한 인테리어 자체가 예술적인 느낌을 준다. 층고가 높고 넓은 공간을 미니멀하게 꾸며 여유롭게 시간을 보낼 수 있다. 낮에는 빔 & 콜 커피 바 Beam & Col. coffee bar, 밤에는 바 오티 Bar OT CNX를 운영한다.

지도 P.83-A2 **주소** 12/8 Thanon Wualai Soi 3 **전화** 080-071-3218 **홈페이지** www.weaveartisansociety.com **영업** 09:00~18:00 **메뉴** 영어 **예산** 커피 90~125B, 브런치 125~185B **가는 방법** 타논 우아라이 쏘이 3 골목에 있다. 빠뚜 치앙마이(치앙마이 게이트)에서 700m 떨어져 있다.

오까쭈(님 시티 지점) Ohkajhu Nim City ★★★★

유기농 채소를 재배하는 오까쭈 농장에서 운영한다. 샐러드 레스토랑을 표방하는데, 푸릇푸릇한 채소와 아보카도, 곡물을 조합해 기호에 맞게 주문할 수 있다. 그 외에도 연어, 스테이크, 갈비, 양고기, 닭고기, 소시지, 파스타를 이용한 요리를 선보이며 메뉴에 다양한 변주를 줬다. 채식주의자가 아니더라도 누구나 즐길 수 있고, 음식 양이 푸짐해서 한 끼 식사로 손색이 없다.

참고로 치앙마이 농대를 졸업한 세 명의 젊은 창업주가 만들었는데, 식당 로고에 세 명의 캐릭터가 그려져 있다. 농장이 위치한 오까쭈 본점 Ohkajhu Organic Farm Sansai은 시내에서 북쪽으로 10km 떨어진 싼싸이 지역에 있다. 태국의 식당 평가 사이트인 웡나이 유저스 초이스 Wongnai Users' Choice로 선정되기도 했다. 인기에 힘입어 방콕에도 체인점을 운영하고 있다.

지도 P.78-B2 주소 119/9 Nim City Community Mall, Thanon Mahidon **전화** 052-080-744 **홈페이지** www.ohkajhuorganic.com **영업** 09:00~21:30 **메뉴** 영어, 태국어 **예산** 145~495B **가는 방법** 타논 마히돈에 있는 님 시티 커뮤니티 몰에 있다.

카라멜로 카페 Caramellow Cafe ★★★☆

공항과 가까운 곳에 있는 대형 브런치 카페. 치앙마이 유명 카페 중 한 곳이다. 위치가 불편한 대신 넓은 공간을 현대적인 카페로 구성했다. 푸름이 가득한 야외 정원이 압권으로 다양한 소품과 조각을 이용해 공원처럼 꾸몄다. 실내 공간은 벽면에 책들을 진열해 서재를 연상시킨다. 크로크 무슈, 크로크 마담, 에그 베네딕트, 아보카도 토스트, 프렌치토스트, 크루아상 샌드위치, 치즈버거, 파스타까지 브런치 메뉴가 다양하다. 시그니처 커피로는 욕러 그라니타 Yok Lor Granita(Strong Coffee Granita)와 프루트 커피 Fruit Coffee가 있다.

지도 P.78-B2 주소 223 Thanon Mahodon(Mahidol) **전화** 053-284-114 **홈페이지** www.facebook.com/caramellow.cafe **영업** 09:00~19:00 **메뉴** 영어, 태국어 **예산** 커피 85~130B, 브런치 185~450B **가는 방법** 공항에서 1.5km 떨어진 타논 마히돈에 있다.

NIGHTLIFE 우아라이 & 공항 주변의 나이트라이프

구시가 또는 님만해민 지역에 비해 밤 문화는 발달하지 않았다. 모멘트 노티스에서 재즈 음악을 듣거나 올드 치앙마이 컬처럴 센터에서 전통 무용을 관람하면 된다.

추천 모멘트 노티스
Moment's Notice Jazz Club ★★★★

올드 치앙마이 컬처럴 센터 옆에 있는 목조 전통 가옥을 재즈 클럽으로 리모델링했다. 나무 기둥을 그대로 노출해 목조 가옥의 운치를 살리고 통창을 달아 모던하게 꾸몄다. 무대를 바라보도록 좌석을 배치했고, 어둑한 실내조명을 연출해 차분하게 음악에 집중할 수 있도록 했다. 식사도 가능하지만 메인 밴드가 연주하는 시간에 맞춰 칵테일 마시며 감미로운 재즈 음악을 감상하는 게 좋다. 20:00에는 어쿠스틱 연주, 21:30에는 재즈 밴드가 무대에 오른다. 참고로 모멘트 노티스라는 이름은 미국의 재즈 색소폰 연주자 존 콜트레인 John Coltrane의 연주곡에서 따왔다.

지도 P.78-B2 **주소** 185/3 Thanon Wualai **전화** 063-672-2212 **홈페이지** www.facebook.com/momentsnoticecnx **메뉴** 영어 **예산** 맥주 150~240B, 칵테일 260~340B(+7% Tax) **가는 방법** 올드 컬처럴 센터를 바라보고 왼쪽에 있는 야마다(일식당) Yamada 옆에 있다.

올드 치앙마이 컬처럴 센터 Old Chiang Mai Cultural Center ★★★

란나 문화와 전통을 보존하기 위해 1971년에 만든 문화 센터. 전통 공연과 무용을 공연하는 곳으로 깔래 양식의 전통 가옥이 잘 보존되어 있다. 2헥타르(약 6,000평) 규모로 동시에 1,000명을 수용할 수 있다. 관광객에게는 칸똑 디너 Khantoke Dinner를 즐길 수 있는 곳으로 알려져 있다. 란나 전통 공연을 보면서 저녁 식사를 하는 것인데, '칸똑'은 북부 음식 세트로 제공되는 밥상을 뜻한다.

지도 P.78-B2 185/3 Thanon Wualai **전화** 053-202-992 **홈페이지** www.oldchiangmai.com **운영** 18:30~20:30 **요금** 690B(어린이 345B) **가는 방법** 타논 우아라이 거리 남쪽, 야마다(일식당) Yamada 옆에 있다. 공항에서 2km 떨어져 있다.

SHOPPING 우아라이 & 공항 주변의 쇼핑

공항과 가까운 곳에 쎈탄(센트럴) 에어포트 플라자가 있다. 대형 백화점으로 공항 가기 전에 들러 기념품 장만하기 좋다.

쎈탄(센트럴) 에어포트 플라자 Central Airport Plaza ★★★★

태국의 대표적인 백화점인 쎈탄(센트럴) 백화점에서 운영한다. 공항과 가까워 쎈탄 에어포트 플라자라고 불린다. 오래되긴 했지만 두 개의 백화점과 영화관이 접목된 대형 쇼핑몰이다. 로빈싼 백화점 Robinson Department Store, 탑스 마켓 Tops Market, 슈퍼스포츠(스포츠 용품) Supersports, 파워 바이(전자 제품) Power Buy, 푸드 파크(푸드 코트) Food Park 등이 입점해 있다. 수공예품 전문 매장인 허그 크래프트 Hug Craft는 기념품을 장만하기 좋다. 쇼핑이 아니더라도 식사하기 위해 찾는 사람도 많다. 란나(태국 북부) 분위기를 느낄 수 있는 깟 루앙 Kad Luang Airport Local Shop이 있기 때문이다. 과거 시장 형태를 그대로 재현했는데 에어컨이 있어 시원하고 음식 값도 저렴하다. 차, 커피, 말린 과일 등 지역 특산품도 매장에서 판매한다. G층 맥도날드 방향으로 가면 된다.

지도 P.78-B2 **주소** 9 Thanon Mahidon **홈페이지** www.centralplaza.co.th **영업** 11:00~21:00 **가는 방법** 공항과 인접한 타논 마히돈에 있다. 공항에서 1km, 빠뚜 타패(타패 게이트)에서 4km 떨어져 있다.

창프악 & 싼띠탐
Chang Phueak & Santitham

구시가 북쪽 지역에 해당하는 곳이다. 창프악은 지방 소도시를 연결하는 버스 터미널이 있고, 싼띠탐은 저렴한 아파트가 많은 현지인 거주 지역이다. 특별한 볼거리가 있는 곳은 아니지만 구시가와 가깝고 임대료가 저렴해서 장기 체류하는 외국 여행자들이 많다. 화려한 것은 없지만 옛 것과 새로운 것이 적절히 조화를 이룬다. 이곳에서는 치앙마이에서 오래 살고 있는 동네 주민처럼 평범한 일상을 즐겨보자.

TO DO LIST!
이것만은 놓치지 말자

List 01 주말에 찡짜이 마켓 다녀오기

List 02 왓 록모리 방문하기

List 03 치앙마이 국립 박물관

List 04 카우쏘이 맛집 다녀오기

List 05 왓 쩻욧 참배하기

BEST COURSE
추천 코스

창프악 & 싼띠탐 반나절 코스
볼거리가 많은 곳은 아니다. 반나절 일정으로 사원과 국립 박물관을 다녀오면 된다.

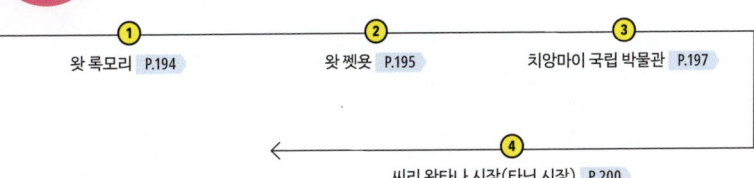

① 왓 록모리 P.194
② 왓 쩻욧 P.195
③ 치앙마이 국립 박물관 P.197
④ 씨리 왓타나 시장(타닌 시장) P.200

주말여행 코스
주말에 활기를 띠는 찡짜이 마켓을 우선순위에 두고 일정을 짜면 된다.

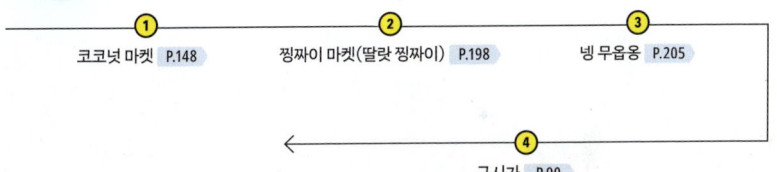

① 코코넛 마켓 P.148
② 찡짜이 마켓(딸랏 찡짜이) P.198
③ 넹 무웁옹 P.205
④ 구시가 P.90

싼띠탐 + 님만해민 코스
싼띠탐과 인접한 님만해민과 연계한 코스. 맛집과 카페 탐방에 중점을 두자.

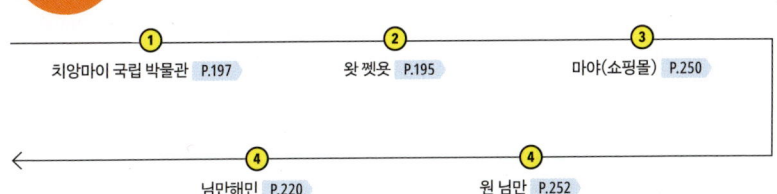

① 치앙마이 국립 박물관 P.197
② 왓 쩻욧 P.195
③ 마야(쇼핑몰) P.250
④ 님만해민 P.220
④ 원 님만 P.252

ATTRACTION 창프악 & 싼띠탐의 볼거리

구시가에 비해 볼거리는 적은 편이다. 왓 쩻욧과 왓 록모리 사원이 유명하다. 주말에는 찡짜이 마켓을 다녀오자.

좌우 대칭이 인상적인 란나 양식의 사원
왓 록모리 Wat Lok Moli(Lok Molee) วัดโลกโมฬี

역사 기록에 따르면 14세기에 건설된 사원으로 여겨진다. 란나 왕조 6대 국왕인 프라야 끄나(끄나 왕) King Kue Na(재위 1355~1385)가 건설해 왕실 사원으로 관리했다고 한다. 1527년에 건설된 대형 불탑(마하 쩨디 Maha Chedi)은 감실을 만들어 불상을 모시고 왕족의 유해를 안치하기도 했다. 대법당을 포함해 사원의 상당 부분이 버마 왕국(오늘날의 미얀마)의 침략으로 피해를 입었다. 한동안 방치되어 있던 사원은 2003년에 재건축되면서 예전의 모습을 되찾았다.

나지막이 내려앉은 란나 양식의 대법당(위한 루앙)도 볼 만하다. 티크 나무 원목에 겹 지붕을 올려 만든 법당은 모자이크 유리 공예로 내부를 장식했다. 측면에서 봤을 때는 대법당과 쩨디가 조화롭게 어울리며, 정면에서 봤을 때는 좌우 대칭의 단아한 모습의 대법당이 유리 공예로 반짝인다.

지도 P.87-C2 주소 298/1 Thanon Mani Nopharat(Manee Nopparat) 홈페이지 www.watlokmolee.com 운영 06:00~17:00 요금 무료 가는 방법 구시가를 감싸고 있는 해자 북쪽의 타논 마니 노파랏에 있다. 빠뚜 창프악(창프악 게이트)에서 400m, 빠뚜 타패(타패 게이트)에서 2km 떨어져 있다.

인도 양식의 불탑을 건설한 사원
왓 쩻욧 Wat Jet Yot วัดเจ็ดยอด

치앙마이에서 특이하게도 인도 양식의 불탑을 안치한 사원이다. 띠록까랏 왕 King Tilokarat 때인 1455년에 건설됐다. 쩻욧은 '7개의 첨탑'이라는 뜻으로 사각형의 라테라이트로 만든 기단 위에 7개의 첨탑을 올렸다. 첨탑 모양의 불탑은 마하 쩨디 Maha Chedi라 부르는데, 인도 부다가야 Bodhgaya에 있는 마하보디 스투파 Mahabodhi Stupa의 모양을 축소한 형상이다. 7개의 첨탑은 부처가 부다가야에서 깨달음을 얻은 후 그곳에서 7주간 머문 것을 상징한다. 라테라이트로 만든 탑의 기단부에는 스투코(회반죽) 조각으로 만든 불상과 압사라(천상의 무희)들로 회랑을 꾸몄다. 스투코 조각은 본래 황금으로 치장되어 있었는데, 1566년에 있었던 버마(미얀마)의 침략으로 인해 상당 부분 약탈당했다.

왓 쩻욧은 도시 외곽에 떨어져 있고 나무와 잔디가 많아서 한적한 면모를 보이지만, 건설 당시에는 여러 개의 법당과 쩨디로 구성된 커다란 사원이었다. 사원의 중요성은 불교 탄생 2,000주년을 기념하는 세계불교총회가 왓 쩻욧에서 성대하게 열렸던 것에서 짐작해볼 수 있다. 1477년에 이루어진 거대한 불교 행사는 국왕이 직접 주관했다고 한다.

지도 P.78-A1 **주소** Thanon Jet Yot **운영** 06:00~18:00 **요금** 무료 **가는 방법** 타논 슈퍼하이웨이 & 타논 쩻욧 삼거리에 있다. 타논 님만해민 초입에 있는 마야(쇼핑몰)에서 1km, 구시가 빠뚜 타패(타패 게이트)에서 5km 떨어져 있다.

장수를 뜻하는 치앙윤 사원
왓 치앙윤 Wat Chiang Yuen วัดเชียงยืน

구시가를 감싼 성벽 북쪽에 있는 사원으로 하얀색의 거대한 쩨디(탑)가 눈길을 끈다. 치앙마이에 존재하는 오래된 사원 중의 하나로 16세기에 건설된 것으로 여겨진다. 버마(오늘날의 미얀마)가 란나 왕국을 침략하는 동안 사원이 피해를 입었다가, 1794년에 재건해 오늘날의 모습을 갖추고 있다. 사원 규모는 크지 않지만 란나 양식의 대법당과 버마 양식의 쩨디가 남아 있다. 란나 왕국의 국왕들이 이곳을 찾아와 사원의 본존불인 프라 쌉판유 짜오 불상 Phra Suphanyu Chao พระสัพพัญญูเจ้า에 머리를 숙였다고 한다. 본존불로 모신 불상을 참배하면 국왕들이 통치 기간 동안 행운을 얻는다고 여긴다. 치앙윤은 장수(長壽)를 의미한다.

지도 P.81-C1 **주소** 160 Thanon Mani Nopharat **운영** 08:00~18:00 **요금** 무료 **가는 방법** 해자 북쪽 도로에 해당하는 타논 마니노파랏에 있다. 빠뚜 창프악(창프악 게이트)에서 300m 떨어져 있다.

샨족 양식의 오래된 사원
왓 빠빠오 Wat Pa Pao วัดป่าเป้า

치앙마이에 최초로 건설된 샨족(타이 야이 Thai Yai) 양식의 사원이다. 인타위차야논 Inthawichayanon(7대 치앙마이 통치자) 시절인 1883년에 건설했다. 그의 부인(샨족 출신의 후궁)이 후원해 만들었기 때문에 란나 양식의 사원과 전혀 다른 모습이다. 당시 사원 주변에 거주하던 샨족은 원목 사업에 종사했는데, 사원 출입문과 대법당을 티크 나무로 만들었다. 사원 경내에서 가장 눈에 띄는 것은 프라 쩨디 Phra Chedi다. 종 모양의 스투파 형태로 꼭대기에는 티 Hti(우산 모양의 황금 장식)를 장식했다. 프라 쩨디 옆에는 직사각형의 자그마한 탑이 있다. 어둑한 내부에는 감실을 만들어 불상을 모셨고, 벽화도 남아 있다.

지도 P.81-C1 **주소** 58 Thanon Mani Nopharat **운영** 08:00~18:00 **요금** 무료 **가는 방법** 해자 북쪽 도로에 해당하는 타논 마니노파랏에 있다. 빠뚜 창프악(창프악 게이트)에서 700m 떨어져 있다.

란나 왕국의 역사와 불상을 정리한 박물관
치앙마이 국립 박물관(피피타판 행찻 치앙마이)
Chiang Mai National Museum พิพิธภัณฑสถานแห่งชาติ เชียงใหม่

란나 양식으로 건축된 박물관으로 1973년에 개관했다. 치앙마이뿐만 아니라 태국 북부 지역에서 독립적인 왕국을 이루었던 위앙 꿈깜 Wiang Kum Kam, 람푼 Lamphun, 치앙쌘 Chiang Saen 지방에서 발굴된 유물을 보관한 박물관이다. 2층 건물로 여섯 개 섹션으로 구분해 란나 왕조의 역사를 소개하고 있다. 란나 왕조의 불상, 불교 관련 행사 용품, 역사 유적지에서 발굴된 유물, 도자기를 전시하고 있다. 국립 박물관의 상징적인 전시물은 프라 쌘싸왜 불상 Phra Saenswae(14~15세기에 만들어진 불상으로 폐허가 된 치앙마이 사원 터에서 불상 머리만 발견됐다)으로 박물관 1층으로 들어가면 왼쪽 전시실에 전시되어 있다. 주요 관광지에서 조금 떨어져 있어 외국인 관광객이 많이 찾는 곳은 아닙니다. 구시가 중심가에 새로운 박물관들이 생기면서, 치앙마이 국립 박물관까지 찾는 여행자는 줄어들었다. 3왕 동상 주변에 있는 치앙마이 문화 예술 센터와 란나 민속 박물관을 방문했다면 굳이 치앙마이 국립 박물관까지 찾아갈 필요는 없다.

지도 P.78-B1 **주소** 451 Thanon Superhighway Chiang Mai-Lampang(Outer Ring Road) **전화** 053-221-308 **홈페이지** www.museumthailand.com **운영** 수~일요일 09:00~16:00 **휴무** 월~화요일 **요금** 200B **가는 방법** ①타논 슈퍼하이웨이(외부 순환도로)에 있다. 왓 쩻욧에서 동쪽으로 500m. ②마야 쇼핑몰에서 동쪽으로 1.5km, 구시가의 빠뚜 따패(타패 게이트)에서 북쪽으로 5.5km 떨어져 있다.

주말에 가면 좋은 플리 마켓
찡짜이 마켓(딸랏 찡짜이) Jing Jai Market ตลาดจริงใจ

16헥타르에 이르는 야외 상설 시장이다. 넓은 부지에 목조 가옥과 나무들이 가득해 여유로운 풍경이 느껴진다. '찡짜이'는 진실하다는 뜻이다. 찡짜이 마켓의 영어 이니셜을 따서 제이제이 마켓(태국식 영어 발음 '쩨쩨 마껫')이라고 불리기도 한다. 평일과 주말의 분위기가 완전히 다르다. 평일에는 탑스 그린(슈퍼마켓) Tops Green과 굿굿즈 Good Goods(수공예품, 기념품, 커피 등을 판매하는 상설 매장)와 카페, 레스토랑이 운영된다.

주말에는 야외 구역에 러스틱 마켓(수공예품 플리 마켓) Rustic Market과 파머스 마켓(지역 농산물과 음식을 판매하는 곳) Farmers Market까지 들어선다. 러스틱 마켓이 눈여겨볼 만한데 수공예품, 기념품, 그림, 의류, 가방, 라탄 제품, 홈 데코, 주방 용품, 허브·스파 용품, 인형, 소품 매장까지 입점해 있다. 나이트 바자에서 보던 상업화된 물건들과 달리 직접 디자인한 제품들이 많다. 파머스 마켓에는 저렴한 노점 식당이 가득하다. 주말 야외 매장은 15:00 경에 파장하기 때문에 너무 늦지 않게 가는 게 좋다. 평일에는 덜 붐비는 편이다.

지도 P.78-B1 주소 45 Thanon Assadathon 전화 053-231-520 홈페이지 www.facebook.com/jjmarket chiangmai 운영 08:00~21:00 요금 무료 가는 방법 구시가의 빠뚜 타패(타패 게이트)에서 북쪽으로 2km 떨어진 타논 앗싸다톤(앗싸다톤 거리)에 있다.

장기 체류자가 많은 주택가 지역
싼띠탐 Santitham สันติธรรม

YMCA 뒤쪽, 왓 싼티탐(사원) 주변으로 형성된 주택가 지역이다. 구시가 성벽 바깥쪽의 북서부 지역으로 900m 길이의 타논 싼띠탐(싼띠탐 거리)이 중심을 이룬다. 왓 싼띠탐 Wat Santitham과 씨리 왓타나 시장(타닌 시장) Siri Wattana Market(Thanin Market)을 제외하면 특별한 볼거리가 있는 곳은 아니다.

님만해민 지역이 개발되고 물가가 상승하면서, 상대적으로 저렴한 싼띠탐 지역으로 장기 투숙자들이 눈을 돌리기 시작했다. 한 달 임대료가 1만B 이하의 중저가 아파트가 많은 편이다. 저렴한 원룸은 한 달 임대료 5,000B에도 구할 수 있다. 외국인에게 친절한 동네 분위기로 저렴한 로컬 식당과 카페가 많다. 구시가는 물론 님만해민 지역도 가까워 관광하기에도 그리 불편하지 않다.

지도 P.78-B1 주소 Thanon Santitham 운영 24시간 요금 무료 가는 방법 빼뚜 타패(타패 게이트)에서 3.5km, 마야 쇼핑몰에서 1.5km 떨어져 있다.

싼띠탐 지역의 대표 사원
왓 싼띠탐 Wat Santitham วัดสันติ ธรรม

싼띠탐 지역에서 가장 큰 사원이다. 1955년에 만들어진 사원으로 현대적인 느낌을 준다. 사원 입구로 들어서면 정면에 대법당에 해당하는 위한 Vihan이 보인다. 그 뒤에는 2019년에 완공된 웅장한 쩨디(탑) Chedi가 세워져 있다. 60개의 감실을 만들어 불상을 모신 흰색 탑은 위양 꿈캄의 왓 쩨디리암 Wat Chedi Liam(P.261)과 동일한 구조다. 왓 싼띠탐에서 눈여겨봐야 할 곳은 박물관 The Museum Of The Lord Buddha's Relics이다. 대법당을 바라보고 오른쪽에 있는 건물로 태국 고승들의 사리와 유골을 보관하고 있다. 실물 크기로 만든 밀랍 인형도 전시하고 있다.

지도 P.86-B1 주소 13 Thanon Hatsadisawee(Hussadhisawee) 홈페이지 www.santidham.com 운영 06:00~20:00 요금 무료 가는 방법 타논 핫싸디쎄위에 있다. 빼뚜 창프악(창프악 게이트)에서 1km, 마야 쇼핑몰에서 2km 떨어져 있다.

쌘띠탐 지역에 있는 재래시장
씨리 왓타나 시장(타닌 시장) Siri Wattana Market(Thanin Market) ตลาดศิริ วัฒนา

구시가 북쪽의 쌘띠탐 지역에 있는 재래시장이다. 공식적인 명칭은 씨리 왓타나 시장(딸랏 씨리 왓타나)이지만 지역 주민들은 거리 이름을 붙여 타닌 시장(딸랏 타닌)이라고 부른다. 동네 주민을 위한 시장답게 과일과 채소, 고기 등의 식재료를 판매한다. 닭튀김, 꼬치구이, 쏨땀, 싸이우아(치앙마이 소시지), 샐러드, 튀김, 태국 카레, 태국 디저트, 간식 등을 진열해 놓고 판매한다. 밥과 반찬은 비닐봉지에 담아서 테이크아웃('싸이퉁'이라고 말하면 된다)하면 된다. 저렴한 음식을 파는 푸드코트는 시장 외부에 별도로 만들어져 있다.

지도 P.87-C1 주소 Soi Thanin(Tanin Alley) 운영 06:00~20:00 요금 무료 가는 방법 타논 창프악에서 연결되는 쏘이 타닌에 있다. 빠뚜창프악(창프악 게이트)에서 북쪽으로 1km 떨어져 있다.

소수 민족에 관한 주제로 꾸민 박물관
산악 민족 박물관(고산족 박물관)
Highland People Discovery Museum พิพิธภัณฑ์เรียนรู้ราษฎรบนพื้นที่ สูง

1965년에 만들어진 오래된 박물관으로 도심을 벗어난 한적한 자연 속에 있다. 박물관 외관은 란나 양식의 쩨디 모양을 형상화했다. 내부에는 태국 북부에 거주하는 10개 산악 민족(몽족, 카렌족, 미엔족, 아카족, 리수족, 라후족, 라우족, 틴족, 카무족, 마브리족)에 관한 내용을 전시하고 있다. 박물관은 전체 3층으로 구별된다. 1층은 의복, 장신구, 농사 기구, 악기, 전통 의상을 전시하고, 2층에서는 태국 정부에서 실시한 산악 민족들의 교육과 정착에 관한 노력과 결과들을 설명한다. 박물관 주변으로는 호수를 중심으로 넓은 공원을 만들었다. 호수 주변에는 대나무 평상으로 만든 수상 레스토랑도 있다.

지도 P.78-B1 주소 Lanna Rama 9 Park, Thanon Chotana 전화 053-210-872 홈페이지 www.facebook.com/HighlandPeopleDiscoveryMuseum 운영 월~금요일 08:00~16:30 휴무 토~일요일 요금 무료 가는 방법 구시가에서 북쪽으로 6km 떨어진 라마 9세 공원 Lanna Rama 9 Park 내부에 있다.

CAFE & DRINK 창프악 & 싼띠땀의 카페

현지인들이 생활하는 주택가 지역답게 동네 주민들을 위한 소규모 카페가 많다. 장기 체류자들이 단골로 드나드는 소박하고 정겨운 카페를 만날 수 있다.

📍인기 아리밋 커피 Areemitr Coffee กาแฟอารี มิ ตร ★★★★

아버지와 아들이 함께 운영하는 자그마한 카페. 가정집 마당에 테이블 몇 개 내놓고 장사한다. 친절하게 응대해 준다. 에어컨은 없다. 아메리카노, 라테, 에스 옌 Es Yen(태국 스타일 아이스 에스프레소), 오렌지 커피 Orange Coffee 가 인기 있다. 원두는 미디엄 로스팅과 스트롱 로스팅 중에 선택할 수 있다. **동네 커피숍이라 저렴한 것이 매력이다. 특히 오렌지 커피 가격이 착하다.**

지도 P.86-B1 **주소** 17 Soi Sodsueksa(Sodsuksa) **전화** 090-317-9717 **영업** 07:00~15:50, **휴무** 수요일 **메뉴** 영어, 태국어 **예산** 35~50B **가는 방법** 싼띠땀 지역의 쏘이 쏫쓱싸 골목에 있다.

카페 더 쏫 Cafe de Sot คาเฟ่เดอโซต ★★★☆

싼띠땀 지역에 거주하는 장기 체류자들이 즐겨 찾는 동네 카페. 치앙마이 청각장애인 학교 Anusansunthon School For the Deaf 옆에 있다. 청각장애인 학생들을 고용해 운영한다. 평범해 보이는 외관과 달리 널찍한 야외 정원을 갖추고 있다. 불상을 모신 정자와 연못, 자그마한 인공 폭포가 울창한 숲과 어우러진다. 주택가에서 보기 드문 여유로운 풍경이다. 커피 맛은 평범한 편이다. 덮밥과 팟타이 위주의 간단한 식사도 가능하다.

지도 P.87-C1 **주소** Thanon Hussadhisawee **전화** 095-527-0037 **영업** 07:00~17:00 **메뉴** 영어, 태국어 **예산** 45~55B **가는 방법** 타논 핫싸디쎄위의 치앙마이 청각장애인 학교 옆에 있다. 빠뚜 창프악(창프악 게이트)에서 북쪽으로 1.5km 떨어져 있다.

플립스 & 플립스 도넛 Flips & Flips Homemade Donuts ★★★☆

싼띠땀 지역의 조용한 골목에 있는 도넛 가게. 매일매일 도넛을 직접 만들어 판매한다. 20여 종류의 도넛이 있다. 골목 코너, 나무 그늘, 목조 건물, 녹색 식물, 마당의 작은 카페가 어우러지는 평화로운 공간이 매력적이다. 에어컨은 없지만 야외 테이블이 몇 개 놓여 있어 잠시 쉬어 갈 수 있다. 아메리카노, 오렌지 커피, 더티 커피까지 커피 맛도 괜찮다. 외국 관광객에도 친절하며 태블릿을 보며 영어로 주문을 도와준다. 앱(라인)으로 미리 주문해 포장해가는 현지인들이 많아서 도넛은 금방 동나는 편이다.

지도 P.86-B1 주소 14 Thanon Hussadhisawee Soi 5 **전화** 064-692-2468 **홈페이지** www.facebook.com/FlipsandFlipsHomeMadeDonuts **영업** 09:00~16:00 **휴무** 목요일 **메뉴** 영어 **예산** 도넛 28~48B, 커피 55~85B **가는 방법** 타논 핫싸디쌔위 쏘이 5 골목 코너에 있다. 왓 싼띠땀(사원)에서 550m 떨어져 있다.

카페 아르테 Cafe Arte ★★★★

구시가 안쪽의 여행자 거리에 있을 때부터 인기를 얻었던 카페. 새로운 위치로 옮겨간 카페 아르테는 중심가를 벗어난 한적한 동네에 있다. 과거에 비해 규모가 월등히 커졌는데, 카페와 숙소를 함께 운영하는 것은 예전과 동일하다. 물론 친절한 주인장과 직원들도 예전 그대로다. 가정집이라기보다 별장이라는 수식어가 어울릴 정도로 넓은 마당과 유럽풍 건물이 이목을 끈다. 이색적인 건물 덕분에 사진 찍으러 찾아오는 사람도 많다. 나무 그늘과 분수 옆으로 야외 테이블도 마련되어 있어 여유로운 시간을 누릴 수 있다. 실내는 가구, 원목, 창문, 그림 등을 이용해 앤티크한 감성을 더했다. 카페 손님에겐 1층만 개방된다.

지도 P.78-A1 주소 Thanon Jed Yod Yu Yen Soi 8 **전화** 081-821-9250 **영업** 09:00~17:00 **휴무** 목요일 **메뉴** 영어 **예산** 커피 80~120B, 브런치 185~230B **가는 방법** 타논 쩻 옷유옌 쏘이 8에 있다. 왓 쩻욧(사원)에서 1km, 마야(쇼핑몰)에서 1.5km 떨어져 있다.

얼리 아울 Early Owls ★★★★

자그마한 창프악 공원(쑤언 창프악)을 끼고 있는 브런치 카페. 초록이 가득한 공원을 카페 정원으로 품고 있어 평화로운 정취가 가득하다. 인공 연못과 잔디밭이 어우러진다. 카페 건물은 60년 된 오래된 티크 나무 목조 가옥을 리모델링했다. 나무 그늘 아래 캠핑 의자에 앉아 한가한 시간을 보내기 좋다. 야외 자리는 의자와 테이블을 가져와 마음에 드는 곳에 세팅하면 된다. 커피 이외에 유기농 차와 착즙 주스, 스무디도 만든다. 시그니처 커피는 하우스 스페셜 House Special 중에서 선택하면 된다. 브런치 메뉴는 치즈 토스트, 파니니, 요거트 볼, 라이스 볼 위주로 구성된다. 주변 농장에서 재배한 유기농 채소와 직접 만든 요거트를 사용하는 것이 특징이다.

지도 P.87-D1 주소 Thanon 13 Muan Dam Pra Kot, Chang Pheuak Park 전화 095-224-6590 홈페이지 www.facebook.com/earlyowls 영업 09:00~18:30 휴무 수요일 메뉴 영어 예산 커피 80~120B, 브런치 150~190B 가는 방법 타논 문 담프라꼿 거리에 있는 창프악 공원 내부에 있다.

크리스프 카페 Krisp Cafe ★★★☆

관광객이 찾지 않는 창프악 지역의 주택가 골목에 있다. 인스타그램 감성의 카페로 태국 젊은이들에게 인기있다. 정원과 수영장이 딸린 2층 저택을 카페로 리모델링해 2021년에 문을 열었다. 태국 유명 여배우가 운영한다. 라테라이트 벽돌로 만든 건물 자체가 빈티지하다. 갤러리를 겸하는 곳으로 곳곳에 예술적인 감성이 가득하다. 덩그러니 노출된 야외 수영장은 영화 세트장처럼 느껴질 정도다. 베이킹 하우스를 겸하는데 프렌치 베이커리와 디저트가 많다. 크루아상, 플랑, 데니시, 브리오슈 등 바삭한 디저트를 즐길 수 있다.

지도 P.78-B1 주소 35 Thanon Sirinthon 전화 063-525-4245 홈페이지 www.facebook.com/krispcafe2021 영업 09:30~18:00 메뉴 영어 예산 커피 70~180B, 디저트 95~145B 가는 방법 타논 씨린톤에 있다. 구시가 빠뚜 창프악(창프악 게이트)에서 북쪽으로 2km 떨어져 있다.

RESTAURANT 창프악 & 싼띠땀의 레스토랑

관광객보다는 현지인들을 위한 식당이 대부분이다. 에어컨 없는 로컬 레스토랑이 많다. 저렴하고 가성비 좋은 식당을 어렵지 않게 찾을 수 있다.

창프악 게이트 야시장(딸랏 창프악) Chang Phueak Gate Night Market ตลาดช้างเผือก ★★★☆

빠뚜 창프악(창프악 게이트) 바깥쪽에 형성되는 자그마한 야시장이다. 노점 형태의 먹거리 시장으로 간단하게 저녁식사하기 좋다. 가장 유명한 곳은 쑤끼 창프악 Suki Changphuak이다. 즉석에서 1인용 쑤끼를 만든다. 국물이 있는 '쑤끼 남' Sukiyaki Soup, 국물이 없으면 '쑤끼 행' Sukiyaki Stir Fry이다. 돼지족발 덮밥은 카우 카무 창프악 Chang Phueak Pork Leg Rice ข้าวขาหมู ช้างเผือก이 인기 있다.

지도 P.87-D2 주소 Thanon Mani Nopharat 영업 17:30~24:00 메뉴 영어, 태국어 예산 59~69B 가는 방법 빠뚜 창프악(창프악 게이트)에서 운하 건너편, 타논 마니 노파랏 삼거리에 있다.

싼띠땀 5거리 무삥(넌 무삥) Mu Pping Santitham หนูอนหมูปิ้ง วงเวียน5แยกสันติ 5555ม ★★★

태국에서 흔한 무삥(양념 돼지고기 꼬치구이) 노점이다. 싼띠땀 5거리(웡위안 하액 싼띠땀)에 있어 위치가 좋고 저렴해서 인기 있다. 무삥 한 꼬치에 6B! 찰밥(카우 니아우)은 한 봉지에 5B이다. 아침 시간에만 문을 여는데 사람들이 줄 서 있어서 어렵지 않게 찾을 수 있다. 숯불에 고기를 굽는 냄새와 연기가 가득하다. 테이블은 없고 무조건 테이크아웃(싸이 퉁)해야 한다. 메뉴판 같은 건 없고, 영어도 잘 통하지 않는다. 09:30까지 장사하는데, 하루치 준비한 게 소진되면 그전에도 장사를 접는다. 참고로 낮 시간에는 평범한 반찬 가게로 변모한다.

지도 P.86-B1 주소 Thanon Santitham 영업 06:00~09:30 메뉴 태국어 예산 돼지고기 꼬치 6B 가는 방법 싼띠땀 5거리 코너 타논 싼띠땀에 있다.

무끄롭(무껍) Crispy Pork

넹 무옵옹 Neng Earthen Jar Roast Pork เหน่งหมูอบโอ่ง ★★★★☆

현지인들로 북적대는 로컬 레스토랑이다. 한국 여행자들 사이에는 식당 이름보다는 항아리 구이로 알려져 있다. 커다란 항아리를 화덕처럼 사용하는데, 숯불을 넣어 2~3시간 동안 구워내기 때문에 바삭하고 부드러운 고기를 맛볼 수 있다. 바삭한 돼지고기 구이인 '무끄롭(무껍)' Crispy Pork이 유명하다. 닭고기 구이도 항아리를 이용하기 때문에 '까이양'이 아니라 '까이옵옹' Chicken Op Ong이라고 부른다. 돼지고기는 대·중·소, 닭고기는 한 마리·반 마리로 구분해 주문이 가능하다. 1인용 돼지고기 덮밥은 '카우랏 무끄롭' Crispy Pork Belly with Rice으로 주문하면 된다. 찰밥(카우 니아우)과 쏨땀(파파야 샐러드)을 곁들여 식사하면 된다. 쏨땀은 20종류가 넘는데, 기본 쏨땀인 '땀 타이' Thai Papaya Salad와 옥수수를 넣은 '쏨땀 카우 폿' Salted Egg Corn Salad이 인기 있다. 영어 메뉴판이 있으며 외국 관광객에게도 친절한 편이다. 추천 음식은 사진을 추가해 별도로 표기해두고 있다.

지도 P.78-B1 주소 3 Thanon Rattanakosin 전화 08-2766-4330 영업 10:30~20:00 메뉴 영어, 태국어 예산 70~200B 가는 방법 구시가 북쪽의 타논 라따나꼬씬에 있다. 빠뚜 타패(타패 게이트)에서 북쪽으로 2km 떨어져 있다.

📍인기 카우쏘이 매싸이 Khao Soi Mae Sai ร้านข้าวซอยแม่สาย ★★★★

치앙마이에서 인기 있는 카우쏘이 식당 중 하나다. 미쉐린 가이드에 선정되면서 외국 관광객까지 합세해 항상 북적댄다. 에어컨 없는 것을 감안하더라도 저렴하고 가성비가 좋아서 인기 있다. 번호표를 받고 대기할 경우 주변 가게 장사에 방해되지 않도록 정해진 장소에서 기다리자. 메뉴는 9가지로 단출하다. 닭고기를 넣은 '카우쏘이 까이' Khao Soy with Chicken가 특히 유명하다. 선지가 들어간 매콤한 국수 '카놈찐 남응이아우' Kanom Jean Nam Ngiao도 있다. 일반 소고기 쌀국수는 '꾸어이띠아우 느아' Goy Teaw Nua를 주문하면 된다.

지도 P.86-A2 **주소** 29/1 Soi Ratchaphuek **전화** 053-213-284 **홈페이지** www.facebook.com/khaosoi.maesai.chiangmai **영업** 08:00~16:00 **메뉴** 영어, 태국어 **예산** 50~60B **가는 방법** YMCA 옆 골목, 쏘이 랏차프륵에 있다. 빠뚜 타패(타패 게이트)에서 3km 떨어져 있다.

📍추천 카우쏘이 매마니(2호점) Khao Soi Mae Manee 2 ข้าวซอยแม่มณี2 ★★★★

관광객보다 현지인들에게 더 유명한 카우쏘이 식당이다. 인기를 반영하듯 두 개 지점을 운영하는데, 그나마 2호점의 접근성이 좋다. 물론 두 곳 모두 외국인들이 즐겨 찾는 지역은 아니다. 에어컨 없는 로컬 식당이지만 규모도 크고 깨끗하다. 전통을 자랑하는 곳답게 가정집에서 푹 끓인 듯한 깊은 맛의 카우쏘이를 맛볼 수 있다. 코코넛 밀크를 듬뿍 넣어 부드러운 맛을 내는 다른 곳과 달리 매콤한 맛을 낸다. 소고기·닭고기·돼지갈비를 넣은 세 종류의 카우쏘이가 있다. 테이블에 있는 QR 코드를 스캔해 주문해야 하는데, 다양한 고명을 추가 선택할 수 있어 복잡하게 느껴질 수 있다. 면 종류도 선택해야 한다.

지도 P.78-B1 **주소** 45/9 Lampang-Chiang Mai Super highway **전화** 089-955-1178 **영업** 09:00~17:00 **메뉴** 영어, 태국어 **예산** 70~120B **가는 방법** 순환도로에 해당하는 람빵-치앙마이 슈퍼하이웨이에 있다. 치앙마이 국립 박물관에서 동쪽으로 1km 떨어져 있다.

분빡
Boonpak Thai Dessert & Tea บุญปาก ★★★☆

마야(쇼핑몰) 옆쪽의 한적한 골목에 있는 쌀국수 식당을 겸한 태국 디저트 카페. 마당 넓은 집을 카페로 활용해 편안한 느낌을 준다. 푸릇푸릇한 정원이 여유롭다. 태국 디저트는 '카놈'이라고 부른다. 코코넛, 커스터드, 판단, 달걀노른자 등을 이용해 만든 달달한 디저트가 많다. 20여 종류가 있는데, 진열된 음식을 보고 고르면 된다. 가격은 1개 15B부터. 대나무 채반에 예쁘게 담아준다. 쌀국수는 매콤새콤한 똠얌 소스를 넣은 '꾸어이띠아우 똠얌'을 기본으로 한다. 맑은 육수를 원한다면 '꾸어이띠아우 남싸이'를 주문할 것. 현금 결제만 가능하다.

지도 P.78-A1 주소 14/1 Thanon Thorakhamanakhom Soi 3 **전화** 084-885-6414 **홈페이지** www.facebook.com/BOONPAKTHAIDESSERT **영업** 화~일요일 09:00~15:00 **휴무** 월요일 **메뉴** 태국어 **예산** 50~65B **가는 방법** 타논 토라카마나콤 쏘이 3 골목에 있다. 왓 쩻욧에서 850m, 마야(쇼핑몰)에서 800m 떨어져 있다.

★추천 얌 뿌마 쩻욧 Yumpuma Jedyod Chiang Mai ยำปูม้าเจ็ดยอด ★★★★

왓 쩻욧(사원) 주변 골목에 있는 로컬 식당이다. 이싼(북동부 지방) 음식을 전문으로 한다. 에어컨 시설이 구비돼 있고 청결하다. 얌=음식 이름, 뿌마=게(파란색 꽃게), 쩻욧=동네 이름이 합쳐진 곳. 태국 사람들이 즐겨 먹는 얌(초무침과 비슷한 매운 태국식 샐러드)과 쏨땀(파파야 샐러드)을 메인으로 요리한다. **시그니처 메뉴는 식당 이름이기도 한 '얌 뿌마' Spicy Crab Salad(태국식 매운 게장)이다.**

쏨땀은 20여 종류로 다양하다. 바삭한 돼지고기 튀김을 올린 '땀무끄롭(땀무껍)' Papaya Salad Crispy Pork과 돼지껍데기 튀김을 넣은 '땀캡무' Crispy Pork Skin Salad가 인기 있다. 맵기를 선택할 수 있는데, 현지인들을 위한 식당답게 기본적으로 맵게 만든다.

지도 P.78-A1 주소 23/5 Thanon Jed Yod-Chang Khian **전화** 084-238-3351 **홈페이지** www.facebook.com/yumpumajedyod **영업** 10:00~24:00 **메뉴** 영어, 태국어 **예산** 109~299B **가는 방법** 왓 쩻욧에서 700m 떨어져 있는 타논 쩻욧-창키안에 있다

무임찜쭘 Moo Yim Jim Jum หมูยิ้ม จิ้ม จุ่ม ★★★☆

저렴하게 찜쭘을 맛볼 수 있는 로컬 식당. 저녁에만 열지만 에어컨이 없어서 덥다. **찜쭘 자체가 개인 화로에서 직접 조리해야 하기 때문에 더울 수밖에 없다.** 찜쭘은 핫팟 쑤끼(전골 요리 Hot Pot)의 로컬 버전쯤으로 생각하면 된다. 그만큼 투박하다. 자그마한 토기 항아리에 음식 재료를 넣어서 익혀 먹으면 된다. 두 종류의 소스를 주는데 마늘과 다진 고추를 넣어 입맛에 맞추면 된다. 육수가 모자라면 더 달라고 하면 된다. 이곳은 세트 메뉴로 일관되게 구성된 게 아니고, 원하는 식재료를 직접 골라 주문해야 한다. 주문 용지에 원하는 것들을 체크해 직원에게 건네면 된다. 고기 종류는 한 접시에 19B, 채소와 당면(운센)은 한 접시에 10B를 받는다. 참고로 찜쭘이라고 하면 '찜쭘 무'라고 할 정도로 돼지고기와 잘 어울린다. 주문을 추가로 여러 번 했다면 나중에 계산할 때 제대로 체크됐는지 확인할 것. 저녁에만 장사한다.

지도 P.86-A1 주소 Thanon Thewan **영업** 17:00~03:00 **메뉴** 영어, 태국어 **예산** 100~150B **가는 방법** 마야 쇼핑몰에서 1km 떨어진 타논 테완에 있다.

쏨용 포차나
Somyong Pochana สมยงค์โภชนา ★★★★

창프악 메인 도로에 있는 아담한 로컬 레스토랑이다. 친절한 태국인 가족이 운영한다. 지방 소도시에 있을 법한 허름한 분위기다. 실내는 목조 건물 분위기를 가미했는데 에어컨은 없다. 간판도 태국어로만 적혀 있다. 태국 북부 전통 요리보다는 대중적인 태국 음식을 골고루 요리한다. 외국인 입맛에도 무난하게 요리해준다. 무엇보다 가성비가 뛰어나다. 덮밥과 볶음밥이 50~60B 수준이다. 추천 메뉴는 카우쏘이 Khao Soy, 팟타이 Pad Thai, 레드 카레 Red Curry, 파냉 카레 Panaeng Curry, 똠얌꿍 Tom Yum Kung이 있다. **주문이 들어오는 대로 주인장이 직접 요리해준다. 음식 나오기까지 시간이 걸리는 편이다.**

지도 P.87-D2 주소 125 Thanon Chang Phueak **영업** 11:00~19:00 **메뉴** 영어, 태국어 **예산** 50~70B **가는 방법** 타논 창프악의 방콕 은행 Bangkok Bank 옆에 있다. 빠뚜 창프악(창프악 게이트)에서 북쪽으로 400m

쏨땀 하우스 욕크록 Somtum House Yokkrok ส้มตำเฮาส์-ยกครก ★★★★

현지인들에게 인기 있는 이싼 음식점이다. 찡짜이 마켓과 가까운 곳에 있는데 에어컨 시설로 쾌적하다. 이름처럼 쏨땀을 전문한다. 즉석에서 만들어 주는 쏨땀 종류만 30가지가 넘는다. 쏨땀을 작은 절구에 담아서 서빙해 주는 것이 특징이다. 까이양(닭 꼬치구이) Gai Yang, 삑까이 텃(닭날개 튀김) Peek Gai Tod, 찰밥(카우니아우) Kao Niew, 카놈찐(소면 쌀국수) Kanom Jeen을 추가해 식사하면 된다. 간단한 덮밥과 도시락 세트도 있다.

지도 P.78-B1 주소 JingJai Village, 45 Thanon Atsadathon 전화 094-629-1596 홈페이지 www.facebook.com/Somtumhouseyokkrok 영업 10:30~20:00 메뉴 영어, 태국어 예산 59~189B 가는 방법 찡짜이 마켓에서 200m 떨어져 있다.

쏨땀 우돈 Som Tam Udon ส้มตำอุดร ★★★

싼띠땀 지역에 있는 이싼 음식점이다. '우돈'은 이싼(태국 북동부) 지방 주요 도시인 우돈타니 Udon Thani를 뜻한다. 에어컨 없는 로컬 레스토랑으로 규모가 크다. 중심가에서 벗어난 곳이라 접근성은 떨어진다. 주문도 주문 용지에 체크해서 주방에 제출하는 로컬 방식으로 해야 한다. 쏨땀(파파야 샐러드)은 옥수수, 오이, 망고, 포멜로, 소시지, 게, 오징어, 해산물 등을 이용해 다양하게 만든다. 메뉴판에 적힌 종류만 30가지나 된다. 기본은 '땀타이' Thai Style Papaya Spicy Salad를 주문하면 된다. 파파야 튀김(쏨땀 텃 Som Tum Tord)도 있다. 태국 사람들 입맛 기준으로 덜 맵게 요리하는 편이다. 피시 소스도 상대적으로 많이 넣는다. 항정살 구이(커 무양), 닭날개 구이(삑 까이양), 닭다리 구이(넝 까이양), 돼지곱창 구이(싸이 무양), 돼지갈비튀김(씨콩무텃), 돼지껍데기 튀김(캡 무), 소시지(싸이끄록), 찰밥(카우니아우), 국수(카놈찐)을 추가해 식사하면 된다. 상추와 배추 등 채소는 직접 가져오면 된다.

지도 P.86-A1 주소 3/2 Soi Tantawan 전화 053-222-865 영업 09:00~20:00 메뉴 영어, 태국어 예산 60~180B 가는 방법 싼띠땀 지역 북쪽 끝자락인 쏘이 탄따완 골목에 있다.

러키 베트남 식당(러키 분짜) Lucky's Vietnamese Restaurant ★★★☆

한국 관광객에게 인기 있는 베트남 식당. '분짜'를 포함해 간단하게 식사하기 좋은 음식 몇 가지만 선별해 요리한다. 분짜 Bún Chả는 하노이 소울 푸드 같은 것으로 분(쌀국수 소면)과 짜(양념한 돼지고기 경단을 숯불에 구운 것)를 함께 내어준다. 고기가 들어 있는 느억맘 소스에 소면을 넣어서 먹으면 된다. 마늘과 다진 고추를 첨가해 입맛에 맞게 맵기를 조절한다. 분보남보 Bún Bò Nam Bộ(소고기 볶음을 올린 비빔국수)와 분짜이 Bún Chay(두부가 들어간 채식 비빔국수)도 있다. 디저트로 캐러멜 푸딩 Kem Caramen이 인기 있다. 코코넛 커피까지 베트남 감성이 묻어난다. 식당은 아담하지만 청결하며 에어컨 시설로 쾌적하다. 점심시간에만 문을 연다.

지도 P.86-B1 **주소** 10 Thanon Kradangnga **전화** 062-294-9402 **홈페이지** www.facebook.com/luckys.bun.cha **영업** 11:00~15:00 **메뉴** 영어 **예산** 140~170B **가는 방법** 마야 쇼핑몰에서 2km, 왓 쌘띠탐(사원)에서 800m 떨어진 타논 끄라당응아에 있다.

인기 흐안무안짜이
Huen Muan Jai เฮือนม่วนใจ๋ ★★★☆

태국의 각종 여행·요리 잡지에 소개된 유명 레스토랑이다. 미쉐린 가이드에도 선정됐다. 태국 북부 요리를 전문으로 한다. 전통 음식점답게 티크 나무로 만든 목조 가옥과 정원이 어우러져 시골스러운 느낌을 준다. 태국 북부 음식점답게 카우쏘이 Kao Soy Neua, 카놈찐 남응이아우 Kanom Jin Nam Ngiao, 깽항레 Gaeng Hang Lay, 남프릭 Nam Prik 같은 기본 요리에 충실하다. 북부 음식을 골고루 맛보고 싶다면 여러 종류의 음식을 쟁반에 담아주는 어덥므앙 Or Dep Muang을 주문하면 된다. 북부 음식에 익숙하지 않다면 무텃(돼지고기 튀김) Moo Tord, 쁠라촌텃(생선 튀김) Pla Chawn Tord, 카이찌아우 무쌉(돼지고기 오믈렛) Kai Jeaw Moo Sab 등을 곁들여도 된다.

지도 P.86-A2 **주소** 24 Soi Ratchaphuek **전화** 053-404-998 **홈페이지** www.huenmuanjai2554.com **영업** 11:00~15:00, 17:00~21:00 **휴무** 수요일 **메뉴** 영어, 태국어, 일본어 **예산** 100~220B **가는 방법** YMCA 옆 골목, 쏘이 랏차프륵에 있다

셰프 덴 시푸드 Chef Den Seafood ★★★☆

창프악 지역에 있는 시푸드 레스토랑이다. 치앙마이가 내륙 지역에 위치해 있다 보니 방콕에 비해 유명한 해산물 식당이 적은 편. 셰프 덴 시푸드는 관광객이 무난하게 즐기기 좋은 해산물 식당이다. 인테리어는 평범하지만 실내 에어컨과 야외 테이블로 구분되어 있다. 친절함과 무난한 가격도 인기의 비결이다. 웍을 이용해 만드는 다양한 요리를 선보인다. 메인 요리는 당연히 시푸드다. 가장 인기 있는 메뉴는 '뿌 팟퐁 까리'(게 카레 볶음) Stir Fried Crab with Curry Powder다. '쁠라묵 팟퐁 까리'(오징어 카레 볶음) Stir Fried Squid with Curry Powder도 괜찮다. 모닝글로리 볶음, 똠얌꿍, 볶음밥과 곁들여 식사하면 된다.

지도 P.87-D1 주소 4 Thanon Muen Dam Pla Kot Soi 3, Chang Phueak 전화 064-982-6826 영업 월~토요일 11:00~22:00 휴무 일요일 메뉴 영어, 태국어 예산 89~289B 가는 방법 타논 믄담프라꼿 쏘이 3 골목에 있다. 빠뚜 창프악(창프악 게이트)에서 북쪽으로 1.5km 떨어져 있다.

깽 찡짜이 Kang Jing Jai แกงกาดจริงใจ ★★★★

레스토랑 이름은 카레를 뜻하는 '깽'이다. 찡짜이 마켓 내부에 있기 때문에 '깽 찡짜이'로 불린다. 원목과 노출 콘크리트, 오픈 키친으로 이루어진 밝고 모던한 분위기다. 태국 남부 요리를 전문으로 한다. 페라나칸 요리 Peranakan Cuisine라고 불리는데, 중국 요리 기법과 현지 식재료가 만나 만들어진 음식이다. 페라나칸은 태국 남부·말레이시아·싱가포르로 이주한 중국계 후손을 의미한다. 대표적인 음식은 나시 르막 Lasi Lemak(코코넛 밀크를 넣어 지은 쌀밥, 삼발 소스, 달걀, 오이, 땅콩 등의 반찬을 결합한 백반)이다. 시그니처 메뉴로 비프 렌당 Beef Rendang과 오리구이 그린 카레 Roasted Duck Green Curry가 있다.

지도 P.78-B1 주소 Jing Jai Market, 46 Thanon Atsadathon 전화 065-241-8555 홈페이지 www.facebook.com/kangjingjai 영업 10:30~21:00 메뉴 영어, 태국어 예산 260~450B (+7% Tax) 가는 방법 찡짜이 마켓 내부에 있는 탑스 그린 Tops Green을 바라보고 오른쪽에 있다.

🔖추천 크루아 아짠 싸이윳(아짠 싸이윳 키친)
Saiyut & Doctor Sai Kitchen ครัวอาจารย์สายหยุดและหมอทราย ★★★★☆

요리 학교 선생님인 어머니(아짠 싸이윳)와 의사 딸(싸이)이 운영한다. <u>싸이윳 여사는 왕실 요리를 가르쳤던 선생님인데, 데커레이션용으로 쓰이는 과일과 채소 장식에 조예가 깊었다고 한다.</u> 치앙마이 중심가에서 떨어져 있는데, 정원을 중심으로 여러 채의 건물이 들어서 있다. 정통 요리를 하는 곳답게 앤티크하게 인테리어를 꾸몄다. 직원들도 전통 복장을 입고 있다. 다양한 태국 음식을 요리하는데 정성이 가득 들어간 애피타이저 종류가 눈길을 끈다. 화려한 색감과 장식이 어우러지는데, 셀라돈 도자기 위에 음식을 담아 내온다. 여러 종류의 전채 요리를 맛보고 싶다면 애피타이저 세트 Appetizer Set 메뉴를 추천한다.

남프릭(채소를 곁들이는 태국식 쌈장 소스) Chilli Paste Dipping, 얌(태국식 매콤한 샐러드) Spicy Salad, 깽(태국식 카레) Curry Dishes을 메인으로 요리한다. 시큼한 망고를 달달한 피시 소스에 찍어 먹는 '마므앙남쁠라완' มะม่วงน้ำปลาหวาน을 시식용으로 제공해준다. 아무래도 태국 음식을 어느 정도 접해본 사람들에게 어울리는 식당이다. <u>미쉐린 가이드와 베스트 타이 레스토랑에 연속해서 선정되고 있는 곳으로, 저녁 시간에는 예약하고 가는 게 좋다.</u>

주소 132 Thanon Chotana Soi 12(Thanon Si Lanna **전화** 081-530-1172 **홈페이지** www.facebook.com/Saiyudkitchen **영업** 10:00~20:30 **휴무** 수요일 **메뉴** 영어, 태국어 **예산** 175~450B **가는 방법** 타논 차프나 쏘이 12 Thanon Chotana Soi 12에서 연결되는 골목 안쪽에 있다. 빠뚜 창프악(창프악 게이트)에서 북쪽으로 5km 떨어져 있다.

CAFE & DRINK 창프악 & 싼띠탐의 쇼핑

현지 주민들이 찾는 재래시장과 마트가 몇 곳 있다. 관광객이라면 찡짜이 마켓을 빼놓지 말자.

로터스 캄티앙 지점(로땃 캄티앙) Lotus's Kham Thiang ★★★☆

태국의 식품·유통 회사인 CP 그룹에서 운영하는 대형 할인마트. 로터스의 태국식 발음은 '로땃'으로, 지점이 위치한 지명을 붙여서 '로땃 캄티앙' โลตัส คำเทียง이라고 부른다. 1층은 쇼핑몰과 레스토랑, 2층은 대형 마트와 푸드코트로 구성되어 있다. 과일, 채소, 육류, 생선, 라면, 과자, 식료품, 유제품, 음료, 커피, 맥주, 각종 소스, 의류, 침구, 주방 용품, 청소 용품, 화장품, 전자제품 등을 판매한다. 대량으로 판매하는 만큼 가격이 저렴하다. 현지인들이 대부분이지만 찡짜이 마켓과 가까워 이곳을 찾는 관광객도 더러 있다.

지도 P.78-B1 주소 19 Thanon Talat Khamthiang 전화 053-872-777 홈페이지 www.lotuss.com 영업 08:00~22:00 가는 방법 찡짜이 시장 Jing Jai Market에서 북쪽으로 600m 떨어져 있다.

굿굿즈(찡짜이 마켓 지점) Good Goods ★★★☆

쎈탄(센트럴) 백화점에서 운영하는 태국 수공예품과 지역 특산품 전문 매장이다. 치앙마이 지점은 찡짜이 마켓 Jing Jai Market 내부에 상설 매장으로 꾸몄다. 이름처럼 좋은 굿즈를 판매한다. 재래시장에서 판매하는 물건에 비해 제품의 질이나 디자인이 좋다. 지역의 유명한 소상공인·기능 보유자들과 협업해 만들기 때문이다. 지역 사회에 도움을 주는 대신 일반 제품에 비해 가격은 비싼 편이다. 전통 의상, 패브릭, 리넨, 티셔츠, 모자, 스카프, 우븐 플라스틱 가방, 라탄 가방, 에코백, 장바구니, 파우치, 동전 지갑, 향초, 머그 잔 등 다양한 제품을 판매한다.

지도 P.78-B1 주소 45 Thanon Assadathon 홈페이지 www.facebook.com/aboutgoodgood 영업 09:00~18:00 가는 방법 찡짜이 마켓 내부에 있다. 빠뚜 타패(타패 게이트)에서 북쪽으로 2km 떨어져 있다.

님만해민 & 도이 쑤텝
Nimmanhaemin & Doi Suthep

님만해민, 치앙마이 대학교, 반캉왓, 도이 쑤텝을 아우르는 구시가 서쪽 지역이다. 트렌디한 카페와 부티크 호텔이 몰려 있는 님만해민은 치앙마이의 새로운 문화를 선도하는 핫 플레이스 지역이다. 예술가 마을로 알려진 반캉왓은 도시와 자연이 어우러진 치앙마이 감성이 가득하다. 도이 쑤텝은 치앙마이에서 가장 신성한 사원을 모시고 있다.

TO DO LIST!
이것만은 놓치지 말자

List 01 원 님만에서 쇼핑하기

List 02 왓 프라탓 도이 쑤텝

List 03 예술가 마을 반캉왓

List 04 왓 쑤언독

List 05 타논 님만해민 둘러보기

| List 06 | 왓 우몽 |

| List 07 | 왓 파랏(몽크 트레일) |

| List 08 | 마야 쇼핑몰 |

| List 09 | 님만해민 카페 탐방 |

| List 10 | 치앙마이 대학교 야시장 |

BEST COURSE
추천 코스

COURSE 1
님만해민, 도이 쑤텝 일주 코스
님만해민을 포함해 구시가 서쪽 지역을 둘러보는 코스. 이동 거리가 멀기 때문에 반캉왓 주변에 반나절, 도이 쑤텝에 반나절 일정으로 진행하면 된다.

1. 반캉왓 P.225
2. 왓 우몽 P.224
3. 넘버 39 카페 P.236 또는 바리스트로 아시안 스타일 P.235
4. 치앙마이 대학교 P.222
5. 도이 쑤텝 P.228
6. 마야(쇼핑몰) P.250
7. 원 님만 P.252
8. 님만해민 P.220

COURSE 2
구시가 + 반캉왓, 님만해민 코스
구시가와 반캉왓을 중심으로 구성한 코스. 오전에 구시가 사원을 둘러보고, 오후에는 반캉왓과 님만해민을 다녀온다

1. 빠뚜 타패(타패 게이트) P.95
2. 타논 랏차담넌
3. 왓 판따오 P.103
4. 왓 쩨디 루앙 P.104
5. 왓 프라씽 P.106
6. 반캉왓 P.225
7. 원 님만 P.252
8. 님만해민 P.220

COURSE 3
님만해민 + 치앙마이 대학교 주변 코스
시간적인 여유가 있는 사람들을 위한 코스. 왓 파랏(몽크 트레일) 트레킹을 포함한 님만해민 지역 맛집·카페 탐방 위주로 일정을 구성한다.

1. 왓 파랏(몽크 트레일) 트레킹 P.223
2. 치앙마이 대학교 P.222
3. 마야(쇼핑몰) P.250
4. 원 님만 P.252
5. 님만해민 P.220

ATTRACTION 님만해민 & 도이 쑤텝의 볼거리

사원, 박물관, 예술가 마을, 국립공원까지 다양한 볼거리가 있다. 넓은 지역에 분포되어 있어 시간적 여유를 가지고 방문하자.

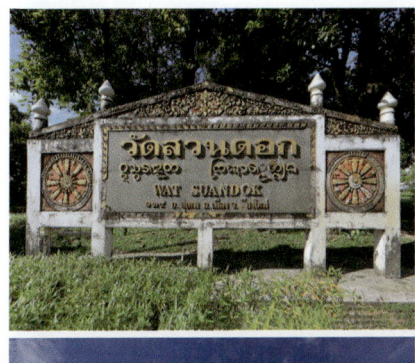

꽃의 정원이란 뜻의 사원
왓 쑤언독 Wat Suan Dok วัดสวนดอก

란나 왕국의 끄나 왕 King Kue Na이 1371년에 만든 유서 깊은 사원이다. 실론(스리랑카)으로부터 불교를 전래한 위대한 승려 쑤마나테라 Sumana Thera를 위해 건설했다. 쑤마나테라는 원래 쑤코타이 왕국 Sukhothai Kingdom(태국 초기의 독립국가 왕국으로 치앙마이에서 남쪽으로 310km 떨어져 있다)에서 설법을 베풀었는데, 란나 왕국에서 어렵게 모셔온 고승의 수행을 돕기 위해 사원 경내를 꽃으로 조경했다고 한다. 그래서 꽃 정원의 사원이라는 뜻으로 왓 쑤언독이라고 부른다. 왕실에서 특별히 만든 사원인 만큼 성벽을 둘러 작은 사원의 도시를 만들었다고 한다. 현재는 사원의 경계를 이루는 성벽은 전혀 남아 있지 않다.

왓 쑤언독의 대법당은 1932년에 복원한 것이다. 나지막이 내려앉은 3단 지붕으로 이루어진 란나 양식의 건물이다. 측면에서 볼 때와 달리 안쪽으로 길게 법당을 만들어 규모가 크다. 대법당 뒤쪽에는 수십 개의 쩨디가 세워져 있다. 가장 큰 황금색 쩨디를 48m 크기로 붓다의 사리를 모셨다고 한다. 나머지 흰색 쩨디에는 란나 왕국 왕족들의 사리를 보관하고 있다. 사원 경내에는 우보쏟(승려들의 출가 의식을 행하는 법당)이 있는데, 500년이나 된 불상을 모시고 있다.

지도 P.78-A2 주소 39 Thanon Suthep 전화 053-278-967 홈페이지 www.watsuandok.com 운영 06:00~18:00 요금 20B 가는 방법 ①구시가 서쪽 출입문인 빠뚜 쑤언독(쑤언독 게이트) Pratu Suan Dok에서 연결된 타논 쑤텝 방향으로 1km 떨어져 있다. ②타논 님만해민 초입에 있는 원 님만(쇼핑몰)에서 2km 떨어져 있다.

치앙마이의 유행을 선도하는 핫 플레이스
님만해민 Nimmanhaemin ถนนนิมมานเหมินท์

치앙마이에서 가장 트렌디한 동네로 줄여서 '님만'이라고 부른다. 타논 님만해민(님만해민 거리)은 총 길이 1.6km에 불과하지만, 메인 도로에서 이어지는 골목길이 여러 갈래로 뻗어 있다. 한때는 구시가와 치앙마이 대학교 사이에 위치한 조용한 주택가로 알려졌으나, 치앙마이에서 핫한 카페와 레스토랑이 골목 곳곳에 들어서면서 치앙마이의 변화를 선도하는 지역으로 변모했다. 현재는 부티크 호텔과 쇼핑몰까지 들어서 거대한 상권을 형성하고 있다. 고층 빌딩이 많지 않은 동네라 골목길에 들어선 카페들은 치앙마이의 여유로운 분위기를 느끼기에 더 없이 좋다.

지도 P.88-B1 **주소** Thanon Nimmanhaemin **운영** 24시간 **요금** 무료 **가는 방법** 구시가의 빠뚜 타패(타패 게이트)에서 서쪽으로 4km, 치앙마이 대학교 정문에서 남쪽으로 2km 떨어져 있다.

> 알아두세요

님만해민 아트 & 디자인 산책 Nimmanhaemin Art & Design Promenade

님만해민 아트 & 디자인 산책이란 의미로 매년 12월에 열리는 지역 행사다. 님만해민 쏘이 1 골목에서 열리기 때문에 NAP Nimman Soi 1이라고 부르기도 한다. 님만해민이 지금처럼 상업화되기 전(당시에는 쇼핑몰이 없었다)인 1999년부터 시작된 행사다. 부티크 숍과 공방, 갤러리를 운영하던 상인들이 모여 오픈 마켓 형태로 시작했는데, 어느덧 치앙마이의 주요 행사로 자리잡았다. 공방을 운영하는 예술가들이 직접 참여하며, 야외무대에서는 각종 공연이 펼쳐진다. 선선한 치앙마이의 겨울 저녁, 님만해민의 예술적인 분위기를 느끼기 좋다.

전통 가옥을 볼 수 있는 야외 박물관
란나 전통 가옥 박물관(피피타판 르안 보란 란나)
Lanna Traditional House Museum พิพิธภัณฑ์เรือนโบราณล้านนามช.

치앙마이 대학교에서 관리하는 오픈 뮤지엄. 란나(태국 북부 지방) 양식의 전통 가옥을 야외 부지에 전시해 박물관으로 만들었다. 야외라서 덥지만 녹음이 우거져 도심 속 공원처럼 느껴진다. 각기 다른 양식의 가옥 10채가 있는데, 일부 가옥은 실제 건물을 해체해서 가져와 복원했다고 한다. 대표적인 북부 양식인 깔래 하우스 Kalae House와 목조 곡루(쌀 창고) Long-Khao(Rice Granary), 타이르 소수민족 하우스 Tai-Lue House, 대나무 전통 가옥 Bamboo House, 콜로니얼 양식 콘크리트 건물 Colonial Style House을 볼 수 있다. 기둥을 높게 세워 만든 목조 전통 가옥은 실제 주거 공간이 2층에 있다. 건물 2층을 드나들 때는 신발을 벗어야 한다. 일부 가옥은 내부에 민속·생활용품도 전시하고 있다.

지도 P.78-A1 주소 239 Thanon Huay Kaew 전화 053-943-626 홈페이지 www.art-culture.cmu.ac.th/en/Museum 운영 화~일요일 08:00~16:30 휴무 월요일 요금 100B 가는 방법 치앙마이 대학교 농대 맞은편, 큰 길 건너에 있다. 님만해민에서 1km 떨어져 있다.

지방 특산품을 판매하는 로컬 시장
똔파욤 시장(딸랏 똔파욤) Ton Phayom Market ตลาดต้นพยอม

외국 관광객들이 거의 찾지 않는 동네 시장이다. 타논 쑤텝(쑤텝 거리)에 있기 때문에 쑤텝 시장(딸랏 쑤텝) Suthep Market으로 불리기도 한다. 자그마한 재래시장으로 북부 지방 특산 음식을 판매하는 상점이 많은 것이 특징이다. 싸이우아(소시지), 캡무(돼지껍데기 튀김), 깡항레, 남프릭을 직접 만들어 판매한다. 특히 '캡무'를 파는 노점이 많은데, 방콕에서 온 태국인들은 이곳에 들러 대량 구매해 간다. 식료품, 향신료, 카레 페이스트, 말린 과일을 파는 가게도 어렵지 않게 볼 수 있다. 기념품 파는 상점이 없어서 외국 관광객에게는 큰 인기가 없다.

지도 P.78-A1 주소 Thanon Suthep 운영 06:00~20:00 요금 무료 가는 방법 왓 쑤언독(사원)에서 800m 떨어진 타논 쑤텝에 있다. 구시가 서쪽 출입문에 해당하는 빠뚜 쑤언독(쑤언독 게이트)에서 2km 떨어져 있다.

앙깨우 호수

태국 북부 지방을 대표하는 대학교
치앙마이 대학교(머처) Chiang Mai University มหาวิทยาลัยเชียงใหม่

치앙마이를 대표하는 대학으로 태국 북부 최고의 대학이다. 방콕을 벗어나 지방에 최초로 만든 대학으로 1964년에 설립했다. 의대, 법대, 미대, 농대를 포함해 20개 단과대학에서 3만 8,000명이 공부한다. 도이 쑤텝(쑤텝 산) 언저리에 있는 메인 캠퍼스만 약 3㎢(약 88만 평) 크기로 대학교 전체를 걸어 다니는 것은 불가능하다. 캠퍼스 내부에 있는 앙깨우 호수 Ang Kaew Reservoir까지 산책 삼아 다녀오면 된다. 대학교에서 운영하는 투어(요금 60B) Visit CMU를 이용해도 된다. 전동 카트를 타고 대학 캠퍼스를 둘러보는 투어로 40분 정도 소요된다. 치앙마이 대학교는 태국말로 마하윗타얄라이 치앙마이를 줄여서 '머처', 영어로는 CMU라고 부른다. 치앙마이 대학교 후문을 가려면 대학 뒤편이라는 뜻으로 '랑머'라고 말하면 된다. 대학의 정문은 타논 훼이까우 Thanon Huay Kaew에 있으며 후문으로 나가면 타논 쑤텝 Thanon Suthep이 나온다.

지도 P.78-A1 주소 Thanon Huay Kaew 전화 053-844-821 홈페이지 www.chiangmai.ac.th 운영 08:00~18:00 요금 무료(대학교 투어 60B) 가는 방법 대학교 정문은 타논 훼이까우에 있다.

치앙마이 대학교 정문 앞에 생기는 야시장
깟 나머(치앙마이 대학교 야시장) Kad Na Mo กาดหน้ามอ

깟=시장, 나=앞쪽, 머=대학교가 합쳐진 말로 치앙마이 대학교 정문 앞에 생기는 야시장을 뜻한다. 치앙마이 대학교 야시장 Chiang Mai University Night Market으로 불리기도 한다. 태국 전역에서 흔히 볼 수 있는 야시장으로, 대학교 앞쪽에 있는 만큼 학생들이 선호하는 물건이 많다. 100여 개의 상점이 들어서 있는데 옷과 신발, 가방, 액세서리, 언더웨어, 미용 용품, 휴대폰 케이스 등을 판매한다. 저렴한 식당이 몰려 있는 푸드 존 Food Zone도 함께 운영한다. 기념품을 판매하는 곳이 아니라서 관광객에게는 인기가 없는 편이다.

지도 P.78-A1 주소 Thanon Huay Kaew 운영 17:00~23:00 요금 무료 가는 방법 치앙마이 대학교 정문 앞의 타논 훼이까우(훼이까우 거리)에 있다.

승려들의 수행 길에 있었던 산속의 사원
왓 파랏(몽크 트레일) Wat Pha Lat(Monk's Trail) วัดผาลาด

도이 쑤텝(쑤텝 산) 중턱에 있는 산속의 사원이다. 치앙마이 대학 후문 쪽에서 시작해 30~40분 정도 오솔길을 걸어 올라가야 한다. 스님들이 사원들 드나들 때 걸었던 길이라고 해서 몽크 트레일 Monk's Trail이라고 불리기도 한다. 길이 험하지는 않지만 우기에는 미끄러우니 주의가 필요하다. 왓 파랏은 '경사진 바위에 있는 사원'이란 뜻이다. 실제로 바위를 흐르는 작은 물줄기를 지나면 사원 입구에 해당하는 나가 Naga(뱀 모양의 수호신)를 장식한 계단이 나온다. 란나 왕국의 6번째 국왕이던 끄나 왕 King Kuena(재위 1355~1385) 시절에 건설된 사원이다. 왓 프라탓 도이 쑤텝으로 향하던 왕실 행차 길에 동행한 코끼리가 쉬어 갔던 곳에 건설한 사원으로, 사원 곳곳에 코끼리 조각이 장식되어 있다.

도로가 포장되고 산길을 이용하는 사람이 줄어들면서 왓 파랏은 정글 속에 숨겨진 사원으로 변모했다. 덕분에 명상 수행을 위해 승려들이 찾아온다. 웅장한 사원은 아니지만 불상과 신들의 조각상, 오래된 석탑이 고요한 산속에 흩어져 있어 신비감을 준다

지도 P.78-A1 **주소** Thanon Cheong Doi Soi 10 **운영** 08:00~18:00 **요금** 무료 **가는 방법** 치앙마이 대학 후문을 지나 타논 쑤텝(쑤텝 거리) 끝에 있는 청도이 쏘이 10 Cheong Doi Soi 10 골목에서 우회전해서 올라간다. 1km를 올라가면 포장도로가 끝나고 등산로가 시작된다. 포장도로가 끝나는 곳에서 사원까지 걸어서 30분 정도 걸린다.

고요한 산속에 만든 사원
왓 우몽 Wat Umong วัดอุโมงค์

도시가 아니라 산속에 위치한 사원이다. '우몽'은 태국어로 터널(동굴)을 뜻한다. 한국 여행자들은 동굴 사원이라고 부른다. 왓 쑤언독과 마찬가지로 끄나 왕 King Kue Na(재위 1355~1385)이 1371년에 건설했다. 쑤코타이 왕국 Sukhothai Kingdom(치앙마이에서 남쪽으로 310㎞ 떨어진 도시. 태국 초기의 독립국가 왕국)에서 초빙한 고승(테라짠 Therachan)의 수행을 위해 만든 사원이다.

산속에 위치한 왓 우몽은 조용한 숲속 길을 따라 사원으로 길이 이어진다. 사원으로 향하는 길 자체가 명상 분위기로 경내에는 나무마다 불교 경구들을 적어 놓았다. 15세기 후반에 사원이 폐쇄되며 약탈당해 사원 내부에 여기저기 흩어진 불상들이 보인다. 사원이 복구되어 다시 기능을 수행한 것은 1948년부터다. 사원의 끝자락 언덕에는 종 모양의 쩨디(탑)가 있다. 쩨디를 이루는 언덕의 아랫부분은 인공으로 만든 터널(동굴)이 있다. 석굴 형태로 만들어 불상을 모셨고, 벽화를 그렸다(세월이 흘러 벽화는 남아 있지 않다). 더위를 피하고 우기에 안정적으로 수행하기 위해 석굴을 만들었다고 한다.

지도 P.78-A2 **주소** Soi Wat Umong, Thanon Suthep **전화** 053-273-990 **운영** 06:00~18:00 **요금** 20B **가는 방법** ① 치앙마이 대학교 후문 주변의 타논 쑤텝(쑤텝 거리)에서 사원으로 향하는 여러 갈래 길들이 연결된다. ② 치앙마이 대학교 후문에서 1.5km, 반캉왓에서 1km 떨어져 있다.

치앙마이를 대표하는 예술가 마을
반캉왓 Baan Kang Wat บ้านข้างวัด

'사원 앞마을'이란 뜻으로 예술가들이 모여 만든 공동체 마을로 도심을 벗어나 슬로 라이프를 즐기기 좋다. 잔디밭과 야외 광장을 중심으로 30여 개의 목조 건물이 둘러싸고 있다. 목재를 이용해 태국스럽게 만든 건물들은 공방, 스튜디오, 아티스트 숍, 책방, 카페까지 다양한 용도로 사용된다. 직접 디자인해 만든 수공예품, 가죽공예품, 목 공예품, 은 공예품, 자개 공예품, 바느질·뜨개질 제품, 도자기, 그림, 엽서, 액세서리, 기념품, 옷, 소품도 판매한다. 공방에서는 그림 그리기, 도자기 만들기 등도 배울 수 있다.

시골 풍경과 예술가 마을이 조화롭게 어우러지는 유니크한 매력 때문에 유명 관광지로 변모했다(그래프 카페까지 지점을 운영한다). 참고로 2014년에 만들어진 반캉왓은 나타웃 락쁘라씻 Nattawut Ruckprasit의 아이디어로 시작됐다. 그는 부쿠 스튜디오 Bookoo Studio를 운영하며 생활하고 있다.

지도 P.78-A2 **주소** 191~197 Soi Wat Umong **홈페이지** www.facebook.com/BannKangWat **운영** 화~일요일 10:00~18:00 **휴무** 월요일 **가는 방법** ①일반적으로 왓 우몽(사원)을 거쳐 반캉왓으로 간다. 왓 우몽 입구에서 1km 떨어져 있다. ②타는 님만해민에서 4km, 빠뚜 타패(타패 게이트)에서 8km 떨어져 있다.

반캉왓과 가까운 명상 수행 사원
왓 람뻥(따뽀타람) Wat Ram Poeng(Tapotaram) วัดร่ำเปิง

반캉왓 인근에 있는 대형 불교 사원이다. 란나 왕국의 13대 국왕이 반역죄를 쓰고 처형당한 그의 아버지를 기리기 위해 건설한 사원이다. 1492년에 건설된 오래된 사원이지만 2차 대전을 겪으면서 피해를 입었고, 1971년이 되어서야 사원이 재건되었다. 회랑에 둘러싸인 사원의 대법당(위한 라이캄)도 이때 재건됐다. 단아한 란나 양식의 건물로 금색으로 칠해져 반짝인다. 현재는 <u>태국 북부 지방 위빠싸나 명상 본원 역할을 하는 사원이다.</u> 사원 간판에 영어로 Northern Insight Meditation Center라고 쓰여 있다. 명상 수행에 참여하는 사람들은 흰옷을 입고 있으며, 04:00에 기상해 사원의 규율에 따라 26일간의 수련을 이어간다.

지도 P.78-A2 주소 1 Moo 5 Tambon Suthep **홈페이지** www.watrampoeng.com **운영** 07:00~17:00 **요금** 무료 **가는 방법** ①반캉왓 남쪽으로 연결되는 골목길을 따라 250m 떨어져 있다. ②타논 님만해민에서 5km, 빠뚜 타패(타패 게이트)에서 8.5km 떨어져 있다.

도이 쑤텝 산자락에 자리한 동물원
치앙마이 동물원(쑤언쌋 치앙마이) Chiang Mai Zoo สวนสัตว์เชียงใหม่

도이 쑤텝(쑤텝 산) 초입에 있는 81만㎡(약 24만 5,000평) 크기의 동물원이다. 1977년 오픈했는데 시설은 노후한 편이다. 아프리카 동물 구역 African Animal Zone, 버드 파크 Bird Park, 아쿠아리움 Aquarium, 키즈 존 Kid Zone, 프랑스 정원 French Landscaping 등으로 구성되어 있다. 코알라, 캥거루, 펭귄, 곰, 코끼리, 사자, 호랑이 같은 동물을 볼 수 있다. <u>참고로 동물원에서 큰 사랑을 받았던 판다는 더 이상 볼 수 없다. 중국에서 임대해줬던 판다 한 쌍은 2023년에 죽었다고 한다.</u> 동물원을 순회하는 트램(성인 70B, 어린이 50B)을 타거나 골프 카트(1시간 350B)를 대여해 둘러보는 게 좋다. 전체적으로 입장료에 비해 볼거리는 적은 편이다. 동물원보다 나이트 사파리 Night Safari(P.268)가 더 인기가 있다.

지도 P.78-A1 주소 100 Thanon Huay Kaew **전화** 053-221-179 **홈페이지** www.chiangmai.zoothailand.org **운영** 08:00~17:00 **요금** 350B(어린이 120B) **가는 방법** 치앙마이 대학교 지나서 타논 훼이깨우 끝자락에 있다.

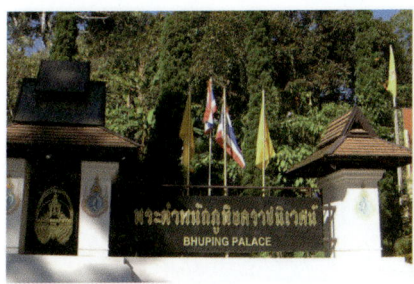 

라마 9세를 위해 건설한 왕실 별장
푸핑 궁전(프라 땀락 푸핑) Phu Phing Palace(Bhubing Palace) พระตำหนักภูพิงคราชนิเวศน์

라마 9세(푸미폰 국왕, 재위 1946~2016) 때 건설한 궁전으로 왕족들이 치앙마이를 방문하면 머무르는 별장이다. 방콕 왕궁에 있는 왕실 건물과 비슷하게 1961년에 만들었다. 보통 겨울(12~2월)에 방문해 겨울 별장(행궁)으로 불린다. 궁전 주변은 식물들이 가득한 정원으로 꾸몄다. 참고로 현재 국왕인 라마 10세(라마 9세의 아들)이 즉위한 이후에는 일반인의 방문을 제한하고 있다.

지도 P.78-A1 주소 Doi Suthep **홈페이지** www.bhubingpalace.org **운영** 08:30~11:30, 13:00~15:30 **요금** 50B **가는 방법**
①치앙마이 대학교 정문 오른쪽 또는 치앙마이 동물원 앞에서 도이 쑤텝으로 향하는 빨간색 썽태우가 푸핑 궁전까지 간다. 보통 6명이 모이면 출발하며 1인당 편도 요금은 70B이다. ②왓 프라탓 도이 쑤텝 앞에서도 푸핑 궁전까지 썽태우가 운행된다.

상업화 된 산악 민족 마을
도이 뿌이(도이 뿌이 몽족 마을) Doi Pui Hmong Village ดอยปุย

푸핑 궁전을 지나 산길을 더 올라가면 해발 1,685m의 도이 뿌이에 닿는다. 몽족이 생활하는 마을 Doi Pui Hmong Hill Tribe Village로 고유의 언어와 전통의 생활 방식으로 생활하고 있는 산악 민족(고산족) 마을 중 한 곳이다. 하지만 치앙마이와 가깝다 보니 관광객들이 대거 유입되면서 관광지로 변모한 지 오래다. 꽃 정원(입장료 20B)을 만들어 놓고 있고, 전통 복장을 빌려 기념사진도 찍을 수 있다.
도이 뿌이에서 산길을 따라 10km를 더 올라가면 또 다른 몽족 마을인 반쿤창키안(쿤창키안 마을) Ban Khun Chang Khian이 나온다. 산 정상 부근에 있는데 대중교통(썽태우)이 드나들지 않는 지역이라 관광객이 적고 개발도 덜 되어 있다. 커피 농장에서 운영하는 커피숍이 있어 잠시 쉬어 갈 수 있다.

지도 P.78-A1 주소 Doi Pui Hmong Village **운영** 08:00~17:00 **요금** 무료 **가는 방법** 왓 프라탓 도이 쑤텝(사원)에서 8km더 올라간다. 치앙마이 대학교에서 산길을 따라 20km 떨어져 있다.

치앙마이에서 가장 신성시 되는 사원
왓 프라탓 도이 쑤텝 Wat Phra That Doi Suthep วัดพระธาตุดอยสุเทพ

태국 북부에서 가장 신성시되는 사원으로 도이 쑤텝 (쑤텝 산) 중턱인 해발 1,053m에 위치하고 있다. 산허리를 굽이굽이 돌아가는 잘 닦인 포장도로가 있어 사원을 방문하는 것은 어렵지 않다. 참고로 도이 쑤텝은 해발 1,676m 높이의 산으로 치앙마이 서쪽 경계를 이룬다. '도이'는 태국 북부 언어로 '산(山)'이라는 뜻이다. 표준 태국어로는 산을 '카오'라고 한다.

왓 프라탓 도이 쑤텝은 붓다의 사리를 싣고 오던 하얀 코끼리가 산에서 사망했는데, 끄나 왕 King Kuena(재위 1355~1385)이 역사적인 장소를 찾아 이곳에 신성한 불탑을 건설한 것이 사원의 효시가 되었다고 한다. 하얀 코끼리가 사망하기 전 붓다의 사리를 보관할 장소라는 것을 암시하기 위해 크게 원을 세 번 그렸다고 전해진다.

사원 입구에 도착하면 나가 Naga(뱀 모양의 수호신)가 양옆을 호위하고 있는 계단이 이어진다. 계단은 무려 306개로 천천히 계단을 오르다 보면 신성한 사원으로 들어가는 경건한 기분을 느낄 수 있다. 여행자들은

매표소 오른쪽에 있는 케이블카를 타고 사원으로 직행하기도 한다. 사원 내부는 황금을 입힌 24m 높이의 스투파 Stupa(황금 사리탑)를 중심으로 불상들이 빼곡히 채워져 있다. 순례자들은 두 손을 모으고 스투파를 따라 시계 방향으로 돌며 붓다의 뜻을 기린다. 스투파 옆에는 황금 파라솔을 세워 화려함을 더했다. 황금 파라솔은 왕실을 상징하는 표식으로 란나 양식의 사원에서 흔히 볼 수 있는 장식이다. 스투파 주변에는 여러 개의 법당(위한)을 세웠으며, 란나 양식의 청동 불상들을 법당마다 모시고 있다. 스투파 오른쪽에는 전망대가 있는데, 이곳에서 치앙마이 시내가 훤히 내려다보인다.

왓 프라탓 도이 쑤텝은 신성한 곳이므로 경박한 옷차림은 삼가야 한다. 무릎이 노출되는 옷을 입었을 경우 사원 입구에서 기다란 치마를 대여하면 된다. 신발을 벗고 들어가는 것도 예의다. 참고로 사원을 포함해 도이 쑤텝 전체가 국립공원으로 지정되어 있다. 치앙마이에 비해 고도가 높기 때문에 연중 평균 기온이 20~23°C로 선선하다. 겨울에는 영상 5°C까지 내려가기도 하므로 방문 시기에 따라 옷차림에 유의해야 한다.

지도 P.78-A1 주소 Doi Suthep 운영 06:00~20:00 요금 30B(케이블카 20B 별도) 가는 방법 ①치앙마이 대학교에서 도이 쑤텝으로 이어지는 산길을 따라 12km, 치앙마이 구시가에서 18km 떨어져 있다. ②치앙마이 대학교 정문 옆 또는 치앙마이 동물원 앞에서 도이 쑤텝으로 향하는 빨간색 썽태우가 출발한다. 보통 10명이 모이면 출발하며 1인당 요금은 50B이다. 썽태우 한 대를 전세 낼 경우 왕복 500~600B 정도에 흥정하면 된다. ③빠뚜 창프악(창프악 게이트) 앞 해자를 건너면 삼거리 코너(세븐일레븐 앞)에서도 빨간색 썽태우가 출발한다. 6명이 모이면 출발하며 편도 요금은 1인당 80B이다. ④성수기에는 왓 프라씽(사원) 정문 앞에서도 빨간색 썽태우가 출발한다. 8명이 모이면 출발하며 편도 요금은 50B이다. ⑤그랩을 이용할 경우 구시가에서 400B 정도 예상하면 된다.

CAFE & DRINK 님만해민 & 도이 쑤텝의 카페

트렌드를 선도하는 곳답게 님만해민에는 다양한 카페가 몰려 있다. 한적한 자연 속의 카페를 찾는다면 반캉왓 또는 왓 우몽 주변 지역을 방문하자.

몬놈쏫 Mont Nomsod มนต์นมสด ★★★☆

태국 젊은이들에게 인기 있는 토스트 전문점이다. **본점은 방콕에 있는데 1964년부터 영업을 시작해 오랫동안 인기를 누리고 있다.** 연유와 설탕, 카야 잼, 초콜릿을 듬뿍 뿌린 달달한 토스트가 현지인의 입맛에 딱이다. 토스트 토핑은 11종류 중에서 선택할 수 있다. 카야 토스트는 영어 메뉴판에 Egg Custard and Butter 또는 Pandan Custard and Butter on Toast 중 하나를 고르면 된다. 우유나 커피, 밀크 티를 곁들이면 단맛이 배가된다. 참고로 '놈쏫'은 신선한 우유라는 뜻이다. 저녁 장사하는 곳으로 가격도 저렴해 부담 없이 들르기 좋다.

지도 P.88-B1 주소 45/21 Thanon Nimmanhaemin 전화 053-214-410 홈페이지 www.mont-nomsod.com 영업 15:30~23:30 메뉴 영어, 태국어 예산 30~35B 가는 방법 타논 님만해민 쏘이 7과 쏘이 9 사이의 메인 도로에 있다.

치윗 치와(치빗 치바) Cheevit Cheeva ชีวิตชีวา ★★★☆

태국 젊은이들이 좋아하는 디저트 카페. **방콕에 애프터 유 디저트 카페 After You Dessert Cafe가 있다면, 치앙마이에는 '치윗 치와'가 더 유명하다.** 2015년에 문을 연 치앙마이 태생의 카페로 즐겁고 활기찬 삶이라는 뜻이다. 토스트와 빙수로 구성된 디저트는 아이스크림, 망고, 딸기, 단팥, 누텔라, 카야 잼, 캐러멜 푸딩에 시럽까지 첨가해 단맛을 극대화했다. 인기 메뉴는 태국 디저트를 올린 부아로이 빙수 Salt Egg Yolk Bua-Loi Bingsu와 망고 스티키 라이스 빙수 Mango Sticky Rice Bingsu다. 패밀리 사이즈와 레귤러 사이즈로 구분해 주문하면 된다.

지도 P.89-C2 주소 Thanon Sirimangkhalachan(Siri Mangkalajarn) Soi 7 홈페이지 www.cheevitcheevacafe.com 영업 11:00~22:00 메뉴 영어, 태국어 예산 205~245B 가는 방법 타논 씨리망카라짠 쏘이 7 골목에 있다.

차 뜨라므(마야 쇼핑몰 지점) Cha Tra Mue ชาตรามือ ★★★☆

1945년부터 생산 중인 태국의 대표적인 밀크 티 브랜드. 얼음과 연유를 넣어 만든 달달한 밀크 티에 적합한 차(茶)를 생산해내며 대중적인 인기를 누리고 있다. 편의점에 가면 흔히 볼 수 있을 정도로 태국 사람들의 사랑을 받는 제품이다. 대형 쇼핑몰 내부에서는 자체적으로 카페를 운영한다. 관광객이 오며가며 들르기 편한 곳은 마야(쇼핑몰) 지점이다. 님만해민 쏘이 9 Nimmanhaemin Soi 9 지점을 이용해도 된다. 시그니처 메뉴는 기본에 해당하는 타이 밀크 티(차옌) Thai Milk Tea다. 연유와 녹차를 넣으면 밀크 그린 티(차 키아우 놈) Milk Green Tea, 라임을 넣으면 타이 레몬 티(차 마나오) Thai Lemon Tea가 된다. 주문할 때 당도(0~130%까지 다섯 단계로 구분)를 선택할 수 있다.

지도 P.88-B2 주소 Maya Lifestyle Shopping Centre, 44 Thanon Huay Kaew **홈페이지** www.cha-thai.com **영업** 09:00~20:00 **메뉴** 영어, 태국어 **예산** 45~65B **가는 방법** 마야 쇼핑몰 B1층에 있다.

바리소텔 바이 더 바리스트로 The Barisotel By The Baristro ★★★★

치앙마이에서 유명한 카페, '바리스트로'에서 운영한다. 님만해민 지역에 있는 인스타그램 감성의 트렌디한 카페. 카페와 부티크 호텔을 겸하는데, 순백의 미니멀한 디자인이 눈길을 끈다. 자그마한 실내는 높은 층고로 인해 답답하지 않고, 화이트 톤의 타일을 이용해 세련되게 꾸몄다. 에스프레소 샷과 콜드 브루를 이용해 창의적인 커피를 만들어낸다. 트리플 Triple(에스프레소+밀크+초콜릿), 마일로 밤 Milo Bomb(에스프레소+우유+마일로 파우더), 비 라테 B Latte(에스프레소+우유+위핑 크림), 블랙 코코넛 Black Coconut(에스프레소+코코넛 주스), 바리스트로 모카 Baristro Mocca(모카+카카오 소스)가 인기있다.

지도 P.88-B2 주소 7/2 Thanon Nimmanhaemin Soi 9 **전화** 081-898-8998 **홈페이지** www.facebook.com/thebaristro **영업** 08:00~18:00 **메뉴** 영어, 태국어 **예산** 80~145B **가는 방법** 타논 님만해민 쏘이 9에 있는 바리소텔 The Barisotel 1층에 있다.

포하이드 FOHHIDE ★★★★

님만해민 지역에 있는 루프 톱 카페. FoH는 Full of Happiness라는 뜻으로 안쪽에 숨겨져 있기 때문에, 포하이드라는 간판을 달았다. 같은 건물을 다른 레스토랑과 공유하는데, 간판이 작아서 눈에 잘 띄지 않는다. 카페까지는 자그마한 엘리베이터(2~3인용 리프트에 가깝다. 문을 닫고 10초 지나면 엘리베이터가 움직인다)를 타고 5층까지 올라가면 된다. 카페도 자그마해서 포근한 느낌을 준다. 커피바를 중심으로 창가에 의자가 몇 개 놓여 있을 뿐이다. 바깥 풍경을 바라볼 수 있는 복도 쪽 좌석도 만들어 놨다. 창밖으로 님만해민 거리 풍경과 도이 쑤텝(쑤텝 산)을 볼 수 있는 것이 가장 큰 매력이다. 날씨 좋을 때 방문할 것. 원두는 두 종류의 하우스 블렌딩 중에서 선택하면 된다.

지도 P.88-B1 **주소** 5F, Thanon Nimmanhaemin Soi 5 **전화** 083-236-5442 **홈페이지** www.instagram.com/fohhide **영업** 08:00~17:00 **메뉴** 영어 **예산** 70~140B **가는 방법** 타논 님만해민 쏘이 5에 있는 로스터리 랩 Roast8ry Lab를 바라보고 왼쪽에 카페 입구가 있다.

나인 원 커피 Nine One Coffee ★★★★

님만해민 지역에서 마니아층을 보유한 카페. 호들갑 떨지 않고 기본에 충실한 곳으로 꾸준한 인기를 얻고 있다. 아담한 시설로 트렌디하게 꾸민 곳은 아니다. 원목과 유리창을 통해 거리 풍경을 볼 수 있어 좁게 느껴지지 않는다. 도이 싸껫 Doi Saket(치앙마이 북부 지역)에서 재배한 아라비카 원두를 직접 로스팅해 사용한다. 자연 환경을 훼손하지 않고 유기농 기법으로 원두를 재배하는 것이 특징이다. 원두의 풍미를 맛보고 싶다면 드립 커피를 주문하면 된다. 2014년 태국 인디 바리스타 챔피언 대회 Thailand Indy Barista Champion에서 베스트 에스프레소, 2018년 타이 스페셜티 커피 어워즈 Thai Specialty Awards에서 베스트 10에 선정되기도 했다. 원두와 드립백도 판매한다.

지도 P.88-B2 **주소** Thanon Nimmanhaemin Soi 11 **홈페이지** www.nineonecoffee.co **영업** 화~일요일 07:00~16:00 **휴무** 월요일 **메뉴** 영어 **예산** 85~130B **가는 방법** 타논 님만해민 쏘이 11에 있다.

리스트레토(본점) Ristr8to Original ★★★★

월드 라테 아트 챔피언에 등극한 바리스타가 운영하는 카페. 여러 개 지점 중 2011년에 오픈한 본점에 해당한다. 메인 도로를 끼고 있는 개방형 카페로 규모는 작은 편이다. 커피를 직접 블렌딩하고 로스팅하며, 에스프레소와 핸드드립 방식으로 구분해 커피를 내린다. '라테' 종류가 시그니처 커피인데, 커피 배합과 라테 장식에 따라 종류가 다양하다. 따뜻한 라테는 시가레토 Cigar8to, 플랫 화이트 Flat White, 사탄 라테 Satan Latte, 피콜로 라테 Piccolo Latte가 인기 있다. 커피 용량과 배합에 적절하도록 커피 잔도 직접 제작해 사용한다.

지도 P.88-B1 **주소** 15/3 Thanon Nimmanhaemin **전화** 053-215-278 **홈페이지** www.facebook.com/Ristr8to **영업** 07:30~18:30 **메뉴** 영어 **예산** 88~158B **가는 방법** 님만해민 쏘이 3과 쏘이 5 사이의 메인 도로에 있다.

로스터리 플래그십 스토어

로스터리 랩 Roast8ry Lab ★★★★☆

트렌디한 카페가 즐비한 님만해민 지역에서도 특히 유명한 곳이다. 리스트레토 Ristr8to를 운영하는 바리스타들이 만든 2호점에 해당한다. 커피 연구에 몰두한다는 의미로 로스터리 랩이라고 간판을 달았다. 바리스타들은 2017년 월드 라테 아트 챔피언, 2024년 태국 바리스타 챔피언 등 화려한 경력을 자랑한다. 시그니처 메뉴로는 사탄 라테 Satan Latte, 피카디 Ficardie, 갓마더 모차로 Godmother Mocha가 있다. 라테 아트 장식도 선택할 수 있는데, 섬세함을 요하는 월드 챔피언 라테는 추가 요금을 받는다. 3호점에 해당하는 로스터리 플래그십 스토어 Roast8ry Flagship Store(주소 Nimmanhaemin Soi 17)도 운영한다. 노출 콘크리트를 이용해 인더스트리얼 느낌으로 힙하게 꾸몄다.

지도 P.88-B1 **주소** 14 Thanon Nimmanhaemin Soi 3 **전화** 085-530-5360 **홈페이지** www.roast8ry.com **영업** 08:00~17:00 **메뉴** 영어 **예산** 88~420B **가는 방법** 타는 님만해민 쏘이 3 골목에 있다.

📍인기 그래프 쿼터(그래프 카페 씨리망카라짠 지점) Graph Quarter ★★★★

치앙마이 3대 카페로 알려진 그래프 카페의 네 번째 지점이다. 님만해민과 인접한 씨리망카라짠 거리에 있다. 조용한 주택가 골목에 만든 미니멀한 카페. 우드 톤으로 만든 기다란 건물에 일자형 테이블을 배치한 모던한 디자인이다. 통창을 이용해 자연 채광을 최대한 살린 것도 특징. 창가에도 쿠션을 놓긴 했지만 좁은 공간에 좌석을 일렬로 배치해 협소한 느낌을 준다. 오히려 나무 그늘 아래 야외 공간이 넓게 느껴질 정도다. 커피 메뉴는 다른 지점과 동일하다. 마그마 Magma, 로스트 가든 Lost Garden, 쏨펫 Sompetch, 허니비 Honeybee, 미드타운 Midtown 같은 독창적인 커피를 맛볼 수 있다. 님만해민 중심가에 두 개 지점이 더 있다. 그래프 원 님만(원 님만 쇼핑몰 1층) Graph One Nimman과 그래프 그라운드(씨리망카라짠 쏘이 1) Graph Ground를 함께 운영한다.

지도 P.89-C2 주소 Thanon Siri Mangkhalachan Soi 13 전화 099-372-3003 홈페이지 www.graphcoffeeco.com 영업 09:00~17:00 메뉴 영어 예산 120~220B 가는 방법 님만해민 남쪽의 타논 씨리망카라짠 쏘이 13에 있다.

블루 커피(치앙마이대학교 농대점)
Blue Coffee at Agriculture CMU ★★★★

치앙마이 대학교 농과대학 캠퍼스에 있는 카페. 농대 학생들이 실습하는 논과 밭이 카페를 둘러싸고 있어 푸르름이 더해진다. 높은 층고의 건물과 탁 트인 통창 덕분에 자연 속에 들어와 있는 느낌을 준다. 도서관과 카페를 접목한 느낌으로 테이블마다 칸막이를 설치해 공부하며 시간을 보낼 수 있도록 디자인했다. 1인 테이블과 회의실(팀 스터디 룸)도 마련해두고 있다. 당연히 대학생들이 즐겨 찾는다. 원두는 라이트, 미디엄, 스트롱으로 구분해 12종류 중에서 선택할 수 있다. 시그니처로는 콜드 브루 크림, 더티 커피, 오렌지 커피, 피치 커피 등이 있다. 간단한 디저트(빵과 케이크)도 판매한다.

지도 P.78-A1 주소 Faculty of Agriculture CMU, Soi Chiang Saen 201 전화 065-662-2292 홈페이지 www.facebook.com/bluecoffeebythebaristro2 영업 07:30~18:00 메뉴 영어 예산 70~130B 가는 방법 치앙마이 대학교 농과대학 캠퍼스에 있다.

바리스트로 아시안 스타일 The Baristro Asian Style ★★★★

치앙마이를 대표하는 카페 중 한 곳인 바리스트로에서 운영한다. 8개 지점이 있는데 그중에서 규모(약 150평)가 가장 크다. 치앙마이 대학교 후문에서 이어지는 한적한 골목길에 있다. 카페를 들어갈 때 입장료 80B(커피 쿠폰으로 사용하면 된다. 아이스 아메리카노 한 잔 값이다)을 선불로 내야 한다. 담벼락을 두르고 목조 출입문을 만들어 성문을 출입하는 느낌으로 설계했다. 아시안 스타일에 어울리게 정원과 안마당을 만들었고, 돌담과 회랑을 통해 목조 건물이 서로 연결된다(돌담은 한국 건축에서 영감을 얻었다고 한다). 일본식 정원과 대나무, 좌식 테이블을 배치한 것도 특징이다. 일반 커피를 만드는 커피 바 옆쪽으로 말차 슬로 바 Matcha Slow Bar를 분리해 운영한다.

지도 P.78-A1 주소 193/3 Soi 8 Bannmailangmo 14 전화 092-455-3947 홈페이지 www.facebook.com/Thebaristroasianstyle 영업 08:00~18:00 메뉴 영어 예산 80~190B 가는 방법 치앙마이 대학교 후문에서 600m 떨어진 반마이랑머 14 골목에 있다.

페이퍼 스푼 Paper Spoon ★★★★

반캉왓 가는 길에 있는 카페. 공예품 매장과 갤러리를 겸하는 사랑스러운 공간이다. 한적한 골목길에 있는 목조 건물로 야외 정원이 어우러진다. 목조 건물 2층에서 창밖으로 보이는 푸릇한 풍경이 평온함을 더한다. 건물 자체가 빈티지한 분위기로 오래된 선풍기 같은 소품들로 자연스러운 멋을 한껏 살렸다. 치앙마이스러운 느낌이 가득한 곳으로 바쁠 것 없어 보이는 손님들이 조용히 쉬다 간다. 심플한 분위기를 반영하듯 음료 메뉴도 간단하다. 아메리카노를 포함한 몇 종류의 커피, 밀크 티, 소다, 라시가 전부다. 간단한 디저트 메뉴로 토스트와 스콘이 있다. 내부에선 엽서, 수첩, 그림, 액세서리, 의류와 수공예 제품을 전시·판매하고 있다. 현재 주 5일만 영업 중이다.

지도 P.78-A2 **주소** 36/14, Moo 10, Suthep **전화** 085-041-6844 **홈페이지** www.facebook.com/Paperspoon **영업** 목~월요일 11:00~17:00 **휴무** 화~수요일 **메뉴** 영어 **예산** 65~90B **가는 방법** 왓 우몽에서 450m, 반캉왓에서 800m 떨어져 있다.

넘버 39 카페 No.39 Cafe ★★★☆

반캉왓 가는 길에 있는 카페. 숲속에 있는 작은 연못을 끼고 여러 채의 건물들이 들어서 있다. 목조 건물부터 벽돌 건물까지 위치에 따라 분위기가 달라진다. 널브러지기 좋은 야외 테라스와 평상까지 있어 자연적인 정취를 느낄 수 있다. 청록색을 풀어 놓은 연못과 푸릇푸릇한 자연이 어우러져 사진 찍기 좋은 장소로 각광받는다. 입구에서 주문을 먼저 해야 들어갈 수 있다. 커피를 포함해 음료는 평범한 편이다. 커피 원두는 4종류 중에서 선택할 수 있다. 케이크와 크루아상, 와플, 샌드위치, 파스타, 피자를 포함해 간단한 브런치 메뉴도 가능하다. 워낙 유명하다 보니 성수기에는 관광지처럼 기념사진 찍으러 오는 사람들로 북적댄다. 야외무대에서 라이브 음악도 연주해 준다.

지도 P.78-A2 **주소** 39/2, Suthep **전화** 091-919-3939 **홈페이지** www.facebook.com/no39chiangmai **영업** 08:30~17:00 **메뉴** 영어 **예산** 커피 80~120B, 브런치 169~259B **가는 방법** 반캉왓에서 600m 떨어져 있다.

RESTAURANT 님만해민 & 도이 쑤텝의 레스토랑

님만해민에는 치앙마이에서 핫한 레스토랑이 몰려 있다. 브런치 카페부터 타이 레스토랑까지 다양하다. 치앙마이 대학교 주변에는 현지인들을 위한 저렴한 식당도 많다

꼬이 카우만까이(꼬이 치킨라이스) Koyi Chicken Rice โกยี ข้าวมันไก่ ★★★★

미쉐린 가이드에 선정된 카우만까이(치킨라이스) 식당이다. 꼬이는 매우 기쁘다는 뜻의 '고이(高怡)'의 태국식 발음이다. 에어컨은 없지만 노점 식당에 비해 깨끗한 편이다. 현지인들이 간단하게 식사하기 위해 찾는 곳으로 점심시간에는 대기 손님이 있을 정도로 유명하다. 일반적으로 카우만까이(닭고기덮밥) Hainanese Chicken Rice를 주문하지만, 카우만까이텃(닭튀김 슬라이스 덮밥) Fried Chicken Rice도 가능하다. 두 종류의 닭고기를 섞어서 담아주는 카우만까이 파쏨까이텃(믹스 치킨라이스 Mix Chicken Rice)도 있다.

지도 P.89-C2 주소 69/3 Thanon Sirimangkhalachan **전화** 085-527-1412 **홈페이지** www.facebook.com/KOYI CHICKEN **영업** 08:00~14:00 **메뉴** 영어, 태국어 **예산** 50~90B **가는 방법** 타논 님만해민 남쪽에서 연결되는 타논 씨리망카라짠 쏘이 11과 쏘이 13 사이에 있다.

카우만까이(닭고기덮밥)

댄 카우만까이 Dan Chicken Rice แดนข้าวมันไก่ ★★★

님만해민 지역에 있는 로컬 식당이다. 카우만까이(닭고기덮밥)를 요리한다. 당연히 에어컨은 없고 간판도 태국어로만 적혀 있다. 같은 거리에 있는 꼬이 카우만까이(꼬이 치킨라이스)에 비해 현지인 비중이 더 많다. 메뉴는 단출하다. 카우만까이(닭고기덮밥) Boiled Chicken with Rice 또는 카우만까이텃(닭튀김 슬라이스 덮밥) Crispy Chicken with Rice 중 선택하면 된다. 음식 양은 보통(타마다)과 곱빼기(피쎗)로 구분된다. 가격이 저렴해 가성비가 뛰어나다. 오전 시간에만 잠깐 문을 연다.

지도 P.89-C1 주소 51 Thanon Sirimangkhalachan **영업** 07:30~14:00 **메뉴** 영어, 태국어 **예산** 35~45B **가는 방법** 타논 씨리망카라짠의 세븐일레븐 옆에 있다.

씨아 피시 누들(씨아 꾸어이띠아우쁠라) Sia Fish Noodles เซีย ยะก๋วยเตี๋ยว ปลานิ่ม มมานซอย 11 ★★★★

님만해민 지역에서 유명한 쌀국수 식당이다. 한국 관광객에게도 잘 알려져 있다. 1998년부터 영업 중이다. 식당 규모는 아담하지만 에어컨 시설로 청결하다. 생선 어묵을 고명으로 올려주는 어묵 쌀국수를 만든다. 기본에 해당하는 '꾸어이띠아우쁠라 남싸이' Fishball Noodles with Clear Soup는 맑은 육수에 면과 어묵을 넣어준다. 맑은 육수 덕분에 쌀국수가 자극적이지 않다. 테이블에 놓인 고춧가루 등을 넣어서 입맛에 맞게 먹으면 된다. 국물 없이 비빔으로 먹을 경우 '꾸어이띠아우쁠라 행'을 주문하면 된다. 매콤한 똠얌 쌀국수 Fishball Noodles with Tomyum Soup, 두반장 소스를 넣은 옌따포 Fishball Noodles with Yentafu Soup도 있다. 숲끄라둑(돼지갈비뼈탕) Pork Ribs with Clear Soup은 밥(카오쑤어이)과 함께 주문하면 된다.

지도 P.88-B2 **주소** Thanon Nimmanhaemin Soi 11 **전화** 091-138-7002 **영업** 월~토요일 10:00~15:00 **휴무** 일요일 **메뉴** 영어, 태국어 **예산** 50~80B **가는 방법** 타논 님만해민 쏘이 11에 있다. 타논 님만해민 초입에 있는 원 님만(쇼핑몰)에서 600m 떨어져 있다.

안찬 누들(꾸어이띠아우 안찬) Anchan Noodle ก๋วยเตี๋ยว ยวอัญชัน ★★★☆

안찬(파란색 나비완두콩 꽃잎 Butterfly Pea Flower)을 이용해 만든 파란색 국수로 유명하다. 시그니처 메뉴는 꾸어이띠아우 안찬 Anchan Noodle인데, 일반적인 쌀국수와 달리 돼지고기와 양념장을 곁들여 비빔국수처럼 먹으면 된다. 안찬을 넣은 파란색 밥을 이용한 덮밥도 있다. 바삭한 돼지고기 구이를 올린 카우무끄롭(카우무껍) Crispy Pork Rice이 대표적이다. 국물이 필요하다면 숲끄라둑(돼지갈비뼈탕) Pork Bone Soup을 추가할 것. 음료도 나비완두콩 꽃잎을 넣어 예쁜 색을 더했다. 밥값은 저렴한데 음식 양은 적은 편이다.

지도 P.89-D2 **주소** Thanon Siri Mangkhalachan Soi 9 **전화** 084-949-2828 **홈페이지** www.facebook.com/anchannoodle **영업** 08:30~20:30 **메뉴** 태국어 **예산** 50~70B **가는 방법** 님만해민 남쪽의 타논 씨리망카라짠 쏘이 9에 있다.

쑤끼 남

쑤끼 창프악(랑머 지점) Suki Changphuak(Behind CMU) สุกี้ ช้างเผือก(หลังมช.) ★★★★

'쑤끼'는 음식 이름이고, '창프악'은 지명이다. **본점은 창프악 게이트 야시장(딸랏 창프악) Chang Phuak Gate Night Market(P.204)에 있다.** 1992년부터 영업 중인 곳으로 치앙마이 대학교 후문(랑머) 쪽에 분점을 냈다. 야시장에 있는 노점과 달리 식당 형태로 운영되기 때문에 청결하다. 본점에 비해 접근성은 떨어지지만 아침부터 장사하기 때문에 편한 시간에 방문이 가능하다. 워낙 유명한 데다 가성비가 좋아 대기 손님이 많은 편이다. 당연히 대학생들도 많이 찾아온다. 쑤끼는 태국식으로 변형된 스키야키 Sukiyaki라고 생각하면 된다. 이곳은 즉석에서 1인용 쑤끼를 만들어 준다. 국물이 있으면 '쑤끼 남' Sukiyaki Soup, 국물이 없으면 '쑤끼 행' Sukiyaki Stir Fried이 된다. 고기 종류는 돼지고기(무), 닭고기(까이), 시푸드(탈레) 중에서 선택하면 된다.

지도 P.78-A1 **주소** Behind Chiang Mai University, Thanon Suthep **전화** 062-003-5251 **홈페이지** www.facebook.com/sukichangphuakcmu **영업** 09:00~24:00 **메뉴** 영어, 태국어 **예산** 65~75B **가는 방법** 치앙마이 대학교 후문에서 300m 떨어진 타논 쑤텝에 있다.

카우똠 밧디아오 Khao Tom Bhat Diao ข้าวต้มบาทเดียว ★★★

님만해민 지역에서 저렴하게 식사할 수 있는 곳이다. 에어컨은 없지만 로컬 식당치고 규모가 크다. 주인장이 친절하며 외국 관광객도 많이 찾아온다. '카우똠=끓인 밥, 밧디아오=1밧'이란 뜻이다. 원래는 카우똠과 반찬을 곁들여 식사하는 서민 식당인데, 이곳은 웬만한 태국·중국음식을 모두 요리하는 투어리스트 식당에 가깝다. 각종 채소볶음, 모닝글로리 볶음, 볶음국수, 쏨땀, 팟타이, 볶음밥, 덮밥, 돼지고기 바질 볶음, 똠얌꿍, 해산물, 카우쏘이, 쌀국수까지 다양한 요리를 만든다. 메뉴판이 두툼한데, 인기 메뉴는 사진이 첨부되어 있다. 아침부터 밤늦게까지 운영한다.

지도 P.89-C2 **주소** 47 Thanon Nimmanhaemin Soi 11 **영업** 09:00~02:00 **메뉴** 영어, 태국어 **예산** 55~189B **가는 방법** 타논 님만해민 쏘이 11 끝자락에 있다.

해피 헛 Happy Hut ★★★★

반캉왓 오가는 길에 가볍게 식사하기 좋은 곳이다. 산속에 있는 오두막은 아니고 자그마한 마당을 갖춘 로컬 식당이다. 에어컨 같은 건 없지만 바닥에 자갈을 깔아 정갈하게 꾸몄다. 수공예품과 전통 회화도 장식해 미적 감각을 더했다. 테이블 몇 개 없는 소박한 식당이다. 메뉴도 딱 세 가지뿐이다. 카우쏘이 무뚠(돼지고기 카우쏘이) Khao Soi Stewed Pork, 카놈찐 남응이아우(돼지고기와 선지를 넣은 매콤한 소면 쌀국수) Kanomjeen Pork, 카우쏘이 까이(닭고기 카우쏘이) Khao Soi Chicken 중에서 고르면 된다. 국물이 깔끔한 편이라 외국 관광객 입맛에도 무난하다. 카페를 겸하는데 커피와 아이스티도 만든다. 저렴하고 친절한 곳으로 가성비가 좋다.

지도 P.78-A2 주소 182 Suthep 전화 099-223-5268 홈페이지 www.facebook.com/HappyHutCNX 영업 09:30~16:30 메뉴 영어, 태국어 예산 60~70B 가는 방법 반캉왓에서 450m 떨어져 있다.

참차오+빠이파 Charm Chao+Pai Fah ชามเช้าก๋วยเตี๋ยว ยวปายฟ้า ★★★☆

반캉왓 주변에 있는 태국식 아침 식사+쌀국수 식당이다. 숲속 골목길에 있는 오래된 목조 건물 그 자체로 소박함이 느껴진다. 당연히 에어컨은 없다. 저렴하고 맛 좋은 밥(덮밥, 볶음밥)과 쌀국수를 요리한다. 담백하고 깔끔한 쌀국수는 돼지고기 Pork Noodle Soup를 기본 베이스로 한다. 오전 시간에는 쪽(죽), 카우똠(끓인 밥), 카이까타(둥근 팬에 만든 달걀프라이), 카놈빵삥(토스트) 같은 태국식 아침 식사도 가능하다. 한때 한국 관광객에게는 '빠이파 국수'로 알려졌는데, 구글 검색은 참차오 Charm Chao로 해야 한다. 같은 공간을 쓰는 같은 식당인데, 시간대에 따라 요리하는 음식이 다르기 때문이다.

지도 P.78-A2 주소 Soi Ban Ram Poang, 68/2 Tambon Suthep 전화 084-613-4333 영업 08:00~15:00 휴무 수요일 메뉴 영어, 태국어 예산 45~60B 가는 방법 반캉왓 지나서 300m 더 가면 나오는 란딘(카페) Landin 옆에 있다.

까이양 청더이(청더이 로스트 치킨) Cherng Doi Roast Chicken ไก่ย่างเชิงดอย ★★★★

님만해민 지역에서 인기 있는 이싼 음식(쏨땀을 포함한 태국 북동부 지방 음식) 전문 레스토랑이다. 미쉐린 가이드 빕그루망에 선정되면서 외국 관광객에게도 많이 알려졌다. 한적한 목조 가옥 분위기로 님만해민에 비해 상대적으로 조용한 타논 쑥까쎔(쑥까쎔 거리)에 있다. 간판에서 알 수 있는 '까이양'(로스트 치킨)를 메인으로 요리한다. 인기 메뉴는 까이양 낭끄롭(로스트 치킨) Kai Yang Nang Krob, 스테이크 째우(태국식 돼지고기 스테이크) Staek Jaew, 쏨땀 타이(파파야 샐러드) Som Tam Thai, 쏨땀 카우퐛(옥수수 쏨땀) Som Tam Khao Phot, 쏨땀텃(파파야 튀김+쏨땀 소스) Thai Crispy Papaya Salad이다. 피시 소스를 적게 넣어 외국인 입맛에 맞추어 요리하는 편이다.

지도 P.88-B1 주소 2/8 Thanon Suk Kasem **전화** 081-881-1407 **영업** 화~일요일 11:00~20:00 **휴무** 월요일 **메뉴** 영어, 태국어 **예산** 65~110B **가는 방법** 타논 쑥까쎔에 있다.

위치안부리 로스트치킨(까이양 위치안부리) Roast Chicken Wichienbury ไก่ย่างวิเชียรบุรี ★★★★

타논 님만해민에서 유명한 '까이 양'(숯불 통닭구이) 식당이다. 트렌디한 카페가 즐비한 님만해민에서 흔치 않은 노점 형태의 허름한 식당이다. 에어컨 같은 건 없고 슬레이트 지붕 아래에 테이블이 놓여 있다. 제대로 된 간판도 없는 곳인데 통닭 굽는 연기 때문에 찾는 데 어렵지 않다. 현지인들에게 맛집으로 알려져 식사시간에는 항상 사람이 많다. 식당 입구에서 굽고 있는 통닭의 개수를 보면 얼마나 장사가 잘되는지 금방 알 수 있을 정도다. '까이 양'은 한 마리 Grilled Chicken 또는 반 마리 Half Grilled Chicken로 구분해 주문할 수 있다. 반 마리는 '킁 뚜아'라고 주문하면 된다. 매콤한 파파야 샐러드인 쏨땀(땀타이)과 찰밥(카우니아우)을 함께 곁들이면 된다. 하루 치 준비한 통닭이 다 팔리면 16:00 이전에도 문을 닫으니 너무 늦게 가지 말 것.

지도 P.89-C2 주소 Thanon Nimmanhaemin Soi 11 **영업** 화~일요일 09:30~16:00 **휴무** 월요일 **메뉴** 영어, 태국어 **예산** 90~180B **가는 방법** 타논 님만해민 쏘이 11 끝자락에 있다.

카우쏘이 님만 Kao Soy Nimman ข้าวซอยนิมมาน ★★★☆

님만해민 지역에 있는 카우쏘이 식당 중 가장 유명하다. 노점 식당에 비해 시설이 좋고 규모도 크다. 에어컨 시설의 실내 공간과 야외 정원으로 구분된다. 인기의 비결은 카우쏘이에 들어가는 고명을 다양화해서 선택의 폭을 넓혔다는 것이다. 일반적으로 닭고기 아니면 소고기 둘 중 하나만 선택해야 하는데, 이곳에서는 오징어, 새우, 게, 소시지, 돼지고기, 오믈렛, 버섯 등 12종류로 다양화했다. 해산물과 닭다리를 함께 넣은 모둠 메뉴인 카우쏘이 슈퍼 볼 Kao Soy Super Bowl도 있다. 미쉐린 가이드에 선정되고 유명세를 타면서 투어리스트 레스토랑처럼 변모했다. 대중적인 태국 요리도 식사 메뉴에 추가했다.

지도 P.89-C1 **주소** Thanon Nimmanhaemin Soi 7 **전화** 053-894-881 **홈페이지** www.facebook.com/KAOSOYNIMMANCNX **영업** 10:00~21:00 **메뉴** 영어, 태국어, 중국어 **예산** 90~195B **가는 방법** 타논 님만해민 쏘이 7에 있다.

스테이크 바 Steak Bar ★★★★

치앙마이 대학교 야시장 안쪽에 있는 스테이크 레스토랑이다. 노점이 아니라 깔끔하게 꾸민 정식 레스토랑이다. 에어컨은 없고 개방형으로 되어 있다. 대학교 앞에 있기 때문에 가성비가 좋다. 가격 대비 푸짐한 스테이크를 맛볼 수 있다. 스테이크 종류는 닭고기, 돼지고기, 오리고기, 소고기로 구분된다. 그릴에 구운 고기 패티를 넣은 수제 버거도 인기 있다. 버거도 두툼하게 만들어 준다. 분위기 좋은 레스토랑처럼 플레이팅도 신경 써서 음식을 서빙한다. 위치는 불편하지만 입소문을 타고 유명해졌다. 직원들도 친절하다. 대학생들뿐만 아니라 외국 관광객도 많이 찾아온다. 저녁에만 장사한다. 손님이 많아서 대기해야 하는 경우가 많다. 비프스테이크는 재료가 일찍 소진되기도 한다.

지도 P.78-A1 **주소** Kad Na Mor, Chiang Mai University Night Market, Thanon Huay Kaew **전화** 086-307-0786 **홈페이지** www.facebook.com/steakbarchiangmai **영업** 17:30~21:30 **휴무** 토요일 **메뉴** 영어 **예산** 130~375B **가는 방법** 깟나머(치앙마이 대학교 야시장) 안쪽에 있다.

인기 떵뗌또 Tong Tem Toh ต้องเต็มโต๊ะ ★★★★

님만해민 지역에서 인기 있는 태국 북부 음식점이다. 버마(미얀마) 음식도 요리한다. 옛 모습을 간직한 목조 건물과 마당에 놓인 테이블이 고급화되고 있는 님만해민과 대비를 이룬다. 버마 스타일 포크 커리 Burmese Style Pork Curry라고 적힌 '깽항레'가 대표적인 전통 요리다. 맵고 허브를 많이 넣은 북부 지방 카레 Northen Curry와 고추를 넣어 만든 쌈장인 남프릭 Chilli Paste도 다양하다. 익숙하지 않은 음식도 많아서 태국 음식 입문자에게 안 맞을 수도 있다. 이때는 메뉴판에 그릴 Grilled이라고 적힌 숯불구이 위주로 주문하면 된다. 돼지갈비 구이 Pork Belly, 돼지목살 구이 Pork Neck, 돼지곱창 구이 Chitterings Pork가 있다. 참고로 님만해민 쏘이 17에 2호점 Tong Tem Toh Nimman Soi 17을 운영한다.

지도 P.88-B2 **주소** Thanon Nimmanhaemin Soi 13 **전화** 0-5385-4701 **홈페이지** www.facebook.com/TongTemToh **영업** 08:00~23:00 **메뉴** 영어, 태국어, 중국어 **예산** 100~237B **가는 방법** 님만해민 쏘이 13에 있다.

헝태우 인 Hong Tauw Inn ★★★☆

얼핏 봐서는 전혀 레스토랑 같지 않은 곳이다. 식당 이름인 '헝태우'는 방이 일렬로 들어서 있는 건물을 뜻한다. 평범한 건물 외관과 달리 목조 건물 분위기로 고풍스럽게 꾸몄다. 원 님만(쇼핑몰) 맞은편에 있어서 접근성이 좋다. 오랫동안 영업하면서 외국 관광객에게도 잘 알려져 있다. 외국 관광객 입맛에 무난하게 요리해준다. 음식 양은 적다. 태국 음식부터 북부 전통까지 다양한 음식을 골고루 요리한다. 메뉴판은 팟 Phud(볶음 요리), 텃 Thod(튀김 요리), 얌 Yum(매콤한 태국식 샐러드), 카오 Khao(덮밥, 볶음밥), 꾸어이띠아우 Kuay Teow(쌀국수를 이용한 볶음국수), 카놈찐 Kanom Jeen(쌀국수 소면+카레 요리), 북부 전통 요리 Traditional Northern Food로 구분되어 있다.

지도 P.88-B1 **주소** 95/17-18 Thanon Nimmanhaemin **전화** 053-218-333 **영업** 11:00~22:00 **메뉴** 영어, 태국어 **예산** 95~250B **가는 방법** 원 님만(쇼핑몰) 맞은편의 타논 님만해민 메인 도로에 있다.

크루아 빠 어이 Aunt Aoy Kitchen ครัวป้าอ้อย ★★★☆

특별할 것 없어 보이는 로컬 레스토랑이지만 미쉐린 가이드에 매년 선정되면서 유명세를 타고 있다. 상호는 '크루아=부엌, 빠=이모, 어이=주인장 이름'이 합쳐졌다. 테이블보를 덮은 식탁이 일렬로 놓여 있는 동네 식당 분위기로 에어컨을 갖추고 있다. 입구에 개방형 주방을 배치했다. 덮밥 위주의 간단한 식사를 하러 들르기 좋은 곳이다. 너무 유명해져서 대기 손님이 많은 것은 단점이다. 덮밥은 팟끄라파우 Rice Basil, 팟끄라티암 Rice Grlic, 팟카나 Rice Kale, 팟프릭깽 Rice Chilli Paste, 팟퐁까리 Rice Curry, 팟프릭쏫 Rice Green Paper, 카우팟 Fried Rice으로 구분된다. 추천 메뉴인 태국식 오믈렛 Chef Omlete은 기름에 튀기듯이 요리하기 때문에, 어쩔 수 없이 기름지다.

지도 P.88-A2 **주소** 377/2 Thanon Chiang Rai **전화** 081-716-0938 **홈페이지** www.facebook.com/AuntAoykitchen **영업** 화~일요일 10:00~19:00 **휴무** 월요일 **메뉴** 영어, 태국어 **예산** 80~350B **가는 방법** 타논 님만해민 끝자락에서 연결되는 타논 치앙라이에 있다.

미소네(란아한 까올리 미소네) Misone ★★★★

님만해민에 가장 먼저 생긴 한인 업소. 2002년부터 같은 자리를 지키고 있다. 타논 님만해민의 중심가에 위치해 있다. 여행사, 숙소, 레스토랑을 함께 운영한다. 한국인들뿐만 아니라 태국인, 일본인, 유럽인들도 즐겨 찾는 한국 식당이다. 김치찌개, 제육덮밥, 오징어볶음, 순두부찌개, 김치볶음밥, 라면, 즉석 떡볶이, 양념 치킨, 고등어구이, 돼지뼈 김치전골, 삼계탕, 닭갈비까지 메뉴가 다양하다. 무제한 고기 뷔페(299B)는 삼겹살, 찌개, 달걀찜 등이 함께 제공된다. 점심시간(11:00~15:00)에는 한식 뷔페(199B)를 운영한다. 직접 만든 김치도 판매한다.

지도 P.89-C2 **주소** Thanon Nimmanhaemin Soi 11 **전화** 053-894-989 **카카오톡** cmisone **홈페이지** http://cafe.daum.net/ChiangMai **영업** 09:00~22:00 **메뉴** 한국어, 영어 **예산** 190~390B **가는 방법** 타논 님만해민 쏘이 11(씹엣)에 있다. '란아한 까올리 미소네'라고 말하면 된다.

진저 팜 키친(원 님만 지점) Ginger Farm Kitchen at One Nimman ★★★★

직접 운영하는 농장(진저 팜)에서 재배한 유기농 식자재를 이용해 요리한다. 채식 전문 레스토랑은 아니고 고기와 해산물을 이용한 다양한 태국 음식을 맛볼 수 있다. 미쉐린 레스토랑으로 알려져 손님이 많은 편이다. 원 님만 쇼핑몰에 있지만 독립적인 공간을 레스토랑으로 운영한다. 층고가 높은 내부는 벽돌과 원목을 이용해 빈티지하게 꾸몄다. 북부 전통 요리 Northern Food를 시작으로 땀&얌 Spicy Salad(쏨땀으로 대표되는 태국식 매콤한 샐러드), 남프릭 Thai Relish(고추를 넣어 만든 쌈장), 태국 카레 Curry까지 자극적인 현지 음식이 많다. 태국 음식에 익숙하지 않은 관광객이라면 볶음 요리 Stir-fried 위주로 선택하면 된다. 분위기를 강조한 곳인 만큼 가성비는 떨어진다.

지도 P.88-B1 주소 One Nimman, 1 Thanon Nimmanhaemin **전화** 052-080-928 **홈페이지** www.gingerfarmkitchen.com **영업** 11:00~22:00 **메뉴** 영어, 태국어 **예산** 195~490B(+10% Tax) **가는 방법** 타논 님만해민 초입에 있는 원 님만(쇼핑몰)에 있다.

샐러드 콘셉트 Salad Concept ★★★★

치앙마이의 대표적인 샐러드 레스토랑이다. 유기농 채소와 과일을 이용해 신선한 샐러드를 맛볼 수 있다. 암에 걸린 아버지를 위해 식단을 개발하고 식습관을 개선하며 암을 치료하자, 이에 아이디어를 얻어 레스토랑을 오픈했다고 한다. 본인 취향에 따라 샐러드 토핑과 드레싱 Create Your Own Salad을 선택 할 수 있다. 채식이 주를 이루지만 아보카도, 소고기, 새우, 생선, 돈가스, 소시지 등을 함께 넣어도 된다. 어떤 음식에도 조미료를 사용하지 않으며, 드레싱도 직접 만들어 건강한 음식을 제공한다. 퀴노아 라이스 볼, 샐러드 볼, 비건 버거, 스파게티, 브런치까지 메뉴가 다양하다.

지도 P.88-B2 주소 Thanon Nimmanhaemin Soi 13 **전화** 053-894-455 **홈페이지** www.facebook.com/thesaladconcept **영업** 09:00~22:00 **메뉴** 영어, 태국어 **예산** 129~399B **가는 방법** 타논 님만해민 쏘이 13 입구에 있다.

아디락 피자(아디렉 핏싸) Adirak Pizza อดิเรกพิซซ่า ★★★★

반캉왓 앞쪽, 왓 람뼁(사원) 입구에 있는 피자 전문 레스토랑이다. 도심을 벗어난 한적한 시골길에 있다. 태국인 주인장이 취미로 피자를 만들어오다가 입소문을 타고 유명해지면서 오늘날에 이르렀다. 태국적인 외관과 달리 샹들리에와 대리석 테이블을 배치해 인테리어를 꾸몄다. 모든 것을 직접 만드는 홈메이드 피자를 추구한다. 얇고 부드러운 12인치 화덕 피자를 만든다. 피자를 쟁반에 내어주는 것도 특징. 시그니처 메뉴로는 페스토 리코타 Pesto Ricotta와 레드 핫 칠리 베이컨 Red Hot Chilli Bacon이 있다. 무화과+파르마 햄 샐러드 Figs Salad W. Parma Ham도 인기 메뉴다. ==구시가와 가까운 네이버후드 커뮤니티 Neighborhood Community(P.160)에 지점을 운영한다.==

지도 P.78-A2 **주소** Soi Ban Ram Poang, Moo 5 Tambon Suthep **전화** 065-249-6966 **홈페이지** www.facebook.com/adirakpizza **영업** 11:00~22:00 **메뉴** 영어 **예산** 215~445B(+7% Tax) **가는방법** 반캉왓 지나서 길 따라 200m 더 가면 된다.

한틍찌앙마이 Han Teung Jiang Mai ฮ้านถึง เจียงใหม่ ★★★☆

치앙마이 대학교 후문 주변(왓 우몽 가는 길)의 주택가 골목에 있다. 한적한 분위기가 느껴지는 곳으로 태국 북부 음식을 전문으로 한다. 카우쏘이 Khao Soi：Northern Style Curry Noodle, 깽항레 Kang Hung Lay：Northern Style Steak Pork Curry, 뿌엉 Crab Paste, 싸이우아 Northern Spicy Sausage with Thai Herb 이외에 토속적인 전통 음식이 많다. 여러 가지 북부 전통 음식을 한꺼번에 맛보고 싶다면 칸똑 세트 Khantoke Set Menu를 주문하면 된다. 음료는 옆에 있는 카페에서 주문 가능하다. 접근성이 떨어지고 외국 관광객도 많이 찾는 곳은 아니다. ==태국 사람들에게 인기 있는 곳이라 현지인 입맛에 맞는 편이다.==

지도 P.78-A2 **주소** Soi 4 Wat Umong, Soi Suthep 4 **전화** 09-1076-6100 **영업** 09:00~16:00, 17:00~20:30 **메뉴** 영어, 태국어 **예산** 70~240B **가는방법** 타논 쑤텝에서 연결되는 쏘이 4 왓 우몽 골목 안쪽으로 500m.

NIGHTLIFE 님만해민 & 도이 쑤텝의 나이트라이프

트렌디한 님만해민 지역답게 바, 클럽, 비어 가든이 다양하게 존재한다. 외국 여행자들은 칵테일 바, 태국 젊은이들은 댄스 클럽을 선호한다.

팅크 파크(띵팍) Think Park ★★★☆

님만해민이 지금처럼 발달하기 전부터 생긴 복합 공간이다. 공원을 연상케 하는 오래된 나무가 자라고 있는 야외 공간을 활용해 레스토랑과 상점들이 들어서 있다. 로컬 아티스트들의 창작 활동을 돕기 위한 목적으로 만들어졌는데, 현재 수공예품·액세서리 매장은 별로 없다. 주변에 대형 쇼핑몰과 호텔이 들어서면서 세상이 바뀌었기 때문이다. 일본풍의 거리와 식당, 술집들로 대체됐고 한국식 바비큐 식당과 라이브 음악을 연주하는 바도 들어서 있다. 대표적인 곳으로 카멜리아 카페 & 뮤직 바 The Camellia Cafe & Music Bar (홈페이지 www.facebook.com/thecamelliamusicbar)가 있다. 저녁 시간에 자그마한 야시장 Think Park Night Market도 생겨 흥겨운 분위기다.

지도 P.88-B1 주소 165 Thanon Huay Kaew 홈페이지 www.facebook.com/thinkparkchiangmai 영업 09:00~23:00 가는 방법 타논 훼이깨우 & 타논 님만해민 사거리 코너에 있다. 마야(쇼핑몰) 건너편, 이스틴 탄 호텔 앞에 있다. 빠뚜 타패(타패 게이트)에서 4km 떨어져 있다.

멜루십 재즈 클럽 The Mellowship Jazz Club ★★★★

시내 중심가에서 조금 떨어져 있지만 모던한 스타일의 재즈 클럽이다. 이비스 스타일 호텔 1층에 있는데, 전형적인 호텔 부속 시설처럼 꾸몄다. 치앙마이의 주요한 재즈 클럽에 비해 규모도 크고 시설이 좋다. 타일, 벽돌, 통창, 가죽 소파로 꾸민 인더스트리얼 디자인이다. 실내는 어둑하지만 통창 밖으로 거리 풍경을 감상할 수 있다. 호텔에 딸려 있긴 하지만 드레스 코드는 엄격하지 않다. 반바지 차림도 입장 가능하다. 칵테일, 위스키, 와인, 수제맥주까지 주류가 다양하다. 구시가에 있는 재즈 바에 비하면 술값은 비싼 편이다. 해피 아워(17:00~20:00)에는 칵테일이 할인되지만, 아무래도 메인 밴드가 연주하는 밤 시간에 방문하는 게 좋다.

지도 P.78-A1 **주소** ibis Styles Chiang Mai Hotel, Thanon Huay Kaew **전화** 053-908-888 **홈페이지** www.facebook.com/themellowshipjazz **영업** 화~일요일 17:00~24:00 **휴무** 월요일 **메뉴** 영어 **예산** 275~395B(+10% Tax) **가는 방법** 마야(쇼핑몰)에서 치앙마이 대학교 방향으로 800m 떨어진 타논 훼이깨우에 있다.

세븐 파운드 7 Pounds(Seven Pounds) ★★★☆

마야(쇼핑몰) 옆쪽의 한적한 골목에 있다(밤에는 가는 길이 어둑하다). 눈에 띄는 곳은 아니지만 오래된 집을 빈티지한 술집으로 바꿨다. 치앙마이가 아니라 '빠이'에 있을 법한 히피스러운 분위기다. 슬레이트 지붕을 얹은 목조 가옥과 잔디 깔린 마당, 어둑한 조명이 어우러진다. 오래된 소파, 전화기, 라디오, 흉상(조각) 등이 걸려 있다. 자유분방한 분위기가 그대로 전해져 온다. 라이브 음악은 어쿠스틱 밴드에서 시작해 재즈 밴드가 무대에 오른다. 국적에 제한받지 않고 누구나 와서 편하게 맥주 마시며 음악 듣기 좋다. 태국 맥주와 라오스 맥주가 많다. 현지인처럼 쌩쏨(태국 럼주) Sangsom을 마셔도 괜찮다.

지도 P.78-A1 **주소** Bann Nam Mae Soi 1 **전화** 084-978-5953 **홈페이지** www.facebook.com/7PoundsRecordCNX **영업** 화~일요일 17:30~24:00 **휴무** 월요일 **메뉴** 영어 **예산** 100~130B **가는 방법** 반남매 쏘이 1 골목에 있다. 마야(쇼핑몰)에서 600m 떨어져 있다.

SHOPPING 님만해민 & 도이 쑤텝의 쇼핑

치앙마이의 대표적인 쇼핑몰인 원 님만 One Nimman과 마야 Maya가 있다. 타논 님만해민 골목에는 부티크 숍도 어렵지 않게 볼 수 있다.

림삥 슈퍼마켓(마야 쇼핑몰 지점) Rimping Supermarket ★★★☆

치앙마이의 대표적인 식품유통 회사. 방콕에 본사를 두고 있는 탑스 마켓 Tops Market이 전국적인 체인점을 두고 있다면, 림삥 슈퍼마켓은 치앙마이 태생의 로컬 브랜드다. '림삥=삥 강변'이란 뜻으로 1988년 1호점을 낸 이래, 현재 8개 지점을 운영하고 있다. 채소, 과일, 육류, 커피, 빵, 햄, 치즈, 라면, 과자, 각종 소스, 향신료, 음료, 맥주, 와인, 생필품, 주방용품을 판매한다. 채소류는 재배 과정부터 철저히 관리해 5등급으로 구분해 판매한다. 말린 과일과 과자를 포함해 관광객이 기념품으로 많이 사가는 인기 품목은 별도 섹션으로 구분해 놓았다. 한국 라면과 소주도 구매 가능하다. 마야 쇼핑몰 지하 1층 지점은 규모는 크지 않지만 접근성이 좋다. 같은 지하 1층에 있는 테이크 홈 Take Home(푸드 스트리트로 꾸민 식당가)을 함께 둘러보면 된다. 참고로 공항과 가까운 님 시티(쇼핑몰) Nim City 지점이 규모가 좀 더 크다.

지도 P.88-B1 **주소** B1 Floor, Maya Lifestyle Shopping Center **홈페이지** www.rimping.com **영업** 10:00~22:00 **가는 방법** 마야(쇼핑몰) 지하 1층에 있다.

마야(쇼핑몰) Maya Lifestyle Shopping Center ★★★★

님만해민 지역이 급성장하면서 2014년에 오픈한 쇼핑몰이다. 참고로 태국어 발음은 '메야'라고 한다. 방콕에 있을 법한 트렌디한 디자인의 쇼핑몰로 패션, 의류, 코스메틱, 헬스 & 뷰티, 전자 제품, 은행, 레스토랑까지 다양한 시설이 입점해 있다. 나라야 Naraya, 허브 베이직 Herb Basic, 자스팔 Jaspal, 판퓨리 Panpuri 등의 태국 브랜드 제품도 많아서 기념품 구입하기에도 좋다.

지하 1층은 림삥 슈퍼마켓, G층은 H&M, 2층은 패션, 의류, 언더웨어, 드러그스토어(부츠, 왓슨스), 3층은 스마트폰·카메라 매장, 통신회사, 은행, 다이소, 아시아 북스가 입점해 있다. 4층은 마야 키친 푸드코트 Maya Kitchen Food Court를 포함한 레스토랑이 대거 들어서 있다. 5층은 복합 상영관 SFX Cinema과 스터디카페 캠프 C.A.M.P(Creative And Meeting Place)가 눈길을 끈다. 6층에는 야외 테라스와 전망대를 겸하는 님만 힐 Nimman Hill이 있다.

지도 P.88-B1 **주소** 55 Thanon Huay Kaew **홈페이지** www.mayashoppingcenter.com **영업** 10:00~22:00 **가는 방법** 타논 님만해민과 타논 훼이깨우 사거리에 있다. 빠뚜 타패(타패 게이트)에서 4km 떨어져 있다.

쿤나(칸나) Kunna ★★★☆

태국의 대표적인 과자 & 스낵 제품을 만드는 회사. '메이드 헬시 Made Healthy'를 추구하는데, 식이섬유가 많고 트랜스 지방과 콜레스테롤이 없는 건강한 식품을 만든다. 망고, 코코넛, 두리안 등의 열대 과일을 이용해 만든 과자로 인기를 얻고 있다. 말린 망고, 코코넛 칩, 비스킷 스틱, 크리스피 롤, 초콜릿 칩 등으로 제품을 다양화했다. 대형 마트(쎈탄 백화점, 빅 시, 탑스 마켓) 어디서건 부담 없는 가격에 구입이 가능하며 선물용으로도 좋다.

지도 P.88-B1 주소 B1 Floor, Maya Lifestyle Shopping Center **홈페이지** www.kunnamarket.com **영업** 10:00~22:00 **가는 방법** 마야(쇼핑몰) 지하 1층 림삥 슈퍼마켓 내부에 있다.

나라야 Naraya ★★★

한때 한국에서도 선풍적인 인기를 누렸던 '나라야'의 원산지는 다름 아닌 태국이다. 1989년 영업을 시작한 나라야는 천을 누벼 만든 다양한 패브릭 제품을 판매한다. 노란색 바탕에 리본이 달린 로고에서 알 수 있듯이 각 제품마다 리본을 매달아 상큼함을 강조했다. 핸드백, 손지갑, 파우치, 화장품 가방, 앞치마, 사진첩, 휴지통 등 다양한 제품을 판매한다. 면을 소재로 했기 때문에 가벼운 것이 장점이다.

지도 P.88-B1 주소 G Floor, Maya Lifestyle Shopping Center **전화** 052-081-123 **홈페이지** www.naraya.com **영업** 10:00~22:00 **가는 방법** 마야 쇼핑몰 G층에 있다.

판퓨리(빤뿌리) Panpuri ★★★☆

태국의 대표적인 스파 용품 브랜드. 100% 천연 유기농 재료를 이용해 만들기 때문에 피부에 자극이 적고 보습이 풍부하다. 핸드크림, 에센스 오일, 마사지 오일, 샴푸, 헤어 세럼 오일, 샤워 젤, 클렌징 폼, 디퓨저, 캔들까지 다양한 제품을 생산한다. 품질이 좋은 만큼 가격이 비싸다. 마야 쇼핑몰 G층에도 매장을 운영한다.

지도 P.88-B1 주소 One Nimman, Thanon Nimmanhaemin **홈페이지** www.panpuri.com **영업** 11:00~21:00 **가는 방법** 타논 님만해민의 원 님만(쇼핑몰) 1층에 있다.

원 님만 One Nimman ★★★★☆

님만해민을 대표하는 쇼핑몰이다. 트렌디한 동네 분위기를 반영하듯 예술과 문화 공간을 결합해 만들어 스타일리시하다. 시계탑과 광장을 중심으로 유럽풍의 건물을 건설해 분위기를 더했다. 쇼핑뿐만 아니라 사진 찍기 좋은 장소로 주목받으면서 치앙마이의 핫 플레이스로 거듭나고 있다. 1층은 카페와 레스토랑 위주로 채워졌고, 2층은 쇼핑몰이 들어서 있다. 올 원 스카이 애비뉴 All One Sky Avenue로 불리는 쇼핑몰은 특이하게도 입구에서 출구까지 한 방향으로 길을 따라가며 쇼핑하도록 되어 있다.

쇼핑몰 1층의 야외 공간에는 푸드코트 형태로 꾸민 원 마켓 One Market이 있다. 그래프 카페 Graph Cafe, 퍼센트 아라비카(응 카페) %ARABICA, 몬순 티 Monsoon Tea 등 트렌디한 카페와 레츠 릴랙스(마사지) Let's Realx 지점도 입점해 있다.

지도 P.88-B1 주소 1 Thanon Nimmanhaemin 전화 052-080-900 홈페이지 www.onenimman.com 운영 11:00~22:00 가는 방법 타는 님만해민 쏘이 1과 접해있다. 빠뚜 타패 (타패 게이트)에서 4km 떨어져 있다.

플레이웍스 Playworks ★★★☆

마야(쇼핑몰) 맞은편 팅크 파크에 있는 편집 숍이다. 일본풍의 건물에서 착안해 인테리어를 디자인했다. 이국적인 풍경 때문에 가게 앞에서 사진 찍는 태국 젊은이들도 많다. 복층 건물로 실내는 좁은 편이다. 치앙마이와 태국 관련한 소품들로 가득 채워져 있다. 70% 핸드메이드, 30% 기계로 제작한 물건이다. 가방, 에코백, 크로스백, 파우치, 티셔츠, 반바지, 모자, 향초까지 자체 제작한 물건이 가득 진열되어 있다. 엽서, 달력, 노트, 포스터, 스티커, 마그넷 같은 소품은 기념품으로 손색이 없다. 밝고 스포티한 제품도 많다. 특히 '인생은 여행이다 Life Is Journey'를 주제로 만든 티셔츠나 여행용 소품들이 눈길을 끈다.

지도 P.88-B1 주소 Think Park, Thanon Huay Kaew **전화** 092-542-1500 **홈페이지** www.playworksshop.com **영업** 09:00~22:00 **가는 방법** 마야(쇼핑몰) 맞은편, 이스틴 탄 호텔 앞에 있다.

타논 님만해민 쏘이 1(능) Thanon Nimmanhaemin Soi 1 ★★★

타논 님만해민의 첫 번째 골목이다. 150m 정도 되는 자그마한 골목에 부티크 숍, 데커레이션, 갤러리, 골동품 상점이 밀집해 있었으나, 원 님만(쇼핑몰)을 건설하면서 골목 상권 절반 이상이 이전하면서 예전의 명성을 잃어버렸다. 전통 의상, 원단, 은공예, 스카프, 가방, 머그컵, 액자를 파는 상점 몇 개만 남아 있을 뿐이다. 참고로 쏘이 1 중간에 핑크색으로 치장한 골목이 있다. 캄언 님만 Come On Nimman으로 불리는데 이곳에는 식당과 수공예품 상점이 들어서 있다. 매년 12월에는 님만해민 예술 & 디자인 산책 NAP Nimman Soi 1(P.220)이라는 오픈 마켓 행사가 열린다.

지도 P.88-B1 주소 Thanon Nimmanhaemin Soi 1 **영업** 10:00~18:00 **가는 방법** 원 님만(쇼핑몰)을 바라보고 왼쪽 골목에 해당하는 타논 님만해민 쏘이 1에 있다.

몬순 티(원 님만 지점) Monsoon Tea ★★★☆

치앙마이에서 유명한 티 브랜드. 특이하게도 스웨덴 사람이 2012년에 설립한 회사다. 태국 북부 산악지역(매싸롱 Mae Salong과 매땡 Mae Taeng)에서 재배한 차(茶)를 이용한다. 우롱차와 녹차 종류가 많은 편이다. 한 곳의 농장에서 재배한 차로 만든 퓨어 티 Pure Tea부터 열대 과일 등을 첨가해 블렌딩한 차 Flavoured Tea도 맛볼 수 있다. 차 종류가 100여 종류나 된다. 베스트셀러로는 레인보 블렌드 Rainbow Blend, 리치 우롱 Lychee Oolong, 도이 쑤텝 블렌드 Doi Suthep Blend, 트로피컬 선셋 Tropical Sunset이 있다.

삥 강 건너편에 있는 왓껫 지점 Monsoon Tea Wat Ket은 티 하우스와 브런치 레스토랑을 함께 운영한다. 선물용 차를 구입한다면, 원 님만 쇼핑몰 지점을 이용하면 된다. 포장 용기에 따라 가격이 다른데, 종이 포장보다 틴 박스에 담겨 있는 게 더 비싸다.

지도 P.88-B1 **주소** 1F, One Nimman **홈페이지** www.monsoontea.co.th **영업** 11:00~22:00 **가는 방법** 원 님만 쇼핑몰 1층 그래프 카페 옆에 있다.

스멜 레몬그래스 Smell Lemongrass ★★★★

레몬그래스를 주재료로 사용한 천연 제품을 만드는 태국 자체 브랜드. 모기 퇴치 스프레이, 비누, 에센스 오일부터 시작해 방향제, 쿨링 스프레이, 아로마 스톤, 코코넛 오일, 향초, 디퓨저까지 제품을 다양화했다. 레몬그래스, 라벤더, 오렌지, 재스민, 민트, 로즈메리 등 사용하는 재료에 따라 향이 달라진다. 화학 재료를 첨가하지 않아 피부에 덜 자극적이다. 방향제 Air Freshener 100B, 모기 퇴치제 Lemongrass Balm 90B, 모기 퇴치 스프레이 Mosquito Repellent Spray 60B 정도로 가격도 저렴하다. 치앙마이에는 원 님만(쇼핑몰) 2층과 쎈탄(센트럴) 페스티벌 치앙마이(백화점) 2층 두 곳에 매장을 운영한다.

지도 P.88-B1 **주소** 2F, One Nimman **홈페이지** www.smelllemongrass.com **영업** 11:00~22:00 **가는 방법** 원 님만 쇼핑몰 2층(시계탑 방향)에 있다.

로열 프로젝트 숍(란 크롱깐루앙) Royal Project Shop ร้านโครงการหลวง ★★★☆

태국 북부 고산지대에서 생활하는 소수민족(고산족)의 생활 개선을 위해 태국 왕실에서 후원하는 로열 프로젝트 파운데이션 Royal Project Foundation에서 운영한다. 치앙마이 대학교 농과대학 캠퍼스 안에 있으며 농산물 시장과 어우러진다. 소수민족(고산족) 마을에서 직접 재배하거나 만든 유기농 채소, 과일, 쌀, 커피, 차(茶), 꿀, 잼, 견과류, 말린 과일 등을 판매한다. 천연 성분의 비누, 코코넛 오일, 화장품, 보디 용품도 있다. 샐러드 바와 카페를 운영하는데, 실내에 테이블도 있어 잠시 쉬어 갈 수도 있다. 대부분의 채소와 과일은 대형 마트에서 구매 가능하기 때문에, 짧은 시간으로 치앙마이를 여행하는 관광객들에게는 큰 의미가 없을 수도 있다. 치앙마이 공항에도 자그마한 매장을 운영한다.

지도 P.78-A1 **주소** Chiang Mai University Faculty of Agriculture, Thanon Suthep **전화** 053-211-613 **홈페이지** www.royalprojectthailand.com **영업** 08:00~16:00 **가는 방법** 타논 쑤텝에 있는 치앙마이 대학교 농과대학 캠퍼스에 있다. 치앙마이 대학교 후문에서 800m, 님만해민에서 2km 떨어져 있다.

까싸마 Kasama Trading Co. ★★★

이름과 달리 무역회사는 아니고 그릇 위주의 생활용품을 판매하는 아담한 상점이다. 간판은 Kasama라고 적혀 있다. 직접 만든 도자기 제품을 판매한다. 그릇, 접시, 찻잔, 머그잔, 조미료통, 티팟, 다기 세트, 캔들 홀더까지 종류가 다양하다. 관광객이 많이 오는 지역이다 보니 향(인센스), 동전 가방, 모빌, 나무젓가락, 인형, 열쇠고리, 라탄 가방 같은 기념품도 판매한다. 매장이 크진 않지만 제품이 다양하다. 매장 바깥쪽에 할인 판매하는 제품이 있으니 잘 둘러보면 저렴하게 도자기 그릇을 구입할 수 있다. 일부러 찾아갈 필요는 없고 님만해민 다녀올 때 잠시 들르면 된다. 참고로 까싸마 도자기 공장은 1996년부터 운영 중이며 치앙마이 외곽인 싼싸이 San Sai 지역에 있다.

지도 P.88-B1 **주소** 8 Thanon Nimmanhaemin **전화** 053-400-442 **영업** 10:00~17:00 **가는 방법** 타논 님만해민 초입의 아티스트 스파 The Artist Spa 옆에 있다.

치앙마이 체험하기

치앙마이의 요리강습(쿠킹 클래스) Cooking Class

태국을 여행하며 맛보기만 했던 음식을 직접 만들어보는 코스다. 반나절에서 하루 일정으로 진행되어 많은 시간을 투자하지 않아도 된다. 투자한 시간은 적지만 무언가 배웠다는 뿌듯함을 선사한다. 재래시장을 방문해 요리에 필요한 태국 향신료에 대해서 공부한 다음 본격적으로 요리를 배우게 된다. 반나절 코스로 배울 수 있는 요리는 보통 4~5가지다. 볶음요리, 태국 카레, 똠얌꿍, 팟타이 같은 주요 음식을 어떤 향신료로 어떻게 요리하는지 공부할 수 있다. 직접 만든 음식을 다함께 시식하며 요리 강습이 마무리된다. 배운 요리를 잊어버리지 않도록 레시피를 정리한 요리 책자를 덤으로 준다. 요리 강습은 반나절 코스가 1,200B, 하루 코스가 1,800B이다.

- **타이 팜 쿠킹 스쿨** Thai Farm Cooking School
  홈페이지 www.thaifarmcooking.net
- **아시아 시닉 타이 쿠킹** Asia Scenic Thai Cooking
  홈페이지 www.asiascenic.com
- **그랜드마 홈 쿠킹 스쿨** Grandma's Home Cooking School
  홈페이지 www.grandmascookingschool.com
- **마마 노이 타이 쿠커리 스쿨** Mama Noi Thai Cookery School
  홈페이지 www.mamanoicookeryschool.com

치앙마이의 코끼리 투어(정글 트레킹) Elephant Tour

코끼리 보호소(엘리펀트 생추어리)를 방문해 코끼리를 돌보는 엘리펀트 케어 Elephant Care 프로그램이다. 코끼리를 타고 다니던 과거 관광 상품이 동물 학대로 비난받으면서, 좀 더 가까이서 코끼리와 교감할 수 있는 상품으로 변화했다. 코끼리 먹이 주기, 코끼리와 산책하기, 코끼리 목욕시키기까지 색다른 경험을 할 수 있다. 코끼리 조련사 양성 프로그램 Mahout Training Program 에 직접 참여해도 된다. 코끼리 캠프에서 숙박하면서 체계적인 교육을 받을 수 있다. 활동적인 사람이라면 정글 트레킹과 연계된 투어에 참여하자. 산길을 걸으며 소수 민족(고산족) 마을을 방문할 수 있다. 대나무 뗏목 타기 Bamboo Rafting, 산악 오토바이 (ATV) 타기, 집라인 Zipline을 결합해 지루함을 덜어준다. 반나절 투어 1,500B, 1일 투어 2,500B 정도 예상하면 된다.

● 매림 엘리펀트 생추어리 Maerim Elephant Sanctuary
홈페이지 www.maerimelephantsanctuary.com

● 엘리펀트 네이처 파크 Elephant Nature Park
홈페이지 www.elephantnaturepark.org

● 커처 엘리펀트 에코 파크 Kerchor Elephant Eco Park
홈페이지 www.kerchorelephant.com

● 엘리펀트 정글 생추어리 Elephant Jungle Sanctuary
홈페이지 www.elephantjunglesanctuary.com

치앙마이 근교 Around Chiang Mai

치앙마이는 도시와 자연을 함께 품고 있다. 도시를 조금만 벗어나면 정감어린 시골 풍경과 자연이 반긴다. 란나 왕국의 옛 수도였던 위앙꿈깜 Wiang Kum Kam, 공예마을 버쌍 Bo Sang, 유황 온천을 즐길 수 있는 싼캄팽 온천 San Kamphaeng Hot Springs, 산 위의 꽃 농장 마을 몬쨈(먼쨈) Mon Cham, 나들이하기 좋은 산속 마을 매깜뽕(매깜뻥) Mae Kam Pong, 태국에서 가장 높은 산인 도이 인타논 Doi Inthanon까지 다양한 볼거리가 있다.

란나 왕국의 수도였던 역사 유적지
위앙꿈깜 Wiang Kum Kam เวียงกุมกาม

망라이 왕 King Mangrai이 치앙마이로 천도하기 전까지 15년간(1281~1296) 란나 왕국의 수도로 삼았던 도시다. 위앙꿈깜은 본래 하리푼차이 왕국 Hariphunchai Kingdom을 건설한 몬족이 만든 도시로, 람푼 Lamphun(하리푼차이 왕국의 수도로 치앙마이에서 남쪽으로 27km 떨어져 있다)의 위성도시 개념으로 11~12세기에 건설되었다. 지정학적으로 과거 하리푼차이 왕국의 북방 경계선에 해당하던 곳으로, 란나 왕국이 남쪽으로 세력을 확장하면서 두 나라의 국경 요충지로 중요한 역할을 했던 곳이다.

1281년에 위앙꿈깜을 정복한 망라이 왕은 확장된 영토를 효과적으로 통치하기 위해 치앙라이 Chiang Rai에서 남쪽으로 수도를 옮긴다. 위앙꿈깜을 란나 왕국의 수도로 정하고 사원을 건설하며 도시를 재건했다. 하지만 삥 강변에 위치한 위앙꿈깜은 잦은 범람으로 인해 수도로 적합하지 못했고, 결국 망라이 왕은 1296년에 치앙마이를 새롭게 건설하면서 위앙꿈깜의 짧은 번영도 끝을 맺게 된다. 즉, 망라이 왕은 통치 초반에 치앙라이→위앙꿈깜→치앙마이로 수도를 세 번이나 옮기게 된 셈이다.

위앙꿈깜은 18세기까지 명맥을 유지하다가 미얀마(버마)의 침략으로 폐허가 되었으며, 그 후 강물의 범람으로 퇴적층이 쌓이면서 도시는 땅속에 묻히고 만다. 역사 속에만 존재하던 위앙꿈깜이 다시 세상에 알려진 것은 1984년이다. 발굴 작업을 통해 확인된 도시의 규모는 3㎢ 크기로 27개나 되는 사원이 확인되었다. 발굴 과정에서 출토된 석판들과 불상은 치앙마이 국립박물관에 전시 중이다. 위앙꿈깜에서 가장 큰 볼거리는 왓 쩨디 리암 Wat Chedi Liam이다. 위앙꿈깜의 이정표 역할을 하는 사원으로 복원된 이후에는 승려들이 수행을 시작하면서 사원의 제 기능을 다시 회복했다. 사원에서 가장 중요한 곳은 쩨디(탑)로, 몬족이 건설했던 탑을 망라이 왕이 그의 부인을 추모하기 위해 새롭게 만들었다고 한다. 란나 양식과 전혀 다른 피라미드 양식의 탑으로 쩨디 벽면에 수많은 감실을 만들어 불상을 안치했다. 또 다른 볼거리는 왓 쩨디 리암에서 2km 떨어진 왓 깐톰 Wat Kan Thom이다. 몬족이 건설한 사원으로, 대법당과 쩨디, 보리수나무가 남아 있다. 쩨디는 18m 높이로 15세기에 세워졌으며, 대법당에 모신 본존불은 망라이 왕 때부터 신앙의 대상으로 여겨졌다고 한다.

위앙꿈깜은 워낙 넓은 지역에 분포되어 있기 때문에 걸어서 다니기 불편하다. 위앙꿈깜 인포메이션 센터 앞에서 출발하는 마차 Horse Carriage(2인 기준 300B) 또는 트램 Tram(4~5인 기준 250B)을 이용하면 된다. 자전거 대여(20B)도 가능하다. 사원을 연결하는 골목들이 좁은 데다가 차들도 별로 없어 자전거 타기 좋다.

주소 Thanon Somphot Chiang Mai 700 Pi, Tha Wang Tan **전화** 053-321-523 **운영** 08:00~17:00 **요금** 무료 **가는 방법** 치앙마이 구시가에서 남쪽으로 8km 떨어져 있다. 삥 강을 끼고 형성된 타논 치앙마이-람푼 Thanon Chiang Mai-Lamphun을 따라 내려가면 된다. 그랩을 이용할 경우 편도 요금 100~120B 정도로 예상하면 된다.

치앙마이 시민들의 온천 나들이 명소
싼깜팽 온천(남푸런 싼깜팽) San Kamphaeng Hot Springs น้ำพุร้อนสันกำแพง

치앙마이에서 동쪽으로 35㎞ 떨어진 유황 온천이다. 온천수 105℃의 간헐 온천이다. 온천수에 유황 성분이 많아 피부에 좋다고 한다. 온천 입구에서 10m 높이로 치솟는 온천수를 볼 수 있다. 태국 정부에서 관리하며 온천 주변을 정원으로 꾸몄다. 온천 입장료로는 공원 시설 이용만 가능한데, 온천수를 계곡처럼 흐르게 만들어 족욕을 즐길 수 있도록 했다. 현지인들은 대나무 바구니에 담긴 달걀이나 메추리알을 사서 온천수에 익혀 먹으며 시간을 보낸다. 실제 온천을 즐기려면 별도의 이용료를 내야 한다. 온천은 미네랄 수영장(100B)과 개별 온천탕(1인 65B)에서 가능하다. 온천은 숙박이 가능한 방갈로를 운영한다. 방갈로에서 개별 온천탕만 이용할 경우 1시간(4인 기준)에 300B를 받는다. 수건은 대여(20B)할 수 있지만 기본적인 목욕용품은 챙겨가는 게 좋다.

주소 Ban Sahakon Subdistrict, Thanon San Kamphaeng-Maeon **전화** 053-037-101 **홈페이지** www.skphotsprings.com **운영** 07:00~18:00 **요금** 100B **가는 방법** ①치앙마이에서 출발하는 노란색 썽태우는 와로롯 시장 Warorot Market 옆의 삥 강변에서 출발한다. 썽태우 정류장에서 사람들에게 '남푸런 Hot Spring'이라고 물어보면 타는 곳을 알려준다. 합승 썽태우는 07:45부터 16:00까지 40~50분 간격으로 출발한다. 편도 요금은 50B이다. 온천에서 치앙마이로 돌아오는 막차는 16:00경에 끊긴다. ②와로롯 시장 옆의 꽃시장 맞은편 강변에 있는 미니밴(롯뚜) 정류장을 이용해도 된다. 미니밴은 1일 4회(07:40, 11:40, 14:30, 15:40) 출발한다. 편도 요금은 100B이다. 미니밴 홈페이지(www.facebook.com/Van.Hotsprings)를 통해 예약이 가능하다. 돌아오는 막차는 16:30에 있다.

치앙마이 근교

치앙마이 인근의 종이우산 공예 마을
버쌍 Bo Sang(Bor-Sang) บ่อสร้าง

치앙마이 주변의 대표적인 전통 공예마을이다. 치앙마이에서 남동쪽으로 10㎞ 떨어진 버쌍은 종이우산을 제작하는 마을 Bo Sang Umbrella Village로 잘 알려져 있다. 대나무 가지에 종이를 붙이고 그 위에 채색하는 버쌍 우산은 화려하기로 유명하다. 특히 실크로 만든 우산은 색감뿐만 아니라 질감도 화사해 고가에 판매된다. 종이우산 이외에 부채 제작, 닥종이 제작 과정 등을 견학할 수 있다. 현재는 우산 제조공장들이 대형화·기계화되면서 동일한 제작 과정을 반복하는 인부들만이 분주하게 움직인다.

마을 입구에 있는 엄브렐라 메이킹 센터 Umbrella Making Centre와 버쌍 핸디크래프트 센터 Bo-Sang Handicrafts Centre에서는 제작 과정부터 판매까지 한 곳에서 이루어진다. 쇼핑센터가 아니더라도 마을 곳곳에서 종이우산을 만드는 모습을 어렵지 않게 볼 수 있다. 마을 규모가 크지 않아서 여유롭게 둘러볼 수 있다. 버쌍 우산 축제(텟싸깐 롬) Bo Sang Umbrella Festival가 열리는 1월이 되면 마을이 분주해진다. 참고로 행정구역상 싼깜팽에 속해 있는데, 싼깜팽 온천과 전혀 다른 방향이므로 썽태우 탈 때 주의해야 한다.

주소 Bo Sang Umbrella Village **홈페이지** www.handmade-umbrella.com **운영** 08:30~17:00 **요금** 무료 **가는 방법** ①치앙마이에서 동쪽으로 10㎞ 떨어져 있다. 와로롯 시장(딸랏 와로롯)과 가까운 강변도로(타논 쁘라이싸니 Thanon Praisani)에서 썽태우를 타면 된다. 삥 강변의 육교(도보다리) 옆에서 대기 중인 썽태우들 중에 흰색 썽태우가 30분 간격으로 버쌍(편도 요금 30B)을 오간다. ②그랩을 이용할 경우 편도 요금 150B 정도 예상하면 된다.

별의 도시로 불리는 시골 마을
치앙다오 Chiang Dao เชียงดาว

치앙마이에서 북쪽으로 72km 떨어져 있는 작은 마을이다. 별들이 층을 이룬다 하여 '피앙 다오 Phiang Dao'라고 불렸으나, 현재는 '별의 도시'라는 뜻으로 치앙다오로 불린다. 이름과 달리 도로(107번 국도)를 사이에 두고 작은 마을이 형성되어 있을 뿐이다. 치앙다오 주변은 삥 강 Ping River이 만들어 내는 협곡과 해발 2,195m의 도이 치앙다오 Doi Chiang Dao로 인해 자연경관이 수려하다. 관광객들의 발길도 적어 상업화되지 않은 자연을 그대로 간직하고 있다. 치앙다오를 찾는 진정한 목적은 한적한 자연을 느끼기 위함이다. 107번 국도에서 멀찌감치 떨어져 있는 자연친화적인 숙소들은 도시의 소음을 완전히 잊게 해준다.

가장 큰 볼거리는 치앙다오 동굴(탐 치앙다오) Chiang Dao Cave이다. 석회암 산에 형성된 네 개의 동굴이 서로 연결되어 있다. 조명 시설을 갖춘 곳은 탐 프라논 Tham Phra Non(길이 360m)으로 동굴 내부에 와불상을 모시고 있다. 나머지 세 곳은 조명이 없기 때문에 가이드를 동행해야 한다. 탐 마 Tham Mah(길이 735m)→탐 깨우 Tham Kaew(길이 474m)→탐 남 Tham Nam(길이 660m) 순서로 동굴이 이어진다. 투명한 냇물이 흐르는 동굴 앞에는 왓 탐 치앙다오 Wat Tham Chiang Dao(치앙다오 동굴 사원이라는 뜻)를 만들었다. 동굴 입구가 마치 사원처럼 보이는 것도 이 때문이다. 동굴 입장료는 40B, 동굴 가이드 투어는 200B이다.

주소 Amphoe Chiang Dao **가는 방법** 치앙마이 창프악 터미널에서 출발하는 팡 Fang과 타똔 Tha Ton 행 버스가 치앙다오를 지난다. 06:00~17:30까지 30분 간격으로 출발한다. 편도 요금은 83B이다. 치앙다오→치앙마이 버스는 08:00~17:30까지 1시간 간격으로 운행된다. 참고로 미얀마 국경과 가까워 버스탑승 전에 여권을 확인한다.

치앙마이 근교 인기 여행지
매깜뽕(매깜뻥) Mae Kam Pong แม่กำปอง

치앙마이에서 북쪽으로 55km 떨어져 있는 산속의 자그마한 마을이다. 해발 1,300m에 위치한 곳으로 130여 가구, 500여 명이 생활하고 있다. 선선한 기후 덕분에 차와 커피, 딸기 같은 농작물 재배에 종사하며 생활한다. 치앙마이에서 1일 투어로 다녀오는 곳인데, 특히 현지인(태국 관광객)에게 인기 있다. 산길을 돌아 들어가면 은둔의 세상처럼 산과 계곡 속에 감싸여 있는 아담한 마을이 나오기 때문이다. 도로 양옆으로 목조 가옥 건물이 있고, 그 옆으로 계곡 물이 흐른다. 그만큼 목가적인 전원 풍경이 펼쳐진다. 목조 건물들은 카페, 식당, 기념품 상점, 홈스테이 숙소로 변모했지만, 동네 주민들은 공동체를 유지하기 위해 과도한 개발을 제한하고 있다.

마을 입구에서 텟두 커피 Teddu Coffee(출렁다리가 있는 계곡 옆 카페)→마을 입구 공용 주차장→룽풋빠뻥 커피 Lung Pud Pa Peng Coffee(오래된 목조 건물 카페)→왓 칸타프싸 Wat Khantha Phueksa(계곡 옆에 만든 사원)→매깜뽕 나이 Mae Kampong Nai(안쪽에 있는 매깜뽕 두 번째 마을)→라비앙 뷰 Rabeing View Cafe(마을 전체가 내려다보이는 카페)→매깜뽕 폭포 Mae Kampong Waterfall(무료로 들어갈 수 있는 작은 폭포)까지 올라갔다 내려오면 된다. 폭포까지 2km로 마을을 관통하는 길은 하나뿐이다.

주소 Tambon Huai Kaeo, Mae On District, Chiang Mai **운영** 24시간 **요금** 무료 **가는 방법** 와로롯 시장 옆의 꽃시장 맞은편 강변에 있는 미니밴(롯뚜) 정류장을 이용한다. 미니밴은 1일 4회(07:40, 09:30, 11:40, 14:30) 출발한다. 편도 요금은 180B이다. 미니밴 홈페이지(www.facebook.com/Van.Hotsprings)를 통해 예약이 가능하다.

조각 공원을 볼 수 있는 인공 저수지
훼이뚱타오 저수지(앙껩남 훼이뚱타오) Huay Teung Thao Reservoir อ่างเก็บน้ำห้วยตึงเฒ่า

치앙마이 도심을 벗어난 매림 지역 Mae Rim District에 있는 인공 저수지. 치앙마이 북쪽 지역의 물 부족 현상을 해소하기 위해 라마 9세(현재 국왕인 라마 10세의 아버지) 때 만들었다. 둘레만 4km에 이르는 크기로 훼이퉁타오 호수 Huay Tung Tao Lake로 알려지기도 했다. 저수지 앞으로 도이 쑤텝(쑤텝) 산이 펼쳐져 풍경이 수려하다. 조각 공원(킹콩 랜드), 양 목장, 집라인, 전망대 등 볼거리도 만들어 놓고 있다. 물 위에 떠 있는 오두막(방갈로) 형태의 수상 식당에서 한적한 시간을 보낼 수 있다.

주소 Don Kaeo, Mae Rim District **전화** 053-121-119 **홈페이지** www.huaytuengthao.com **운영** 06:30~17:30 **요금** 50B **가는 방법** ①치앙마이에서 북쪽으로 14km 떨어져 있다. 대중교통은 없다. 그랩(편도 요금 300B)을 이용해야 하는데, 치앙마이로 되돌아올 때 그랩이 잘 안잡히는 편이다.

코끼리 똥으로 종이 만들기
엘리펀트 푸푸페이퍼 파크(매림) Elephant Poopoopaper Park

코끼리 똥에서 추출한 섬유질을 이용해 종이를 만드는 과정을 견학할 수 자연친화적인 박물관이다. 40분 정도 가이드의 안내에 따라 야외 정원을 거닐며 종이 제작 과정을 견학할 수 있다. 투어는 1일 10회 운영된다. 마지막 투어는 16:00에 있다. 추가 요금을 내면 종이 만들기 체험 DIY Crafting에 참여할 수 있다. 기념품 숍에서는 수첩, 일기장, 카드 등 기념품을 판매한다. 참고로 엘리펀트 푸푸페이퍼 파크가 위치한 치앙마이 북쪽 지역은 매림 Mae Rim과 매싸 계곡 Mae Sa Valley으로 몬쨈(먼쨈)을 갈 때 지나게 되는 곳이다. 1096번 국도를 따라 매싸 폭포(남똑 매싸) Mae Sa Waterfall, 매싸 엘리펀트 캠프 Mae Sa Elephant Camp, 퀸 씨리깃 보타닉 가든 Queen Sirkit Botanic Gardens, 뽕얭 정글 코스터 Pong Yaeng Jungle Coaster&Zipline를 지나 몬쨈(먼쨈)에 이르게 된다.

주소 87 Moo 10, Mae Rim **전화** 053-299-565 **홈페이지** www.poopoopaperpark.com **운영** 08:30~17:00 **요금** 150B(5세 이하 어린이 무료) **가는 방법** 치앙마이 구시가(타패 게이트)에서 북쪽으로 19km 떨어져 있다. 그랩을 이용할 경우 편도 요금 170~230B 정도 예상하면 된다.

다랑논과 꽃 농장이 어우러진 산 위의 마을
몬쨈(먼쨈) Mon Cham(Mon Jam) ม่อนแจ่ม

치앙마이에서 북쪽으로 40km 떨어진 산악 지역이다. 산(山)이란 뜻의 '도이'를 붙여 도이 몬쨈(먼쨈)으로 불리기도 한다. 해발 1,400m에 위치한 곳으로 선선한 기후를 활용해 고랭지 작물을 재배하기 시작했는데, 이 때문에 만들어진 다랑논(계단식 논)이 독특한 풍경을 선사한다. 덕분에 몽족이 생활하는 오지 마을에서 인기 관광지로 변모했다. 마을 입구 주차장에는 기념품 가게들이 생겼고, 경관이 좋은 곳에는 꽃 농장과 카페를 만들어 입장료를 받는다. 욧도이 커피 Yoddoi Coffee, 쁘라이파 딸기 농장(입장료 40B) Plai Fa Strawberry Farm, 스카이워크 몬쨈(입장료 40B) Skywalk Mon Jam, 라이독놈나우 정원(입장료 50B) Rao Dok Lom Nhao Community Garden을 둘러보면 된다. 태국 관광객에게 캠핑(글램핑) 여행지로 각광받고 있다. 겨울이 되면 태국 본토와 전혀 다른 공기를 느낄 수 있기 때문이다. 치앙마이보다 평균 기온이 5°C 정도 낮은데, 겨울철에는 밤 기온이 쌀쌀하게 느껴질 정도다. 최근 몇 년 사이 캠핑 리조트가 속속 문을 열어 자연을 훼손할 정도에 이르렀다. 청명한 날씨를 보이는 건기(10월 말~2월)에 방문하는 게 좋다.

주소 Mon Cham, Amphoe Mae Rim **운영** 07:00~20:00 **요금** 무료(꽃 정원 입장료는 별도) **가는 방법** 와로롯 시장 옆 강변에 있는 정류장에서 미니밴(홈페이지 www.facebook.com/Van.Hotsprings)을 타면 된다. 1일 3회(08:00, 11:30, 15:00) 출발한다. 편도 요금은 180B이다. 돌아오는 막차는 16:30에 있다.

산 위에 세워진 황금 탑 사원
왓 프라탓 도이캄
Wat Phra That Doi Kham วัดพระธาตุดอยคำ ★★★

왓=사원, 프라탓=황금색 신성한 탑, 도이 캄=캄 산(山)이란 뜻이다. 영어로 골든 마운틴 템플 Golden Mountain Temple로 알려졌다. 사원이 위치한 곳은 해발 465m로 300개의 계단을 걸어 올라가야 한다. 계단은 뱀 모양의 수호신인 나가 Naga를 장식했다. 사원에서 가장 오래된 것은 다름 아닌 프라탓(탑)이다. 붓다의 유해를 안치하기 위해 687년에 건설됐다고 한다. 현재 모습은 1966년에 재건한 것이다. 사원의 또 다른 볼거리는 가부좌를 틀고 있는 17m 높이의 좌불상이다. 크기뿐만 아니라 황금색 승복을 입고 있어 더욱 화려하다. 높은 곳에 있다 보니 사원 주변으로 치앙마이 풍경도 조망할 수 있다.

주소 Doi Kham, Tambon Mae Hia **운영** 06:00~18:00 **요금** 무료 **가는 방법** 치앙마이 시내에서 남쪽으로 13km 떨어져 있다. 그랩 편도 요금 250~300B, 썽태우 왕복 요금 400B 정도에 흥정하면 된다.

트램을 타고 동물을 관찰하는 사파리 투어
나이트 사파리 Chiang Mai Night Safari เชียงใหม่ไนท์ซาฟารี ★★★☆

트램을 타고 야외 동물원을 순회하며 야생 동물을 가까이서 관찰할 수 있는 곳이다. 전체 면적 327에이커(약 40만 평) 크기다. 재규어 트레일 존(호수 주변의 1.2km 산책로) Jaguar Trail Zone, 사바나 사파리 존(초식성 동물 지역) Savanna Safari Zone, 프레데터 프라울 존(육식성 동물 지역) Predator Prowl Zone으로 나뉜다. 사파리 투어는 낮 시간과 저녁 시간으로 구분해 운영한다. 데이 투어 Day Safari Tram Ride는 하루 네 차례(14:30, 15:00, 15:30, 16:00) 출발한다. 나이트 투어 Night Safari Tram Ride는 17:30부터 21:00분 간격으로 진행된다. 트램을 타고 지나면서 기린, 사슴, 얼룩말, 캥거루, 곰, 사자, 호랑이, 코뿔소 등을 관찰할 수 있다. 타이거 쇼, 와일드 애니멀 쇼, 카우보이 쇼, 분수 쇼 등 각종 공연 프로그램도 다양하다.

주소 Nong Kwai, Hang Dong District, Chiang Mai **전화** 053-999-000 **홈페이지** www.chiangmainightsafari.com **운영** 11:00~22:00(매표 마감 21:00) **요금** 재규어 트레일 400B, 사파리 트램 1,200B(어린이 50% 할인) **가는 방법** 구시가에서 11km 떨어져 있다. 픽업이 포함된 투어를 이용하거나, 그랩(편도 요금 130~180B)을 타고 가면 된다

치앙마이의 미니 그랜드 캐니언
파처 협곡 Pha Chor Canyon ผาช่ออุทยานแห่งชาติ แม่วาง

태국의 미니 그랜드 캐니언으로 불리는 곳이다. 층층을 이루며 생긴 30m 높이의 황토색 절벽이 독특한 풍광을 제공한다. 한때 강이 흐르던 곳으로 삥 강 Ping River의 지류가 변경되고 500만 년의 시간이 흐르면서 오랜 침식 작용으로 생긴 협곡이다. 파처 뷰 포인트 Phachor View Point를 지나 협곡 안쪽까지 내려갈 수 있다. 밀림 속으로 이어진 길은 전체 길이가 900m다. 매왕 국립공원 Mae Wang National Park에 속해 있으며, 자연 경관 보호를 위해 매년 3~4월은 관광객의 입장을 제한한다. 대중교통으로 갈 수 없는 곳이라 택시(그랩) 기사와 왕복 요금(4시간 1,000B)을 협의해 다녀와야 한다.

주소 Mae Wang National Park, Santi Suk, Doi Lo District **전화** 053-106-759 **홈페이지** www.facebook.com/maewang.nationalpark **운영** 08:30~16:30 **요금** 100B **가는 방법** 치앙마이 구시가(타패 게이트)에서 서쪽으로 45km 떨어져 있다.

국제 원예 박람회가 열렸던 열대 정원
로열 파크 랏차프륵(우타얀루앙 랏차프륵) Royal Park Rajapruek อุทยานหลวงราชพฤกษ์

태국 사람들이 가장 존경하는 국왕인 라마 9세(푸미폰 국왕) King Bhumibol Adulyadej의 즉위 60주년을 기념하기 위해 2006년에 만든 왕실 정원이다. 당시 국제 원예 박람회를 위해 200에이커(약 24만 4,800평) 규모로 조성된 꽃 정원과 난 농원, 식물원을 보존해 일반에게 공개하고 있다. 열대 식물을 볼 수 있는 태국 정원 Thai Garden과 한국·일본·중국을 포함해 21개 나라의 정원이 있는 국제 정원 International Garden으로 구분된다. 로열 파크 정중앙에는 란나 왕국 시대의 왕궁을 재현해 만든 호캄루앙 Ho Kham Luang(Royal Pavilion)을 세웠다. 3,000㎡(약 900평) 크기로 정원과 호수에 둘러싸여 있는데, 티크 나무를 장식한 화려한 장식이 왕실의 권위를 느끼게 한다.

주소 334 Tambon Mae Hia **전화** 053-114-110 **홈페이지** www.royalparkrajapruek.org **운영** 08:00~18:00 **요금** 200B
가는 방법 치앙마이 시내에서 남서쪽으로 11km 떨어져 있다.

해발 2,565m 높이의 태국 최고봉
도이 인타논 Doi Inthanon 도이 อินทนนท์

도이 인타논은 태국의 지붕으로 불린다. 해발 2,565m로 태국에서 가장 높은 산이다('도이'는 태국 북부 언어로 산을 뜻한다). 해발 800m 이상의 산간지역은 도이 인타논 국립공원 Doi Inthanon National Park으로 지정되었다. 482㎢ 크기의 국립공원에는 산악민족(고산족) 마을과 웅장한 폭포를 볼 수 있다. 산 정상에는 국왕과 왕비를 기리는 쌍둥이 탑을 세웠다. 65종의 포유류, 50여 종의 파충류, 30여 종의 양서류, 550여 종의 조류도 서식한다. 지대가 높은 만큼 기온 변화도 심하다. 평균 기온이 10~15℃로 선선하다. 겨울에는 0℃까지 내려간다. 5~10월은 우기에 해당하며 7~9월에 가장 많은 비가 내린다. 우기에는 접근 불가능한 지역이 있어 등산로가 폐쇄되기도 한다. 참고로 '인타논'은 태국 북부 지역 자연 보존에 관심이 많았던 인타위차야논 왕 King Inthawichayanon(재위 1870~1897)을 기리기 위해 붙여진 이름이다.

주소 Ban Luang, Chom Thong **전화** 053-286-729 **홈페이지** www.thainationalparks.com/doi-inthanon-national-park **운영** 05:00~18:00 **요금** 300B **가는 방법** ①치앙마이에서 70㎞ 떨어져 있다. 아로롯 시장 옆의 꽃 시장 맞은편 강변에 있는 미니밴(롯뚜) 정류장을 이용한다. 미니밴은 1일 2회(07:00, 12:30) 출발한다. 편도 요금은 250B이다. 미니밴 홈페이지(www.facebook.com/Van.Hotsprings)를 통해 예약이 가능하다. ②대중교통이 미비하기 때문에 여행사에서 운영하는 1일 투어(1,400~1,800B)로 다녀오면 편리하다.

① 트윈 파고다 Twin Pagoda(Royal Chedi)

도이 인타논 정상 부근(해발 2,146m)에 만든 쌍둥이 탑이다. ==태국 사람들에게 가장 사랑받는 라마 9세 King Bhumibol Adulyadej와 그의 부인 씨리낏 왕비 Queen Sirikit의 환갑(60세 생일)을 기념하기 위해 1987년과 1992년에 만들었다.== 60m 높이의 프라마하탓 놉파메타니돈 Pra Mahatat Noppamethanedon은 국왕을 상징하고, 55m 높이의 프라마하탓 놉폰품씨리 Pra Mahatat Nopphonphumsiri는 왕비를 기린다. 탑 높이가 다른 이유는 두 사람의 나이 차이를 의미한다. 별도의 입장료(100B)를 받는다.

② 폭포 Waterfall

국립공원 입구부터 1009번 국도를 따라 올라가다 보면 매끄랑 폭포 Mae Klang Waterfall, 와치라탄 폭포 Wachirathan Waterfall, 씨리탄 폭포 Sirithan Waterfall, 파독씨아우 폭포 Pha Dok Sieo Waterfall, 씨리품 폭포 Siriphum Waterfall가 순차적으로 나온다.

③ 끼우매빤 트레일 Kew Mae Pan Nature Trail

도이 인타논에서 가장 인기 있는 트레킹 코스. 트윈 파고다와 가까운 해발 2,200m에서 시작한다. 3km 길이의 원형 코스로 산 아래 풍경을 조망할 수 있는 전망대를 지난다. 건기(11~4월)에만 개방되며 약 2시간 정도 걸린다. 안전을 위해 현지 가이드(몽족)와 동행해야 한다. 가이드 비용은 200B이다.

④ 앙까 트레일 Ana Ka Nature Trail

도이 인타논 정상 부근에 만든 트레킹 코스. 360m 정도의 짧은 산책로(나무 보행로)로 울창한 열대 우림 지역을 지난다. 원시림과 조류 관찰에 적합하다.

⑤ 파독씨아우 트레일 Pha Dok Sieo Nature Trail

다랑논(계단식 논) 풍경이 펼쳐지는 '반 매끄랑루앙' Baan Mae Klang Luang Village(카렌족 마을)을 방문하는 코스로 2시간 정도 소요된다. 폭포와 계곡, 대나무 다리를 지난다. 마을 주민(카렌족 가이드)의 안내를 따라야 한다. 마을에서 직접 재배한 커피를 시음할 수 있다. 가이드 비용은 220B이다. 차를 타고 되돌아올 때는 추가 비용(150B)을 내야 한다.

치앙마이의 스파 & 마사지
Spa & Massage

무더운 여름날, 관광지를 찾아다니느라 지친 몸을 추스르는 데 더없이 좋은 마사지. 타이 마사지는 지압과 요가를 접목해 만든 것이 특징으로 혈을 눌러 근육 이완은 물론 몸을 유연하게 해주기 때문에 치료 목적으로 사용될 정도다. 마사지는 현지어로 '누엇'이라고 한다. 태국 안마(누엇 타이)는 전신 마사지를 의미하는데 풀코스는 2시간이 소요된다.

치앙마이 여성 재소자 마사지
Chiang Mai Women Correctional Institution Vocational Training Center

치앙마이 여자 교도소 재활센터 Chiang Mai Women's Correctional Institution에서 운영한다. 간판에 적힌 나리 타이 마사지 Naree Thai Massage보다 여성 재소자 마사지 Women's Prison Massage로 더 많이 알려져 있다. 재소자들의 사회 적응을 돕는 재활 프로그램 중의 하나다. 출소를 6개월 남긴 재소자들이 타이 마사지를 시술한다. 재소자들이 150시간의 마사지 기술 교육을 이수하는 것이다. 시설은 평범하지만 전통 양식의 목조 건물이라 나름 분위기 있다. 관광객들에게 인기가 많아서 차례를 기다려야 하는 경우가 흔하다(재소자들은 18:00까지 교도소로 복귀해야 한다). **예약을 받지 않기 때문에, 미리 가서 가능한 시간을 확인해 두는 게 좋다.** 마당에서는 레스토랑인 크루아 추안촘 Khrua Chuan Chom을 함께 운영한다.

지도 P.80-B1 **주소** 100 Thanon Ratwithi(Rachawithee) **영업** 08:00~16:30 **요금** 타이 마사지(60분) 250B, 발 마사지(60분) 250B, 타이 마사지(120분) 500B **가는 방법** 치앙마이 여자 교도소 정문 맞은편에 있다. 타논 랏위티&타논 짜반 사거리 코너에 있다. 3왕 동상에서 250m, 빠뚜 타패(타패 게이트)에서 1km 떨어져 있다.

리라 타이 마사지(랏차담넌 지점) Lila Thai Massage

여성 교도소 재소자들이 직업 훈련 과정을 통해 마사지 교육을 마치면 수료한 사람들을 고용해 운영한다. 란나(태국 북부) 양식으로 깔끔하게 꾸몄으며, 구시가에 모두 7개의 지점을 운영하고 있다. 부담 없는 가격으로 인해 외국 관광객에게 인기 있다. 여러 곳의 지점을 운영하는 만큼, 마사지해주는 사람들의 수준에 따른 만족도는 조금씩 달라질 수밖에 없다. 타이 마사지와 오일 마사지, 허벌 콤프레스 Thai Herbal Hot Compress Massage를 기본으로 시술한다. 시그니처에 해당하는 리라 타이 콤프리트 마사지(발 마사지+타이 마사지+허벌 콤프레스) Lila Thai Complete Massage는 2시간으로 진행된다. 구시가 곳곳에 지점을 운영하므로 숙소와 가까운 곳을 이용하면 된다.

지도 P.82-B2 ▶ **주소** 31 Thanon Rachadamnoen **전화** 053-280-998 **홈페이지** www.lilathaimassage.com **영업** 10:00~22:00 **요금** 타이 마사지(60분) 350B, 오일 마사지(60분) 700B **가는 방법** 빠뚜 타패(타패 게이트) 안쪽으로 80m 떨어진 타논 랏차담넌에 있다.

마사지 랜드 Massage Land

구시가 안쪽에 있는 가성비 좋은 마사지 업소. 구시가에 있는 마사지 숍들은 전통을 강조하는 곳들이 많은데, 이곳은 콘크리트 건물에 에어컨 시설이라 동남아스러운 감성은 없다. 오히려 색감을 강조해 모던하다. 청결을 유지하기 위해 신발을 벗고 출입해야 한다. 핫 밤(호랑이 연고) Hot Balm 또는 허벌 콤프레스 Herbal Compress와 결합해 마사지를 받으면 효과가 더 좋다. 저렴한 대신 프라이빗한 느낌은 없다. 매트리스가 일렬로 놓여 있으며 커튼을 이용해 옆 사람과 칸막이를 구분한다. 오일 마사지를 받을 때는 개별 스파 룸을 배정해준다. 예약하고 가는 게 좋다.

지도 P.82-A1 ▶ **주소** 169/1 Thanon Phra Pokklao **전화** 081-794-6142 **홈페이지** www.massagelandandspa.com **영업** 11:00~22:00 **요금** 타이 마사지(60분) 300B, 타이 마사지(90분) 450B, 아로마 오일 마사지(60분) 500B **가는 방법** 3왕 동상에서 북쪽으로 350m 떨어진 타논 프라 뽁끌라오에 있다.

기빙 트리 마사지(구시가 본점) Giving Tree Massage

구시가 안쪽에 있는 로컬 마사지 숍이다. 오래된 한 칸짜리 건물이지만 에어컨 시설로 내부는 깔끔하다. 웰컴 드링크도 챙겨준다. 1층은 발 마사지 받는 곳이고, 위층은 마사지 룸으로 되어 있다. 족욕을 먼저 한 다음, 마사지 룸에 올라가서 전용 복장으로 갈아입으면 된다. 마사지 룸엔 매트리스가 놓여 있는데, 암막 커튼을 치면 옆 사람과 공간이 나뉘진다. 가성비 좋은 곳으로 한국 관광객이 많이 찾아온다. 덕분에 안마해주는 분들도 간단한 한국어도 알아듣는다. 싼띠탐 지점 Giving Tree Massage Santitham과 님만해민 지점 Giving Tree Massage Nimman을 운영하므로, 숙소와 가까운 곳으로 예약하면 된다.

지도 P.80-B1 **주소** Thanon Ratchadamnoen Soi 7 **전화** 053-326-185 **홈페이지** www.thaigivingtree.com **영업** 11:00~22:00 **요금** 타이 마사지(60분) 350B, 타이 마사지(90분) 500B, 아로마 마사지(60분) 450B, 아로마 마사지(90분) 700B **가는 방법** 타논 랏차담넌 쏘이 7에 있다.

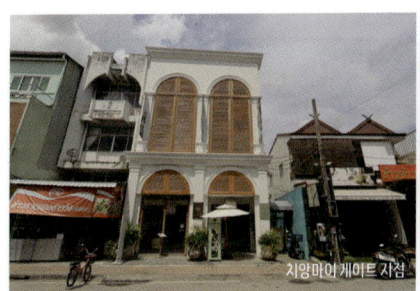

치앙마이 게이트 지점

펀포레스트 지점

캄 마사지(치앙마이 게이트 지점) Calm Massage & Spa

구시가에 3개 지점을 운영하는 스파 업소로 비교적 새롭게 오픈한 곳이다. 화이트 톤의 건물과 초록초록한 분위기가 어우러져 아늑한 느낌을 준다. '캄'은 영어로 쓰면 차분하다라는 뜻이지만, 태국어(정확한 태국어 발음은 '크람'이 된다)로 쓰면 인디고 컬러(쪽빛)를 의미한다. 간판처럼 인디고 색상의 패브릭과 도자기 등을 인테리어로 사용했다. 전통 타이 마사지는 매트리스가 놓인 방에서, 스파는 샤워 시설을 갖춘 전용 룸을 이용한다. 시그니처 마사지는 아로마테라피(오일 마사지)와 핫 스톤 마사지다. 세게 지압해주는 마사지보다 부드러운 마사지를 선호하는 사람들이 찾는 곳이다. 인타와로롯 지점 Calm Massage & Spa at Inthawarorot과 펀포레스트 지점 Calm Massage & Spa at Fern Forest도 비슷한 분위기다.

지도 P.81-C2 **주소** 48 Thanon Phra Pokklao **전화** 082-559-7733 **홈페이지** https://calmmassage-spa.com/calminconcept **영업** 11:00~22:00 **요금** 타이 마사지(60분) 400B, 아로마테라피(60분) 750B, 아로마테라피+허벌 볼(90분) 1,500B, 핫 스톤 마사지(90분) 1,800B **가는 방법** 빠뚜 치앙마이(치앙마이 게이트)와 가까운 타논 프라 뽁끌라오에 있다.

와라리 마사지(님만 쏘이 1) Varalee Massage @1Nimman

님만해민 지역에서 가성비 좋은 마사지 업소. 타이 마사지와 발 마사지는 같은 가격으로 1시간에 300B, 2시간에 500B을 받는다. 소규모로 운영되지만 인기 덕분에 3개 지점을 운영하고 있다. 가격이 저렴한 만큼 시설은 로컬 분위기다. 신발을 벗고 드나들어야 해서 내부는 깨끗하게 관리된다. 1층은 발 마사지 받는 곳이고, 2층 전신 마사지 받는 곳으로 매트리스가 촘촘히 놓여있다. 프라이빗하거나 고급스러운 느낌은 없다. 전체적으로 마사지 압이 센 편이라 만족도는 높다. 님만해민 중심가에 있는 2호점 Varalee Massage 2(주소 Nimmanhaemin Soi 13)이 위치가 가장 좋다. 노란색 건물이라 눈에 잘 띈다. 원 님만(쇼핑몰) 옆 골목에 있는 님만 쏘이 1 지점은 쇼핑하다 들르기 좋다.

지도 P.88-B1 주소 Thanon Nimmanhaemin Soi 1 **전화** 084-503-0555 **홈페이지** www.facebook.com/VaraleeNimman **영업** 10:00~23:00 **요금** 타이 마사지(60분) 300B, 발 마사지(60분) 300B, 오일마사지(60분) 500B, 마사지 패키지(2시간) 800B **가는 방법** 원 님만(쇼핑몰) 옆 골목인 님만해민 쏘이 1에 있다.

차바 프라이 스파 Chaba Prai Spa

구시가 안쪽에 있는 마사지 숍으로 2015년부터 영업을 시작했다. 주변 숙소에 머물던 여행자들 사이에 입소문이 나면서 수요가 늘어나자 지점을 추가로 오픈했다. 2호점에 해당하는 차바 프라이 스파는 단독 건물로 규모나 시설 면에서 본점보다 좋다. 노출 콘크리트로 되어 있는 전용 스파 룸은 밝고 쾌적하다. 샤워실도 갖추고 있다. 타이 마사지, 허벌 볼, 아로마테라피, 핫 오일 마사지, 핫 스톤 마사지까지 다양한 마사지가 가능하다. 20여 명의 숙련된 안마사들이 친절하게 응대해 준다. 미리 예약하면 픽업 서비스도 가능하다. 타논 랏차만카에 있는 본점(1호점)은 차바 프라이 마사지 Chaba Prai Massage(주소 41/1 Thanon Ratchamankha)라고 간판을 달았다.

지도 P.80-B1 주소 95 Thanon Inthawarorot **전화** 061-315-0330 **홈페이지** www.chabapraimassageandspa.com **영업** 11:00~22:00 **요금** 타이 마사지(60분) 400B, 타이 마사지+허벌 볼(90분) 1,000B, 아로마테라피(90분) 1,200B **가는 방법** 타논 인타와로롯에 있는 드 란나 호텔 De Lanna Hotel 맞은편. 왓 프라씽에서 150m 떨어져 있다.

아티스트 스파 The Artist Spa

님만해민 지역이 개발되던 초창기부터 같은 자리를 지키고 있는 스파 업소. 콘크리트 건물이지만 란나 양식을 가미해 전통적인 느낌으로 꾸몄다. 단독 건물을 사용하지만 엘리베이터가 없어서 배정 받은 마사지 룸은 계단을 걸어 올라가야 한다. 타이 마사지 룸은 바닥에 매트리스가 깔려 있고, 스파 룸은 전용 스파 베드가 놓여 있다. 전문 스파보다는 타이 마사지와 발 마사지에 대한 평가가 좋다. 기본 1시간에 300B으로 가성비도 뛰어나다. 발 마사지+타이 마사지+오일 마사지를 결합한 2시간짜리 패키지는 프로모션 요금(700~900B)으로 할인해 준다.

지도 P.88-B1 **주소** 8/3 Thanon Nimmanhaemin **전화** 085-041-4515 **홈페이지** www.facebook.com/TheArtistLannaThaiMassageForHealth **영업** 10:00~23:00 **요금** 타이 마사지(60분) 300B, 발 마사지(60분) 300B, 오일 마사지(60분) 500B **가는 방법** 타논 님만해민 메인 도로에 있다. 원 님만(쇼핑몰)에서 100m 떨어져 있다.

앤티크 마사지 본점

우아라이 워킹 스트리트 지점

앤티크 마사지 Antique Massage

중심가에서 떨어진 한적한 주택가 골목에 있다. 정원과 어우러진 목조 건물 자체가 앤티크하다. 주변 환경이 조용하고, 풍경이 고즈넉하다. 1인실 독립 스파 룸을 갖추고 있어 프라이빗하게 마사지 받을 수 있다. 마사지 만족도가 높은 곳으로 친절하고 시설도 쾌적하다. 마사지 베드 온도도 조절할 수 있도록 하는 등 세심한 배려가 돋보인다. 가격도 부담 없는데, 타이 마사지가 450B부터 시작한다. 픽업 서비스가 포함되며, 웰컴 드링크로 시원한 코코넛을 내어준다. 여유 있게 스파를 받고 싶다면 2종류의 마사지를 조합한 콤보 세트 90분,3종류의 마사지를 동시에 받을 수 있는 콤보 세트 120분짜리를 선택하자. 인접한 곳에 앤티크 마사지 우아라이 워킹 스트리트 Antique Massage & Salon(Wualai Walking Street) 지점(2호점)을 운영한다.

지도 P.83-B2 **주소** Thanon Nantaram Soi 5 **전화** 091-566-5569 **홈페이지** www.antiquemassage.com **영업** 10:00~22:00 **요금** 타이 마사지(60분) 450B, 아로마테라피(60분) 790B, 콤보 세트(120분) 1,200B **가는 방법** 타논 난타람 쏘이 5 골목에 있다. 왓 양꾸앙(왓 양꽝) 옆 골목으로 들어가면 된다.

리트리트 님만 Retreat Nimman Massage & Spa

님만해민 지역에서 가격 대비 시설 좋은 마사지 숍이다. 신축한 건물답게 모던한 시설로 쾌적하다. 청결한 시설을 유지하기 위해 신발을 벗고 드나들어야 한다. 큰길에 있어 찾기 편하지만, 님만해민 중심가와 조금 떨어져 있어 소란스럽지 않다. 전통 안마는 1시간에 450B으로 가성비가 좋다. 오전 시간에는 할인 요금도 적용해 준다. 타이 마사지는 허벌 밤 Herbal Balm 또는 허벌 볼 Herbal Ball을 추가해 90분짜리로 받으면 효과가 더 좋다. 2시간짜리로 구성되는 리트리트 & 릴랙스 Retreat & Relax는 보디 스크럽과 아로마테라피 오일 마사지를 동시에 받을 수 있다. 일반 마사지 룸엔 매트리스가 놓여 있고, 전용 스파 룸은 프라이빗한 단독 룸에서 진행된다. 아로마 오일은 시향해 보고 선택할 수 있다. 마사지가 끝나면 태국 디저트와 음료도 무료로 제공해준다.

지도 P.88-B2 **주소** Thanon Nimmanhaemin Soi 17 **전화** 099-461-4542 **홈페이지** www.retreatnimman.com **영업** 11:00~24:00 **요금** 발 마사지(60분) 450B, 타이 마사지(60분) 450B, 타이 마사지+허벌 볼(90분) 800B, 오일 마사지(60분) 650B, 아로마테라피(90분) 1,100B, 스파 패키지(120분) 1,700B **가는 방법** 타논 님만해민 쏘이 17에 있다.

뮤즈 포레스티아스 마사지

뮤즈 마사지 Muse Massage

님만해민 지역의 새로운 마사지 업소. 같은 지역에 두 개 지점을 운영한다. 본점은 뮤즈 마사지로 님만해민 쏘이 17에 있다. 화이트 톤의 밝은 분위기로 1층은 발 마사지 받는 곳, 2층엔 개인 욕실을 갖춘 스파 룸이 있다. 2호점은 뮤즈 포레스티아스 마사지 Muse Forestias Massage로 님만해민 쏘이 9에 있다. 본점에 비해 규모가 크다. 건물 외관이 블랙 톤이며 실내도 암막 커튼을 이용해 어둑한 분위기를 유지한다. 힙한 분위기로 차분하게 마사지를 받을 수 있다. 베스트셀러(시그니처 마사지)는 핫 아로마+타이 마사지를 결합한 90분짜리 프로그램이다.

지도 P.88-B2 **주소** Thanon Nimmanhaemin Soi 17 **전화** 096-096-9998 **홈페이지** www.instagram.com/muse.cnx **영업** 11:30~23:30 **요금** 타이 마사지(60분) 400B, 아로마 마사지(60분) 750B, 베스트셀러(90분) 900B, 베스트셀러(120분) 1,050B **가는 방법** ①본점은 타논 님만해민 쏘이 17에 있다. ②2호점은 타논 님만해민 쏘이 9 Nimmanhaemin Soi 9에 있다.

DN 웰니스 마사지 DN Wellness Massage

번화한 님만해민에 있지만 골목 안쪽에 숨겨져 있다. 자그마한 주택단지 안에 위치해 있는데, 치앙마이 감성의 가정집 분위기가 고스란히 느껴진다. 집 앞에 화단이 잘 가꾸어져 있다. 응접실은 스파 리셉션으로 이용된다. 개별 룸에서 편안하게 마사지를 받을 수 있다. 시설에 비해 마사지 요금도 비싸지 않다. 마사지가 끝나면 정원에서 음료와 과자를 제공해 준다. 시그니처 마사지는 타이 밤 마사지(호랑이 연고를 이용한 타이 마사지) Thai Balm Massage와 아로마테라피(오일 마사지) Aromatherapy다. 오피스 신드롬(사무실 증후군) Office Syndrome은 따뜻한 코코넛 오일을 이용해 뭉친 근육 이완에 도움을 준다. 호젓하게 마사지를 받고 싶다면 2시간짜리 스파 패키지를 예약하자.

지도 P.88-B1 주소 95/426 Thanon Nimmanhaemin **전화** 099-295-3632 **홈페이지** www.dnwellnessmassage.com **영업** 10:00~22:00 **요금** 타이 마사지(60분) 350B, 타이 밤 마사지(60분) 400B, 아로마테라피(60분) 600B, 스파 패키지(120분) 1,100B **가는방법** 원 님만(쇼핑몰) 맞은편 골목 안쪽에 있다. 윈플러스 Win+ Chiang Mai 매장 옆 골목으로 들어가면 된다.

모멘트 마사지 Moment Massage & Spa

님만해민 지역에서 한국 관광객이 많이 방문하는 마사지 숍 중 한 곳이다. 청결한 시설과 무난한 가격이 인기의 비결이다. 마사지 메뉴판도 한국어가 병기되어 있다. 직원들도 친절하다. 발 마사지와 타이 마사지, 오일 마사지 위주의 전통 마사지를 시술한다. 등과 어깨, 두피 등 근육이 뭉쳐 있는 특정 부위를 선택해 마사지를 받을 수도 있다. 마사지 강도는 취향에 맞게 조절해 달라고 할 수 있다. 1층은 발 마사지 받는 의자가 놓여 있고, 2층 타이 마사지 받는 곳엔 매트리스가 놓여 있다. 커튼을 이용해 옆 사람으로부터 방해받지 않고 마사지 받을 수 있다. 3층은 스파 전용 룸이다.

지도 P.88-B2 주소 Thanon Nimmanhaemin Soi 9 **전화** 092-470-4462 **홈페이지** www.facebook.com/Momentmasssagecm **영업** 10:00~23:00 **요금** 타이 마사지(60분) 450B, 발 마사지(60분) 450B, 오일 마사지(60분) 850B **가는방법** 타논 님만해민 쏘이 9에 있다.

치앙마이 게이트 지점

더 홈 마사지 & 스파 The Home Massage & Spa

2014년부터 운영 중인 인기 스파 업소. 구시가에서 조금 떨어진 곳이라 상대적으로 접근성은 떨어지지만, 무료로 제공되는 픽업 서비스 덕분에 불편은 없다. 스파가 끝나면 공항까지 데려다주는 드롭 서비스까지 포함되어 있다. 스파 시설 자체는 외부에서 보면 하얀 궁전처럼 생겼는데, 유럽풍의 건물과 수영장을 갖춘 화이트 부티크 호텔 White Boutique Hotel의 부속 건물이다. 스파 패키지(스파 뷔페)는 두 종류 마사지 Buffet 90 Mins. 또는 세 종류 마사지 Buffet 120 Mins.를 개인 취향에 맞게 선택할 수 있다. 스파 전문 업소답게 아로마 오일을 포함한 내추럴 스파 제품을 직접 만들어 사용한다. 2호점에 해당하는 홈 마사지 & 스파(치앙마이 게이트 지점) The Home Massage & Spa At Chiang Mai Gate는 구시가 남쪽 출입문과 가깝다.

지도 P.85-A2 주소 17 Thanon Rakaeng(Ragang) **전화** 088-151-8884 **홈페이지** www.thehomemassageandspa.com **영업** 10:00~22:00 **요금** 타이 마사지(60분) 500B, 아로마 마사지(60분) 750B, 스파 패키지(90분) 950B, 스파 패키지(120분) 1,450B **가는 방법** 크롱 매카에서 400m 떨어진 타논 라깽이에 있다. 빠뚜 타패(타패 게이트) 남동쪽 2km 떨어져 있다.

헬스랜드 스파 & 마사지 Health Land Spa & Massage

방콕에서 가장 대중적인 스파 & 마사지 업소인 '헬스랜드'의 치앙마이 지점이다. 기업처럼 운영되는 곳으로 동네 마사지 숍에 비해 규모가 월등히 크다. 하얀색의 콜로니얼 건물로 시원한 느낌을 주며, 호텔 로비처럼 리셉션을 넓게 만든 것도 특징이다. 넓은 주차장까지 완비하고 있다. 스파 용품도 자체 브랜드로 만들어 사용한다. 쿠폰(10회 사용권)을 구입해 정기적으로 방문하는 단골도 많은 편이다. 로비에 도착하면 원하는 마사지를 신청하고 잠시 기다리면 된다. 그러면 순번에 의해 안마사들이 정해진다. 나이트 바자 남쪽에 있어 접근성은 떨어진다.

지도 P.79-B2 주소 288/55 Thanon Chang Khlan **전화** 053-278-855 **홈페이지** www.healthlandspa.com **영업** 09:00~23:00 **요금** 발 마사지(60분) 400B, 타이 마사지(120분) 700B, 아로마테라피(90분) 1,200B **가는 방법** 나이트 바자에서 남쪽으로 2km 떨어진 타논 창크란에 있다.

지라 스파(씨라 스파) Zira Spa

구시가에 있는 럭셔리한 스파 전문 업소다. 탑 텐 퀄리티 란나 스파 Top 10 Quality Lanna Spa와 수퍼브 란나 타이 마사지 Superb Lanna Thai Massage 등 여러 차례 수상한 경력도 있다. 란나 양식과 유럽풍이 혼합된 콜로니얼 건물이라 분위기가 좋다. 옆에서 보면 리조트처럼 만들어진 4층짜리 건물로 안마당을 겸한 정원이 있어 평화롭게 스파를 받을 수 있다. 고급 스파 시설답게 스파 룸이 넓고 전용 샤워 시설과 자쿠지 욕조까지 겸비하고 있다. 전통 타이 마사지 Traditional Thai Massage와 로열 타이 란나 마사지 Royal Thai Lanna Massage를 기본 프로그램으로 해서 두 가지 이상 마사지를 조합한 120분짜리 스파 패키지 프로그램도 있다. 픽업·드롭 서비스가 포함되며, 할인된 가격으로 스파를 받을 수 있는 다양한 프로모션도 제공한다.

지도 P.82-B1 **주소** 8/1 Thanon Ratwithi **전화** 053-222-288 **홈페이지** www.ziraspa.com **영업** 11:00~21:00 **요금** 타이 마사지(60분) 990B, 타이 마사지+허벌 볼(90분) 1,200B, 아로마 마사지(60분) 1,300B, 스파 패키지(120분) 2,200B **가는 방법** 구시가 안쪽의 타논 랏위티(랏위티 거리)에 있다. 빠뚜 타패(타패 게이트)에서 북쪽으로 400m 떨어져 있다.

치바 스파(치와 스파) Cheeva Spa

입지 조건이나 대중적인 인지도는 떨어진다. 전문적인 스파 프로그램이 만족스러운 업소로 타일랜드 투어리즘 어워즈, 치앙마이 브랜드 어워즈 등 여러 차례 수상한 경력을 자랑한다. 모던하고 미니멀한 디자인이 차분함을 선사한다. 카페를 함께 운영하며, 야외 정원까지 있어 주변 환경이 평온하다. 부담스러울 만큼 호사스럽지 않고 기분 좋을 만큼 럭셔리하게 꾸며, 편안하게 스파를 받을 수 있도록 했다. 타이 마사지, 딥 티슈 마사지, 스웨디시 마사지, 아로마테라피 오일 마사지, 타이 허벌 핫 콤프레스 마사지, 핫 스톤 마사지, 보디 스크럽, 보디 랩까지 다양하다.

지도 P.86-B2 **주소** 4/2 Thanon Hatsadisawee(Hussadhisewee) **전화** 053-211-400 **홈페이지** www.cheevaspa.com **영업** 10:00~19:00 **요금** 타이 마사지(90분) 1,500B, 아로마테라피(60분) 1,500B, 스파 패키지(120분) 2,300~2,800B **가는 방법** 구시가 북서쪽 코너에서 연결되는 타논 핫싸디싸위에 있다. 빠뚜 타패(타패 게이트)에서 3km 떨어져 있다.

님만해민 지점

센스 가든 마사지

구시가 쏨펫 지점

쑤언독 지점

센스 마사지(님만해민 지점) Sense Massage & Spa

현대적인 시설에 가성비까지 더한 인기 스파 업소. 센스 스파는 치앙마이에 8곳의 지점이 있는데, 님만해민 지점은 목조 가옥 분위기를 가미해 모던하게 꾸몄다. 번화한 거리에서 조금 떨어져 있어 여유롭게 마사지 받을 수 있는 것도 매력이다. 타이 마사지, 요가 마사지, 오일 마사지, 발 마사지 등 전통 안마에 초점이 맞추어져 있다. 시그니처 마사지는 타이 요가 마사지 Thai Yoga Massage와 아로마 오일 마사지 Aroma Oil Massage, 핫 허벌 콤프레스 Hot Herbal Compress가 있다. 아로마 오일은 6가지 중에서 선택하면 된다. 타이 마사지는 매트리스가 깔린 마사지 룸에서, 스파는 베드가 놓인 전용 스파 룸에서 받는다.

구시가에 머문다면 정원을 갖춘 센스 가든 마사지 Sense Garden Massage를 이용하면 된다. 한적한 구시가 골목에 넓은 정원을 갖추고 있어서 여유롭다. 초록 초록한 분위기 자체가 마음의 평온을 가져다준다. 타패 게이트 주변에 머문다면 센스 마사지 쏨펫 지점 Sense Massage Somphet을 이용하면 된다. 여행자 거리와 가까운 쏨펫 지점은 외국 여행자들이 많이 찾아온다.

지도 P.89-C1 **주소** 41 Thanon Siri Mangkhalachan **전화** 082-219-5496 **홈페이지** www.sensemassagespa.com **영업** 10:00~22:00 **요금** 타이 마사지(60분) 450B, 타이 요가 마사지(60분) 500B, 아로마 오일 마사지(60분) 900B **가는 방법** 님만해민 남쪽 도로에 해당하는 타논 씨리망카라짠에 있다. 원 님만(쇼핑몰)에서 400m 떨어져 있다.

레츠 릴랙스 스파(타패 지점) Let's Relax Spa Chiang Mai Thapae

믿고 몸을 맡길 수 있는 유명 마사지 업소. 이곳에서는 이름처럼 몸과 마음을 릴랙스하자. 1998년 치앙마이에서 시작된 레츠 릴랙스는 손님들의 호평에 힘입은 입소문으로 번성한 대표적인 마사지 숍이다. 편안하고 아늑한 실내, 충분히 만족할 만한 서비스가 인기 비결이다. 2015년 타일랜드 스파 & 웰빙 어워드 Thailand Spa & Well-Being Award에서 가격 대비 만족도가 높은 베스트 스파 업소에 선정되기도 했다. 현재는 방콕, 파타야, 푸껫 등에 지점을 운영하고 있다. 마사지 시술은 전신 마사지, 발 마사지, 등과 어깨 마사지로 구분해 원하는 부위만 집중적으로 안마를 받을 수도 있다. 또한 아로마테라피 오일 마사지, 아로마 핫 스톤 마사지, 보디 스크럽 등의 기본적인 스파 메뉴도 받을 수 있다. 스파를 받을 경우 전용 스파 룸을 이용하게 된다. 타이 마사지는 매트리스가 놓인 일반 마사지 룸을 이용한다. 마사지가 끝나면 망고 찰밥과 음료를 무료로 제공해 준다. 치앙마이에는 네 곳의 지점을 운영하므로 숙소와 가까운 곳을 예약하면 된다. 원 님만(쇼핑몰) 지점 Let's Relax Spa One Nimman, 님만해민 쏘이 3 지점 Let's Relax Spa Nimman Soi 3, 나이트 바자(치앙마이 파빌리온) 지점 Let's Relax Spa Chiang Mai Pavilion을 운영한다.

지도 P.82-A2 주소 97/2 Thanon Ratchadamnoen 홈페이지 www.letsrelaxspa.com 영업 10:00~24:00 요금 타이 마사지(120분) 1,200B, 아로마테라피(60분) 1,300B, 핫 스톤 마사지(90분) 2,300B 가는 방법 구시가 안쪽의 타논 랏차담넌에 있다. 빠뚜 타패(타패 게이트)에서 450m.

타패 지점 / 원 님만 지점 / 님만해민 쏘이 3 지점 / 레츠 릴랙스 마사지 룸 / 나이트 바자 지점

에인션트 하우스 지점

콜로니얼 가든 지점

랏차담넌 지점

막카 헬스 & 스파 Makkha Health & Spa

치앙마이에 본점을 두고 있는 럭셔리 스파 업소. 사원이 가득한 치앙마이의 고즈넉한 분위기와 잘 어울리는 곳이다. 상호인 '막카'는 팔정도를 뜻하는 불교 용어(팔리어)다. 4개의 지점을 운영하는데, 각기 다른 분위기로 인테리어를 꾸몄다. 에인션트 하우스 Ancient House 지점은 60년 넘는 전통 가옥을 리모델링했다. 티크 나무로 만든 란나 양식의 가옥이라 고풍스러운 느낌을 준다. 콜로니얼 가든 Colonial Gardens 지점은 유럽풍의 콜로니얼 양식이 가미된 건물이다. 층고가 높은 화이트 톤의 건물로 안마당에 수영장을 배치해 분위기를 더했다. 고급스러운 분위기와 숙련된 테라피스트들을 만날 수 있다. 60분짜리 기본 프로그램으로는 타이 마사지, 타이 허벌 볼 마사지, 발 마사지, 아로마 오일 마사지가 있다. 마사지 받기 전에 마사지 강도를 미리 체크하면 된다. 모든 스파 용품은 자체 제작한 스파 용품 브랜드인 완완 Wan Waan 제품을 사용한다. 지역에서 생산된 100% 천연 재료를 이용해 만들었다. 스파 받기 전에는 웰컴 드링크를, 스파가 끝나면 망고 찰밥을 무료로 제공해 준다. 픽업 서비스도 포함된다.

지도 P80-A2 ①**에인션트 하우스 지점 주소** Thanon Ratchamanka Soi 8 **홈페이지** www.makkhahealthandspa.com **영업** 10:00~22:00 **요금** 타이 마사지(60분) 850B, 타이 허벌 볼 마사지(60분) 1,390B, 아로마 오일 마사지(60분) 1,390B **가는 방법** 구시가 안쪽의 타논 랏차만카 쏘이 8 골목에 있다.

지도 P80-A2 ②**콜로니얼 가든 지점 주소** Thanon Samlan Soi 2 **가는 방법** 구시가 안쪽의 타논 쌈란 쏘이 2 골목에 있다.

지도 P82-A2 ③**랏차담넌 지점 주소** 145/4 Thanon Ratchadamnoen **가는 방법** 빠뚜 타패(타패 게이트)에서 구시가 안쪽으로 700m 떨어진 타논 랏차담넌에 있다.

파 란나 스파
파 란나 스파 Fah Lanna Spa

파 란나 스파 Fah Lanna Spa

치앙마이의 고급 스파 업소 중 한 곳이다. 2019년 어메이징 데이 스파 어워즈 Amazing Day Spa Awards와 데이 스파 오브 더이어 Day Spa of The Year를 수상했다. 태국 북부의 란나 양식을 강조한 것이 특징으로 3곳에 지점을 운영한다. 구시가 지점 Fah Lanna Spa In The Old Town은 치앙마이 분위기를 느끼기 좋다. 야자수 나무를 심은 정원과 연못, 하얀 성벽에 둘러싸여 있어 프라이빗한 분위기를 연출한다. 님만해민 지점 Fah Lanna Spa Nimman은 트렌디한 지역에 있는데, 자연친화적인 소재로 만들어 도심을 벗어난 느낌을 준다.

타이 마사지, 발 마사지, 아로마테라피 오일 마사지 이외에 똑쎈 마사지 Tok Sen Massage를 기본으로 시술한다. 똑쎈 마사지는 나무망치와 정을 이용해 근육과 혈을 두드리는 고대 방식의 타이 마사지다. 2시간 이상 편하게 스파를 받을 경우 스파 패키지도 다양하다. 시그니처 패키지인 파 란나 노던 스타일 Fah Lanna Northern Style은 발 마사지+타이 마사지+똑쎈 마사지를 조합해 3시간 코스로 진행된다. 만족도는 안마사에 따라 호불호가 조금은 나뉘는 편이다. 미리 예약하면 픽업과 센딩 서비스가 포함된다.

님만해민 지점

나이트 바자 지점

지도 P.80-B1 ①**구시가 본점 주소** 57 Thanon Wiang Kaew **홈페이지** www.fahlanna.com **영업** 10:00~22:00 **요금** 타이 마사지(60분) 800B, 아로마테라피(60분) 1,500B, 똑쎈 마사지(60분) 1,500B **가는 방법** 구시가 안쪽의 타논 위앙깨우(위앙깨우 거리)에 있다.

지도 P.88-B2 ②**님만해민 지점 주소** Thanon Nimmanhaemin Soi 15 **가는 방법** 타논 님만해민 쏘이 15에 있다.

지도 P.85-B1 ③**나이트 바자 지점 주소** 163 Thanon Loi Khro(Loy Kroh) **가는 방법** 나이트 바자와 가까운 타논 러이크러에 있다.

오아시스 스파 본점

란나 오아시스 스파

님만해민 지점

란나 스파 룸

타이 마사지

오아시스 스파 The Oasis Spa

치앙마이를 대표하는 럭셔리 스파 업소. 2003년 치앙마이를 시작으로 방콕과 파타야까지 영역을 넓혔다. 태국 스파 산업에 기여한 공로를 인정받아 총리상 Prime Minister Awards을 수상했을 정도. 치앙마이 본점(란나, 왓 프라씽) Oasis Spa(Lanna, Wat Prasing)은 란나 양식으로 인테리어를 꾸미고 정원도 넓어서 여유롭다. 트로피컬 가든을 테마로 만든 야외 정원은 도심에서 느끼기 힘든 고요와 평온함을 선사한다. 님만해민 지점(2호점) Oasis Spa Nimman Soi 7은 동네 분위기를 반영하듯 콜로니얼 양식의 건물을 이용해 현대적인 시설로 꾸몄다.

오아시스 스파의 대표 메뉴는 포핸드 오일 마사지 Four Hands Oil Massage. 오랜 기간 숙련된 솜씨를 자랑하는 두 명의 테라피스트들이 네 개의 손으로 마사지를 해준다. 하지만 한 사람이 손을 움직이는 착각이 들게 하는데, 그 이유는 두 명이 같은 속도와 같은 무게로 마사지를 하기 때문. 이 밖에도 오일 마사지와 허벌 볼을 함께 받을 수 있는 킹 오브 오아시스 King of Oasis와 퀸 오브 오아시스 Queen of Oasis가 있다. 킹 오브 오아시스는 남성들에게 적합한 핫 오일 마사지가 주를 이루는 반면, 퀸 오브 오아시스는 여성들에게 어울리는 부드러운 아로마 마사지로 구성된다. 모든 지점은 미리 예약하고 방문하는 게 좋다. 무료로 픽업과 센딩 서비스도 제공해 준다.

지도 P.80-A2 **주소** 4 Thanon Samlan **영업** 10:00~22:00 **요금** www.oasisspa.net **요금** 타이 마사지(120분) 1,700B, 아로마 마사지(60분) 1,350B, 포 핸드 마사지(60분) 2,500B, 스파 패키지(2시간) 3,900B (+Tax 17%) **가는 방법** 왓 프라씽(사원) 정문에서 150m 떨어진 타논 쌈란에 있다.

치앙마이의 호텔
Hotel

치앙마이에도 다양한 숙소가 널려 있다. 저렴한 게스트하우스부터 럭셔리 리조트까지 예산에 따라 선택하면 된다. 관광에 중점을 둔다면 빠뚜 타패(타패 게이트) 주변이 좋다. 특히 타논 문므앙(문므앙 거리)에 저렴한 숙소가 밀집해 있다. 개발이 제한된 구시가 안쪽이라 동네 분위기도 정겹다. 트렌디한 분위기를 선호한다면 님만해민 지역이 좋고, 여유로운 풍경은 강변 리조트에서 즐길 수 있다.

구시가

슬립 게스트하우스 Sleep Guest House

구시가 여행자 골목에서 인기 있는 여행자 숙소다. 최근의 트렌드를 반영해 심플하면서도 현대적으로 객실을 꾸몄다. 침구와 옷장, LCD TV, 냉장고, 샤워 시설, 와이파이까지 잘 갖추고 있다. 작은 마당에 휴식 공간도 있다. 아침 식사가 포함되며, 주인장과 직원들도 친절하다. 네덜란드-태국인 커플이 운영한다.

지도 P.82-B1 주소 Thanon Moon Muang Soi 7 **홈페이지** www.sleepguesthouse.com **요금** 스탠더드 더블 1,300B

람푸 하우스 Lamphu House

방콕 카오산 로드에 있던 인기 여행자 숙소인 람푸 하우스에서 운영한다. 객실은 콘크리트 바닥으로 되어 있고, 창문도 커서 시원하다. 게스트하우스치고 제법 큰 야외 수영장을 갖추고 있어 분위기가 좋다. 객실은 수영장 방향으로 향하고 있으며 발코니도 딸려 있다.

지도 P.82-A2 주소 Thanon Phra Pokklao Soi 9 **홈페이지** www.lamphuhousechiangmai.com **요금** 스탠더드 1,150B, 딜럭스 1,500B

비 프라씽 호텔 Be Phrasingh Hotel

1,000B 정도에 숙박 가능한 가성비 좋은 호텔이다. 왓프라씽과 가까운 골목 안쪽이라 조용하다. 객실과 침구 상태가 양호하고 채광도 좋다. 작은 수영장도 갖추고 있다. 옥상에 휴식 공간도 만들었다. 1층 방들이 상대적으로 저렴하다. 2베드 스위트룸은 4인 가족이 묵을 수 있다. 아침 식사는 제공되지 않는다.

지도 P.80-B1 주소 Thanon Singharat Soi 1 **홈페이지** www.bephrasingh.com **요금** 슈피리어 1,100B, 딜럭스 1,500B

쑤밋따야 호텔 Sumittaya Hotel

오래된 중국계 호텔을 리모델링해 깔끔한 호텔로 재탄생했다. 객실은 20㎡ 크기로 심플하고 깨끗하다. LCD TV, 냉장고, 전기포트, 안전 금고 등 기본적인 객실 시설도 괜찮다. 7층 건물로 엘리베이터를 갖추고 있다. 3성급 호텔이라고 광고하지만 수영장은 없다. 아침 식사 포함 여부는 추가 요금을 내고 선택해야 한다.

지도 P.82-B1 주소 198 Thanon Ratchaphakhinai **홈페이지** www.sumittayachiangmai.com **요금** 슈피리어 1,500~1,800B

스리 시스 호텔 The 3 Sis Hotel

왓 쩨디 루앙(사원) 앞쪽의 조용한 골목에 있다. 세 자매가 운영해서 스리 시스라고 간판을 달았다. 수영장 없는 3성급 호텔로 아침 식사 포함 여부도 선택할 수 있다. 산뜻한 객실의 침대 상태는 물론 욕실도 넓고 깨끗하다. 1층에 레스토랑과 부티크 숍을 운영한다.

지도 P.82-A2 **주소** Thanon Phra Pokklao Soi 8 **홈페이지** www.facebook.com/The3sischiangmai **요금** 슈피리어 1,800~2,400B

코지텔 Cozytel

가성비 좋은 3성급 호텔이다. 구시가 안쪽에 있지만 여행자 숙소가 몰려 있는 곳이 아니라서 상대적으로 차분하다. 타일이 깔린 객실은 LCD TV, 냉장고를 갖추고 있다. 자그마한 발코니도 딸려 있다. 태국인 화가들의 작품을 인테리어로 장식했다. 작지만 수영장도 있다. 아침 식사 포함 여부는 선택할 수 있다.

지도 P.80-B1 **주소** 23/1 Thanon Jhaban **홈페이지** www.cozytelchiangmai.com **요금** 슈피리어 1,500~1,800B

위앙 만트라 호텔 Vieng Mantra Hotel

타패 게이트와 가까운 구시가 안쪽 골목에 있다. 게스트하우스 밀집 지역에 있지만 수영장을 갖춘 호텔이다. 란나(태국 북부) 양식을 가미해 부티크 스타일로 꾸몄다. 수영장 방향으로 발코니가 딸려 있는 슈피리어 룸이 분위기가 좋다. 아침 식사가 포함된다. 3층 건물로 엘리베이터는 없다.

지도 P.82-B2 **주소** Thanon Ratchadamnoen Soi 1 **홈페이지** www.viengmantra.com **요금** 스탠더드 1,800B, 슈피리어 2,400B

트웬티 로지 The Twenty Lodge

구시가 안쪽의 조용한 골목에 있다. 열대 정원이 잘 가꾸어진 숙소로 야외 수영장도 있다. 이름처럼 객실이 20개뿐이다. 1층 객실은 정원을 끼고 있고, 2층 객실은 채광이 좋다. 규모가 작아서 홈스테이 분위기도 느껴진다. 오래되긴 했지만 관리 상태가 좋다. 야외 정원에서 제공되는 아침 식사도 여유롭다.

지도 P.80-A1 **주소** Thanon Singharat Soi 3 **홈페이지** www.the20lodge.com **요금** 스탠더드 1,600B, 딜럭스 2,200B

퍼 타패 게이트 POR Thapae Gate

빠뚜 타패(타패 게이트) 안쪽 구시가에 있는 3성급 호텔이다. 골목 안쪽에 있어 시끄럽지 않고 수영장도 갖추고 있다. 객실은 20㎡ 크기로 타일이 깔려 있고 발코니도 딸려 있다. 뷔페 아침 식사가 포함된다. 생수, 커피, 과일은 24시간 무료로 제공해 준다. '퍼'는 태국어로 충분하다 또는 만족하다라는 뜻이다.

지도 P.82-B2 주소 Thanon Ratchadamneon Soi 3 **홈페이지** www.porthapaegate.com **요금** 트윈 2,000~2,500B

베드 프라씽 BED Phrasingh

왓 프라씽 사원 옆쪽의 조용한 골목에 있다. 3성급 호텔로 29개의 객실이 운영된다. 미니멀하고 현대적인 디자인과 친절한 서비스로 인기를 얻고 있다. 아침 식사는 물론 무료로 제공되는 생수와 커피, 과일까지 세심함이 엿보인다. 같은 이름의 호텔이 네 곳 있으므로 예약하기 전에 위치를 확인하자.

지도 P.80-A2 주소 Thanon Ratchamankha Soi 8 **홈페이지** www.bed.co.th **요금** 스탠더드 2,250~2,950B

유 치앙마이 U Chiang Mai

구시가 정중앙에 위치한 4성급 호텔이다. 구관이 명관인 호텔로 오래되긴 했지만 관리 상태도 좋고 부대시설도 다양하다. 수영장, 스파, 레스토랑, 피트니스를 갖추고 있다. 1층 객실은 수영장으로 직행할 수 있는 풀 억세스 룸으로 되어 있다. 슈피리어 룸은 발코니가 딸려 있다.

지도 P.82-A2 주소 70 Thanon Ratchadamnoen **홈페이지** www.uhotelsresorts.com **요금** 슈피리어 3,800B, 풀 억세스 룸 4,300B

프라씽 빌리지 Phra Singh Village

왓 프라씽(사원) 뒤쪽의 조용한 골목에 있다. 란나 양식을 강조한 4성급 호텔이다. 전통과 현대적인 감성을 모두 충족시킨다. 원목을 사용해 꾸민 객실은 34㎡로 넓고 편안하다. 딜럭스 룸은 발코니가 딸려 있다. 호텔 조경도 잘 되어 있고, 주변 구시가 풍경도 평화롭다. 애프터눈 티도 포함된다. 수영장을 갖추고 있다.

지도 P.80-A2 주소 Thanon Rachamankha Soi 8 **홈페이지** www.phrasinghvillage.com **요금** 슈피리어 5,300~7,300B

막카 호텔 Makka Hotel

란나 건축 양식에 충실한 4성급 호텔이다. 수영장이 없는 것이 단점이다. 전통을 강조하면서도 예술적인 감각으로 꾸몄다. 호텔 내부는 중정이 감싸고 있어 평화롭다. 객실은 화이트 톤의 심플한 구조로 원목을 이용해 안정감을 더했다. 호텔 건물은 청결함을 유지하기 위해 신발을 벗고 드나들어야 한다.

지도 P.82-A2 **주소** Thanon Phra Pok Klao Soi 8 **홈페이지** www.makka.co.th **요금** 슈피리어 2,800B, 딜럭스 3,800B

악싸라 헤리티지 Aksara Heritage

전통적인 느낌과 모던함을 겸비한 4성급 호텔이다. 치앙마이 구시가로 들어서면 곧게 뻗은 메인 도로에 있다. 주변에 사원이 많고 선데이 마켓도 호텔 바로 앞에서 열린다. 객실마다 발코니가 딸려 있으며, 정원에 야외 수영장까지 여유로움을 더한다. 소규모로 운영되는 곳이라 직원들의 친절한 서비스를 받을 수 있다.

지도 P.82-B2 **주소** 73/1 Thanon Ratchadamnoen **홈페이지** www.aksaraheritage.com **요금** 슈피리어 4,900B, 딜럭스 5,800B

타마린드 빌리지 Tamarind Village

치앙마이 구시가에 있는 4성급 부티크 리조트다. 대나무가 늘어선 호텔 진입로를 따라 들어가면, 전통 가득한 호텔 건물이 나온다. 300년 된 타마린드 나무를 중심으로 넓게 조성된 정원에 란나 양식으로 꾸민 건물이 들어서 있다. 객실은 원목 가구와 북부 고유 문양들로 인테리어를 꾸며 차분함을 유지했다.

지도 P.82-B2 **주소** 50/1 Thanon Ratchadamnoen **홈페이지** www.tamarindvillage.com **요금** 딜럭스 5,200 ~6,800B

라차만카 호텔 Rachamankha Hotel

태국 북부 사원을 모델로 삼아 호텔을 건축한 럭셔리 리조트. 모두 25개의 객실을 보유해 북적대지 않고 프라이버시와 수준급의 서비스를 누릴 수 있다. 호텔의 전체적인 조경은 물론 정원, 수영장, 레스토랑, 도서관까지 예술적인 감각으로 꾸몄다.

지도 P.80-A2 **주소** Thanon Rachamankha Soi 9 **홈페이지** www.rachamankha.com **요금** 슈피리어 8,800B, 딜럭스 10,000B

나이트 바자, 삥 강 주변

뫼벤픽 쑤리웡 호텔 Mövenpick Suriwongse Hotel

나이트 바자 주변에 있는 4성급 호텔이다. 쑤리웡 호텔(롱램 쑤리웡)로 더 많이 알려진 오래된 호텔이다. 뫼벤픽 호텔에서 인수해 리모델링한 후 객실 상태가 업그레이드되었다. 건물 자체가 오래돼서 블링블링한 느낌은 들지 않는다. 객실은 30~32㎡ 크기로 무난한 편이다.

지도 P.85-A2 주소 110 Thanon Chang Khlan 홈페이지 www.movenpick.accor.com 요금 클래식 2,400B, 슈피리어 2,800B

삥 나카라 호텔 Ping Nakara Hotel

티크 나무 산업이 번성했던 1900년대 목조 건물이 얼마나 아름다웠는지를 보여주는 부티크 호텔이다. 온통 흰색으로 이루어진 건물은 레이스를 장식하듯 나무를 조각해 발코니와 창문을 만들었다. 유럽 양식이 가미된 콜로니얼 양식의 건물로 우아함이 넘쳐난다. 수제작한 침대와 가구, 소파를 배치해 품격을 높였다.

지도 P.85-B2 주소 135/9 Thanon Charoen Prathet 홈페이지 www.pingnakara.com 요금 딜럭스 3,200B, 그랜드 딜럭스 4,200B

엠프레스 호텔 The Empress Hotel

개별 여행자와 단체 관광객 모두에게 인기 있는 4성급 호텔이다. 375개의 객실을 운영하는 대형 호텔이며 태국적인 감각으로 객실을 꾸몄다. 수영장, 피트니스, 사우나, 레스토랑과 연회실을 부대시설로 운영한다. 오래된 호텔이지만 관리 상태가 좋다. 객실 크기도 32㎡로 넓은 편이다.

지도 P.79-B2 주소 199/42 Thanon Chang Khlan 홈페이지 www.empresshotels.com 요금 슈피리어 2,400B, 딜럭스 2,800B

마라디 랑데부 호텔 Maladee Rendezvous Hotel

소규모로 운영되는 5성급 호텔이다. 수영장을 끼고 3층 건물이 들어서 있다. 호텔 외관에서 보듯 모든 것이 청결하게 잘 정리되어 있다. 객실은 41㎡ 크기로 널찍하고 발코니도 딸려 있다. 호텔 규모가 작은 만큼 친절한 케어를 받을 수 있다. 애프터눈 티도 즐길 수 있고 미니 바(냉장고)에 있는 음료도 무료다.

지도 P.85-B2 주소 150/1 Thanon Charoen Prathet 홈페이지 www.maladeehotel.com 요금 킹 룸 발코니 4,500~6,000B, 슈피리어 7,200B

라린찐다 웰니스 스파 리조트
RarinJinda Wellness Spa Resort

전문 스파 리조트를 표방하는 5성급 호텔이다. 로비에 들어서는 순간 차분함이 느껴지는 곳으로 평화롭고 아늑한 시간을 보낼 수 있다. 수영장을 감싸고 객실이 들어서 있다. 객실과 욕실이 넓고 수영장 쪽으로 발코니까지 딸려 있어 여유롭다. 라린찐다 스파 RarinJinda Spa를 함께 운영한다.

지도 P.84-B2 **주소** 14 Thanon Charoenrat **홈페이지** www.rarinjinda.com **요금** 딜럭스 4,500~6,200B

메리어트 호텔 Marriott Hotel

나이트 바자에 있는 5성급 호텔로 메리어트에서 운영한다. 르 메르디앙을 인수해 리모델링했다. 객실은 36㎡ 크기로 넓고, 통창 밖으로 풍경도 내려다보인다. 객실 위치에 따라 마운틴 뷰와 시티 뷰로 구분된다. 등급이 높은 객실은 클럽 라운지도 이용할 수 있다. 383개 객실을 운영한다.

지도 P.85-A1 **주소** 108 Thanon Chang Khlan **홈페이지** www.marriott.com **요금** 킹 룸 시티 뷰 5,100B, 트윈 룸 마운틴 뷰 5,500B

인터콘티넨탈
InterContinental Chiang Mai the Mae Ping

임페리얼 매삥 호텔을 인수해 인터콘티넨탈 호텔로 개조했다. 2025년에 오픈했기 때문에 신상 호텔다운 느낌을 준다. 객실은 클래식한 분위기로 인테리어를 꾸몄다. 객실 크기는 30㎡로 동급 호텔에 비해 작다. 고층 건물이라 전망이 좋다. 나이트 바자와 구시가 중간쯤이라 위치는 어정쩡한 편이다.

지도 P.85-A2 **주소** 153 Thanon Si Donchai **홈페이지** www.ihg.com **요금** 클래식 킹 룸 6,400B

아난타라 리조트 Anantara Resort

삥 강변에 있는 5성급 럭셔리 리조트. 태국 호텔 업체인 아난타라에서 운영한다. 자연과 조화를 이루어 만든 곳으로 저층 건물이 정원을 감싸고 있다. 모든 객실은 딜럭스 룸으로 만들었다. 인피니티 풀과 잔디 정원, 강변이 어우러진 여유로운 풍경을 감상하며 시간을 보내기 좋다. 한국인 직원이 상주하고 있다.

지도 P.85-B2 **주소** 123/1 Thanon Charoen Prathet **홈페이지** www.anantara.com **요금** 딜럭스 룸 가든 뷰 9,800B, 딜럭스 룸 리버 뷰 1만 3,000B

님만해민

G 님만 G Nimman

트렌디함이 곳곳에 묻어나는 모던한 감성의 호텔이다. 곡선을 살려 만든 디자인이 돋보인다. 둥근 호텔 외관을 그대로 살려 원형의 수영장을 중앙에 배치했다. 화이트 톤의 객실은 미니멀한 디자인으로 거추장스러운 치장을 걷어냈다. 1층 객실은 방문을 열면 수영장이 보인다. 미니 바(냉장고)에 있는 음료도 무료로 제공한다.

지도 P.88-B2 주소 Thanon Nimmanhaemin Soi 17 **홈페이지** www.gnimmanchiangmai.com **요금** 스탠더드 2,500~3,200B, 슈피리어 3,800B

아트 마이 갤러리 호텔 Art Mai Gallery Hotel

님만해민 쏘이 3 골목에 있는 부티크 호텔이다. 태국 유명 예술가들이 참여해 디자인한 호텔로 예술적인 감성을 더했다. 아트 룸으로 불리는 객실에 회화 작품을 걸었다. 객실마다 인테리어 구조를 차별화했다. 수영장은 8층 루프 톱에 있다. 주변에 유명한 카페와 맛집이 많아서 트렌디한 동네 분위기를 잘 느낄 수 있다.

지도 P.88-B1 주소 Thanon Nimmanhaemin Soi 3 **홈페이지** www.artmaigalleryhotel.com **요금** 프리미어 3,500B, 익스클루시브 4,200B

이스틴 탄 호텔 Eastin Tan Hotel

태국 호텔 체인인 이스틴 호텔에서 운영하는 4성급 호텔이다. 마야 쇼핑몰, 팅크 파크, 님만해민이 인접해 있어 주변 상권이 발달해 있다. 객실 크기가 34㎡로 무난하며, 창문이 넓어서 상쾌하다. 앞쪽 방은 님만해민 쪽의 도심 풍경이, 뒤쪽 방은 도이 쑤텝 쪽의 산 풍경이 보인다.

지도 P.88-B1 주소 165 Thanon Huay Kaew **홈페이지** www.eastinhotelsresidences.com **요금** 슈피리어 3,500B, 딜럭스 4,200B

유 님만 치앙마이 U Nimman Chiang Mai

님만해민 지역에서 입지 조건이 좋은 4성급 호텔이다. 구시가에 있는 '유 치앙마이'와 같은 계열이다. 호텔 앞쪽에 원 님만, 호텔 뒤쪽에는 마야 쇼핑몰이 있다. 147개 객실을 운영하는 규모가 큰 호텔이다. 모던한 객실은 36㎡ 크기로 넓다. 수영장은 루프 톱에 있다. 1박은 체크인 시간 기준으로 24시간 체류할 수 있다.

지도 P.88-B1 주소 1 Thanon Nimmanhaemin **홈페이지** www.uhotelsresorts.com **요금** 딜럭스 3,900B, 프리미엄 4,800B

치앙마이 주변 도시
Cities near Chiang Mai

람푼
람빵
빠이
치앙라이

람푼 Lamphun

하리푼차이 왕국 Hariphunchai Kingdom의 수도가 위치했던 곳이다. 람푼은 660년에 건설되었으며, 해자와 성벽에 둘러싸인 전형적인 축성 도시다. 꾸앙 강(매남 꾸앙) Kuang River을 오른쪽에 두고 도시를 건설했는데, 태국에서 원형을 그대로 간직한 가장 오래된 도시로 평가받는다. 람푼은 치앙마이에서 남쪽으로 27㎞ 떨어져 있다. 마치 치앙마이에 속한 도시처럼 보이지만, 짱왓 람푼의 주도(州都)로 독립된 행정구역을 이룬다. 치앙마이가 지속적으로 성장하는 동안 람푼은 큰 변화 없이 지방 소도시로 남아 있다. 태국의 역사나 사원에 관심이 많은 여행자라면 치앙마이에 머무르는 동안 잠시 시간을 내서 다녀오면 된다.

BEST COURSE 추천 코스

COURSE 1

치앙마이에서 람푼까지 미니밴을 타고 간 다음, 하리푼차이 국립 박물관 앞에서 내려서 여행을 시작하면 된다.

1. 치앙마이 창프악 버스 터미널
2. 하리푼차이 국립 박물관 P.302
3. 왓 프라탓 하리푼차이 P.300
4. 람푼 벽화 거리 P.301
5. 왓 짜마테위 P.302
6. 테라코타 가든 P.303
7. 치앙마이

INFORMATION 여행에 유용한 정보

인구와 면적
행정구역상 짱왓 람푼 암퍼 므앙 람푼 จังหวัดลำพูน에 속해 있다. 도시 면적은 6㎢로 자그마하다. 인구는 14,030명이다.

날씨·여행 시기
건기(11~4월)와 우기(5~10월)로 구분된다. 건기에 해당하는 11~1월이 여행하기 좋은 시기이다. 3~4월은 가장 더운 시기로 낮 기온이 35°C를 넘는다.

ACCESS 람푼 가는 방법

치앙마이에서 기차와 미니밴이 운행된다. 운행 편수가 제한적인 기차보다는 수시로 출발하는 미니밴을 이용하는 게 좋다. 람푼은 치앙마이에서 남쪽으로 27㎞ 떨어져 있다.

미니밴(롯뚜)

치앙마이 창프악 버스 터미널에서 출발해 와로롯 시장 옆 미니밴 정류장을 거쳐 람푼 시내에 있는 하리푼차이 국립 박물관 앞까지 미니밴이 운행된다. 06:30부터 17:30까지 한 시간 간격으로 출발한다. 편도 요금은 35B이다. 람푼까지 소요 시간은 약 1시간이다. 치앙마이로 돌아올 때는 하리푼차이 국립 박물관 앞 정류장에서 미니밴을 타면 된다. 람푼 출발은 06:00부터 17:00까지 한 시간 간격으로 운행된다.

기차

치앙마이↔방콕을 오가는 기차가 람푼에도 정차한다. 하루 6편의 기차가 출발한다. 오전 시간에는 하루 3편(06:30, 08:50, 09:30)이 편성되어 있다. 좌석칸 편도 요금은 일반 열차 11B, 급행 열차 50B이다. 람푼까지 소요 시간은 약 30분이다.

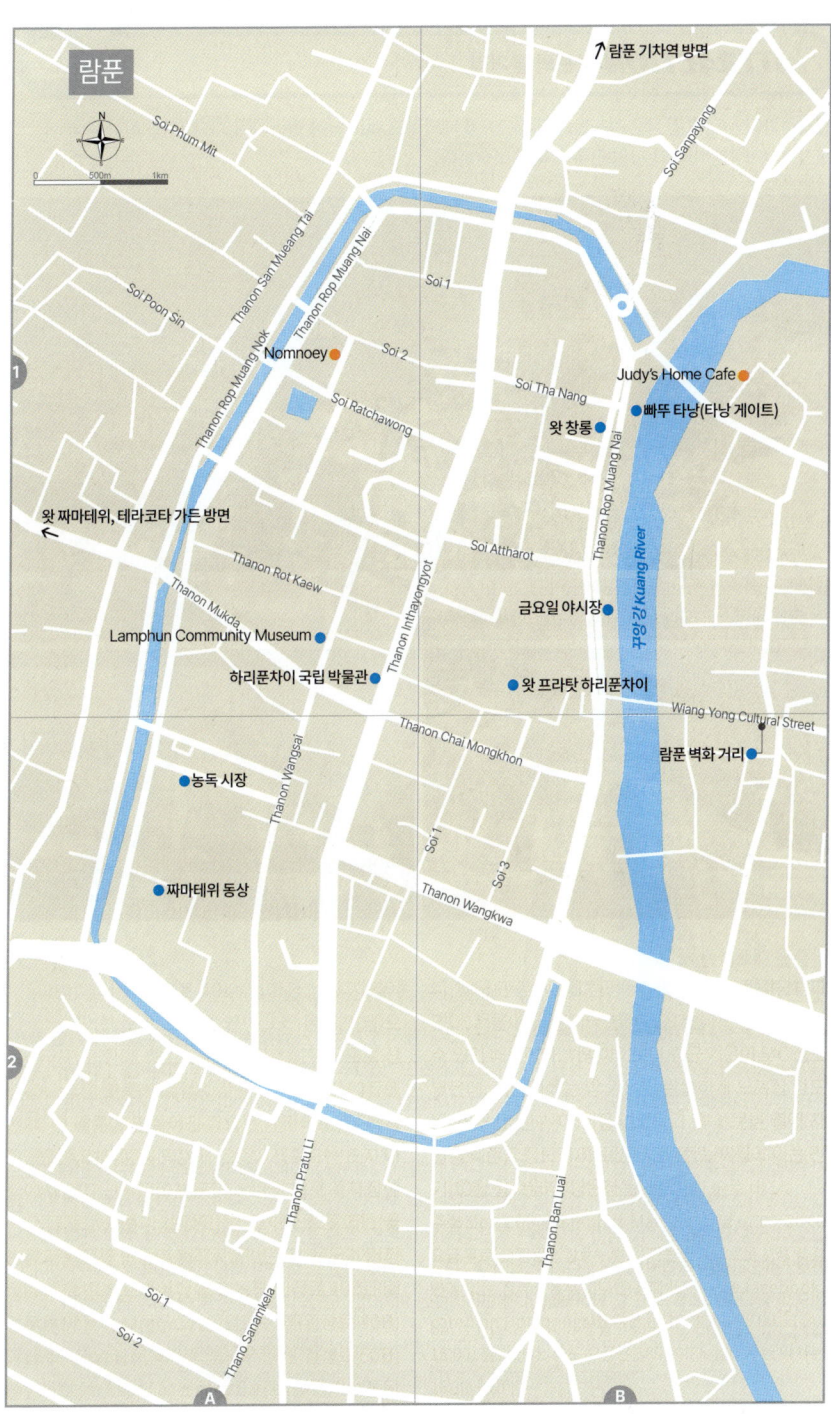

ATTRACTION 람푼의 볼거리

하리푼차이 시대에 건설된 사원들은 쩨디(탑)를 제외하고 별로 남아 있는 게 없다. 대부분 란나 왕국 때 재건축해서 치앙마이와 사원 건축 양식이 비슷하다.

람푼을 대표하는 사원
왓 프라탓 하리푼차이 Wat Phra That Hariphunchai วัดพระธาตุหริภุญชัยวรมหาวิหาร

람푼에서 가장 신성시하는 사원으로 규모도 가장 크다. 해자에 둘러싸인 람푼 시내 중심가에 있으며, 강변 쪽 입구에는 씽(사자 모양의 수호신)이 사원을 지키고 있다. 왓 프라탓 하리푼차이는 붓다의 머리카락을 안치하기 위해 897년에 건설됐다. 수세기 동안 사원을 증축하면서 다양한 양식의 법당이 들어섰다. 란나 왕국을 거치며 사원이 대규모로 변모해 전체적으로 란나 양식을 띤다.

사원에서 가장 중요한 것은 50m 크기의 웅장한 쩨디 쑤완 Chedi Suwan이다. 쩨디는 본래 1418년에 건설되었으나, 20세기 초반에 재건축되면서 황동을 입혀 화려해졌다. 쩨디 상단부는 9층으로 이루어진 우산 모양의 장식을 달았다. 붓다의 주요한 가르침을 상징하는 우산 장식은 6,498g의 순금으로 만들었다고 한다. 황금 쩨디 옆에는 1925년에 건설된 대법당이 있다. 란나 양식의 불상을 본존불로 모셨고, 화려한 색상으로 그려진 벽화가 있다. 대법당과 황금 쩨디 이외에도 왓 짜마테위의 쩨디와 비슷한 피라미드 모양의 쩨디와 종루(鐘樓)가 남아 있다.

지도 P.299-B1 **주소** Thanon Inthayongyot & Thanon Rob Muang **홈페이지** www.facebook.com/watpratad hariphunchai **운영** 06:00~21:00 **요금** 50B **가는 방법** 하리푼차이 국립 박물관 맞은편에 있다. 사원의 정문은 타논 롭므앙에 있다.

현지인들의 삶을 볼 수 있는 거리
람푼 벽화 거리 Lamphun Street Arts งานสานศิลป์ลำปี่ถิ่น เวียงยอง

왓 프라탓 하리푼차이 앞쪽의 다리(싸판 타씽) Tha Sing Bridge를 건너면 위앙용 Wiang Yong 마을이 나온다. 왓 똔깨우(사원) Wat Ton Kaew 주변으로 차분한 거리가 이어지는데, 이곳에 벽화를 그려 소소한 재미를 불어넣었다. 지역 특산물인 람야이('롱안'으로 불리는 알갱이 모양의 열대 과일)를 포함해 불교와 축제 관련 내용의 벽화 50여 개가 흩어져 있다. 람푼 지방 관광 활성화를 위해 지방 정부와 대학생들이 참여해 만든 '한 지역, 하나의 로컬 체험' One Destination, One Local Experience 프로젝트의 일환이다. 강변에 있는 오톱 마켓 OTOP Market과 함께 둘러보면 된다. 지방 특산품을 판매하는 자그마한 기념품 시장으로 깟쿠아몽 Kat Khua Mung(현지어로 깟띠우 กาดตี๋อ)이라고 불린다. 벽화 거리를 방문했다면 맛집으로 알려진 꾸어이띠아우람야이 람푼(람야이 돼지고기 국수) ก๋วยเตียวหมูตุ๋นลำไย ลำพูน도 빼놓지 말고 들리자.

지도 P.299-B2 **주소** Wiang Yong Cultural Street **운영** 24시간 **요금** 무료 **가는 방법** 왓 프라탓 하리푼차이 앞쪽 강 건너편에 있다.

람푼 옛 도시의 흔적을 찾아서
빠뚜 타낭(타낭 게이트) Pratu Tha Nang(Tha Nang Gate) ประตูท่านาง

해자와 성벽에 둘러싸였던 과거 람푼의 흔적을 보여주는 곳이다. 하리푼차이 왕국 시절에는 건설된 원형은 찾아볼 수 없고, 현재 모습은 20세기 들어 출입문과 성벽 일부를 복원한 것이다. 빠뚜 타낭(타낭 게이트)은 6개의 도시 출입문 중에 정문 역할을 했던 곳이다. 북동문(北東門)에 해당하는 곳으로 성문 밖으로 꾸앙 강 Kuang River이 흐른다. 참고로 서문(빠뚜 마하완) Pratu Mahawan, 남문(빠뚜 리) Pratu Lee, 북문(빠뚜 창씨) Pratu Chang Si 주변은 성벽을 복원해 놓았다.

지도 P.299-B1 **주소** Thanon Rop Muang Nai & Soi Tha Nang **운영** 24시간 **요금** 무료 **가는 방법** 람푼 초입에 해당하는 타논 롭므앙&쏘이 타낭 삼거리에 있다.

하리푼차이 왕국의 역사 유적을 볼 수 있는 곳
하리푼차이 국립 박물관(피피타판 행찻 하리푼차이)
Hariphunchai National Museum พิพิธภัณฑสถานแห่งชาติลำพูนหริภุญชัย

람푼을 수도로 삼았던 하리푼차이 왕국 Hariphunchai Kingdom(629~1281)에 대한 안내자 역할을 하는 곳이다. 하리푼차이 왕국은 몬족이 건설한 국가로 13세기까지 독립을 이루었다. 하지만 란나 왕국이 세력을 확장하면서, 망라이 왕 King Mangrai의 공격을 받아 1281년에 수도가 함락됐다. 그 후 치앙마이에 수도를 정한 란나 왕국의 영토에 편입되었다. 1979년에 개관한 하리푼차이 국립 박물관은 지방 소도시에 있는 박물관으로 규모는 작다. 람푼 지역에서 발굴된 불상, 비문, 도자기, 불교 용품, 스투코 조각과 하리푼차이 왕국 마지막 왕의 유물을 전시하고 있다. 하리푼차이 왕국에서 만든 불상은 곱슬머리와 넓고 평평한 이마, 볼록한 눈이 특징이다.

지도 P.299-A1 주소 Thanon Inthayongyot 전화 053-511-186 홈페이지 www.virtualmuseum.finearts.go.th 운영 09:00~16:00 요금 120B 가는방법 타는 인타용욧의 왓 프라탓 하리푼차이 서쪽 출입구 맞은편에 있다.

람푼 초기 사원 건축을 볼 수 있는 곳
왓 짜마테위 Wat Chama Thewi วัดจามเทวี

755년에 몬족이 건설한 드바라바티 왕국 Dvaravati Kingdom(태국 중부 지방에서 번영했던 몬족이 건설한 초기 국가)에서 건설한 사원이다. 람푼에서 가장 오래된 사원으로 '왓 꾸꿋 Wat Kukut'으로 알려져 있다. 짜마테위 여왕 Queen Chama Thewi(영어로 차마데비 Chama Devi라고 혼용해 쓴다)의 유해를 안치하기 위해 1218년 하리푼차이 왕국에서 재건축하면서 왓 짜마테위라고 이름이 바뀌었다. 사원의 가장 큰 볼거리는 란나 양식의 대법당 뒤쪽에 있는 마하본 쩨디 Mahabon Chedi다. 지진으로 무너져 내린 것을 1218년에 재건축한 것이다. 붓다가 득도한 인도의 부다가야에 세운 마하보디 스투파 Mahabodhi Stupa와 비슷한 형태다. 5층으로 이루어진 쩨디는 벽면에 층층이 감실을 만들어 불상을 안치했다. 불상은 드바라바티 양식으로 이마가 넓고 귀가 기다란 특징을 보인다.

지도 P.299-A1 주소 Thanon Chama Thewi Soi 9 운영 07:00~18:00 요금 무료 가는방법 구시가 경계 서쪽 출입문에 해당하는 빠뚜 마하완 Pratu Mahawan을 지나 서쪽으로 1km.

람푼

역사 유적지를 재현한 테라코타 조각 공원
테라코타 가든 The Terracotta Garden at Lamphun สวนไม้ไทยบ้านพ่อเลี้ยงหมี่ น

람푼 외곽에 자리한 테라코타 조각 공원으로 레스토랑을 겸한다. 테라코타 장식을 만드는 퍼리앙믄 회사 Phor Liang Meun에서 운영하는 사설 공원이다. 치앙마이 구 시가에 있던 시설을 람푼으로 이전하면서 거대한 규모로 확장했다. 3만 2,000㎡ 크기로 고대 도시를 연상하듯 성벽과 해자(연못)를 만들고 크메르 양식(앙코르 와트 Angkor Wat을 만들었던 힌두 왕국으로 오늘날의 캄보디아)의 건물을 만들었다. 시바(파괴와 재창조를 담당하는 신), 비슈누(세상의 유지를 담당하는 신), 씽(사자), 나가(머리가 다섯 개 달린 뱀), 가루다(독수리), 난디(소), 가네샤(코끼리), 하누만(원숭이) 등 힌두교 관련 다양한 신들의 조각상을 볼 수 있다.

카페를 겸하는 레스토랑에서는 태국 음식과 카우쏘이, 스파게티, 폭찹을 메인으로 요리한다. 커피와 디저트도 다양하다. 시내 중심가에서 떨어져 있어서 접근성은 떨어진다. 별도의 입장료는 없고 카페를 이용하면 조각 공원을 무료로 둘러볼 수 있다.

지도 P.299-A1 주소 95 Rim Ping, Mueang Lamphun District **전화** 095-447-9693 **영업** 09:00~18:00 **메뉴** 영어, 태국어 **예산** 메인 요리 165~450B **가는 방법** 람푼 시내에서 6km, 람푼 기차역에서 8km 떨어져 있다.

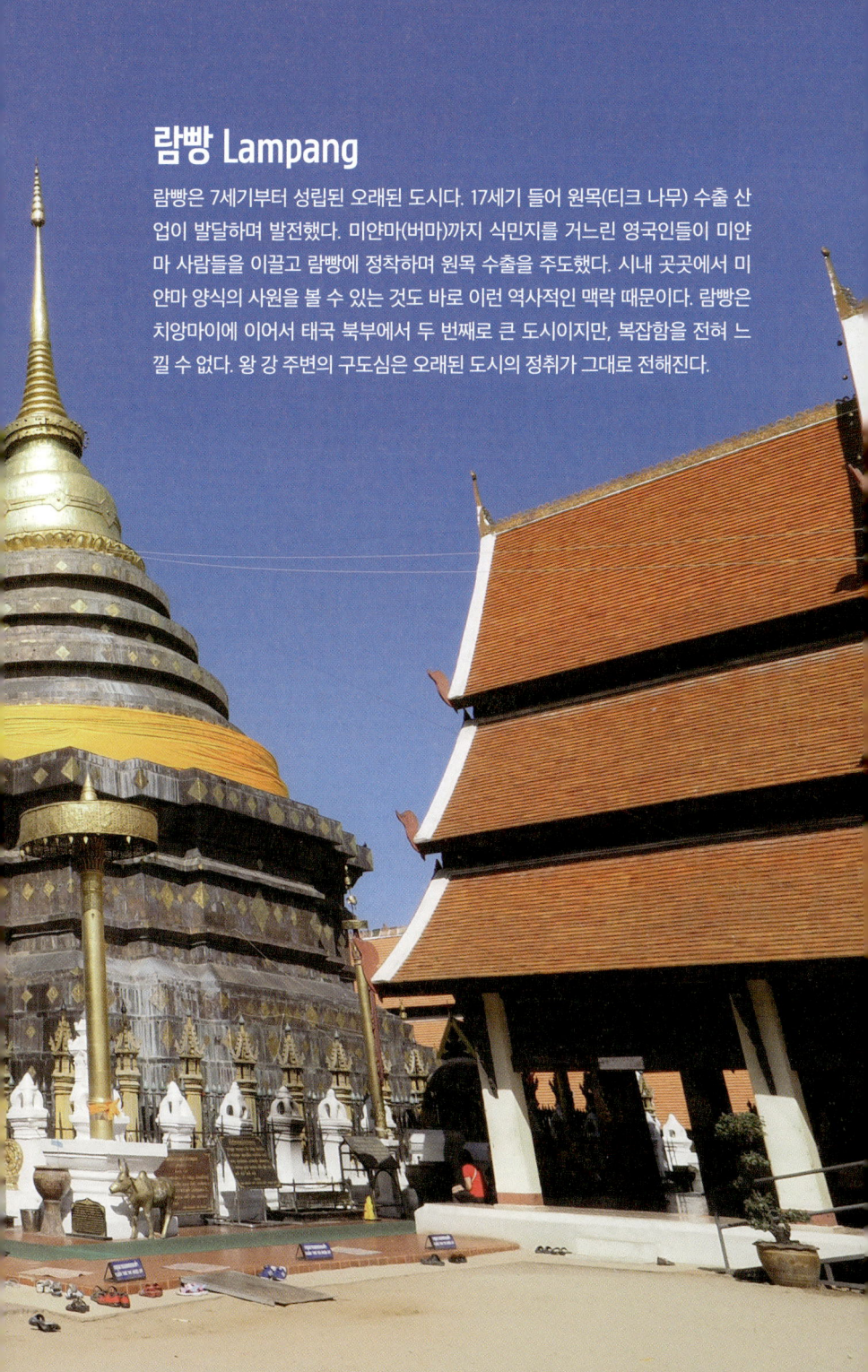

람빵 Lampang

람빵은 7세기부터 성립된 오래된 도시다. 17세기 들어 원목(티크 나무) 수출 산업이 발달하며 발전했다. 미얀마(버마)까지 식민지를 거느린 영국인들이 미얀마 사람들을 이끌고 람빵에 정착하며 원목 수출을 주도했다. 시내 곳곳에서 미얀마 양식의 사원을 볼 수 있는 것도 바로 이런 역사적인 맥락 때문이다. 람빵은 치앙마이에 이어서 태국 북부에서 두 번째로 큰 도시이지만, 복잡함을 전혀 느낄 수 없다. 왕 강 주변의 구도심은 오래된 도시의 정취가 그대로 전해진다.

BEST COURSE 추천 코스

치앙마이에서 하루 일정으로 람빵을 다녀오는 일정이다. 아침 일찍 출발해 왓 프라탓 람빵 루앙을 먼저 다녀오고, 오후에는 람빵 시내를 둘러보면 된다.

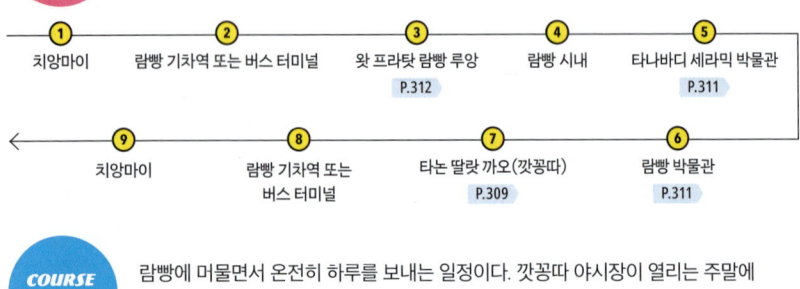

람빵에 머물면서 온전히 하루를 보내는 일정이다. 깟꽁따 야시장이 열리는 주말에 방문하면 볼거리가 더 풍부해진다.

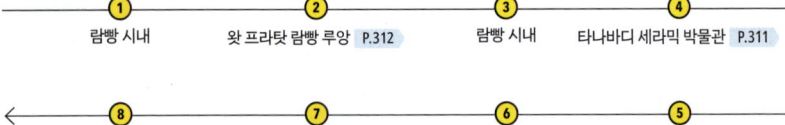

INFORMATION 여행에 유용한 정보

인구와 면적
행정구역상 짱왓 람빵 암퍼 므앙 람빵 Lampang Province, Muang Lampang District에 속해 있다. 람빵 시(市)라는 의미로 나콘 람빵 Nakhon Lampang으로 불리기도 한다. 도시 면적은 22.17㎢, 인구는 58,074명이다.

날씨·여행 시기
건기(11~4월)와 우기(5~10월)로 구분된다. 건기에 해당하는 11~1월이 여행하기 좋은 시기이다. 3~4월은 가장 더운 시기로 낮 기온이 36°C를 넘는다.

시계탑 Clock Tower
람빵 시내 중심가 이정표 역할을 하는 곳이다. 5거리 로터리(하액호나리까) Clock Tower Intersection에 있는 시계탑 주변에 시청을 포함한 관공서가 몰려 있다.

마차(롯 마) Horse Carriage
람빵은 마차의 도시라는 의미로 '므앙 롯 마'라고 불린다. 태국에서 유일하게 마차(롯 마)가 운행되는 도시다. 과거 대중교통으로 쓰였지만, 현재는 관광객을 태우고 다니는 교통수단으로 애용된다. 람빵 박물관에서 출발해 시계탑 로터리까지 3km 코스를 왕복(요금 300B)한다.

ACCESS 람빵 가는 방법

항공, 기차, 버스가 모두 람빵을 연결해 교통은 편리하다. 치앙마이와 105㎞ 떨어져 있기 때문에 치앙마이로 가는 기차와 버스가 대부분 람빵을 경유한다.

항공

치앙마이에 비해 항공 노선은 발달하지 않았다. 에어 아시아(www.airasia.com)에서 방콕(돈므앙 공항)↔람빵 노선을, 방콕 에어(www.bangkokair.com)에서 방콕(쑤완나품 공항)↔람빵↔매홍쏜 노선을 운항한다. 람빵 공항(싸남빈 람빵) Lampang Airport은 시내 중심가와 가까워 접근성이 좋다.

기차

치앙마이↔방콕(끄룽텝 아피왓 역) 노선의 모든 기차가 람빵에 정차한다. 방콕까지 운행되는 장거리 노선이라 야간열차도 운행된다. 치앙마이→람빵 노선은 하루 6편의 기차가 출발(06:30, 08:50, 09:30, 15:30, 17:00, 18:00)한다. 람빵→치앙마이 노선도 매일 6회(01:54, 04:47, 06:30, 09:51, 12:33, 17:30) 운행한다. 편도 요금은 완행열차(선풍기 좌석) 50B, 급행열차(에어컨 침대) 213B이다. 람빵까지 소요 시간은 약 2시간이다. 참고로 람빵 기차역의 공식 명칭은 나콘 람빵(롯파이 싸타니 람빵) Nakhon Lampang이다. 시내 중심가와 가까운 편이다. 기차 시간 확인 및 예약은 태국 철도청 홈페이지(https://dticket.railway.co.th)를 이용하면 된다.

버스

치앙마이(아케이드 터미널)에서 출발한 대부분의 버스들이 람빵을 경유한다. 치앙마이↔방콕을 오가는 모든 버스가 람빵 버스 터미널을 경유한다고 보면 된다. 중북부 지방(쑤코타이, 핏싸눌록)과 이싼 지방(콘깬, 우돈 타니) 연결편도 많다. 치앙마이→람빵 노선은 07:30~22:30까지 매일 40회 이상 운행된다. 편도 요금은 71~107B이다.

미니밴(롯뚜)

치앙마이에서 람빵을 오갈 때는 미니밴을 이용하면 편리하다. 치앙마이 아케이드 2 터미널에서 출발한다. 05:30~19:30까지 수시로 운행되며, 편도 요금은 89B이다. 터미널 내부 전용 예매 창구 Mini Van Chiang Mai-Lampang를 이용하면 된다. 람빵까지 1시간 30분 소요된다.

ACCESS 람빵 시내 교통

도시 규모가 작아서 시내 교통은 발달하지 않았다. 지방 소도시에서 흔히 볼 수 있는 썽태우가 운행된다. 시내 구간은 노란색 썽태우를 타면 된다. 정해진 정류장이 없어 외국인이 이용하기는 불편하다. 여러 명을 태우고 가면서 목적지에 내려주는데, 합승 요금은 20B으로 저렴하다. 외국 여행자라면 그랩 Grab을 이용해 콜택시를 부르는 게 편리하다.

ATTRACTION 람빵의 볼거리

태국 북부 도시답게 사원이 가득하다. 란나 양식의 사원과 미얀마 양식의 사원이 공존한다. 가장 중요한 사원은 왓 프라탓 람빵 루앙 Wat Phra That Lampang Luang이다.

주말 야시장이 들어서는 구도심 메인 도로
타논 딸랏 까오(깟꽁따) Thanon Talat Kao(Kad Kong Ta) กาดกองต้า

람빵이 태국 북부의 교역도시로 번성하던 19세기에 형성된 거리다. 거리 이름인 '딸랏 까오'는 구시장이라는 뜻이다. 시장의 원래 이름은 '깟 꽁따 Kad Kong Ta'였으며, '깟'은 시장을 의미하는 태국 북부 사투리다. 왕 강(매남 왕) Wang River을 통해 도착하던 물건들이 대부분 이곳에 집결해 거래가 됐다. 특히 영국인들이 미얀마(버마)로 수출하던 원목들의 집하장 역할을 했다. 당시에는 태국 상인을 중심으로 중국과 미얀마는 물론 영국에서까지 온 상인들이 거리를 메웠다고 한다. 현재는 조용한 거리만 남았는데, 19세기에 건설된 목조 가옥들이 당시 풍경을 회상케 한다. 티크 나무로 만든 건물은 태국적이지만 발코니라든지, 박공지붕 장식을 통해 유럽풍을 가미했다. 도로 끝에는 왕 강을 건너는 랏싸다피쎅 다리(싸판 랏싸다피쎅) Ratsada Phisek Bridge가 있다. 1917년에 만든 아치형 교량으로, 람빵의 상징물로 여겨진다. <mark>타논 딸랏 까오는 주말(토~일요일) 저녁이 되면 차량이 통제되고 워킹 스트리트(타논 콘던 깟꽁따) Kad Kong Ta Walking Street로 변모한다.</mark> 차분하던 거리가 흥겹게 변모하는 거리 야시장으로 깟꽁따 야시장 Kad Kong Ta Night Market으로 불리기도 한다.

<mark>지도 P.308-A1</mark> **주소** Thanon Talat Kao(Talad Gao) **가는 방법** 왕 강 남쪽의 타논 딸랏 까오 일대. 람빵 기차역에서 동쪽으로 3km 떨어져 있다.

유네스코에서 인정한 란나 양식의 사원
왓 뽕싸눅 Wat Pong Sanuk วัดปงสนุกเหนือ

1,000년의 역사를 자랑하는 란나 양식의 사원으로 람빵의 성립과 동시에 건설됐다. 철저한 고증을 통해 사원을 원형 그대로 복원했는데, 2008년 유네스코에서 선정한 역사유적 보호상을 수상하기도 했다. 사원은 구역에 따라 북쪽에 있는 왓 뽕싸눅 느아 Wat Pong Sanuk Neua와 남쪽에 있는 왓 뽕싸눅 따이 Wat Pong Sanuk Tai로 구성된다. 사원 중앙에는 성벽에 둘러싸인 중앙 성소가 있다. 사원에서 가장 높은 곳에 위치해 있는데, 우주의 중심인 프라 쑤메라 Phra Sumera(수미산)를 형상화했다. 법당(위한 프라 짜오 판옹 Vihan Phra Chao Phan Ong)은 사각형 구조의 몬돕 Mondop 형태다. 3층 겹 지붕을 올린 법당 내부에는 황동 불상을 네 방향으로 하나씩 안치해 독특한 형태를 띤다.

지도 P.308-B1 주소 60 Thanon Pong Sanuk **운영** 06:00~18:00 **요금** 무료 **가는 방법** 왕 강 북쪽의 타논 뽕싸눅에 있다. 깟꽁따(타논 딸랏 까오)에서 북쪽으로 500m.

신성한 에메랄드 불상을 모셨던 사원
왓 프라깨우 돈따오 Wat Phra Kaew Don Tao วัดพระแก้วดอนเต้าสุชาดาราม

태국에서 가장 신성시하는 불상인 프라깨우(자그마한 에메랄드 불상으로 현재는 방콕 왕궁에 안치되어 있다)를 모셨던 사원이다. 프라깨우 불상은 란나 왕국의 첫 번째 수도인 치앙라이에서 두 번째 수도인 치앙마이로 옮기던 과정에서 람빵에 32년간(1436~1468) 머물렀다고 한다. 왓 프라깨우 돈따오에서 중요한 곳은 대법당(봇)이 아니라 몬돕 Mondop이다. 사각형 모양의 법당인 몬돕은 금속을 조각해 만든 9층의 첨탑을 올렸다. 금속 첨탑은 전형적인 미얀마 양식으로 람빵에 거주하던 미얀마 건축가에 의해 1909년에 건설됐다. 몬돕 옆에 있는 50m 높이의 쩨디(탑)는 '프라탓 돈따오' Phra That Don Tao라고 불린다. 붓다의 머리카락을 안치한 신성한 탑으로 알려져 있다.

지도 P.308-B1 주소 Thanon Phra Kaew, Tambon Wiang Neua **운영** 06:00~19:00 **요금** 40B **가는 방법** 깟꽁따(타논 딸랏 까오)에서 북동쪽으로 2km 떨어져 있다.

람빵 역사를 소개하는 박물관
람빵 박물관(피피타판 람빵) Lampang Museum มิว เซี ยมลำปาง

락므앙(도시의 탄생을 기념해 만든 기둥을 모신 사당) Lampang City Pillar Shrine 옆에 있는 박물관으로 2020년에 개관했다. 과거 시청으로 사용했던 노란색의 콜로니얼 건물이다. 시청각 자료를 활용해 도시의 역사를 배울 수 있는 학습공간으로 만들었다. ①람빵의 전설, ②람빵의 고대 유물, ③빠뚜 콩(메콩 게이트) Pratu Khong, ④람빵에 건설됐던 초기 왕조들의 그래픽과 홀로그램, ⑤목재 무역이 번성했던 람빵 시대의 목조 건축물, ⑥치킨 볼로 유명한 람빵 도자기, ⑦지도로 보는 람빵, ⑧람빵 기차역 개통, ⑨마차를 타고 람빵을 여행하는 동영상, ⑩람빵의 주요 사원, ⑪람빵의 언어(사투리) 소개가 이어진다.

지도 P.308-B1 **주소** Thanon Bunyawat **전화** 054-209-855 **홈페이지** www.facebook.com/tkmulp **운영** 화~일요일 09:00~12:00, 13:00~16:30 **휴무** 월요일 **요금** 무료 **가는 방법** 깟꽁따(타는 딸랏 까오)에서 800m 떨어진 타논 분야왓에 있다.

치킨 볼로 유명한 도자기 박물관
타나바디 세라믹 박물관 Dhanabadee Ceramic Museum พิ พิ ธภัณฑ์เซรามิ คธนบดี

고령토가 많이 매장된 지역답게 오래전부터 세라믹 도자기 산업이 발달했다. 람빵 지역에만 2,000개 이상의 도자기 공장이 있다고 한다. 타나바디 세라믹 박물관은 타나바디 데코 세라믹 회사 Dhanabadee Décor Ceramic Co.에서 운영하는 박물관이다. 태국에서 전국적으로 유통되는 닭 그림이 그려진 그릇(키친 볼 Chicken Bowl)을 생산하는 곳으로 유명하다. 영어로 진행되는 박물관 견학 투어는 1일 9회(08:30, 09:00, 10:00, 11:00, 13:00, 14:00, 15:00, 16:00, 16:30) 진행된다. 설립자에 대한 소개부터 시작해 치킨 볼의 유래, 도자기 만드는 과정, 채색 과정, 용 모양을 닮은 기다란 가마 Dragon Kiln 등을 견학하게 된다.

지도 P.308-B2 **주소** 32 Thanon Wat Chong Kham(Watjongkam) **전화** 061-273-3344 **홈페이지** www.dhanabadee.com **운영** 08:30~17:00 **요금** 100B **가는 방법** 타논 왓쫑캄의 왓 쫑캄(사원) 뒤쪽에 있다. 공항에서 1.5km 떨어져 있다.

람빵을 대표하는 태국 10대 사원
왓 프라탓 람빵 루앙 Wat Phra That Lampang Luang วัดพระธาตุลำปางหลวง

람빵을 대표하는 사원이다. 방콕 포스트(태국 일간지)에서 태국에서 가장 아름다운 사원으로 선정하기도 했다. 람빵에서 15km 떨어진 왓 프라탓 람빵 루앙은 나지막한 언덕 위의 성벽에 둘러싸여 있다. 과거 도시 건축에서 흔히 사용되던 '위앙 Wiang'이라 불리는 축성 도시 형태다. 당시 '위앙'을 만들 때 필수 요소였던 해자는 없어졌지만, 벽돌을 쌓아 만든 성벽은 그대로 남아 있다. 본래 람빵 주변의 위성도시로 만들었으나 15세기부터 19세기에 걸쳐 법당과 쩨디(탑)를 건설하며 사원으로 변모했다.

성벽 입구로 향하는 계단은 나가(뱀 모양의 수호신)를 장식해 도시를 방어해 주는 상징성을 부여했다. 성벽 내부로 들어서면 대법당에 해당하는 위한 루앙 Vihan Luang이 보인다. 전형적인 란나 양식의 법당으로 15세기에 건설됐다. 사원에서 가장 중요한 불상인 프라 짜오 란텅 Phra Chao Lan Thong을 본존불로 모신다. 1563년에 만든 황동 불상이다. 특이하게도 불꽃 형상의 작은 탑 내부에 감실을 만들어 보관하고 있다. 대법당에는 18세기에 완성된 사원 벽화도 남아 있다. 붓다의 생애뿐만 아니라 당시 생활상을 세세히 묘사하고 있다. 다른 사원들과 달리 나무에 벽화를 직접 그렸다.

대법당 뒤쪽에는 대형 쩨디 Chedi가 눈길을 끈다. 1449년에 완성된 전형적인 란나 양식의 불탑이다. 붓다의 사리와 머리카락을 안치해 신성하게 여긴다. 높이 45m로 하늘 높이 올라간 쩨디는 노란색 천을 감아 놓았다. 또한 형형색색의 금속으로 상단부를 치장해 화려한 느낌이 강하게 든다. 사원 경내에서 눈여겨봐야 할 곳은 호 프라 풋타밧 Ho Phra Phutthabhat(Buddha's Footprint Hall)이다. 계단 위에 올려진 탑처럼 보이는 하얀색 건물로, 붓다의 발자국이 새겨진 동판을 보관하던 곳이다. 특이하게도 여성 출입이 금지된 법당이다. 남자들이라면 건물 안에 들어가 문을 닫고 어둠을 응시하자. 문틈을 타고 들어오는 햇빛에 투영된 사원의 모습이 프리즘처럼 반사된다. 마치 영사실에서 영화를 튼 것처럼 쩨디와 위한 루앙이 빛을 타고 계속해서 흐느적거리는 신비한 경험을 할 수 있다.

쩨디 왼쪽으로 연결된 출입문을 통해 성벽 외부로 나가면 보리수나무 Bodhi Tree가 반긴다. 후원처럼 꾸며진 이곳에서는 작은 박물관과 도서관(불경을 보관하던 장경고)을 볼 수 있다.

지도 P.308-A2 주소 71 Lampang Luang, Ko Kha District **홈페이지** www.facebook.com/watpratartlampangluang **운영** 07:00~17:00 **요금** 무료 **가는 방법** 람빵에서 서쪽으로 15km 떨어져 있다. 람빵 시내에서 그랩(또는 썽태우)을 이용할 경우 편도 200B 정도 예상하면 된다.

람빵이 번성했던 시절에 만든 사원
왓 씨롱므앙 Wat Si Rong Muang วัดศรีรองเมือง

원목 수출 산업에 종사하던 부유한 미얀마 상인이 건설한 사원이다. 7년의 건설 기간을 거쳐 1912년에 완공됐다. 티크 나무와 금속 장식을 사용해 만든 전형적인 미얀마 양식의 법당(위한)을 갖고 있다. 람빵에 있는 목조 사원 중에 가장 아름다운 건물로 여겨진다. 법당 내부를 장식한 화려한 유리 모자이크 장식이 볼 만하다. 사원의 본래 이름은 왓 타카 노이 Wat Thakha Noi였다.

지도 P.308-A1 **주소** Thanon Thakhrao Noi **운영** 06:00~18:00 **요금** 50B **가는 방법** 시계탑 로터리에서 서쪽으로 1㎞ 떨어진 타논 타크라오 노이에 있다.

화재로 인해 재건축한 사원
왓 씨춤 Wat Sri Chum วัดศรีชุม

19세기 람빵에서 일했던 미얀마 사람들의 재정 지원으로 만든 사원이다. 전형적인 미얀마 양식의 사원으로 1897년에 완공됐다. 태국에서 가장 큰 미얀마 양식의 대법당(봇)을 간직했으나 안타깝게도 1992년의 화재로 소실됐다. 대법당은 1996년에 재건축하면서 옛 모습을 되찾았는데, 벽화까지 미얀마 양식으로 복원했다. 사원 맞은편에는 이슬람 모스크가 있다.

지도 P.308-B2 **주소** 198 Thanon Thiphawan **홈페이지** www.watsrichum.com **운영** 06:00~20:00 **요금** 무료 **가는 방법** 깟꽁따(타논 딸랏 까오)에서 남쪽으로 900m 떨어진 타논 팁파완에 있다.

미얀마 양식의 목조 사원
왓 빠팡 Wat Pa Fang วัดป่าฝาง

금속 장식과 목조 건물이 혼합된 미얀마 양식의 사원이다. 층층이 이루어진 겹 지붕의 법당이 남아 있다. 법당은 1906년에 건설됐으며, 미얀마 불상을 본존불로 모시고 있다. 사원에서 가장 눈길을 끄는 건 황금 쩨디다. 불탑 또한 미얀마 양식이며, 감실을 만들어 불상을 안치했다. 맞은편에는 또 다른 미얀마 사원인 왓 차이몽콘 Wat Chai Mongkhon이 있다.

지도 P.308-B2 **주소** Thanon Sanambin **운영** 06:00~18:00 **요금** 무료 **가는 방법** 공항에서 북쪽으로 900m 떨어진 타논 싸남빈에 있다.

RESTAURANT 람빵의 레스토랑

시내 곳곳에 레스토랑이 많다. 작은 상점 형태의 로컬 레스토랑으로 저렴하다. 외국 여행자들이 즐겨 찾는 곳은 타논 딸랏 까오(깟꼼따)와 왕 강 주변에 몰려 있다.

꾸어이띠아우 부용
Kuay Teow Boo Yong ก๋วยเตี๋ยว ยวปู่โย่ง ★★★☆

람빵 시내에 있는 오래된 쌀국수 식당이다. 현지인들에게 유명한 곳으로 60년의 역사를 자랑한다. 고기완자를 넣은 쌀국수(꾸어이띠아우 룩친)를 만든다. 맑은 육수라서 담백하다. 타마다(보통)와 피쎗(곱빼기)으로 구분해 주문하면 된다.

지도 P.308-A2 주소 260 Thanon Chatchai **영업** 10:00~15:00 **메뉴** 태국어 **예산** 40~50B **가는 방법** 시계탑 로터리에서 남쪽으로 300m 떨어진 타논 찻차이에 있다.

아로이 밧 디아오 Aroy One Baht อร่อยบาทเดียว ★★★☆

'아로이(아러이)=맛있다, 밧 디아오=1B'이라는 뜻이다. 대중적인 태국 음식을 저렴하게 요리한다고 보면 된다. 티크 나무로 만든 2층 건물을 레스토랑으로 사용한다. 다양한 태국 음식을 요리하는데, 볶음 요리도 골고루 갖추고 있다. 밥은 카우똠(죽과 비슷한 끓인 밥) Boiled Rice과 카우쑤어이(흰쌀밥) Steamed Rice 중에 선택하면 된다. 저녁 시간에만 문을 연다.

지도 P.308-A1 주소 297 Thanon Thip Chang **전화** 089-700-9444 **영업** 16:00~23:00 **메뉴** 영어, 태국어 **예산** 60~130B **가는 방법** 타논 쑤언독과 타논 팁창 사거리 코너에 있다.

우든 하우스 카페 Wooden House Cafe ★★★☆

왕 강을 끼고 있는 오래된 목조 건물을 카페로 활용한다. 건물 그 자체로 앤티크한 분위기다. 내부는 에어컨 시설로 쾌적하다. 강변 쪽에는 마당을 끼고 있는 야외 공간이 넓게 펼쳐진다. 단순히 커피뿐만 아니라 볶음밥, 똠얌꿍, 북부 전통 요리, 폭찹, 스테이크까지 다양한 음식을 요리한다. 카페는 08:00~16:00, 나이트 바 Night Bar는 17:00~23:00까지 운영한다.

지도 P.308-A1 주소 1 Thanon Rajabutr **홈페이지** www.facebook.com/woodenhouseLP **영업** 08:00~23:00 **메뉴** 영어, 태국어 **예산** 커피 55~65B, 메인 요리 149~349B **가는 방법** 왕 강 강변도로 랏싸다피쎅 다리 Ratsada Phisek Bridge 옆에 있다.

빠이 Pai

6,500명이 사는 시골 마을이지만 태국의 대표적인 여행지로 손꼽힌다. 빠이는 하나의 신드롬으로 불릴 만큼 관광명소가 됐다. 빠이를 유명하게 만든 것은 흐드러진 자연이다. 강이 마을을 유유히 흐르고, 평화로운 자연 속에는 여유로움 가득한 방갈로들이 전원 풍경과 조화를 이룬다. 도시를 이탈한 아티스트들과 히피 여행자들도 빠이의 특별함에 한몫을 더했다. 반나절이면 모든 걸 섭렵할 수 있는 작은 마을이지만, 떠나지 못하고 한 달씩 머무르는 장기 여행자들도 수두룩하다.

BEST COURSE 추천 코스

COURSE 1 — 빠이 핵심 코스
여행사에서 운영하는 투어를 이용해 반나절 일정으로 빠이 근교 여행지를 둘러보는 코스.

1. 빠이
2. 왓 프라탓 매옌 P.323
3. 반 싼띠촌 P.326
4. 윤라이 전망대 P.326
5. 팸복 폭포 P.328
6. 코꾸쏘 대나무 다리 P.327
7. 빠이 캐니언(빠이 협곡) P.324

COURSE 2 — 빠이 일주 코스
빠이 타운을 중심으로 시계 방향으로 일주하는 코스. 중간중간 전망 좋은 카페와 레스토랑에서 쉬어 가면 된다.

1. 빠이
2. 왓 남후 P.325
3. 반 싼띠촌 P.326
4. 윤라이 전망대 P.326
5. 커피 인 러브 P.330
6. 팸복 폭포 P.328
7. 코꾸쏘 대나무 다리 P.327
8. 빠이 캐니언(빠이 협곡) P.324
9. 타빠이 철교 P.324
10. 투 헛 P.329
11. 왓 프라탓 매옌 P.323
12. 워킹 스트리트(빠이 야시장)

COURSE 3 — 빠이 1 데이 투어 코스
여행사 투어를 이용한 하루 코스. 10:00에 출발해 빠이 캐니언(빠이 협곡)에서 일몰을 보고 돌아온다.

1. 빠이
2. 왓 프라탓 매옌 P.323
3. 타빠이 온천 P.323
4. 반 싼띠촌 P.326
5. 윤라이 전망대 P.326
6. 커피 인 러브 P.330
7. 팸복 폭포 P.328
8. 코꾸쏘 대나무 다리 P.327
9. 빠이 캐니언(빠이 협곡) P.324
10. 워킹 스트리트(빠이 야시장)

INFORMATION 여행에 유용한 정보

인구와 면적
치앙마이가 아니라 매홍쏜 Mae Hong Son에 속해 있다. 행정구역은 짱왓 매홍쏜 암퍼 빠이 Amphoe Pai (Pai District)다. 전체 면적은 2,244㎢, 인구는 2만 9,526명이다. 빠이 타운에는 6,500명이 거주한다.

날씨 · 여행 시기
신선한 기온(15~20°C)을 유지하는 건기(11~2월)가 최대 성수기다. 겨울에는 밤에 다소 쌀쌀하니 긴 옷을 준비해야 한다.

은행 · 환전
작은 마을임에도 은행과 환전소가 많아 환전에 큰 불편함이 없다. 끄룽타이 은행, 방콕 은행 등 주요 은행이 지점을 운영한다.

여행사 투어
빠이 근교 여행지를 묶어서 만든 투어. 오전에 출발하는 1일 투어(500B)와 오후에 출발하는 반나절 투어(300B)로 구분된다.

ACCESS 빠이 가는 방법

태국 북부 산골 마을이라 교통편은 불편하다. 빠이는 치앙마이에서 북쪽으로 130㎞ 떨어져 있다. 치앙마이↔빠이↔매홍쏜 방면으로 미니밴이 운행된다. 산길을 올라가야 하기 때문에 거리에 비해 이동 시간이 느리다.

미니밴(롯뚜)

여행사 버스

치앙마이(아케이드 2 터미널) Chiang Mai Arcade Bus Station에서 미니밴이 출발한다. 치앙마이→빠이 노선은 06:30부터 17:30까지 1시간 간격으로 출발한다. 편도 요금은 150B이다. 미니밴은 쁘렘쁘라차 트랜스포트(www.premprachatransports.com)에서 운영하며, 홈페이지를 통해 예약이 가능하다.

터미널까지 갈 필요 없이 숙소에서 예약 가능한 교통편이다. 여행사를 겸하는 아야 서비스 Aya Service(홈페이지 www.ayaservice.com)에서 미니밴을 운영한다. 08:30~14:30 1시간 간격으로 출발하며, 편도 요금은 200B이다. 종점은 빠이 마을 중심가에 있는 아야 서비스 사무실이다.

TRANSPORTATION 빠이 시내 교통

마을이 작아 얼마든지 걸어서 다닐 수 있지만 마을 외곽을 다니려면 별도의 교통편이 필요하다. 오토바이를 빌리면 가장 편리하다. 오토바이 대여료는 기종에 따라 100~150B이다. 산길이라 경사가 심해 안전에 유의해야 한다.

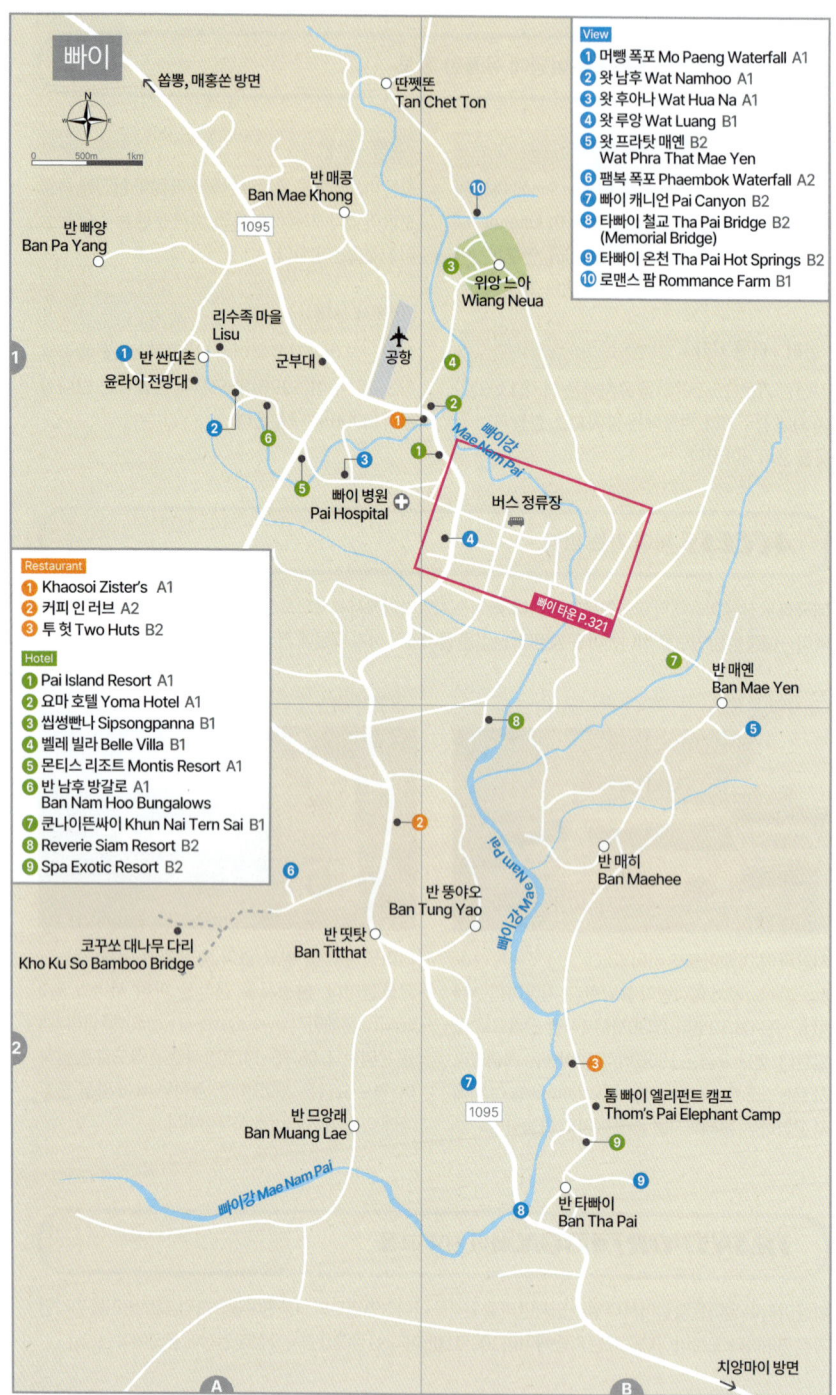

빠이

View
1. 왓 루앙 Wat Luang
2. 왓 끄랑 Wat Klang
3. 왓 빠캅 Wat Pa Kahm

Travel Agency
1. 타이 어드벤처 래프팅
2. 빠이 어드벤처 투어

Restaurant
1. 에스프레소 바 Espresso Bar
2. The Pedlar
3. 넝 비어 레스토랑 Nong Beer
4. Banh Banh Pun Pa
5. Coffee Stains
6. 아트 인 짜이 Art In Chai
7. 반 빠이 Baan Pai
8. 케이크 꼬오 Cake go "O"
9. 투 시스터 레스토랑
10. 마야 버거 퀸
11. 위칭 웰 Witching Well
12. 나스 키친 Na's Kitchen
13. 옴 가든 카페
14. 크루아 쿤씨
15. 찰리 & 렉
16. 제임스 카우만까이
17. 자심재 채식식당
18. 카우쏘이 므앙 빠이
19. Pai Koh Kood Pizza
20. Khaotha Coffee

Spa & Massage
1. Sapaiya Spa

Entertainment
1. 와이 낫 바 Why Not Bar
2. 돈 크라이 Don't Cry
3. 선셋 바 Sunset Bar
4. 붐 바 Boom Bar

Hotel
1. 빠이 나이 판 Pai-Nai-Fun
2. 빠이 컨트리 헛 Pai Country Hut
3. 브리즈 오브 빠이 Breeze of Pai
4. 두앙 게스트하우스 Duang Guest House
5. 찰리 게스트하우스 Charlie's Guest House
6. 쿼터 The Quarter
7. Pai Cherkaew Boutique House
8. 에버그린 게스트하우스 Ever Green Guesthouse
9. 쁘라위 하우스 Pravee's House
10. 미스터 짠 게스트하우스 Mr Jan's Guest House
11. 림빠이 코티지 Rim-Pai Cottage
12. 호텔 데 아티스트 Hotel Des Artist
13. 빠이 리버 코너 리조트 Pai River Corner Resort
14. 빠이 빌리지 부티크 리조트 Pai Village Boutique Resort
15. Yotaka@Pai
16. 반 따완 Baan Tawan
17. 빠이 짠 코티지 Pai Chan Cottage
18. 빠이라다이스 Pairadise
19. 컨트리사이드 The Countryside
20. 카나리 게스트하우스 Canary
21. The Elephant Guestel
22. 리루 호텔 Li Lu Hotel
23. 실바나(씨라와나) 빠이 The Sylvana Pai
24. 패밀리 하우스 앳 빠이 Family House @ Pai
25. 이아 리조트 The Oia Resort
26. Pai Viman Resort
27. Revolution Hostel

ATTRACTION 빠이의 볼거리

사원이나 유적지가 아니라 빠이를 둘러싼 자연 자체가 볼거리다. 마을 주변으로 몇 가지 볼거리가 있는데 굳이 멀리 나가지 않고도 방갈로에서 전원생활을 만끽할 수 있다.

빠이 강이 흐르는 작은 마을
빠이 타운 Pai Town อำเภอปาย

행정구역상 '암퍼 빠이 땀본 위앙따이'에 속한다. 마을 앞으로 빠이 강 Pai River이 잔잔하게 흐른다. 자그마한 시골 마을이라 대단한 볼거리는 없다. 사원은 왓 루앙 Wat Luang, 왓 끄랑 Wat Klang, 왓 빠캄 Wat Pa Kham 세 개가 있다. 가장 큰 사원은 왓 루앙이다. 1803년에 건설된 버마(샨족) 양식의 사원이다. 사원 경내에 버마 양식의 쩨디(탑)가 세워져 있다. 사원 규모가 작아서 오다가다 들르면 된다. 세 곳 모두 입장료를 받지 않는다.

지도 P.321 **주소** Pai District, Mae Hong Son **가는 방법** 버스 정류장 주변에 마을 중심가가 형성되어 있다.

야시장이 들어서는 워킹 스트리트
워킹 스트리트(빠이 야시장) Walking Street ถนนคนเดิน นะเมี๋อ องปาย

빠이를 찾은 여행자라면 자연스레 들르게 되는 곳이다. 저녁 시간에는 버스 정류장 주변(타논 차이쏭크람)에 야시장이 생긴다. 18:00부터 차량이 통제되고 노점이 들어서면 워킹 스트리트(타논 콘 던) Walking Street로 변모해 활기차다. 유명한 카페와 레스토랑, 여행사가 몰려 있는 거리로 목조 건물과 어우러져 분위기가 좋다. 500m에 이르는 거리에 노점과 푸드 트럭, 기념품 상점이 들어선다. 야시장에서 일반적으로 판매하는 옷과 기념품도 있지만, 빠이를 주제로 한 사진·엽서, 그림, 소품을 제작해 판매하기도 한다. 직접 만든 수공예품을 들고 와 장사하는 산악 민족(리수족들이 가장 많다)도 만날 수 있다.

지도 P.321 **주소** Thanon Chaisongkhram **운영** 08:00~22:30 **가는 방법** 버스 정류장 주변에 야시장이 형성된다.

화이트 붓다로 유명한 사원
왓 프라탓 매옌 Wat Phra That Mae Yen วัดพระธาตุแม่เย็น

빠이에서 관광객이 가장 많이 찾는 사원이다. 빠이 동쪽의 반 매옌 Ban Mae Yen 마을의 오른쪽 언덕 정상에 있다. 빠이 마을을 내려다볼 수 있는 전망대 역할을 하는 곳으로 건축 연대는 정확히 알려지지 않았다. 사원 경내에는 자그마한 법당과 쩨디(탑)가 있다. <mark>사원 뒤쪽으로 연결된 353개 계단을 오르면 하얀색 대불상을 만날 수 있다.</mark> 대불상(프라 풋타 로꾸뜨라 마하무니)은 '화이트 붓다' White Buddha로 불린다. 언덕 위에 세워진 불상은 빠이 주변 풍경을 내려다보고 있다. 이곳에서는 빠이 주변 풍경이 시원스레 펼쳐진다. 일몰을 보기 위해 방문하는 여행자도 많다. 종교적인 공간인 만큼 사원 방문 복장 규정을 준수해야 한다. 노출이 심한 옷은 삼가자. 반바지나 민소매 옷을 입었을 경우 20B을 내고 싸롱(기다란 스카프)을 빌리면 된다. 참고로 공식적인 사원 개방 시간은 18:00까지다.

지도 P.320-B2 **주소** Ban Mae Yen, Pai District, Mae Hong Son **운영** 06:00~18:00 **요금** 무료 **가는 방법** 빠이 중심가에서 동쪽으로 2km 떨어져 있다. 반매연 Ban Mae Yen 마을을 지나면 사원 입구가 보인다.

빠이 근교에 있는 노상 온천
타빠이 온천(남푸런 타빠이) Tha Pai Hot Springs น้ำพุร้อนท่าปาย

훼이남당 국립공원 Huai Nam Dang National Park에 있는 노상 온천이다. 태국에서 가장 높은 곳에 있는 야외 온천으로 온천수는 80°C를 유지한다. 개인용 온천탕은 없고 온천수가 개울처럼 흘러내린다. 층을 이루며 야외 수영장처럼 물웅덩이를 만들어 놓았다. 온천을 즐기려면 적정 온도(36°C)를 유지하는 아래쪽이 좋다. 국립공원 경관과 어우러져 산책하기 좋은 나들이 코스였으나, <mark>외국 관광객에게 과도한 입장료를 부과해 인기가 떨어졌다. 외국인 300B, 태국인은 60B을 받는다.</mark> 오토바이 주차 요금(20B)도 추가로 받는다.

지도 P.320-B2 **주소** Mae Hi, Pai District, Mae Hong Son **운영** 08:00~18:00 **요금** 300B **가는 방법** 빠이에서 남동쪽으로 8km 떨어져 있다.

협곡과 일몰이 아름다운 곳
빠이 캐니언(빠이 협곡) Pai Canyon ปายแคนยอน

인접한 빠이 강의 침식으로 생긴 협곡이다. 현지어로는 '껑랜'이라고 불린다. 전체 규모는 3헥타르(약 9,000평)지만 V자 협곡을 따라 걸어 다닐 수 있는 구간은 제한적이다. 붉은 황토색 협곡과 파란 하늘이 잘 어울린다. 흙길로 이루어진 협곡은 가파르고 길이 좁기 때문에 안전에 유의해야 한다. 그랜드 캐니언 같은 웅장한 협곡은 아니지만 기념사진을 찍을 겸 들를 만하다. 일몰 시간에 가장 많은 사람들이 몰린다. 빠이 주변 볼거리 중에서 관광객이 가장 많이 방문하는 곳이다. 여행사에서 운영하는 1일 투어 또는 선셋 투어를 이용해 다녀와도 된다.

지도 P.320-B2 **주소** Mae Hi, Pai District, Mae Hong Son **운영** 07:00~19:00 **요금** 무료 **가는 방법** 1095번 국도를 따라 치앙마이 방향으로 8km 떨어져 있다. 협곡 입구에 세워진 안내판에서 200m 언덕길을 올라가야 한다.

빠이 강에 만든 자그마한 철교
타빠이 철교(싸판 쁘라왓쌋 타빠이) Tha Pai Bridge(Memorial Bridge) สะพานประวัติ ศาสตร์ท่าปาย

빠이 강을 지나는 철교다. 태국 관광객들이 빠이 방문 기념으로 사진 촬영을 하러 오는 명소다. 일본이 건설한 2차 대전 다리 The World War II Bridge라고 태국인들 사이에 알려져 있다. 타빠이 철교는 영국이 점령한 버마(미얀마)를 공격하기 위해 1941년에 건설했다. 1945년 전쟁에 패한 일본군이 퇴각하면서 다리를 태워버렸다고 한다. 1976년에 새롭게 건설되면서 철교로 변모했다. 치앙마이 삥 강에 만든 나라왓 철교 Nawarat Bridge를 보수하면서, 오래된 철근 구조물을 옮겨와 타빠이 철교 건설에 이용했다고 한다. 외국 관광객에게는 큰 의미 없는 곳으로 지나는 길에 잠시 들러 기념사진 한 장 찍으면 된다.

지도 P.320-B2 **주소** Mae Hi, Pai District, Mae Hong Son **요금** 무료 **가는 방법** 빠이 중심가에서 10km 떨어져 있다. 빠이 캐니언에서 1km, 타빠이 온천에서 2km 떨어져 있다.

빠이 북서쪽 마을에 있는 사원
왓 남후 Wat Nam Hoo วัดน้ำฮู

빠이 북서쪽 시골 마을인 반남후 Ban Namhoo에 있다. 란나 양식의 평범한 사원으로 법당(위한)과 쩨디가 남아 있다. 프라 운므앙 Phra Un Muang을 본존불로 모시고 있다. 500년 전에 만든 란나 양식의 청동 불상이다. 불상은 신기하게도 머리 꼭대기 부분이 열린다. 불상 머리 부분에는 항상 물이 스며들어 고여 있는데, 태국 사람들은 이를 성수(聖水)로 여긴다. 사원을 찾는 이유도 바로 성수를 받기 위해서다. 사원 명칭도 틈 사이로 물이 흘러내린다는 뜻이다. '남=물, 후=구멍'을 뜻한다.

법당 뒤쪽에는 쩨디가 있다. 아유타야 시대 나레쑤언 대왕 King Naresuan(재위 1590~1605)의 여동생 쑤판깔라야 Supangunlaya 공주의 유해를 모시고 있다. 당시 버마에 인질로 끌려왔던 공주가 이곳에서 사망했다고 전해진다.

지도 P.320-A1 **주소** Ban Namhoo, Pai District, Mae Hong Son **요금** 무료 **가는 방법** 버스 정류장에서 북서쪽으로 4km 떨어져 있다.

빠이 북쪽의 한적한 마을
위앙 느아 Wiang Nuea เวียงเหนือ

북쪽 도시라는 뜻으로 빠이에서 가장 오래된 마을이다. 1251년에 미얀마(버마) 북동부 지방의 샨족(타이 야이 Thai Yai)들이 이주해와 정착했다. 위앙 느아는 성벽과 해자에 둘러싸인 전형적인 고대 도시 형태를 띠었다. 성벽은 없어졌지만, 도시를 출입하던 성문(빠뚜 위앙 루앙 Pratu Wiang Luang)은 원래 위치에 그대로 남아있다. 위앙 느아의 볼거리는 두 개의 사원이다. 란나 양식의 사원인 왓 씨돈차이 Wat Sri Donchai와 미얀마 양식의 사원인 왓 뽕 Wat Pong이다. 서로 다른 양식의 사원이 공존하는 이유는 15세기부터 치앙마이(란나 왕국) 영토에 편입되었기 때문이다.

지도 P.320-B1 **주소** Ban Wiang Nuea, Pai District, Mae Hong Son **요금** 무료 **가는 방법** 공항 활주로 앞 삼거리에서 오른쪽 길로 1.5km를 더 들어간다. 빠이 타운에서 북쪽으로 3km 떨어져 있다.

민속촌처럼 변모한 중국인 마을
반 싼띠촌 Ban Santichon(Santichon Village) บ้านสันติชล

빠이 주변에 정착한 중국인 마을이다. 싼띠촌 마을 Santichon Village이란 뜻으로 '반=마을'을 의미한다. 싼띠촌은 '산지촌' 山地村의 태국식 발음이다. 현재는 중국식 성벽과 성문을 만들어 민속촌처럼 변모한 지 오래다. 윈난 컬처럴 빌리지 Chinese Yunnan Cultural Village라고 불리기도 한다. 중국 공산화의 영향으로 태국에서 본국 탈환 명령을 기다리던 국민당 후손들이 생활한다. 대부분 윈난성 사람들로 중국어가 통용된다. 중국 마을답게 찻집과 기념품 가게, 중국 식당도 있다. 윈난 국수인 윈난탕몐(雲南湯麵)을 맛볼 수 있다. 전통 의상 대여, 수동 그네 타기, 활쏘기 체험도 가능하다.

지도 P.320-A1 **주소** Ban Santichon, Pai District, Mae Hong Son **운영** 06:00~18:00 **요금** 무료 **가는 방법** 빠이 중심가에서 5km, 왓 남후에서 북쪽으로 1km 떨어져 있다.

운해를 볼 수 있는 전망대
윤라이 전망대(탈레목 윤라이) Yun Lai Viewpoint ทะเลหมอกหยุนไหล

반 싼띠촌에서 북서쪽으로 1.5km 더 올라가면 윤라이 전망대가 나온다. 일교차가 커지는 겨울에 운해를 볼 수 있어서 탈레목 윤라이라고 부르기도 한다. '탈레목'은 태국어로 운해, '윤라이'는 중국어로 운래(雲來)를 뜻한다. 언덕 꼭대기에 있기 때문에 빠이 주변 전망이 파노라마로 펼쳐진다. 하트 모양의 조형물을 만들어 사진 스폿도 만들었다. 일출을 보기 위해 찾아오는 관광객도 많다. 전망대 주변은 중국풍 건물들이 들어서 있고, 찻집도 운영한다. 겨울 성수기에는 텐트에서 캠핑도 가능하다. 전망대까지 급경사 길이 이어지기 때문에 오토바이를 타고 갈 경우 안전에 유의해야 한다.

지도 P.320-A1 **주소** Ban Yun Lai, Pai District, Mae Hong Son **운영** 05:00~17:00 **요금** 20B **가는 방법** 빠이 중심가에서 6km 떨어져 있다.

논밭을 가로질러 만든 대나무 다리
코꾸쏘 대나무 다리(싸판 마이파이 코꾸쏘) Kho Ku So Bamboo Bridge สะพานไม้ไผ่โขกู้โส่

매홍쏜(빠이가 속해 있는 행정구역) 일대에서 가장 긴 대나무 다리로 2016년에 만들었다. 논밭을 가로질러 만든 815m 길이의 대나무 다리다. 주변의 산과 어우러져 풍경이 수려하다. 우기에 논길을 가로질러 주변 마을을 오가기 불편한 점에 착안해 지역 주민과 태국 정부가 협력해 만들었다고 한다. 샨족(타이 야이)이 거주하는 마을로 대나무 다리 이름도 현지어를 사용했다. 샨족 언어로 '코=다리, 쿠쏘=공덕'이라는 뜻이다. 대나무 다리 끝에는 숲속의 작은 사원인 왓 빠훼이카이키리 Wat Pa Huai Khai Khiri(Forest Temple Huai Khai Khiri)가 있다. 동트는 시간에는 승려들이 대나무 다리를 따라 탁발 공양에 나서기도 한다.

유명세를 타고 관광지로 변모하면서 카페와 전망대, 조형물도 만들어 기념사진 찍기 좋게 만들었다. 벼농사가 한창일 때(우기가 끝나고 건기가 시작되는 10월 말~11월) 방문하면 푸릇한 전원 풍경을 감상할 수 있다. 덥고 탁한 건기에는 황량한 대지 풍경만이 휑하게 펼쳐진다.

지도 P.320-A2 **주소** Pam Bok Village, Thung Yao **운영** 07:00~18:00 **요금** 30B **가는 방법** 빠이에서 11km 떨어진 반팸복(팸복 마을)에 있다. 팸복 폭포를 지나 2km 더 가면 된다.

외국 여행자들을 위한 공용 수영장
플루이드 Fluid Swimming Pool

외국인 배낭 여행자들이 즐겨 찾는 야외 수영장이다. 25m 길이의 수영장 주변으로 잔디를 깔아 공원처럼 휴식할 수 있도록 했다. 입장료(100B)만 내면 누구나 이용이 가능하다. 레스토랑과 바 bar를 함께 운영한다. 샌드위치나 버거, 셰이크, 맥주, 칵테일을 마시며 시간을 보내면 된다. 우기(7~10월)에는 문을 열지 않는다.

지도 P.321 **주소** Ban Mae Yen, Pai District **전화** 08-7186-5320 **홈페이지** www.fluidswimmingpoolpai.com **운영** 09:00~18:00 **요금** 100B **가는 방법** 마을 중심가 오른쪽 다리를 건너 동쪽으로 600m.

물놀이하러 가는 작은 폭포
머뺑 폭포(남똑 머뺑)
Mo Paeng Waterfall น้ำตกหมอแปง

대단한 볼거리가 아니라 더위를 식히기 위해 물놀이하러 가는 곳이다. 폭포는 낙차가 크지 않고 바위 사이로 떨어지기 때문에 미끄럼 타며 놀기 좋다. 폭포 물이 고인 곳에서 수영도 가능하다. 건기에는 폭포수가 현저하게 줄어든다. 가는 길에 중국인 마을과 샨족 마을, 리수족 마을을 들를 수 있다. 일정이 빠듯하다면 굳이 찾아갈 필요는 없다. 마을 중심가에서 멀리 떨어져 있고, 교통편도 없다.

지도 P.320-A1 **주소** Ban Mo Paeng, Pai District, Mae Hong Son **운영** 08:00~18:00 **요금** 100B **가는 방법** 빠이 중심가에서 북서쪽으로 10km 떨어져 있다.

외국인 입장료가 비싼 폭포
팸복 폭포(남똑 팸복) Pam Bok Waterfall น้ำตกแพมบก

꼬꾸쏘 대나무 다리 가는 길에 있는 폭포. 룸남빠이 야생보호구역 Lum Nam Pai Wildlife Sanctuary으로 설정되어 있어 국립공원관리공단에서 입장료를 받는다. <mark>공식적인 외국인 입장료는 200B으로 과다하게 책정되어 있다</mark>(단체 투어로 갈 경우 100B을 받기도 한다). 참고로 태국인 입장료는 30B이다. 폭포수가 흐르는 계곡 옆으로 시멘트 산책로를 포장해 놓았으며, 중간에 있는 대나무 다리를 건너면 폭포 상단에 닿는다. 갈라진 바위틈 사이로 폭포수가 흘러내린다. 일부러 찾아가서 비싼 입장료를 낼 만한 곳은 아니다.

지도 P.320-A2 **주소** Pam Bok Waterfall, Thung Yao **운영** 08:00~18:00 **요금** 200B **가는 방법** 빠이에서 남서쪽으로 9km 떨어져 있다.

RESTAURANT 빠이의 레스토랑

외국인들이 많은 지역이라 태국 음식부터 유럽 음식까지 선택의 폭도 다양하다. 분위기도 비슷하고 메뉴도 큰 차이가 없다.

투 헛 Two Huts ★★★★

빠이 타운을 벗어난 한적한 자연 속에 있다. 넓은 잔디밭에 오두막 두 개가 있어서 '투 헛'이었는데 지금은 규모가 커졌다. 식당 앞으로 논과 산 풍경이 막힘없이 펼쳐진다. 평상과 해먹에 널브러져 평화로운 시간을 보내기 좋다. 커피와 맥주는 카운터에서 직접 주문해야 한다. 볶음밥과 덮밥 위주의 간단한 식사도 가능하다. 야외 공간이라 덥기 때문에 저녁 때 방문하면 좋다. 특히 산 너머로 해 지는 풍경을 보기 위해 찾아오는 관광객이 많다. 성수기에는 어쿠스틱 밴드가 라이브 음악을 연주해준다. 여행사에서 운영하는 선셋 투어 상품(100B)을 이용해 다녀올 수 있다.

지도 P.320-B2 **주소** 194 Moo 2, Pai District **전화** 092-982-1547 **영업** 11:00~21:00 **메뉴** 영어 **예산** 65~100B **가는 방법** 빠이 버스 정류장에서 남동쪽(타빠이 온천 방향)으로 5km 떨어져 있다.

커피 인 러브 Coffee in Love ★★★☆

치앙마이에서 빠이로 들어오는 마지막 언덕에 있다. 빨간색의 'Coffee in Love' 간판 때문에 눈에 쉽게 띈다. 카페는 전원주택처럼 생겼는데, 탁 트인 발코니에서 주변 경관이 시원스럽게 보인다. 에어컨은 없지만 시원한 풍경이 눈앞에 펼쳐진다. 오토바이나 차를 타고 가다가 휴식하거나 풍경을 바라보려고 찾는 사람들이 많다. 태국 영화와 뮤직 비디오에 여러 차례 등장해 빠이를 찾는 태국 여행자들에게 꼭 들러야 하는 순례지처럼 여겨진다. 여행사에서 운영하는 1일 투어 상품에도 포함되어 있다. 커피 메뉴는 에스프레소, 아메리카, 라테 위주로 구성된다. 태국과 라오스 원두를 사용하며, 로스팅은 세 종류 중에서 선택할 수 있다. 케이크와 아이스크림, 기념엽서도 판매한다.

지도 P.320-A2 **주소** 92 Moo 11, Thung Yao **전화** 053-698-251 **메뉴** 영어, 태국어 **예산** 커피 50~70B **가는 방법** 빠이 중심가에서 남쪽으로 3km 떨어져 있다.

옴 가든 카페 Om Garden Cafe ★★★☆

야외 정원에 만든 평화로운 느낌의 카페를 겸한 레스토랑이다. 에어컨이 없는 개방형 공간이다. 목조 가옥과 푸르름 가득한 정원, 테라코타 조각들이 여유로움을 더한다. 참고로 '옴'은 힌두교에서 가장 많이 사용하는 만트라(진언)다. 버거와 샐러드를 포함해 브런치 메뉴(토스트, 오믈렛, 후무스, 포리지, 뮤즐리)를 제공한다. 외국 여행자들이 좋아하는 곳답게 비건 메뉴도 갖추고 있다. 상큼한 과일을 이용한 셰이크와 라시, 커피도 다양하다.

지도 P.321 **주소** 60/4 Wiang Tai **전화** 082-451-5930 **영업** 화~일요일 08:30~16:30 **휴무** 월요일 **메뉴** 영어 **예산** 80~160B **가는 방법** 나스 키친(레스토랑) Na's Kitchen 옆 길 안쪽으로 100m. 버스 정류장에서 400m 떨어져 있다.

제임스 카우만까이 (제임스 국수)
James Noodle & Rice ข้าวมันไก่เจมส์ ★★★☆

길거리 모퉁이에 있는 로컬 레스토랑으로 저녁에만 장사한다. 식당 내부는 허름하지만 가성비가 뛰어나다. 저렴하고 간단하게 식사하기 좋은 닭고기 덮밥(카우만까이) Chicken Rice과 쌀국수 Noodle Soup를 요리한다. 쌀국수는 돼지고기(꾸어이띠아우 무), 소고기(꾸어이띠아우 느아), 닭고기(꾸어이띠아우 까이)로 구분된다. 보통 사이즈(타마다)와 곱빼기(피쎗)로 구분해 주문하면 된다. 돼지등뼈국(쏩 까둑) Pork Bone Soup은 공깃밥(카우 쑤어이)을 추가해 주문 가능하다. 한국 관광객도 많이 찾는 곳으로 '제임스 국수'라고 한글 간판도 달려 있다. 현지어 발음은 '카우만까이 쩨임'이다.

지도 P.321 **영업** 월~토요일 16:00~20:30 **휴무** 일요일 **메뉴** 영어, 태국어 **예산** 40~60B **가는 방법** 경찰서 앞 삼거리 코너에 있다.

돼지등뼈국(쏩 까둑)
닭고기덮밥(카우만까이)

카우쏘이 까이

넝 비아 레스토랑(란아한 넝 비아) Nong Beer Restaurant ร้านอาหารน้องเบียร์ ★★★☆

빠이 타운 중심가에서 가장 유명한 로컬 식당이다. 사거리 코너에 있어 위치가 좋다. 오랜 세월 같은 자리를 지키고 있다. 고만고만한 여행자 식당에 질린 외국인도 즐겨 찾는다. 대단한 시설이 있는 건 아니지만 저렴하게 태국 음식을 즐길 수 있다. 파인애플 볶음밥 Fried Rice with Pineapple, 쏨땀 Papaya Salad, 팟타이 Pad Thai, 팟씨이우 Fried Big Noodle, 똠얌꿍 Tom Yam Prawn, 마싸만 카레 Massaman Curry, 무 싸떼(돼지고기 꼬치구이) Pork Satay, 깽항레 Shan Curry Hanglay with Pork 같은 간단한 식사를 하기 적합하다. 밥이 포함된 세트 메뉴를 주문하면 된다. 대표적인 태국 북부 음식인 카우쏘이 Khao Soi with Chicken도 인기 메뉴다.

지도 P.321 **주소** 39 Moo 1 Thanon Khet Khelang **전화** 053-699-103 **영업** 10:00~21:30 **메뉴** 영어, 태국어 **예산** 80~280B **가는 방법** 버스 정류장을 바라보고 왼쪽으로 300m 떨어져있다.

투 시스터 레스토랑(란아한 썽피닝)
Two Sisters Restaurant ★★★☆

빠이 타운 외곽에 있는 태국·미얀마 음식점이다. 샨족 출신의 미얀마 가족이 운영한다. 가정집에 딸린 로컬 레스토랑으로 2층 옥상에도 테이블이 놓여 있다. 시그니처 메뉴는 미얀마 스타일 소고기 카레 '깽 느아 Geng Nua'다. 태국 음식은 카우쏘이, 팟타이, 팟씨이우, 마싸만 카레, 깽키아우완(그린 카레), 팟끄라파우(바질 볶음)까지 무난한 음식 위주로 구성된다. 식재료는 닭고기, 돼지고기, 두부, 채소 중에서 선택하면 된다. 달걀프라이는 15B이 추가된다. 마을 중심가에서 멀리 떨어져 있지만 일부러 찾아오는 여행자들이 많다. 외국 관광객에게 친절하며, 영어 소통이 가능하다.

> **지도 P.321** **주소** 401 Mae Hi, Pai District **전화** 097-932-1606 **영업** 09:00~18:30 **메뉴** 영어, 태국어 **예산** 70~120B **가는 방법** 빠이 중심가에서 북동쪽으로 2km 떨어져 있다.

크루아 쿤씨(쿤스리 키친)
ครัวคุณศรี ★★★☆

빠이 타운 번화가에서 조금 떨어진 골목에 있다. 허름한 로컬 레스토랑으로 간판이랄 것도 없다. 크루아는 키친이란 뜻이며, 쿤씨는 주인장 이름이다. 메뉴는 단출하다. 웍을 이용한 볶음 요리가 많다. 카우팟(볶음밥) Fried Rice, 카우 카이찌아우(오믈렛 덮밥) Omelet on Rice, 팟끄라파우 무쌉(바질 돼지고기 볶음) Stir Fried Basil with Pork, 팟타이 Pad Thai 등으로 간단하게 식사하기 좋다. 쏨땀 Papaya Salad과 1인용 쑤끼 Sukiyaki Soup도 요리해 준다. 단품 메뉴가 40B으로 저렴하다. 사진 메뉴판이 잘 되어 있어 주문하기 어렵지 않다.

> **지도 P.321** **주소** 56 Moo 4, Wiang Tai **영업** 08:00~17:00 **메뉴** 영어, 태국어 **예산** 40~50B **가는 방법** 나스 키친(레스토랑) Na's Kitchen 옆길 안쪽으로 50m. 버스 정류장에서 400m 떨어져 있다.

카우쏘이 씨스터(카우쏘이 피넝)
Khaosoi Zister's ข้าวซอยพี่ น้อง★★★☆

타운 중심가에서 외각으로 빠지는 한적한 도로에 있다. 에어컨은 없지만 목조 건물과 아늑한 실내 공간이 주는 편안함이 좋다. 카우쏘이 Khao Soi(Curry Noodle)가 메인이며, 팟타이도 즉석에서 요리해 준다. 카우쏘이는 고명으로 들어가는 두부, 닭고기, 돼지고기, 소고기, 시푸드 중에서 고르면 된다. 사이드 메뉴로 두부 튀김 Fried Local Tofu, 스프링 롤 Spring Roll, 카놈찐 남응이우 Khanom Jeen Nam Ngeo가 있다. 테라스 테이블에서 거리 풍경을 바라보며 식사할 수 있다.

지도 P.320-B1 **주소** 58/2 Wiang Tai **전화** 099-269-2244 **홈페이지** www.facebook.com/Khaosoi Zisters **영업** 09:00~18:00 **메뉴** 영어, 태국어 **예산** 75~150B **가는 방법** 빠이 타운에서 북쪽(공항 방향)으로 빠지는 요마 호텔 Yoma Hotel 맞은편에 있다. 버스 정류장에서 1km 떨어져 있다.

카놈찐 남응이아우

카우쏘이 므앙 빠이
Khao Soi Pai ข้าวซอยเมื อง ปาย★★★☆

자그마한 태국어 간판 하나 걸고 장사하는 로컬 레스토랑. 동네 사람들이 추천하는 카우쏘이 식당이다. 관광객이 잘 찾지 않는 조용한 골목에 있다. 외부에서 보는 것과 달리 식당 내부는 깨끗하게 정리되어 있다. 당연히 에어컨은 없다. 영어 메뉴판을 갖추고 있고, 기본적인 영어 소통도 가능하다. 카우쏘이 Khao Sway는 닭고기(까이), 돼지고기(무), 소고기(느아), 채식(쩨) 중에서 선택하면 된다. 카놈찐 남응이아우 Khanom Chin Nam Ngiao(소면과 선지를 넣은 돼지 뼈 국수)는 육개장과 비슷한 맛을 낸다. 채소, 양파, 라임, 물, 얼음은 필요한 만큼 가져오면 된다.

지도 P.321 **영업** 09:00~21:00 **메뉴** 영어, 태국어 **예산** 50~70B **가는 방법** 경찰서 앞 삼거리에서 120m 떨어져 있다.

치앙라이 Chiang Rai

태국 최북단에 위치한 행정구역인 짱왓 치앙라이의 주도(州都)인 치앙라이는 1262년에 건설된 도시다. 란나 왕국 Lanna Kingdom을 창시한 망라이 왕 King Mangrai이 치앙마이로 천도하기 전까지 수도 역할을 했다. 수도로서의 수명은 짧았지만 신성한 불상을 보관했던 사원들을 건설하며 정치·종교적으로 중요한 역할을 했다. 치앙라이는 새로운 사원 건축의 각축장이라도 되는 듯 특이한 사원이 많다. 왓 롱쿤(화이트 템플), 왓 롱쓰아뗀(블루 템플), 반 담 박물관(블랙 템플)이 유명하다.

BEST COURSE 추천 코스

치앙라이 시내 반나절 코스
치앙라이 시내 볼거리를 둘러보는 일정이다. 반나절 일정으로 구성하면 된다.

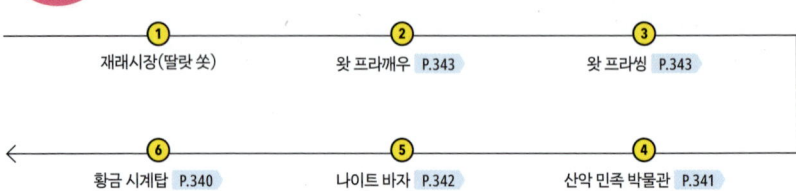

① 재래시장(딸랏 쏟) → ② 왓 프라깨우 P.343 → ③ 왓 프라씽 P.343 → ④ 산악 민족 박물관 P.341 → ⑤ 나이트 바자 P.342 → ⑥ 황금 시계탑 P.340

치앙라이 근교 1일 코스
치앙라이 시내 볼거리와 주변 사원을 연계해 하루 일정으로 구성하면 된다.

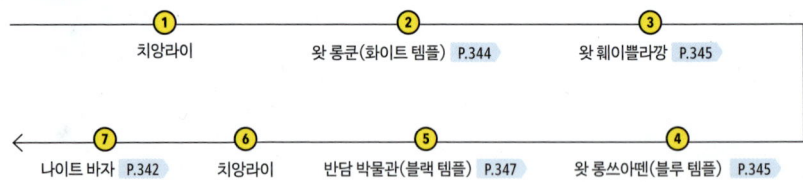

① 치앙라이 → ② 왓 롱쿤(화이트 템플) P.344 → ③ 왓 훼이쁠라깡 P.345 → ④ 왓 롱쓰아뗀(블루 템플) P.345 → ⑤ 반담 박물관(블랙 템플) P.347 → ⑥ 치앙라이 → ⑦ 나이트 바자 P.342

치앙라이 주변 도시 1일 코스
골든 트라이앵글을 포함해 치앙라이 주변 도시를 둘러보는 코스. 이동 거리가 멀기 때문에 여행사 1일 투어를 이용하는 게 좋다.

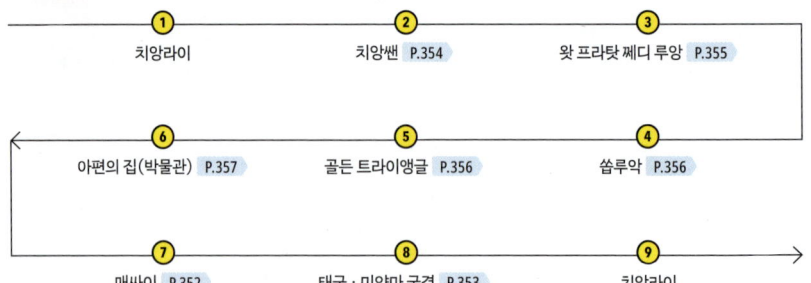

① 치앙라이 → ② 치앙쌘 P.354 → ③ 왓 프라탓 쩨디 루앙 P.355 → ④ 쏨루악 P.356 → ⑤ 골든 트라이앵글 P.356 → ⑥ 아편의 집(박물관) P.357 → ⑦ 매싸이 P.352 → ⑧ 태국·미얀마 국경 P.353 → ⑨ 치앙라이

INFORMATION 여행에 유용한 정보

날씨 · 여행 시기

건기(11~4월)와 우기(5~10월)로 구분된다. 건기에 해당하는 11~1월이 여행하기 좋은 시기다. 3~4월은 가장 더운 시기로 낮 기온이 36°C를 넘는다.

은행 · 환전

방콕 은행과 끄룽타이 은행을 포함해 모든 은행이 영업 중이다. 환전소는 나이트 바자 주변에 많다.

태국 관광청 T.A.T.

치앙라이와 파야오 지역을 관할하는 태국 관광청 지사. 관공서가 몰려 있는 타논 씽크라이(주소 448/16 Thanon Singkhlai)에 있다. 치앙라이 여행정보와 트레킹 프로그램에 대한 안내를 받을 수 있다.

국경 검문소

태국 북부 지역 최북단에 해당하는 치앙라이 지역은 미얀마와 라오스 국경을 접하고 있다. 치앙라이에서 버스를 타고 국경 지역을 오가다 보면 검문소를 지나는 경우가 있다. 군인들이 올라와 신분증을 검사하는 경우도 있는데, 이때는 여권을 보여주면 된다. 불법 이민자 단속뿐만 아니라 마약 단속을 목적으로 검문소를 운영한다.

정글 트레킹

치앙라이에서 매싸롱에 이르는 산악 지역에는 산악 민족(아카족, 미엔족, 라후족)이 정착한 마을들이 많다. 덕분에 치앙라이도 산악 민족 트레킹을 위한 거점 도시로 유명하다. 치앙마이에 비해 소규모로 움직이는 것이 특징으로 보통 4명(최대 10명)이 한 팀이다. 1인당 요금은 1일 트레킹 1,500B, 1박 2일 트레킹 2,500B 정도다.

ACCESS 치앙라이 가는 방법

항공

공식 명칭은 매파루앙 치앙라이 국제공항 Mae Fah Luang Chiang Rai International Airport이다. 이름과 달리 국내선만 취항한다. 타이 항공(www.thaiair.com), 에어 아시아(www.airasia.com), 타이 라이언 에어(www.lionairthai.com)에서 치앙라이↔방콕 노선을 운항한다.

버스

치앙라이에는 버스 터미널이 두 곳이다. 시내에 있는 1터미널은 근교 지역을 연결하고, 시내 외곽에 떨어진 2터미널은 장거리 노선이 출발한다. 동일한 목적지를 가더라도 버스 종류에 따라 터미널이 달라지므로 주의가 필요하다. 두 터미널은 6㎞ 떨어져 있다. 그린 버스 Green Bus는 두 개 터미널에 모두 정차하므로, 치앙라이 시내로 갈 예정이라면 1터미널에 정차하는지 미리 확인하자.

▶ **1터미널(버커써 까오)**

오래된 터미널이란 뜻으로 '버커써 까오' Old Bus Terminal로 불린다. 1터미널은 치앙라이 주(州)에 속한 소도시를 오가는 일반 버스(롯 탐마다)가 출발한다. 구형 선풍기 버스들로 치앙라이와 가까운 매짠 Mae Chan, 매싸롱 Mae Salong, 매싸이(미얀마 국경 도시) Mae Sai, 치앙쌘(골든 트라이앵글) Chiang Saen, 치앙콩(라오스 국경 도시) Chiang Khong을 갈 때 이용하면 된다. 치앙라이→매짠→매싸이 노선은 06:40~18:00(30분 간격)까지 출발하며, 편도 요금은 74B(미니밴 90B)이다. 치앙라이→매짠→치앙쌘 노선은 08:40~17:30(1시간 간격)까지 운행하며, 1시간 30분 걸린다. 편도 요금은 59B이다.

▶ **2터미널(버커써 마이)**

치앙라이 2터미널 Chiang Rai Bus Terminal 2이라는 공식 표현보다 새로운 터미널이라는 뜻의 '버커써 마이' New Bus Terminal로 통용된다. 치앙마이와 방콕을 포함해 주요 도시를 오가는 장거리 에어컨 버스와 VIP 버스를 탈 때 이용하면 된다. 치앙라이→치앙마이(아케이드 버스 터미널) 노선은 07:30~18:00까지 1일 16회 출발한다. 치앙마이까지 3시간 정도 걸린다. 편도 요금은 에어컨 버스 196~275B, VIP 버스 305B이다. 2터미널에서 출발하는 치앙마이행 에어컨 버스는 1터미널에서 미리 예약이 가능하다.

TRANSPORTATION 시내 교통

2터미널에 내린다면 시내까지 들어가는 별도의 교통편이 필요하다. 일반적으로 2터미널 플랫폼 끝부분(화장실 앞)에 대기 중인 합승 썽태우(40B)를 타고 1터미널로 간다. 보라색 시내버스인 CR 버스도 운행을 시작했다. 2터미널→1터미널→치앙라이 시내→공항을 오간다. 06:00~20:40까지 40분 간격으로 운행되며 편도 요금은 50B이다. 치앙라이 근교 지역을 다닐 때는 뚝뚝을 대절하거나 그랩을 이용하면 된다.

치앙라이

Restaurant
1. 멜론 인 유어 마우스 B1
2. 퍼짜이(쌀국수) A2
3. 땀까얌 Tum Ka Yum A1
4. 카우만까이 짜끄라팟
5. 로컬 식당 밀집 지역 A2
6. 바랍 Barrab B2
7. 나콘 빠똠 Nakhon Patom B2
8. 원투투 커피 B2
9. Accha(인도 음식점) B2
10. 서울 식당(한식당) B2
11. 남응아이아우 빠쑥 A2

Hotel
1. B2 Chiang Rai Hotel A2
2. Mora Boutique Hotel B1
3. 낙 나카라 호텔 Nak Nakara Hotel B1
4. 쌘 호텔 Sann Hotel A2
5. Sooknirund Hotel A2
6. 머시 호스텔 Mercy Hostel A2
7. The Legend Chiang Rai B1
8. 문&선 호텔 Moon & Sun Hotel B1
9. BED Friends Poshtel B2
10. 왕캄 호텔 Wangcome Hotel A2
11. 슬리피 하우스 Sleepy House B2
12. 오키드 게스트하우스 Orchids Guest House A2
13. 반 부아 게스트하우스 Baan Bua Guest House B2
14. 짠쏨 하우스 Jansom House A2
15. 위앙 인 Wiang Inn B2
16. 그랜드마 깨우 하우스 Grandma Kaew House B2
17. 나-락-오 리조트 Na-Rak-O Resort B2
18. 반 바라미 Baan Baramee B2
19. Le Patta Hotel B2
20. 반 말라이 게스트하우스 Baan Malai Guest House B2
21. 다이아몬드 파크 인 Diamond Park Inn B2
22. 홉 인 Hop Inn Chiangrai B2

ATTRACTION 치앙라이의 볼거리

독특한 디자인의 사원과 주변 경관이 어우러져 아름답다. 치앙라이 시내에 있는 볼거리보다, 주변에 흩어져 있는 사원들이 더 유명하다.

조명이 아름다운 시계탑
황금 시계탑(호 나리까 치앙라이)
Golden Clock Tower หอนาฬิกา กาเซ็ ยงราย

2008년에 만든 시계탑으로 시내 중심가 로터리에 있다. 왓 롱쿤(화이트 템플)을 만든 치앙라이 출신의 건축가 짜럼차이 꼬씻피팟 Chalermchai Kositphiphat의 작품이다. 태국에서 가장 아름다운 시계탑으로 알려져 있다. 매일 3번씩 (19:00, 20:00, 21:00) 조명 쇼가 펼쳐진다.

지도 P.339-A2 주소 Thanon Banphaprakan(Baanpa Pragarn) **운영** 24시간 **요금** 무료 **가는 방법** 1터미널에서 600m 떨어진 타논 반파쁘라깐에 있다.

구도심에 자리한 재래시장
재래시장(깟루앙 치앙라이 시장)
Kad Luang Chiang Rai Market กาดหลวงเซียงราย

현대적인 모습은 전혀 볼 수 없는 허름하고 오래된 시장이다. 중앙시장 뜻으로 '깟 루앙'으로 불린다. 시장 주변 도로까지 상인들이 좌판을 펼치고 있다. 과일과 채소, 육류, 생선을 포함한 다양한 식재료와 옷, 생필품이 거래된다. 활기찬 분위기로 현지인들의 삶을 가까이서 볼 수 있다.

지도 P.339-A1 주소 Thanon Trairat & Thanon Utarakit **운영** 05:00~21:00 **요금** 무료 **가는 방법** 시내 중심가 타논 뜨라이랏 & 타논 우따라낏 사거리에 있다.

여행자 숙소 주변에 있는 작은 사원
왓 쩻욧 Wat Jet Yot(Jed Yod) วัดเจ็ดยอด

치앙마이의 왓 쩻욧을 본떠 만든 사원이다. 7개의 첨탑을 올린 쩨디는 치앙마이와 동일하나 규모는 작다. 라테라이트 대신 시멘트를 이용해 기단부를 만들었기 때문에 전체적인 장식도 치앙마이보다 미미하다. 쩨디 앞에는 란나 양식의 대법당을 세웠다. 특별한 볼거리보다는 시내 지리를 가늠할 때 중요한 이정표로 쓰인다.

지도 P.339-A2 주소 Thanon Jet Yot **운영** 24시간 **요금** 무료 **가는 방법** 1터미널에서 350m 떨어진 타논 쩻욧에 있다.

란나 왕국 초대 국왕을 기리는 동상
망라이 왕 동상(아눗싸와리 파야 망라이) King Mangrai Monument อนุสาวรีย์พ่อขุนมังราย

1262년 치앙라이를 건설함과 동시에 란나 왕국을 창시한 망라이 왕 King Mangrai을 기리는 동상이다. 치앙마이로 천도하며 번영을 누렸던 란나 왕국의 초대 국왕으로 태국 북부 지방 역사에서 가장 중요한 인물로 여겨진다. 덕분에 망라이 왕 동상 앞에는 그를 기리는 순례자들의 발길이 지속적으로 이어진다. 태국인들은 치앙라이에 방문한 기념으로 가장 먼저 들르지만, 역사에 관심 없는 외국인들은 그리 중요하게 여기지 않는다. 망라이 왕 동상 앞쪽으로는 과거 치앙라이의 도시 경계선을 알려주는 성벽이 복원되어 있다.

지도 P.339-B1 **주소** Thanon Singkhlai & Thanon Utarakit **운영** 24시간 **요금** 무료 **가는 방법** 타논 씽크라이 & 타논 우따라낏 삼거리에 있다. 1터미널에서 북쪽으로 1.5㎞ 떨어져 있다.

태국 북부 지역 고산족 관련 박물관
산악 민족 박물관(피피타판 차우카오) Hill Tribe Museum พิพิธภัณฑ์ชาวเขา

태국 NGO단체인 PDA(The Population and Development Association)에서 운영한다. PDA는 가족계획과 에이즈 예방활동을 벌이는 단체로 치앙마이 일대에서는 산악 민족들의 수입 증대와 생활 개선을 위한 활동도 겸하고 있다. 치앙라이 산악 민족 박물관은 치앙마이에 비해 아담하다. 아카족, 몽족, 카렌족, 라후족, 리수족, 야오족 등 치앙라이 주변 지역에서 생활하는 고산족들의 전통 의상과 생활 도구, 아편 관련 내용을 전시한다. 비디오와 오디오를 통한 안내도 받을 수 있는데, 태국어, 영어, 프랑스어, 일본어만 지원된다. 박물관 1층에는 캐비지 & 콘돔 레스토랑(C&C 레스토랑) Cabbages & Condoms, 3층에는 여행사 PDA Tour를 함께 운영한다.

지도 P.339-B1 **주소** 620/25 Thanon Thanalai **전화** 053-740-088 **홈페이지** www.pdacr.org **운영** 08:30~17:00 **요금** 50B **가는 방법** 1터미널에서 800m 떨어진 타논 타날라이에 있다.

관광객을 위한 야시장
나이트 바자(나잇 바싸) Night Bazaar เชียงรายไนท์บาร์ซาร์

치앙마이 나이트 바자와 비슷하지만 규모는 작다. 제1 터미널 주변에 형성된 야시장으로 기념품과 노점 식당들이 가득하다. 산악 민족 전통 복장, 수공예품, 지갑, 가방, 액세서리, 티셔츠, 기념품 등을 판매한다. 산악 민족들이 직접 물건을 들고 와서 판매하기도 한다. 상설 무대에서는 정기적으로 공연도 펼쳐진다. 푸드코트처럼 꾸민 노점 상점들도 재미를 더한다. 맥주를 마시며 밤 시간을 보내기 좋다. 특별히 살 것이 없어도 저녁 시간 관광객들이 모이는 곳이므로 한 번쯤 발걸음을 옮겨보자.

지도 P.339-B2 주소 Behind Chiang Rai Bus Terminal 1 운영 18:00~23:00 요금 무료 가는 방법 1터미널 뒤쪽에 있다. 메인 도로에 해당하는 타논 파혼요틴에서 들어가도 된다.

토요일에 열리는 거리 야시장
워킹 스트리트(토요 야시장) Chiang Rai Walking Street ถนนคนเดิน นเชียงราย

토요일 저녁에 생기는 야시장이다. 시내 중심가인 타논 타날라이(타날라이 거리)에 형성된다. 차량을 통제하고 보행자 거리로 변모하기 때문에 워킹 스트리트(타논 콘 던)라고 불린다. 상업화된 나이트 바자와 달리 동네 사람들의 축제처럼 저마다 들고 온 물건들을 펼치고 노점을 벌인다. 각종 의류, 생활용품, 소수민족 수공예품, 기념품, 식료품, 과일까지 다양한 물건이 거래된다. 특별히 살 게 없더라도 저렴한 노점 식당이 많아서 돌아다니며 군것질하기도 좋다. 야외 광장(공원)의 무대에서 라이브 밴드가 음악도 연주해 준다. 지역 주민들과 어울려 흥겨운 주말 저녁을 보낼 수 있다.

지도 P.339-B1 주소 Thanon Thanalai 운영 토요일 15:00~22:00 요금 무료 가는 방법 타논 타날라이의 방콕 은행에서 산악 민족 박물관까지 길게 시장이 형성된다. 1터미널에서 북쪽으로 700m 떨어져 있다.

에메랄드 불상을 모셨던 유서 깊은 사원
왓 프라깨우 Wat Phra Kaew วัดพระแก้ว

치앙라이 시내에서 가장 중요한 사원이다. 13세기에 건설될 당시에는 왓 빠이야 Wat Pa Yia(대나무 숲의 사원)라고 불렸다. 왓 프라깨우라는 이름을 쓴 것은 1434년부터다. 쩨디(탑)가 번개에 맞아 부서지면서 그 안에서 프라깨우 Phra Kaew가 발견되었기 때문이다. 에메랄드 불상으로 알려진 프라깨우는 태국에서 가장 신성시하는 불상으로 현재 방콕의 왕실 사원인 왓 프라깨우에 안치되어 있다. 치앙라이 왓 프라깨우는 입구 계단을 나가 Naga(뱀 모양의 수호신)로 장식한 전형적인 란나 양식의 대법당과 쩨디로 구성된다. 프라깨우 진품을 방콕에 보관한 탓에 치앙라이에는 모사품을 안치했다. 모사품도 중요한 불상으로 여겨져 별도의 건물(호 프라 욕 Ho Phra Yok)을 만들어 보관하고 있다. 1990년에 새롭게 만든 에메랄드 불상은 중국에서 수입한 300kg짜리 옥(玉)으로 만들었는데, 진품과 차별하기 위해 0.1cm 작게 만들었다고 한다. 진품의 크기는 66cm다.

지도 P.339-A1 **주소** Thanon Trairat **운영** 07:00~18:00 **요금** 무료 **가는 방법** 타논 뜨라이랏 & 타논 르앙나콘 교차로에 있다. 1터미널에서 2km 떨어져 있다.

프라씽 불상을 모신 사원
왓 프라씽 Wat Phra Sing วัดพระสิงห์

1385년에 건설된 전형적인 란나 양식의 사원이다. 대법당(프라 우보쏫), 법당(위한 프라깨우), 쩨디(탑), 보리수나무가 경내에 들어서 있다. 왓 프라씽은 남방 불교에서 중요시하는 불상인 프라씽을 보관했던 사원으로 유명하다. 프라씽 불상은 현재 치앙마이의 동일한 이름의 사원에 보관되어 있다. 치앙라이의 왓 프라씽에 모셔진 불상은 모사품이며, 대법당 옆에 있는 법당(위한 프라깨우)에 모셔져 있다. 사원 규모가 큰 편이지만 외국 관광객에게는 큰 주목을 끌지 못한다.

지도 P.339-A1 **주소** Thanon Singkhlai **운영** 06:00~18:30 **요금** 무료 **가는 방법** 1터미널에서 1.5km 떨어진 타논 씽크라이에 있다.

치앙라이에서 가장 유명한 사원

왓 롱쿤(화이트 템플) Wat Rong Khun วัดร่องขุ่น

기존의 사원들과는 확연히 차이가 나는 독특한 사원이다. 1997년부터 건설된 짧은 역사를 간직한 사원이지만 수백 년의 역사를 자랑하는 고색창연한 사원들과 어깨를 나란히 한다. 왓 롱쿤이 이목을 끄는 이유는 독특한 건축 양식 때문이다. 일반적인 사원과 달리 유리 거울을 이용해 대법당을 만들어 흰색 사원(화이트 템플) White Temple이라는 애칭으로 불린다. 일부는 눈꽃 사원이라는 멋진 이름을 붙이기도 한다. 흰색은 붓다의 순수함을 상징하고, 거울 유리는 붓다의 지혜를 상징한다. 유리가 반짝이듯 붓다의 지혜가 온 세상을 비춘다는 뜻이다.

20여 개의 건물로 구성된 사원은 치앙라이 출신의 화가이자 건축가인 짜럼차이 꼬씻피팟 Chalermchai Kositphiphat(1955년생으로 태국의 대표적인 예술대학인 씰라빠꼰 대학교를 졸업했다)의 작품이다. 정부의 지원 없이 개인 재산으로 사원을 건축했다고 한다. 사원의 중심이 되는 대법당으로 가기 위해서는 다리를 건넌다. 윤회의 사슬을 끊고 붓다의 세상으로 들어감을 의미한다. 대법당 내부는 화려한 색으로 장식된 벽화가 가득하다. 벽화도 짜럼차이 꼬씻피팟의 작품으로 붓다의 생애보다는 윤회와 연관된 내용이 많다. 화가의 독창적인 아이디어가 곳곳에서 느껴진다.

지도 P.339-B2 **주소** Pa Odon Chai, Muang Chiang Rai **전화** 053-673-579 **홈페이지** www.watrongkhun.org **운영** 08:00~17:00 **요금** 100B **가는 방법** 치앙라이 시내에서 13km 떨어져 있다. 1터미널에서 화이트 템플 White Temple이라 적힌 파란색 완행버스를 타고 사원 입구(편도 요금 25B)에서 내린다. 08:00~16:20까지 약 1시간 간격으로 운행된다. 그랩을 이용할 경우 편도 요금 150B 정도 예상하면 된다.

파란색으로 치장된 블루 템플
왓 롱쓰아뗀(블루 템플) Wat Rong Suea Ten วัดร่องเสือเต้น

매 꼭(꼭 강) Kok River 강변에 있는 '롱쓰아뗀' 마을의 사원이다. '쓰아뗀'은 강을 뛰어넘는 호랑이 모습이 춤을 추는 것 같다고 하여 유래된 명칭이다. 파란색으로 지어진 사원은 블루 템플로도 불린다. 파란색은 불교에서 다르마를 상징하는 색이며, 다르마는 불·법·승에서 '법'에 해당한다. 2005년부터 건설을 시작해 2016년 1월에 완공됐다. 대법당 내부도 파란색으로 장식했으며, 하얀 대리석으로 만든 본존불을 안치했다. 화이트 템플로 불리는 왓 롱쿤과 유사한 면이 있는데, 왓 롱쿤을 만든 건축가의 제자(풋타 깝깨우 Phuttha Kabkaew)가 지었기 때문이다.

지도 P.339-B1 주소 306 Moo 2, Tambon Rim Kok **운영** 07:00~20:00 **요금** 무료 **가는 방법** 치앙라이 시내에서 동쪽으로 3km 떨어져 있다. 그랩 편도 요금은 80B 정도 예상하면 된다.

관세음보살을 모신 사원
왓 훼이쁠라깡(훼이빠깡) Wat Huay Plakang วัดห้วยปลากั้ง

훼이쁠라깡 마을에 있는 불교 사원. 멀리서도 보이는 거대한 규모로 9층탑과 대형 불상을 모신 중국풍의 사원이다. 2001년부터 공사를 시작해 2017년에 완공됐다. 49m 높이로 만든 9층탑은 폽촉탐 쩨디 Phop Chok Dhamma Chedi라고 불린다. '행운을 만나는'이라는 뜻으로 층마다 각기 다른 목조 불상을 만들어 모시고 있다. 9층탑 입구는 웅장한 용 조각 한 쌍이 계단을 호위하고 있다. 언덕 꼭대기에 세워진 관세음보살 불상은 내부 엘리베이터(요금 40B)를 타고 올라가 창문으로 주변 풍경을 내려다볼 수 있다. 엘리베이터는 불상의 눈높이인 25층까지 운행되고, 계단을 통해 26층까지 올라갈 수도 있다.

지도 P.339-B1 주소 553 Moo 3, Tambon Rim Kok **전화** 053-150-274 **홈페이지** www.facebook.com/wathuayplakang **요금** 무료 **운영** 07:00~20:00 **가는 방법** 치앙라이 시내에서 북쪽으로 6km 떨어져 있다. 그랩 편도 요금은 110B 정도 예상하면 된다. 뚝뚝을 대절할 경우 왕복 요금 200~300B 정도에 흥정하면 된다.

태국 맥주회사에 만든 차 농장을 겸한 야외 공원
싱하 파크(씽 빡) Singha Park สิงห์ปาร์ค

태국 최대의 맥주 회사인 싱하 맥주 Singha Beer(정확한 태국어 발음은 '비아 씽')에서 운영하는 농장을 겸한 야외 공원. 입구에 들어서면 맥주 회사를 상징하는 사자 동상이 눈길을 끈다. 우롱차 농장으로 조성한 곳을 2012년부터 일반인에게 개방하고 있다. 3,162에이커(12.8㎢)에 이르는 거대한 부지에 차 농장과 호수, 동물원, 리조트, 캠핑장, 집라인 시설이 들어서 있다. 해발 450m 높이의 구릉지대와 태국 북부의 독특한 날씨와 풍경을 즐기려는 태국 단체 관광객에게 인기 있다. 선선한 날씨를 보이는 겨울(11월 중반~1월 말)에 방문하면 좋다. 카페와 레스토랑, 전망대, 기념품 숍이 있으므로 중간중간 쉬어 가면 된다.

공원 내부는 트램 투어(150B)를 이용하거나 자전거(대여료 1시간 200B)를 빌려서 둘러보면 된다. 주요 볼거리 다섯 곳을 들르는 트램 투어는 09:00~16:00까지 15분 간격으로 운행된다. 자유롭게 둘러보고 싶다면 골프 카트(대여료 2시간 700B)를 대여하면 된다.

지도 P.339-A2 주소 99 Moo 1, Mae Korn **전화** 091-576-0374 **홈페이지** www.singhapark.com **운영** 08:00~18:00 **요금** 50B **가는 방법** 치앙라이 시내에서 남서쪽으로 12km 떨어져 있다. 그랩 편도 요금은 160B 정도 예상하면 된다. 뚝뚝 기사와 흥정해 왕복 300~400B 정도에 다녀올 수 있다.

태국 예술가의 개인 박물관
반 담 박물관(블랙 템플) Baan Dam Museum พิพิธภัณฑ์บ้านดำ

화이트 템플(왓 롱쿤), 블루 템플(왓 롱쓰아뗀)과 더불어 독특한 건축 디자인으로 유명한 곳이다. '반=집', '담=검다'라는 뜻으로 블랙 하우스 Black House 또는 블랙 템플 Black Temple로 알려지기도 했다. 불교 사원은 아니고 40개 건물로 구성된 박물관이다. 하얀색의 스투파(둥근 모양의 탑)를 제외하고 대부분의 건물을 검정색(또는 진갈색) 티크 나무를 이용해 만들었다. 악어 가죽, 뱀 가죽, 물소 뿔, 동물 뼈, 남성 성기 등을 이용해 인테리어를 장식해 음산한 기운도 느껴진다. 검정색은 죽음(또는 지옥)을 상징하기 때문에 대부분의 건물들이 해가 지는 서쪽을 향해 입구를 냈다. 한적한 시골 마을의 숲속에 만들었지만 단체 관광객들이 몰려들면서 인기 관광지로 변모했다.
치앙라이 태생의 타완 닷차니 Thawan Duchanee(1939~2014)가 자신의 고향에 사비를 들여 50년 가까운 기간 동안 '반 담'을 만들었다고 한다. 그는 태국의 대표적인 현대 미술가로 2001년에는 태국 내셔널 아티스트로 선정되기도 했다.

지도 P.339-B1 주소 414 Moo 13, Tambon Nanglae 전화 053-776-333 홈페이지 www.thawan-duchanee.com 운영 09:00~17:00 요금 80B 가는 방법 치앙라이 시내에서 북쪽으로 10㎞ 떨어져 있다. 그랩 편도 요금은 150B 정도 예상하면 된다.

RESTAURANT 치앙라이의 레스토랑

1터미널 주변과 시계탑 주변에 레스토랑들이 많다. 1터미널 주변에는 외국인들을 위한 레스토랑이 많고, 시계탑 주변에는 현지인들이 즐겨 가는 로컬 식당이 몰려 있다.

카우만까이 짜끄라팟
Chakrapad Chicken Rice ★★★☆

시내 중심가에 있는 로컬 레스토랑이다. 현지인들이 간편식으로 즐겨 먹는 카우만까이(닭고기덮밥) Boiled Chicken with Garlic Rice를 요리한다. 카우만까이텃(닭튀김 덮밥) Fried Chicken with Garlic Rice을 주문해도 된다. 에어컨은 없지만 청결하고 친절해서 인기 있다. 무엇보다 가성비가 좋다.

지도 P.339-A2 주소 429/7-8 Thanon Banphaprakan **전화** 090-963-9962 **영업** 월~토요일 06:30~22:00 **휴무** 일요일 **메뉴** 영어, 태국어 **예산** 55~65B **가는 방법** 황금 시계탑 로터리 코너에 있다.

남응이아우 빠쑥
Nam Ngiao Pa Suk น้ำเงี้ยวป้าสุข ★★★★

현지인들 사이에서 유명한 남응이아우 맛집이다. 소면을 넣은 '카놈찐 남응이아우', 쌀국수를 넣은 '꾸어이띠아우 남응이아우'로 구분된다. 선지를 넣어 만드는데 다른 식당보다 매콤한 맛을 낸다. 돼지고기를 원하면 '무', 소고기를 원하면 '느아'를 주문할 것. 점심시간이 지나면 문을 닫는다.

지도 P.339-A2 주소 197 Thanon Sankhongnoi **영업** 화~일요일 09:30~14:30 **휴무** 월요일 **메뉴** 태국어 **예산** 40~60B **가는 방법** 1터미널에서 2㎞ 떨어진 타논 싼콩너이에 있다.

나콘 빠똠
Nakhon Pathom Restaurant ร้านนครปฐม ★★★☆

시내 중심가에 있는 서민 식당이다. 카우무댕(돼지고기 덮밥)을 메인으로 요리한다. 카우만까이(닭고기 덮밥)와 카우나뻿양(오리고기 덮밥) 같은 단품 요리가 많다. 아침과 점심 손님들을 상대하기 때문에 쌀국수도 요리한다. 전체적으로 저렴하게 간단한 식사하기 좋은 곳이다. 낮에만 영업하는데, 점심시간이 지나면 문을 닫는다. 간판은 태국어로만 쓰여 있다.

지도 P.339-B2 주소 869/25 Thanon Phahonyothin **영업** 07:00~14:00 **메뉴** 영어, 태국어 **예산** 60~120B **가는 방법** 시내 중심가 타논 파혼요틴에 있다.

땀까얌 Tum Ka Yum Cafe ตำกะยำ★★★★

분위기 좋은 쏨땀(파파야 샐러드) 전문 레스토랑이다. 목조 건물 1층을 카페처럼 꾸며 아늑하다. 메인 요리는 '땀'(절구에 넣어 만드는 매콤한 태국식 샐러드 요리)인데 파파야 샐러드 이외에 옥수수, 새우, 햄, 연어, 소고기 등을 넣어 다양화했다. 현지인들에게 인기 있는 곳인 만큼 태국 음식 본연의 맛에 충실하다. 커무양(돼지고기 목살구이)이나 뻑까이텃(닭 날개 구이)을 곁들여 식사하면 된다.

지도 P.339-A1 **주소** 79/7 Thanon Uttarakit **전화** 092-964-6442 **영업** 11:00~23:00 **메뉴** 영어, 태국어 **예산** 129~329B **가는 방법** 타논 우따라낏의 치앙라이 콘도텔 Chiang Rai Condotel 맞은편에 있다.

치윗 탐마다 Chivit Thamma Da ชีวิต ธรรมดา ★★★★

시내에서 조금 떨어져 있지만 강변을 끼고 있어 분위기가 좋다. 유럽풍의 빈티지한 건물과 테라스, 야외 정원, 강변 풍경이 어우러진다. 브런치를 포함해 스파게티, 치즈버거, 폭찹, 스테이크까지 다양한 음식을 요리한다. 자연적인 정취 속에서 커피나 차 마시며 시간을 보내기도 좋다. 치윗 탐마다는 '평범한 삶 Ordinary Life'이라는 뜻이다.

지도 P.339-B1 **주소** 179 Moo 2, Rim Kok, Thanon Bannrongseartean Soi 3 **전화** 081-984-2925 **홈페이지** www.chivitthammada.com **영업** 08:00~21:00 **메뉴** 영어, 태국어 **예산** 270~950B **가는 방법** 왓 롱쓰아뗀(블루 템플)과 가까운 꼭 강변의 타논 반롱쓰아뗀 쏘이 3에 있다. 시내에서 3km 떨어져 있다.

멜트 인 유어 마우스 Melt In Your Mouth ★★★☆

시내와 가깝지만 골목 깊숙이 숨겨져 있어 전원 풍경을 만끽할 수 있다. 강변을 끼고 있어 한적한 분위기도. 담쟁이 넝쿨 가득한 창 넓은 벽돌 건물이 분위기를 더한다. 내부는 유럽풍으로 꾸몄다. 강변 풍경을 만끽할 수 있는 야외 정원과 테라스도 잘 갖추어져 있다. 기본적인 태국 음식과 덮밥(단품 메뉴), 피자, 스테이크, 파스타 등을 요리한다.

지도 P.339-B1 **주소** 268/21 Thanon Thanam **전화** 052-020-549 **홈페이지** www.facebook.com/meltinyourmouthchiangrai **영업** 09:00~20:00 **메뉴** 영어, 태국어 **예산** 200~550B **가는 방법** 경찰서 앞 사거리에서 북쪽으로 한 블록 떨어진 다리를 건너기 전 오른쪽 골목(타논 타남)으로 600m. 1터미널에서 북쪽으로 2km 떨어져 있다.

치앙라이 근교 볼거리

● 매싸롱(도이 매싸롱) Mae Salong แม่สลอง

해발 1,300m의 선선한 기후와 물결치는 산등성이, 거리에 널려 있는 중국어 간판, 그리고 녹색의 바다를 연상시키는 차 농장까지. 굽이굽이 산길을 올라 매싸롱에 도착하면 풍경이 바뀐다. 태국이 아니라 중국 남방의 어느 산골 마을에라도 온 것 같은 착각이 들 정도다. 매싸롱이 중국적인 색채로 변모한 것은 중국의 공산화 영향이다. 공산당과 내전을 벌였던 국민당 군대가 매싸롱 일대에 은신하며 본국 공격 명령을 기다리다 결국 정착했기 때문이다. 중국인 후손들이 생활하는 곳이라 중국어가 통용되고, 중국 식당과 찻집도 심심치 않게 보인다. 또한 인근에 거주하는 산악 민족(고산족)까지 합세해 '태국에서 가장 태국답지 못한 마을'로 변모했다. 매싸롱의 공식 명칭은 '싼띠키리 Santikhiri'로 평화의 언덕이라는 뜻이다.

Special Page

매싸롱 가는 방법

치앙라이에서 매싸롱까지 직행하는 버스는 없고 중간에 매짠 Mae Chan แม่จัน에서 썽태우로 갈아타야 한다. 치앙라이 1터미널에서 매싸이 Mae Sai행 버스를 타고 가다가 '매짠'에서 내린다. 터미널이 없어서 마을 중심가에 있는 녹색 썽태우 타는 곳(썽태우 씨키아우 빠이 매싸롱) รถสองแถวสีเขียวไปแม่สลอง에 내리면 된다. 매짠→매싸롱 썽태우는 1일 2회(09:00, 13:00) 출발하며 편도 요금은 100B이다. 참고로 매싸롱→매짠 노선은 1일 3회(07:30, 11:00, 15:00) 운행한다.

매싸롱 볼거리

매싸롱의 최대 볼거리는 자연이다. 산등성이를 따라 이어진 차밭만으로도 눈을 즐겁게 한다. 매싸롱 일대의 수려한 경관을 한눈에 보려면 마을 뒷산에 있는 프라 보롬마탓 쩨디 Phra Boromathat Chedi로 향하자. 아침 시장(매싸롱 재래시장)을 지나 왼쪽 길로 올라가면, 쩨디까지 718개의 계단이 이어진다. 프라 보롬마탓 쩨디는 전형적인 태국 양식의 불탑으로 감실을 만들어 불상을 보관했다.

역사에 관심 있다면 중국인 희생자 추모 박물관(쑤싼 위라촌 泰北義民文史館) Chinese Martyrs Memorial Museum을 방문하자. 대만 정부의 후원으로 만든 박물관으로 노란색 기와를 올린 거대한 사원처럼 생겼다. 모두 세 동의 건물로 구분되며 다양한 사진과 군사 지도를 통해 중국 국민당 후손들이 매싸롱에 정착하게 된 과정을 소개한다. 영렬기념관(英烈紀念館)에는 전쟁 중에 사망한 국민당 군인들의 위패를 모셨다.

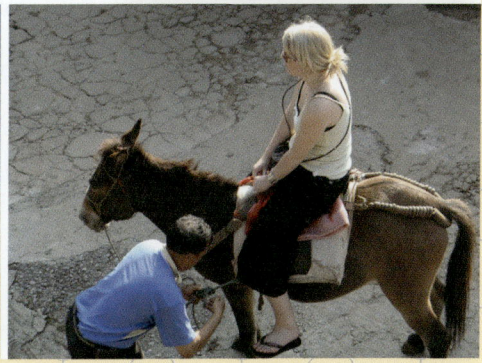

● 매싸이 Mae Sai แม่สาย

태국과 미얀마를 연결하는 국경 도시다. 치앙라이에서 62km, 방콕에서 891km 떨어져 있다. 매싸이로 가는 도로가 좋아지면서 태국 최북단의 도시라는 말이 무색할 정도로 도시가 활기를 띤다. 도시 전체가 국경 시장이라고 해도 과언이 아닐 정도로 골목마다 상점들로 가득 메워져 있다. 합법적이든 불법적이든 중국과 미얀마를 통해서 유입되는 다양한 물건들을 국경 시장에서 만날 수 있다. 메인 도로(1번 국도)의 끝에는 태국 출입국관리소가 있고, 다리를 건너면 미얀마 땅이 나온다. 매싸이는 대단한 볼거리가 있는 곳은 아니지만 태국 사람들에게는 조국의 최북단에 발을 디뎠다는 뿌듯함을, 외국인에게는 국경 도시의 생소함을 선사한다. 치앙라이(멀게는 치앙마이)에서 출발해 골든 트라이앵글과 묶어서 1일 투어로 다녀가는 관광객들도 많다.

Special Page

매싸이 가는 방법

치앙라이 시내에 있는 1터미널에서 버스가 출발한다. 선풍기 시설의 로컬 버스는 06:40부터 18:00까지 30분 간격으로 운행된다. 편도 요금은 74B(미니밴 90B)이며, 소요 시간은 1시간 30분이다. 매싸이에서 치앙라이(1터미널)로 돌아오는 버스는 06:00부터 17:00까지 운행된다. 치앙마이(아케이드 버스 터미널)→매싸이 노선 그린 버스 Green Bus(www.greenbusthailand.com)를 이용하면 된다. 매일 3회(08:00, 12:30, 15:00) 출발하며, 편도 요금은 384B이다. 5시간 정도 소요된다.

매싸이 볼거리

태국·미얀마 국경(차이댄 타이-파마) 자체가 볼거리다. 출입국관리소 Mae Sai Border Checkpoint는 07:00부터 18:30까지 개방된다. 출입국관리소 오른쪽에는 태국 최북단 지점(쫏 느아쑷 나이 싸얌) The Northern Most Of Thailand을 기념하는 표식이 세워져 있다. 태국 관광객들은 이곳을 빼놓지 않고 들러 기념사진을 찍고 간다. 국경을 이루는 싸이 강(매남 싸이) Sai River 주변으로 국경 시장(딸랏 차이댄) Border Market이 형성되어 있다. 국경을 건너면 따찌렉 Tachilek에 닿는다. 미얀마 샨 주(州) Shan State에 속한 도시다. 참고로 미얀마 입국할 때는 방문 허가증(비자 수수료) 명목으로 500B을 내야 한다. 미얀마 정치 상황에 따라 국경이 폐쇄되기도 한다(2023년 군부 쿠데타 이후 국경이 폐쇄된 상태다). 여행 전에 반드시 미얀마 입국 관련 사항을 확인해두자.

매싸이에서 가장 중요한 사원은 왓 프라탓 도이 와오 Wat Phra That Doi Wao다. 부처의 유해를 안치한 신성한 탑(프라탓)을 모신 사원이다. 사원 앞쪽으로 전망대 역할을 하는 스카이 워크 Sky Walk(입장료 50B)가 있다. 미얀마를 포함한 국경 풍경이 시원스럽게 내려다보인다.

얼굴에 타나카를 바른 미얀마 여성

미얀마 따찌렉 쉐다곤 파고다

● **치앙쌘** Chiang Saen เชียงแสน

메콩 강을 끼고 있는 태국 북부의 한적한 도시다. 메인 도로 하나가 전부인 것 같은 작은 도시이지만 **치앙쌘 왕국의 수도였던 역사 도시다.** 성벽에 둘러싸인 전형적인 고대 도시국가 형태다. 천혜의 자연인 메콩 강을 이용해 동쪽을 방어했기 때문에 성벽은 세 방향에만 연결됐다. 1328년에 건립된 치앙쌘 왕국은 무려 700년의 역사를 지녔다. 전성기에는 성벽 내부에 76개, 성벽 외곽에 63개의 사원을 거느렸다고 한다. 하지만 란나 왕조와 달리 도시국가 형태를 탈피하지 못한 채 16세기에 미얀마(버마)의 속국으로 전락했다. 치앙쌘이 다시 태국의 영토로 편입된 것은 라마 1세 때인 1804년이다. 현재의 치앙쌘은 골든 트라이앵글을 가는 길목에 있는 작은 도시에 불과하다. 덕분에 단체 관광객을 태운 관광버스들로 낮 시간이 분주하다. 하지만 저녁이 되면 메콩 강변의 조용한 마을로 변모해 안정을 되찾는다.

Special Page

치앙쌘 가는 방법

치앙쌘으로 가려면 치앙라이 1터미널에서 출발하는 선풍기 시설의 완행버스를 타면 된다. 08:40~17:30까지 1시간 간격으로 운행되며, 편도 요금은 59B이다. 치앙쌘→치앙라이 노선은 06:00~14:30까지 1시간 간격으로 출발한다. 참고로 치앙쌘에는 버스 터미널이 없다. 메콩 강변과 가까운 메인 도로(타논 파혼요틴)에 있는 버스 회사 사무실 앞에서 타면 된다.

치앙쌘 볼거리

치앙쌘에서 가장 오래된 건축물은 왓 빠싹 Wat Pa Sak(입장료 50B)이다. '티크 나무숲의 사원'이라는 뜻으로 1295년에 건설된 것으로 여겨진다. 인도에서 가져온 붓다의 유해를 모시기 위해 만든 21m 높이의 쩨디를 중심으로 사원을 만들었다. 현재 1,000여 그루의 티크 나무로 둘러싸인 공원처럼 조성되어 있다.

치앙쌘 도시 성벽에 안으로 들어서면 왓 프라탓 쩨디 루앙 Wat Phra That Chedi Luang이 나온다. 줄여서 '왓 쩨디 루앙'이라고도 부른다. 쌘푸 왕 King Saen Phu 때인 1334년에 건설됐다. 치앙쌘 왕국에서 가장 신성시했던 사원으로 60m 높이의 쩨디를 세워 상징성을 부각시켰다. 쩨디는 8각형 기단에 종 모양의 전형적인 란나 양식이다. 오랜 세월 동안 쩨디는 무너져 내려 현재는 18m 높이로 규모가 현격히 축소됐다. 쩨디 옆으로는 신성한 불상을 모신 법당(위한)이 남아 있다. 왓 프라탓 쩨디 루앙 옆에는 치앙쌘 국립 박물관(피피타판 행찻 치앙쌘) Chiang Saen National Museum이 있다. 왓 빠싹에서 발견된 불상과 치앙쌘과 주변 지역에서 발굴된 유물을 전시한다. 외국인 입장료는 120B를 받는다.

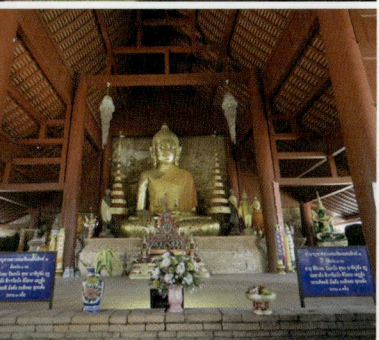

● 골든 트라이앵글(쌈리앙 텅캄) Golden Triangle สามเหลี่ยมทองคำ

치앙쌘에서 북쪽으로 11km 떨어진 쏩루악 Sop Ruak 일대를 골든 트라이앵글이라 칭한다. 메콩 강을 사이에 두고 태국, 라오스, 미얀마 세 나라의 국경이 맞닿아 있다. 과거 골든 트라이앵글은 마약과 아편 재배지로 악명이 높았다. 정부의 통제가 불가능한 미얀마와 라오스의 오지에서 경작된 마약과 아편은 치앙마이에서 방콕을 거쳐 서방 세계로 퍼져나갔다. 골든 트라이앵글의 명성은 영화나 소설로 가공되면서, 제3세계를 대표하는 신비한 지역의 대명사가 되었을 정도다. 세계가 하나의 네트워크로 연결된 21세기의 골든 트라이앵글은 신비함이 사라진 지 오래다. 관광 산업의 발달은 골든 트라이앵글을 유명 관광지로 변모시켰다. 치앙라이와 치앙마이에서 마음만 먹으면 얼마든지 하루에 방문이 가능하다. 세 나라의 국경이 보이는 메콩 강 일대는 어디나 '골든 트라이앵글'이라고 적힌 안내판을 세워놓고 관광객을 끌어들인다

Special Page

골든 트라이앵글 가는 방법

치앙라이에서 출발해 치앙쌘을 거쳐 쏩루악(골든 트라이앵글)까지 가야 한다. 대중교통은 치앙쌘까지만 운행된다(P.355 참고). 치앙쌘→쏩루악(골든 트라이앵글)은 그랩을 이용하면 된다. 편도 요금 200B 정도 예상하면 된다. 두 지역을 오가는 썽태우는 승객이 감소해 현재 운행이 중단된 상태다.

골든 트라이앵글 볼거리

골든 트라이앵글은 치앙라이에서 70km, 매싸이에서 35km, 치앙쌘에서 11km 떨어진 메콩 강 지역을 일컫는다. 강을 사이에 두고 태국, 미얀마, 라오스가 국경을 접한다. 1960~1980년대 전 세계적으로 악명을 떨치던 아편 재배지역으로 마약 밀매가 성행하던 곳이다. 하지만 현재는 평화로운 강변 마을로 전락했다. 골든 트라이앵글은 그 이름을 팔아 돈을 벌려는 장사치들과 단체 관광객을 실어 나르는 대형 버스들로 인해 신비스러운 분위기는 사라진 지 오래다. 더없이 좋은 관광 자원이 된 골든 트라이앵글 주변은 고급 리조트와 카지노까지 들어섰다. 메콩 강 보트 투어(500~600B)도 가능한데, 골든 트라이앵글을 형성하는 국경 지대를 둘러본다. 라오스 땅에 해당하는 돈 싸오(싸오 섬) Don Sao에 잠시 들를 수도 있다.

골든 트라이앵글의 역사가 궁금하다면 아편의 집 박물관(피피타판 반 핀) 212 House of Opium(Museum)을 방문하자. 아편 재배 관련 내용, 아편을 보관하던 상자, 무게를 재던 저울, 아편을 피우는 담뱃대 등을 전시하고 있다. 아편 왕 King of Opium으로 불리는 쿤사 Khun Sa(1934~2007)에 관한 내용도 있다. '쿤사'는 전 세계 아편 생산의 50%를 점유하며 군사 조직을 대동하고 치외법권을 누렸다. 1995년까지 연간 2,500톤의 아편을 생산하며 세계 최대의 아편 제조업자가 되기도 했다고 한다.

INDEX
인덱스

※ 관광 명소 기준

ㄱ

구시가와 성문	96
깟 나머	222
깟마니 야시장	183
꽃 시장	143

ㄴ

나이트 바자	145
나이트 바자	342
나이트 사파리	268
님만해민	220

ㄷ

도이 뿌이	227
도이 인타논	270
똔파욤 시장	221

ㄹ

란나 민속 박물관	99
란나 전통 가옥 박물관	221
람빵 박물관	311
람푼 벽화 거리	301
로열 파크 랏차프륵	269

ㅁ

망라이 왕 동상	341
매깜뽕	265
머빼 폭포	328
몬짬	267
므앙마이 시장	144

ㅂ

반 담 박물관	347
반 싼띠촌	326
반캉왓	225
버쌍	263
부악핫 공원	110
빠뚜 치앙마이 시장	100
빠뚜 타낭	301
빠뚜 타패	95
빠이 캐니언	324
빠이 타운	322
삥 강	143

ㅅ

산악 민족 박물관	200
산악 민족 박물관	341
싱하 파크	346
싼깜팽 온천	262
싼띠탐	199
싼빠커이 시장	147
쏨펫 시장	110
씨리 왓타나 시장	200

ㅇ

엘리펀트 푸푸페이퍼 파크	266
와로롯 시장	142
왓 껫까람	146
왓 남후	325
왓 두앙디	110
왓 람빵	226
왓 랏차 몬티안	108
왓 록모리	194
왓 롱쓰아땐	345
왓 롱쿤	344
왓 마하완	140
왓 믄싼	182
왓 부파람	139

왓 빠빠오	196	
왓 빠팡	314	
왓 빤삥	103	
왓 뽕싸눅	310	
왓 싼띠탐	199	
왓 쌘팡	140	
왓 쑤언독	219	
왓 씨롱므앙	314	
왓 씨쑤판	181	
왓 씨춤	314	
왓 양꾸앙	182	
왓 우몽	224	
왓 인타킨	100	
왓 짜마테위	302	
왓 쩨디 루앙	104	
왓 쩻린	108	
왓 쩻욧	195	
왓 쩻욧	340	
왓 차이몽콘	146	
왓 치앙만	102	
왓 치앙윤	196	
왓 파랏	223	
왓 판따오	103	
왓 판온	109	
왓 프라깨우	343	
왓 프라깨우 돈따오	310	
왓 프라씽	106	
왓 프라씽	343	
왓 프라탓 도이 쑤텝	228	
왓 프라탓 도이캄	268	
왓 프라탓 람빵 루앙	312	

왓 프라탓 매옌	323	
왓 프라탓 하리푼차이	300	
왓 훼이쁠라깡	345	
우표 박물관	141	
워킹 스트리트	322	
워킹 스트리트	342	
위앙 느아	325	
위앙꿈깜	260	
윤라이 전망대	326	

ㅈ

재래시장	340
찡짜이 마켓	198

ㅊ

참차 마켓	149
치앙다오	264
치앙마이 국립 박물관	197
치앙마이 기차역	147
치앙마이 대학교	222
치앙마이 동물원	226
치앙마이 문화 예술 센터	98
치앙마이 역사 센터	99

ㅋ

캄 빌리지	111
코꾸쏘 대나무 다리	327
코코넛 마켓	148
크롱 매카	145

ㅌ

타나바디 세라믹 박물관	311
타논 딸랏 까오	309
타논 랏차담넌 일요 시장	101
타논 우아라이 토요 시장	180
타논 타패	141
타빠이 온천	323
타빠이 철교	324
테라코타 가든	303

ㅍ

파처 협곡	269
팸복 폭포	328
푸핑 궁전	227
플루이드	328

ㅎ

하리푼차이 국립 박물관	302
화폐 박물관	109
황금 시계탑	340
훼이뜽타오 저수지	266

알파벳 · 숫자

3왕 동상	97
TCDC	144

프렌즈 시리즈 **41**

프렌즈 **치앙마이**

발행일 | 초판 1쇄 2025년 12월 8일

지은이 | 안진헌

발행인 | 박장희
대표이사·제작총괄 | 신용호
본부장 | 이정아
편집장 | 문주미
책임편집 | 허진
기획위원 | 박정호
마케팅 | 김주희, 한륜아, 이현지, 이나경
내지 디자인 | 정원경
지도 디자인 | 양재연

발행처 | 중앙일보에스(주)
주소 | (03909) 서울시 마포구 상암산로 48-6
등록 | 2008년 1월 25일 제2014-000178호
문의 | jbooks@joongang.co.kr
홈페이지 | jbooks.joins.com
인스타그램 | @friends_travelmate

© 안진헌, 2025

ISBN 978-89-278-1351-4 14980
ISBN 978-89-278-8138-4(세트)

- 이 책은 저작권법에 따라 보호받는 저작물이므로 무단 전재와 무단 복제를 금하며 책 내용의 전부 또는 일부를 이용하려면 반드시 저작권자와 중앙일보에스(주)의 서면 동의를 받아야 합니다.
- 책값은 뒤표지에 있습니다.
- 잘못된 책은 구입처에서 바꿔 드립니다.

중앙books는 중앙일보에스(주)의 단행본 출판 브랜드입니다.